Joyce McDougall
Plädoyer für eine gewisse Anormalität

Das Anliegen der Buchreihe BIBLIOTHEK DER PSYCHOANALYSE besteht darin, ein Forum der Auseinandersetzung zu schaffen, das der Psychoanalyse als Grundlagenwissenschaft, als Human- und Kulturwissenschaft und als klinische Theorie und Praxis neue Impulse verleiht. Die verschiedenen Strömungen innerhalb der Psychoanalyse sollen zu Wort kommen, und der kritische Dialog mit den Nachbarwissenschaften soll intensiviert werden. Bislang haben sich folgende Themenschwerpunkte herauskristallisiert:

Die Wiederentdeckung lange vergriffener Klassiker der Psychoanalyse – wie beispielsweise der Werke von Otto Fenichel, Karl Abraham, W. R. D. Fairbairn und Otto Rank – soll die gemeinsamen Wurzeln der von Zersplitterung bedrohten psychoanalytischen Bewegung stärken. Einen weiteren Baustein psychoanalytischer Identität bildet die Beschäftigung mit dem Werk und der Person Sigmund Freuds und den Diskussionen und Konflikten in der Frühgeschichte der psychoanalytischen Bewegung.

Im Zuge ihrer Etablierung als medizinisch-psychologisches Heilverfahren hat die Psychoanalyse ihre geisteswissenschaftlichen, kulturanalytischen und politischen Ansätze vernachlässigt. Indem der Dialog mit den Nachbarwissenschaften wiederaufgenommen wird, soll das kultur- und gesellschaftskritische Erbe der Psychoanalyse wiederbelebt und weiterentwickelt werden.

Stärker als früher steht die Psychoanalyse in Konkurrenz zu benachbarten Psychotherapieverfahren und der biologischen Psychiatrie. Als das anspruchsvollste unter den psychotherapeutischen Verfahren sollte sich die Psychoanalyse der Überprüfung ihrer Verfahrensweisen und ihrer Therapie-Erfolge durch die empirischen Wissenschaften stellen, aber auch eigene Kriterien und Konzepte zur Erfolgskontrolle entwickeln. In diesen Zusammenhang gehört auch die Wiederaufnahme der Diskussion über den besonderen wissenschaftstheoretischen Status der Psychoanalyse.

Hundert Jahre nach ihrer Schöpfung durch Sigmund Freud sieht sich die Psychoanalyse vor neue Herausforderungen gestellt, die sie nur bewältigen kann, wenn sie sich auf ihr kritisches Potential besinnt.

BIBLIOTHEK DER PSYCHOANALYSE
HERAUSGEGEBEN VON HANS-JÜRGEN WIRTH

Joyce McDougall

Plädoyer für eine gewisse Anormalität

Psychosozial-Verlag

Titel der Originalausgabe:
Plaidoyer pour une certaine anormalité
Paris: Gallimard, 1978

Die Deutsche Bibliothek - CIP-Einheitsaufnahme

Plädoyer für eine gewisse Anormalität / Joyce McDougall. -
Neuausg.. - Gießen : Psychosozial-Verl., 2001
Einheitssacht.: Plaidoyer pour une certaine anormalité <dt.>
ISBN 3-89806-113-2

Goethestr. 29, 35390 Gießen
e-mail: info@psychosozial-verlag.de
www.psychosozial-verlag.de
Unveränderte Neuauflage der Ausgabe von 1985

Umschlagabbildung: Henri Rousseau,
La Belle et la Bête (um 1908)
Umschlaggestaltung: Christof Röhl nach Entwürfen
des Ateliers Warminski, Büdingen
Printed in Germany
ISBN 3-89806-113-2

Inhalt

Vorwort

Wenn ein Analytiker ein »psychoanalytisches« Buch veröffentlicht, so enthüllt er damit einen Teil seiner selbst.
Dieses Buch enthält eine Reihe von Reflexionen über die Erfahrungen, die ich im Laufe vieler Jahre mit meinen Analysanden gemacht habe. Zum Abenteuer einer Psychoanalyse gehören wie zu einer Liebesbeziehung zwei Menschen. Es handelt sich dabei nicht einfach darum, daß eine Person die andere »analysiert«, sondern es geht vielmehr um die Analyse der Beziehung zwischen zwei Personen. Aufgrund seiner eigenen psychischen Stärken und Schwächen ist der Analytiker in der Lage, zu verstehen und nachzuvollziehen, was seine Patienten durchmachen. Gleichzeitig identifiziert er sich mit ihnen – mit dem Kind in ihnen ebenso wie mit dem Erwachsenen, mit dem Mann in ihnen ebenso wie mit der Frau –, während er in anderen Augenblicken die Gedanken und Gefühle *jener* Figuren der Vergangenheit erlebt, die unauslöschliche Spuren in der seelischen Welt der Analysanden hinterlassen haben. Sein wichtigster Wegweiser auf dieser schwierigen Reise ohne jede Landkarte ist seine nahe, wenn auch fragmentarische Bekanntschaft mit seiner eigenen psychischen Realität. Der Analytiker teilt also mit seinem Analysanden eine Erfahrung, die in gewisser Hinsicht privater, zuweilen auch intensiver ist als seine Beziehung zu den Menschen, die ihm nahestehen.
Was mich veranlaßte, dieses Buch zu schreiben? Die einzelnen Kapitel wurden nicht in jenen Augenblicken niedergeschrieben, in denen das Vergnügen an meinem Beruf seinen Höhepunkt erreicht hatte. Es war im Gegenteil oft das Bedürfnis, dieses Vergnügen wiederzufinden, was mich dazu brachte, die Gefühle des Unwohlseins und die ängstlichen Selbstzweifel darzustellen, die jeder Analytiker im Verlauf seiner Arbeit kennenlernt. Die enge Beziehung, in der zwei

Individuen zusammenarbeiten, um die seelischen Konflikte des einen von ihnen besser zu verstehen, führt zu einer neuen Erfahrung, bei der im Leben des Analysanden (und gelegentlich auch in dem des Analytikers) zum allerersten Mal etwas empfunden und in Worte gefaßt wird. Dieses Unternehmen ist jedoch so komplex, daß im Verlauf jeder Analyse leere Augenblicke auftreten, in denen ihre Kreativität zum Stillstand gekommen zu sein scheint. Wenn diese sterilen Zeiträume länger andauern, dann fühlen sich mit der Zeit sowohl der Analysand wie der Analytiker unwohl. Über viele Jahre hinweg habe ich mir immer dann Notizen gemacht, wenn ich bei meiner Arbeit auf Schwierigkeiten stieß, meine Auffassungen nicht mitteilen konnte, das in der Seele meiner Patienten verborgene Drama nicht mehr verstand. Notizen machte ich mir auch, wenn ich (was noch beunruhigender ist) den Eindruck hatte, etwas verstanden zu haben (bzw. an einem Verständnis teilzuhaben) und doch einsehen mußte, daß trotz unserer gemeinsamen Anstrengungen der analytische Prozeß noch kaum in Gang gekommen war, geschweige denn, daß er tiefgreifende Veränderungen bewirkt hätte.
Doch man schreibt selten nur für sich allein. Während viele dieser spontan niedergeschriebenen Seiten nie ins Licht der Öffentlichkeit getreten sind oder treten werden, sind andere mehrfach umgeschrieben worden, um als Aufsätze in psychoanalytischen Zeitschriften zu erscheinen. Wieder andere sind ausführlich in Seminaren zur Ausbildung von Analytikern verwendet worden, in denen ich versucht habe, meine Reflexionen und Schwierigkeiten mitzuteilen. In diesen Seminaren konzentrierte ich mich zunächst auf die Beziehung von Übertragung und Gegenübertragung. Es handelt sich dabei um ein Thema, das zum tieferen Verständnis jener Faktoren beizutragen vermag, die zu Schwierigkeiten in der psychoanalytischen Praxis führen, zumal derjenigen, die sich dem analytischen Prozeß zu entziehen suchen, wenn die dabei auftretenden Spannungen präverbal außerhalb der analytischen Situation zum Ausdruck kommen, statt in ihr

verarbeitet zu werden. Neben einer Problematisierung der Grenzen der psychoanalytischen Methode selbst führte dies immer wieder auch dazu, die Grenzen von Patienten und Analytikern in Frage zu stellen. Denn ein Analytiker wird allzu leicht zum Gefangenen seiner psychoanalytischen Ausbildung. Seine besondere Art von Wissen, das seinerseits »in der Übertragung« erworben und unauslöschlich von sowohl positiven wie negativen Übertragungsaffekten gekennzeichnet ist, kann ein »terroristisches Über-Ich« hervorbringen, das nicht nur die Denk- und Fragefähigkeit des Analytikers, sondern auch sein klinisches Verständnis beeinträchtigt. Alles, was der Analytiker während seiner eigenen Psychoanalyse – entweder während der notwendigerweise langen Jahre seiner Lehranalyse oder in seiner fortwährenden Selbstanalyse – aufzuklären versäumt hat, bildet die Grundlage seiner psychischen Taubheit und Blindheit gegenüber seinen Patienten. Er sieht sich also immer wieder gezwungen, die Einstellung und Gefühle seiner Gegenübertragung zu überprüfen, wenn er seine Patienten so weit wie möglich auf ihrer analytischen Reise führen will.

Mein früh erwachtes Interesse an den Interaktionen zwischen Analytiker und Analysand macht sich in beinahe jedem Kapitel dieses Buches bemerkbar. Aber die sich aus dieser Beziehung ergebenden Schwierigkeiten stellen nicht das einzige Hindernis für den Fortschritt der psychoanalytischen Arbeit dar. Im Laufe der Jahre habe ich bemerkt, daß sich die (expliziten oder impliziten) Ansprüche der Patienten an die Analyse unmerklich verändern. Diese von vielen Kollegen in vielen Ländern beobachtete »Ausweitung des Anwendungsbereichs« der Analyse läßt sich dahingehend zusammenfassen, daß die »guten klassischen Neurosen« seltener zu werden beginnen. Tatsächlich ließe sich wohl die These vertreten, daß der Begriff der »klassischen Neurose« nie mehr als ein Phantasiegebilde zur Ersparnis des Gedankenaufwands bei psychoanalytischer Theoriebildung gewesen ist. Obwohl neurotische Symptome und psychisches

Leiden zweifellos fortbestehen, kann man doch generell feststellen, daß sich in den Behandlungszimmern von Analytikern heutzutage meist Patienten einstellen, die keine ausgeprägten hysterischen oder Zwangssymptome haben, sondern sich vielmehr über diffuse Gefühle von Angst und Depression beklagen, über wiederholtes Scheitern oder andere Formen von Symptomen wie Süchte und psychosomatische Erkrankungen.

Man hat zuweilen den Begriff »Neurosen des Ausagierens« verwendet, um dieses Problem zu beschreiben. Dieser Ausdruck bleibt aber unter dem Gesichtspunkt der psychischen Ökonomie in sich widersprüchlich. Aus diesem Grund ziehe ich es vor, diese Erscheinungen als »Handlungssymptome« zu bezeichnen. Ich möchte damit zum Ausdruck bringen, daß hier Handlungen an die Stelle von Verdrängungen und anderer Verarbeitungsformen von Affekten und Vorstellungen treten, die eine Neurose ausmachen. Die Spannung und die Dynamik eines psychischen Konflikts werden im Handeln entweder in der Außenwelt oder (im Falle psychosomatischer Erkrankungen) außerhalb der Psyche am Körper ausgedrückt und nicht psychisch verarbeitet.

Die beobachteten Veränderungen im klinischen Bild psychoanalytischer Patienten haben unterschiedliche Ursachen. Die breite Anwendung der Psychoanalyse und vieler anderer »psychoanalytisch orientierter« Therapien hat dazu geführt, daß sich im Behandlungszimmer des Analytikers heute viele Patienten einfinden, die als Kandidaten für eine »klassische« Psychoanalyse früher nicht in Betracht gekommen wären. (Wir könnten uns beiläufig einmal fragen, an welchem Punkt die Analyse – und die Neurose – »klassisch« geworden sind.) Darüber hinaus dauern Analysen heute oft viele Jahre und geben den sogenannten »neurotischen« Analysanden Zeit und Gelegenheit, den in ihren Charakterzügen, psychosomatischen Symptomen, kreativen und intellektuellen Hemmungen verborgenen »psychotischen Kern« zu entdekken.

Mir ist ferner aufgefallen – und ich bin gewiß nicht die erste, die diese Beobachtung gemacht hat –, daß ein »guter Neurotiker« mit seinem »starken Ich« sich häufig als mit einer so guten Abwehr ausgestattet zeigt, daß er der Psychoanalyse buchstäblich unzugänglich ist, während viele Analysanden mit einer undeutlichen, eher narzißtischen, stärker zu Projektionen neigenden psychischen Struktur, auch wenn sie mit einem »schwachen Ich« ausgestattet sind, die Analyse für den Patienten wie für den Analytiker oft zu einem faszinierenden und fruchtbaren Unternehmen machen. Für diese Patienten, deren Symptomatik so vielgestaltig ist, habe ich keinen Namen. (Vielleicht könnte man sie als »schwierige Fälle« bezeichnen.) Von ihnen habe ich gerade angesichts ihrer *Widerstände gegen den analytischen Prozeß* (an dem sie zugleich hartnäckig festhielten) gelernt, wie viel für sie dabei auf dem Spiel stand. Ihr Charakterpanzer diente nicht nur dazu, ihre Sexualität und ihre Liebes- bzw. Arbeitsfähigkeit als Erwachsene zu schützen (was für neurotische Charakterstrukturen typisch wäre), sondern vor allem dazu, ihre psychische Existenz zu sichern. Obwohl alle psychischen Symptome Versuche zur Selbstheilung sind, dienen bei diesen sensiblen und komplizierten Patienten die Abwehrstrukturen dem Schutz ihrer innersten Identität vor den Gefahren der Entdifferenzierung, des Verlusts ihres Selbstgefühls und des drohenden Eindringens anderer in sie. Um ihr Existenzrecht – allein oder unter anderen – sicherzustellen, ohne den Verlust des eigenen Selbstgefühls zu fürchten bzw. in Depressionen oder überwältigende Angst zu versinken, haben diese Patienten aus den magischen frühkindlichen Bausteinen ihrer Persönlichkeit ein psychisches Gebäude errichtet. Dessen größenwahnsinnige, infantile Strukturen werden so arrangiert, daß sie dem Leben von Erwachsenen einigermaßen gerecht werden können. Die Art und Weise, in der diese Analysanden ihr Leben führen, mag anderen als unzusammenhängend oder »verrückt« erscheinen. Sie können individuell jeweils ungewöhnlich erregt oder zurückgezogen erscheinen. Wer aber in einem derartigen Gebäude lebt, wird selbst dann nicht leichten Herzens darauf verzichten, wenn dessen Enge und gewundene Konstruktion es praktisch unbewohnbar machen – solange er nicht beschließt, sein Leben aufzugeben; denn zumindest innerhalb dieses Bereichs ist es für ihn möglich zu überleben.

Dieses Buch beginnt mit der Frage nach den kreativen Aspekten psychischer Symptome – mit dem Versuch, die Bedeutung der Erfindungen bei sexueller Devianz zu verstehen. Die geschickt angelegten neuen sexuellen Konstruktionen machen jede ausführlichere Beschäftigung mit den ihnen zugrundeliegenden Strukturen und mit deren Rolle in der psychischen Ökonomie zu einem anstrengenden Unternehmen. Aber wir befinden uns hier auf vertrautem psychoanalytischem Terrain. Freud schrieb seine bekannten *Drei Abhandlungen zur Sexualtheorie* im Jahre 1905, und seine damals brillanten Entdeckungen werden immer erneut bestätigt. In den ersten Jahren, in denen ich klinische Erfahrungen sammelte, stieß ich viele Male auf die von Freud in diesem und seinen folgenden Werken beschriebenen Faktoren: auf die Rolle der Kastrationsangst, die traumatischen Kindheitsereignisse, die prägenitalen Fixierungen und die Plastizität der erotischen Ausdrucksformen, die bei neurotischen Strukturen ausgeschlossen ist, die verfolgungsartige Wiederkehr der Über-Ich-Angriffe von der Außenwelt her, auf die das Individuum seine Depressionen und Schuldgefühle projiziert hat. Alle diese Faktoren treten zusammen und verleihen den sexuellen Abweichungen in Form und Inhalt eine gewisse Kohärenz. Meine Patienten halfen mir zudem dabei, Stück für Stück ihrer unglücklichen Kindheit zusammenzutragen und vermittels ihrer Assoziationen die signifikanten Themen und Bilder aufzudecken, die ihren erotischen Erfindungen, Zielen und Objektwahlen einen Sinn verliehen. Aber obwohl sich vielerlei Dinge verändert haben, bestand das grundlegende Leiden – in manchen Fällen auch die zwanghafte Macht einer sexuellen Abweichung fort. Es waren also noch größere Anstrengungen erforderlich. Stoff zum Nachdenken bot mir Freuds berühmtes Diktum, die Neurose sei das Negativ der Perversion. Es handelt sich dabei um eine durch klinische Beobachtungen bestätigte Formel. Aber ich mußte erkennen, daß diese dynamische Auffassung nicht genügte, die unerschütterliche und zwanghafte Dimension sexueller Perversionen zu verstehen. Ähnlich trägt die ökonomische Hypothese einer »libidinösen Kraft« (ein theoretisches Modell, das viel zum Verständnis der geheimen Befriedigungen einer neurotischen Symptomatik leistet) nicht in gleicher Weise zur Aufhellung der dunklen Pfade sexueller Abweichungen bei, trotz der Tatsache, daß diese Abweichungen dort entstanden sind, wo es auch zu einer neurotischen Lösung hätte kommen können. Anders gesagt, die Abweichung – *deviation, de via:* Umweg – von der ursprünglichen Bahn des Triebs läßt sich nicht auf eine bloße Umleitung auf dem Weg zur Lust reduzieren. Wenn die Praktiken sexueller Perversionen stabil und eingefahren sind, haftet ihnen wie einem vitalen Bedürfnis etwas Nachdrückliches und Verzweifeltes an. Oft hat man in der Tat den Eindruck, daß dieses Bedürfnis die Dimension des Begehrens übersteigt. Genauer gesagt, folgen sexuelle Perversionen einem anderen Begehren, das umfassender und archaischer ist, so daß in vielen Fällen das Ziel einer orgastischen Endlust und die Dimension der Liebe übersprungen wird. Im Unterschied zu den phallisch-ödipalen Spannungen, die einer neurotischen Symptomatik zugrundeliegen, ist das Subjekt hier von einer ursprünglichen Angst bedroht, die durch einen doppelten Schrecken repräsentiert wird: die Angst, die eigenen psychischen und körperlichen Grenzen zu verlieren und in den Anderen aufzugehen, sowie die Angst, den psychischen Tod durch Verschmelzung mit dem Anderen gerade zu *begehren.* Das schwache und kindliche Wesen, das die ersten Grundlagen künftiger sexueller Erfindungen gelegt hat, mußte, um diesen Gefahren zu entgehen, auf die von seiner Umwelt bereitgestellten Elemente zurückgreifen. Es treten daher sowohl sexuelle wie Charakterperversionen auf. Um sich zu schützen, sucht jemand, der sich sexuell abweichend verhält, nach einer erotischen Kontrolle über den Anderen, während jemand mit einer Charakterperversion die Drohung, die der Andere repräsentiert, durch wohlüberlegte Grausamkeit und perverse Manipulationen zu überwinden sucht.

Perversionen stellen eine Antwort auf eine doppelte Anforderung dar: Das Individuum, das zwischen seinem Begehren, als selbständiges Wesen zu existieren, und der Unmöglichkeit, dies ohne größere Gewalt tun zu können, gefangen ist, muß sich mit dem Szenarium seiner sexuellen Erfindungen einen Handlungsraum verschaffen, der seine Gewaltsamkeit unter Kontrolle hält. Es entwirft ein erotisches Ritual, das es ihm gestattet, seine Sexualität mit einem anderen menschlichen Wesen zu teilen, obwohl dieser Kontakt in vielen Fällen flüchtig und einseitig ist. Manchen erscheint sogar die Gegenwart eines Partners als zu gefährlich, obschon dabei eine (wenn auch an erschwerte Bedingungen geknüpfte) erotische Lust erhalten bleibt. Mit ihren komplexen Erfindungen vermeiden Perverse daher die Gefahr, jeden Zugang zu einer Triebbefriedigung zu verlieren, und die Bedrohung, sich selbst in der Beziehung zu einem Anderen aufzugeben. Im Austausch mit einem konkreten oder phantasierten Objekt erlangt das Individuum nicht nur sein Selbstbild und Identitätsgefühl, sondern auch die Gewißheit, daß niemand zerstört worden ist. Diese Gewißheit ist insofern von grundlegender Bedeutung, als das leidenschaftliche Verlangen, das bedrohliche Objekt des Begehrens anzugreifen, im Unbewußten auf die frühesten und am stärksten geliebten Objekte gerichtet ist. Dieses Drama verleiht den imaginären Lösungen seines frühkindlichen Autors jene Kraft, durch die sie in der Adoleszenz zu sexuellen Perversionen werden.

Mein Buch beginnt mit der Geschichte von Herrn B. oder vielmehr mit einem kleinen Ausschnitt aus dessen Analyse,

der die bisher geschilderten Hypothesen veranschaulichen soll. Alle individuellen Züge B.'s sind auf diesen Seiten nicht enthalten. Von seiner Charakterstruktur und Familiengeschichte blieben nur die Teile übrig, die sich auch bei anderen Patienten fanden, die an ähnlichen Problemen litten und zu ähnlichen Lösungen für dieselben Ängste und Verzweiflungen gelangt waren. Der besondere seelische Schmerz, der über die sogenannte »Kastrations«-Angst des neurotischen Leidens hinausgeht (obwohl auch hier gewiß eine Kastrationsangst nicht fehlt), betrifft jene Katastrophe, in der das »Ich« des sprechenden Subjekts Gefahr läuft, seine narzißtische Identifizierung und mit ihr seine Bedeutung für sich selbst und seine Beziehungen zu anderen zu verlieren. Der Versuch, ein Bollwerk gegen die sich daraus ergebende Drohung der Desintegration und des psychischen Todes zu errichten, bedient sich des grundlegenden Materials, das in der frühen Kindheit ein für allemal ausgebildet wird. Er verleiht der Charakterstruktur eine gewisse Unveränderlichkeit und dem Geschlechtsakt, dem Schlußstein dieses komplizierten Gebäudes, die Qualität eines unausweichlichen Schreckens. Wenn er nicht hält, kann die ganze Konstruktion mit ihm zusammenstürzen.
In einem eher theoretisch ausgerichteten Zugriff auf ähnliche Fragen (Kapitel II) habe ich einige dieser Begriffe schärfer zu fassen und die psychischen Funktionszusammenhänge zu definieren versucht, die die Aufrechterhaltung eines derart empfindlichen Gleichgewichts gestatten.
Die Untersuchung der unbewußten Bedeutung und der ökonomischen Rolle psychischer Strukturen bei stabilen sexuellen Abweichungen führte zu weitergehenden Fragen. Viele Perversionen scheinen nichts weiter zu sein als ungewöhnliche Arten von Masturbation. Reflexionen zur Masturbation als einem universalen Phänomen der Menschheit und zu ihrer Rolle als einem privilegierten Ausdruck der psychischen Bisexualität und erotischen Allmacht sind in Kapitel IV enthalten. Obwohl Bisexualität ein Privileg von Göttern und

Regenwürmern sein mag, nimmt der Hermaphrodit in der menschlichen Phantasie einen wichtigen Platz ein.
Ohne daß zu diesem Thema allzuviel Beobachtungsmaterial vorliegt, wird oft die These vertreten, daß Perversionen (abgesehen von der Homosexualität) auf das männliche Geschlecht beschränkt seien. Obwohl man der Auffassung sein kann, daß sich die Homosexualität in gewisser Hinsicht von anderen Perversionen unterscheidet, enthält eine mit Ausschließlichkeit praktizierte und stabile Homosexualität, was ihre libidinöse und narzißtische Ökonomie sowie ihre ödipale Struktur angeht, im wesentlichen dieselben Merkmale wie die Perversionen. Ich hielt es daher für wichtig, in diesen Band ein Kapitel aufzunehmen, das sich unter diesem Gesichtspunkt mit der weiblichen Homosexualität befaßt. Kapitel III über »Das homosexuelle Dilemma« führt Ideen weiter aus, die bereits in früheren Aufsätzen zur weiblichen Homosexualität enthalten sind, welche anderenorts veröffentlicht wurden.
In »Schöpfertum und sexuelle Devianz« (Kapitel V) werden die Begriffe »Perversion« und »Sublimierung« näher untersucht, um zu einem besseren Verständnis ihrer paradoxen Beziehung zueinander zu gelangen; denn, seltsam genug, wurden sie von Freud beinahe gleich definiert. Diese Untersuchung eröffnete zahlreiche Ausblicke, die weitere Forschungen notwendig machen. Die dynamischen und ökonomischen Probleme, die dabei auftreten, stellen für mich offene Fragen von großer Faszination dar.
Im Laufe meiner Reflexionen über das Rätsel der Perversion entwickelte ich den Begriff einer »süchtigen« Sexualität, bei der die sexuelle Betätigung die Funktion einer Droge erfüllt. Das führte mich zu Spekulationen über die Möglichkeit, daß zahlreiche sexuelle Beziehungen, die im Lichte klinischer Beobachtungen weder neurotisch noch pervers sind, in der psychischen Ökonomie und bei der Aufrechterhaltung der Ichidentität vielleicht eine ähnliche Funktion einnehmen wie sexuelle Abweichungen. Mein Interesse galt dabei insbeson-

dere den unergründlichen Geheimnissen der psychosomatischen Krankheitsbilder in der psychoanalytischen Praxis. Sie hatten mich zu der Beobachtung geführt, daß Patienten, die in Belastungssituationen unausweichlich derartige Symptome produzieren, häufig eine (wie ich sagen würde) »operationale« oder »süchtige« Sexualität und entsprechende Liebesbeziehungen aufweisen. Unter phänomenologischem Gesichtspunkt trugen diese Charakteristika zu dem Eindruck bei, daß es so etwas wie eine »psychosomatische Persönlichkeit« gebe. Mir wurde dieser Begriff jedoch fragwürdig, da er auf der Vorstellung beruht, daß in der psychischen Struktur (bei den Phantasien, Affekten usw.) etwas fehle. Meine analytischen Erfahrungen haben mir nämlich gezeigt, daß diese operationale Sexualität und dieses Beziehungsverhalten Gefühle von tiefer und schreckenerregender Abhängigkeit verdecken. Damit erhob sich die Frage nach einem möglichen Scheitern früherer Abwehrmanöver gegen diese Gefahr, insbesondere der einer Abwehr dienenden sexuellen Erfindungen. Kapitel X, »Körper und Sprache, Sprache des Körpers«, gibt Wort für Wort eine analytische Sitzung wieder, die verschiedene Versuche einer Selbstheilung zeigt, die gefunden und wieder verloren worden waren, darunter eine sexuelle Erfindung, die eine überwältigende Kastrationsangst des Patienten als Kind unter Kontrolle halten sollte. Man wird vermuten dürfen, daß diese Verluste die spätere Entwicklung seiner schweren psychosomatischen Symptome erleichtert haben.

Diese Beobachtungen und der Versuch, sie in Begriffe zu fassen, führten dazu, daß ich mich verstärkt für die Ökonomie des Narzißmus und ihre möglichen Umwandlungen bei denen interessierte, die unablässig darum kämpfen, ihr Gefühl subjektiver Identität und ihr Selbstwertgefühl aufrechtzuerhalten. In dem Wunsch, diese Analysanden zu verstehen und sich mit ihren psychotischen Ängsten vor Desintegration und Identitätsverlust zu identifizieren, befindet sich der Analytiker in der Rolle eines psychischen Höhlenforschers

und hat teil an einer Angst, die, wie er bemerkt, in eine so entsetzliche Leere führt, daß sich jeder Ausweg daraus zu lohnen scheint: die Flucht zu anderen, die wie eine Droge verschlungen werden, oder die Flucht vor anderen in eine narzißtische Autarkie. Wenn schließlich die Anstrengung scheitert, über andere oder in sich selbst verkrochen leben zu können, läuft das Subjekt, das damit wiederum am Rand eines Abgrunds steht, der psychisch nicht repräsentiert werden kann, Gefahr, sich in Akte der Selbstverstümmelung oder in eine Toxikomanie zu stürzen, an deren Horizont als letzte Lösung der Selbstmord erscheint.
Wir sind daher kaum überrascht, daß Patienten, die durch ein solches Leiden dazu veranlaßt wurden, eine Analyse zu beginnen, sich heftiger als andere dem psychoanalytischen Protokoll, dessen strenger Atmosphäre sowie der Aufforderung widersetzen, alles zu sagen und ihren Gefühlen freien Lauf zu lassen, ohne sich ins Agieren zu flüchten. Ich meine hier nicht die Patienten, denen eine »psychoanalytische Psychotherapie« empfohlen worden ist und bei denen der Analytiker Vorbehalte hat, was ihre Fähigkeit betrifft, eine Analyse durchzustehen, also die dabei sich entwickelnden intensiven Gefühle unter Kontrolle zu halten, sie durchzuarbeiten und es ertragen zu können, außer Deutungen keinen anderen Zuspruch zu erhalten. Zweifellos erfordert eine Analyse ein gewisses Maß an psychischer Gesundheit! Es kommt nun aber häufig vor, daß Patienten eine Analyse wegen einer neurotischen Symptomatik beginnen, während in Wirklichkeit die psychotische Dimension ihrer Persönlichkeitsstruktur die neurotischen Anteile überwiegt. Die Abwehr gegen den Ausbruch psychotischer Angst wird in dem Bereich, in dem sich Analytiker und Analysand treffen, rigide verstärkt. Das führt häufig zu einem Ausagieren außerhalb der Analyse oder zu Impulshandlungen in ihr – oder wiederum zu einer von heftigen, aber leeren Affekten oder tödlicher Monotonie begleiteten analytischen Behandlung, deren Sitzungen immer weitergehen, während die Entwick-

lung der Analyse in solchen Fällen vollständig blockiert bleibt.
So mußte ich wohl unvermeidlich darauf stoßen, daß eine analytische Arbeit mit derartigen Patienten die Ängste des Analytikers vor psychotischem Denken und Fühlen in seiner eigenen Persönlichkeitsstruktur mobilisiert. Bei einem Stagnieren der analytischen Arbeit läuft in der Tat der Analytiker Gefahr, das Gefühl der eigenen *Identität als Analytiker* zu verlieren, denn diese Patienten gestatten es ihm über längere Zeiträume hinweg nicht, als Analytiker zu *fungieren*. In solchen Fällen ist man gezwungen, irgendeine andere Form von Intervention zu »erfinden«, wenn man einen Stillstand der Analyse vermeiden will. An diesem Punkt beginnt der Analytiker, sich in Frage zu stellen und nach neuen Wegen der Therapie zu suchen: zuzuhören, anstelle des Analysanden frei zu assoziieren und Phantasien zu entwickeln, eine begründete Veränderung im Protokoll der Analyse vorzunehmen, erneut von Grund auf über sich selbst und seine Beziehung zu seinem Patienten nachzudenken, das geheime Einverständnis (oder den Konflikt) zwischen der Innenwelt des Analytikers und der des Analysanden in Frage zu stellen. Diese Aspekte des Unternehmens der Psychoanalyse werden eingehender in Kapitel VI, »Der Anti-Analysand in der Analyse«, und in Kapitel VII, »Gegenübertragung und primitive Kommunikation«, untersucht.
Aber die Selbstanalyse des Analytikers bietet nicht den einzigen Zugang zu diesem psychoanalytischen Rätsel. Warum gelang es mir, Annabelle Borne, die zentrale Figur des Kapitels über »Die primitive Kommunikation«, wieder zum Leben zu bringen, und warum scheiterte ich kläglich im Fall von Frau O. aus dem Kapitel über den »Anti-Analysanden«? Dies könnte zu dem Schluß führen, daß stets der Splitter einer Gegenübertragung im Auge des Analytikers steckt! Es ist keine Überraschung, wenn man im Verlauf einer Analyse entdeckt, daß die Art der Beziehung, die sich zum Analytiker herstellt, in den ausgesprochen wahllosen und beliebigen

Objektbeziehungen der Patienten zu den Menschen ihrer Umgebung eine Entsprechung findet. Dennoch besteht ein Teil der Aufgabe des Analytikers darin, die verborgene Bedeutung dieser Inkohärenz auch dann aufzudecken, wenn sein Patient nicht mit ihm kooperiert. Oft gelingt es ihm, die Traumen der Kindheit stückweise zusammenzusetzen, also die unzusammenhängenden Mitteilungen von Kindheitsbeziehungen, die in einem Moment Gratifikationen und im nächsten Frustrationen mit sich brachten, die Erfahrungen des Verlassenseins, der Perversionen, Krankheiten oder des Todes der Eltern, die fraglos insgesamt dazu beitrugen, das Kind Verlustsituationen auszusetzen, in denen keine Trauer stattfinden konnte, und die somit dessen psychische Integrität gefährdeten. Ein Säugling, der im Netz der unbewußten Wünsche und Konflikte seiner Eltern ebenso gefangen ist wie in dem realer traumatischer Ereignisse, leidet in einem solchen Ausmaß an Wut und narzißtischer Kränkung, daß er diese Gefühle weder verarbeiten kann noch ihnen (anders als auf dem Weg einer psychotischen Rekonstruktion) in einem Gedankensystem Bedeutung zu verleihen vermag. Solche Individuen verbleiben also bis zum Erwachsenenalter in einem Embryonalzustand, und erst zu dieser Zeit gelingt es ihnen, trotz der Aufrechterhaltung einer massiven Abwehr gegen gewaltsame und destruktive Wünsche auf Umwegen nach Befriedigung zu suchen. Auch wenn eine psychotische »Lösung« vermieden werden kann, dringen primitive psychische Mechanismen dennoch in jede ihrer Beziehungen ein. Menschen dieses Typus verlieren allmählich jede Hoffnung darauf, Liebesbeziehungen zu unterhalten, die nicht schließlich von Haß zerstört werden. Zwischen der Selbstzerstörung und der Zerstörung des Anderen gibt es in gewisser Hinsicht in dieser beinahe alles miteinander verschmelzenden Innenwelt kaum einen Unterschied. Mit jedem erneuten Scheitern erhält das Subjekt eine Bestätigung seiner Phantasie, daß jede Begegnung nur zu weiterer Zurückweisung, Verunglimpfung, Treulosigkeit und Verlassenheit führen kann. Es wird also in einen Kreis von Wiederholungen hineingezogen, der mit einer Idealisierung des Anderen als des Objekts beginnt, das jede Sehnsucht und alles Begehren erfüllen soll. Auf diese große Hoffnung folgt, wenn sie erst einmal verlorengegangen ist, Zorn und mörderische Wut. In seiner Entschlossenheit, eine ewig währende Verbindung zu einem Anderen herzustellen, schafft sich das Individuum eine imaginäre ideale Beziehung, die angesichts der großen Erwartungen, welche an sie geknüpft werden, scheitern muß. Die Illusion, die das Subjekt lähmt, wird schließlich von ihrem Schöpfer selbst durchbrochen, der eine beinahe übermenschliche Anstrengung aufbringt, ihrer Macht und der des imaginären Paradieses zu entfliehen. Er versucht, den Spiegel zu zerschlagen, der die begehrte Widerspiegelung nicht mehr leistet. Doch genau in diesem Moment zerfällt sein eigenes Bild. Von der Angst überwältigt, die sich daraus ergibt, zieht der Autor dieses unheilvollen Dramas sich von der Welt zurück und verbirgt sich in bitterer Einsamkeit. Angesichts einer derartigen Katastrophe haben manche Menschen keinerlei Interesse mehr daran, das Risiko auf sich zu nehmen, in das Universum anderer einzudringen. Sie weisen daher die servile Abhängigkeit von dem angenommenen Objekt ihres Begehrens ebenso zurück wie den unausgesetzten Schrekken, diesen Anderen zu verlieren und damit nicht nur ein Befriedigungen verschaffendes Objekt, sondern vor allem auch die Macht dieses Objekts einzubüßen, dem Subjekt die Garantie widerzuspiegeln, daß es selbst existiert, daß seine Existenz wertvoll ist und daß das Leben sich lohnt. Mit Hilfe von Fragmenten einzelner Analysen habe ich im Kapitel VIII, »Narziß auf der Suche nach einem Spiegelbild«, zwei grundlegende, scheinbar entgegengesetzte »Lösungen« darzustellen versucht, die von vielen Individuen gewählt werden, um diesen wichtigen psychischen Konflikt zu beenden. Während im Zentrum der ersten dieser beiden Lösungen die Entschlossenheit steht, *sich selbst* absolut unter Kontrolle zu halten, erstrebt die andere eine absolute Kontrolle über das

Objekt. Auf diese Weise suchen beide nach einem je verschiedenen Ausweg angesichts der ständig präsenten Drohung eines psychischen Todes.
Meine Gedanken über die narzißtische Libido des Menschen mit ihrem prekären ökonomischen Gleichgewicht konfrontierten mich mit dessen regressivster (wenn auch banalster) Erscheinungsform: den psychosomatischen Krankheitserscheinungen. Diese Ausbrüche psychischer Spannungen am Körper selbst zeigen uns, daß die Menschen, während sie blind um ihr Leben kämpfen, als ihren Denkapparat jenen unerbittlichen Computer, den Körper, verwenden und sich damit auf die Seite des Todes stellen. Jene Kluft in der Psyche, die diese vom Körper trennt, ist nicht ein abwesendes Element, das seelisch repräsentiert werden kann. Sie ähnelt nicht dem Fehlen eines Objekts, dessen Repräsentation dann Begehren und Kreativität in Gang setzt. Sublimierungen, neurotische, psychotische, perverse und andere Symptome des Agierens bezeugen insgesamt eine psychische Kreativität. Wenn es dem Körper allein überlassen bleibt, eine (unvermeidlich) biologische Reaktion auf psychische Konflikte und seelische Schmerzen zu entwickeln, dann sind seine Erfindungen schon von ihrer Definition her in Worten nicht wiederzugeben. Der Analytiker lauscht hier etwas Unaussprechlichem, einer unsagbaren Nichtigkeit, die eigentlich eine Metapher des Todes ist. Die Kapitel, die sich mit der Psychosomatik und ihrem psychoanalytischen Ausdruck beschäftigen (IX-XI), enthalten überaus hypothetische Begriffe. Novalis schrieb einmal, Hypothesen seien wie Netze; wer sie nicht auswerfe, könne nichts fangen. Ich habe meine Netze ausgeworfen in der Hoffnung, daß andere mir zu Hilfe kommen, sie einzuholen und auszuwerten. Der Versuch, die Grenzen dessen auszuloten, was analysierbar ist, hat mich alle Formen psychischer Vitalität und vor allem auch jener kreativen Phänomene schätzen gelehrt, die im allgemeinen als pathologisch angesehen werden. Könnte es nicht sein, daß wir letzten Endes nur die Wahl haben, kreativ

zu werden oder zu sterben? Im Zentrum der menschlichen Psyche steht das *Verbotene* und das *Unmögliche*. Daher müssen die Menschen, so gut sie nur können, darum kämpfen, ihre Illusionen, ihre persönliche Identität und ihre Fähigkeit zur Triebbefriedigung aufrechtzuerhalten. Doch der Preis dafür ist in vielen Fällen exorbitant.

Zwischen dem leuchtenden Versprechen der Kindheit und den Errungenschaften des Erwachsenenlebens liegen noch andere Gefahren als die von Neurosen, Psychosen und Symptomen des Ausagierens. Das inzestuöse Kind und der größenwahnsinnige Säugling, die ihre Ansprüche zur Geltung bringen, sind vielleicht einem anderen Schicksal entgangen, das noch weiter verbreitet ist. Es ist das Schicksal jener Kinder, die zu früh und zu gut gelernt haben, sich dem Willen ihrer Umwelt auf die Gefahr hin zu unterwerfen, ihre Einzigartigkeit durch *Überanpassung* an die Außenwelt zu verlieren. Unter ihren verblichenen Farben ist die »pathologische Normalität« ebenso aufdringlich wie die Leuchtkraft der Farben an den Wegen des Wahnsinns.

Wenn das in jedem Erwachsenen verborgene Kind die Ursache seiner seelischen Leiden ist, dann ist es zugleich der Ursprung der Kunst und Poesie des Lebens. Davon, daß es weiterexistiert, hängt das je gegenwärtige Versprechen einer neuen Weltsicht ebenso ab wie die Entdeckung unvermuteter Geheimnisse des Alltagslebens oder das Festhalten an persönlichen und privaten Verrücktheiten, die das tödliche Gespenst einer »normativen Normalität« verscheuchen, welche sich nur allzu leicht bei Erwachsenen durchsetzt. Jeder von uns hat die Aufgabe, mit dem magischen und narzißtischen Kind in sich so weit in Kontakt zu bleiben, daß es nicht erstickt. Es bewegt mich immer wieder zu sehen, wie sich dieser Kontakt bei einzelnen Patienten im Verlauf ihrer Analyse herstellt. Kommt er nicht zustande, so ist das eine Tragödie. Diese Gedanken hoffe ich im letzten Kapitel dargelegt zu haben, das meinem Buch den Titel gibt: »Plädoyer für eine gewisse Anormalität«.

In seiner psychischen Komplexität ist jeder Mensch ein Meisterwerk, ist jede Psychoanalyse eine Odyssee. Immer wieder überraschen, belehren und beeindrucken mich meine Patienten. All denen, die mir gestattet haben, sie auf ihrer psychoanalytischen Reise zu begleiten, ist dieses Buch gewidmet.

I. Der anonyme Zuschauer

»Das Leben? Es ist ein Spiel, dessen Regeln ich gut kenne. Ob ich nun dabei gewinne oder verliere, ist mir vollkommen egal. Sagen wir einfach, daß das Leben mich amüsiert.« Wer diese Worte gehört hätte, wäre frappiert gewesen über die ernste und abgehackte Stimme des Menschen, der sie aussprach, über die Starre seines Körpers und vor allem über seinen Gesichtsausdruck, der überhaupt nicht das Amüsement ausdrückte, welches das Leben ihm nach seinen eigenen Worten bereitete. Welchen Sinn hatte eine derartige Negation der Bedeutung des Lebens, ja des Subjekts selbst? Zweifellos den einer Herausforderung. Doch gegen wen war diese Herausforderung gerichtet und aus welchem Grund? Dieses wie ein Glaubensbekenntnis herausgeschleuderte Wort, auf das der Patient stolz war, zeugte gegen seinen Willen von seinem verzweifelten Versuch, dem Leben, genauer gesagt, seinem eigenen Leben einen *Sinn* zu geben. Es ließ sich übersetzen: »Mein Leben muß wie ein Spiel gelebt werden, damit ich es leben kann.« Im übrigen fügte er hinzu: »Wenn ich mein Leben ernst nähme, hieße das, ein sinnloses Risiko einzugehen. Und das, ohne zu wissen wozu.« Wäre sein Leben kein Spiel mehr, würde es eine Gefahr, die Übertretung eines Verbots, die mit Kastration, Aphanisis und Tod bestraft würde. Indem er das Spiel als *modus vivendi* wählte, hatte Herr B. sich letzten Endes für das Leben entschieden, aber für ein Leben, das er von nun an nicht anders als spielerisch genießen konnte. Und dies galt für jeden Aspekt seines Lebens, für seine beruflichen Tätigkeiten ebenso wie für seine Freundschaften oder sein Sexualleben. Auch die Erfahrung einer Psychoanalyse gestattete er sich nur unter dem Aspekt eines Spiels. »Bin ich gut im Spiel der Psychoanalyse?« fragte er in den ersten Minuten seiner ersten Sitzung.

Unter dieser Hülle eines Spiels konnte er seit dem Beginn der Analyse das Dunkel einer anderen Wahrheit zur Kenntnis nehmen, die der in den ersten Sitzungen zur Schau gestellten widersprach. »Mein Leben ist ein fortgesetztes Scheitern. Mit meiner geistigen Arbeit bin ich immer im Rückstand, und ich kann sie nur beenden, wenn es unbedingt sein muß. Vor meinem Publikum habe ich ständig den Eindruck, etwas Betrügerisches zu tun ... und niemals verläßt mich die Angst, eines Tages entlarvt und verurteilt zu werden ... Übrigens muß ich Ihnen von meinen sexuellen Obsessionen erzählen.« In den folgenden Sitzungen ging der Patient wie in einem Spiel immer wieder auf dieses Thema ein, indem er hier und da ein paar Worte fallen ließ, die sich auf sein Sexualleben bezogen, wobei er stets unsicher war, ob ich sie wohl »verstanden« hätte oder nicht. Was er als ein sexuelles Spiel bezeichnete, bestand darin, seine Freundin in einer ritualisierten und bis ins kleinste geregelten Inszenierung auszupeitschen. Auf diese Weise konnte er Befriedigung erlangen. »Und damit habe ich Ihnen jetzt mein sexuelles Scheitern vorgeführt. Es ist etwas, was über meinen Verstand hinausgeht ... doch glauben Sie nicht, daß ich darauf verzichten möchte. Es ist mein Lieblingsspiel.« Während dieser Sitzung hätte man sich wirklich fragen können, ob er trotz seiner Vorwürfe, gescheitert zu sein, überhaupt den Wunsch verspürte, sein Sexualleben zu ändern. Bis in seine Redeweise hinein diente ihm dieses Leben dazu, seine Angst zu beherrschen, wenn nicht gar zu negieren, wegen eines ihm unbekannten Delikts »entlarvt und verurteilt« zu werden.
In bezug auf seine Arbeit brachte er dagegen den Wunsch zum Ausdruck, sich zu verändern. Doch während er seinen Eindruck, auf diesem Gebiet nichts zu leisten, zu begründen suchte, ließ er einen engen Zusammenhang zwischen seinen beruflichen Hemmungen und seiner Sexualität deutlich werden. Wenn er von seinen Schwierigkeiten sprach, seine Arbeit ernst zu nehmen, war seine Sprache häufig von Bildern durchsetzt, die beunruhigende Phantasievorstellungen her-

vorriefen, die mit dem Geschlechtsakt assoziiert waren. »Ich bin bei meiner Arbeit unfähig, mich auf etwas einzulassen, in etwas einzudringen. Es ist, als wagte ich es nicht, etwas bis zum Ende voranzutreiben. Ich berühre niemals den Grund. Um in etwas einzutauchen, muß ich mich mit geschlossenen Augen hineinstürzen ... Doch mir gelingt es trotzdem! Ich kenne eine Menge kleiner Tricks, um zu einem Erfolg zu gelangen. Zunächst einmal bringe ich mich in eine Position, aus der ich nicht mehr zurück kann. Dann bin ich verpflichtet, bis zum Ende weiterzumachen ... Daß die anderen mir zuschauen, zwingt mich dazu, produktiv zu sein. Vor einem Publikum produziere ich stets etwas!«

»Die kleinen Tricks«, mit denen er in seinem gesellschaftlichen Leben Erfolg hatte, entsprachen der fetischistischen Inszenierung (der Peitsche und den rituellen Kleidungsstükken), doch auf diesem Gebiet waren »die anderen, die zuschauten«, nicht so leicht zu identifizieren. Der Blick der anderen, der zumeist als Blick eines anonymen Publikums vorgestellt wurde, erschien im Diskurs von Herrn B. beinahe als Person. Dank dieses Blicks löste er seine professionellen Aufgaben überaus brillant und immer in letzter Minute, was ihm einen »Augenblick des Genusses« verschaffte. Trotz dieser Arbeit breitete sich ein Gefühl der Irrealität »über seine gesamte Produktion« aus. Ein Gefühl des Scheiterns und der Depressivität beherrschte mehr und mehr den eher triumphalen Eindruck, mit dem Leben zu *spielen*, während die anderen, »die ordentlichen Leute«, sich ernst nahmen. »Dieser Eindruck der Irrealität bildet einen Teil des Spiels. Ich frage mich manchmal, ob ich nicht ein Kinderspiel spiele. Ich muß Ihnen gestehen, daß ich stets andere in dem Glauben gelassen habe, sie seien Kinder, weil sie das Leben so ernst nehmen, und ich könnte ihnen die Wahrheit sagen. «

Doch um welche *Wahrheit* handelte es sich? Der Patient war weit davon entfernt, dies angeben zu können, es sei denn, er hätte im Hinblick auf sein Spiel gesagt, er spiele wirklich und in voller Anerkennung des Umstands, daß er nicht dumm sei. Und um welche Art von Spiel es sich handele? Auch das war nicht zu erkennen. Herr B. wäre mit der Vorstellung von Claparède einverstanden gewesen, daß »das Spiel eine freie Verfolgung fiktiver Ziele« darstellt, und hätte sich beeilt hinzuzufügen, daß diese Definition des Spiels voll und ganz seine Vorstellung vom Leben charakterisierte. Hatte er nicht alle seine Ziele als Fiktionen charakterisiert? Konnte er es sich leisten, jemals »wirklich« zu handeln? Doch auch das Spiel seines Lebens enthielt eine Dimension von Taschenspielerei, die auf *den Blick der anderen* bezogen war. Die anderen *sollten* im Gegensatz zu ihm daran glauben und so dumm sein wie Kinder, die von Erwachsenen für dumm verkauft werden. Er projizierte also seine eigene Verwirrung, derzufolge die Erwachsenen spielen und die Kinder verwirrt und ernsthaft zuschauen, auf die anderen. Im Schutz seiner Identität als Taschenspieler konnte er sich stets als »Original« sehen, das sich manche Ausflüchte gestatten und über die sozialen Zwänge hinausgehen konnte, die den anderen (den ernsthaften und braven Kindern) vorbehalten blieben. Im Verlauf seiner Analyse begann er, sich mit neuen Augen zu sehen. »Zum ersten Mal sehe ich mich als jemanden, der unbeweglich und rigide ist. Ich kontrolliere alles, was ich tue. Habe ich mich jemals im Leben einer einzigen spontanen Geste überlassen? ... Und doch sehe ich sehr wohl, daß ich bei jedem Versuch, da herauszukommen, mich nur noch unbeweglicher mache. Vor einem Jahr hätte ich das nicht geglaubt. Will ich denn nun da herauskommen oder nicht? Wer bin ich? ...« Nach kurzem Schweigen nahm er sein übliches Thema wieder auf: Er habe die ganze Woche über, seit Monaten, seit Jahren nichts gemacht. Nach jedem Erfolg verdoppelte er die Klagen über sein Scheitern und seinen Mißerfolg. In derselben Sitzung waren auf den Anflug der Idee, »da herauszukommen«, Beteuerungen des Scheiterns gefolgt. Ich hatte mich darauf beschränkt, ihm zu sagen, er wolle mich in Sicherheit wiegen. Er erbrachte den Beweis seiner Unschuld. Denn er war nicht in seine Arbeit »eingedrungen«. Tatsächlich wich er bei seiner Tätigkeit wie in seinen sexuellen Spielen stets vor einer Beendigung und vor dem Genuß zurück. Und selbst dabei entband er sich von jeder Verantwortung, indem er versicherte, *nur unter Zwang zu handeln.*

Der Patient begann allmählich einzusehen, daß das Spiel, welches nichtsdestoweniger sein Leben darstellte, Regeln hatte, deren Sklave er war. Dies hatte er sich niemals klargemacht. Seine gesamte Beziehung »zum Publikum«, sein Verlangen, zu brillieren und sich durch allerlei Täuschungen und Mystifikationen zu produzieren, enthüllten die Existenz eines mächtigen und unbeweglichen Phantasmas, dessen Sinn er nicht erkannte. Die (ebenfalls rigide) Inszenierung seiner erotischen Phantasmen wurde, zumindest in ihrer Widerspiegelung im Bewußtsein, nach und nach deutlicher. Seine Phantasien beschäftigten sich stets mit zwei weiblichen Personen, so etwa einer Frau, die ein junges Mädchen auf den nackten Hintern schlägt. »Und das Publikum?«, fragte ich ihn eines Tages, indem ich mich auf das bezog, was er mir über dessen Bedeutung gesagt hatte. Erstaunt über diese Frage antwortete er: »Woher wissen Sie, daß das Publikum eine wichtige Rolle spielt?« Meine Intervention führte dazu, daß die Sprache des Patienten eine Zeitlang ganz verängstigt erschien. Das Publikum ging im Phantasma des Blicks als Widerstand in die Analyse ein. »Wer seid ihr, die ihr mich anschaut und die ich nicht sehe? Mit wem spreche ich? ... Ich bin jetzt gezwungen, euch ernst zu nehmen, und davor habe ich Angst. Ihr wißt, daß mich das alles nicht mehr amüsiert!« – »Und was passiert, wenn die Psychoanalyse Sie nicht mehr amüsiert, kein Spiel mehr ist?« – »Die Wörter ›Leere‹ und ›Abgrund‹«, antwortete er, »fallen mir ein. Ich sehe gar nichts mehr. Ich bin verwirrt.« Er, der sich stets davor hütete, Angst zum Ausdruck zu bringen, faßte sich schnell wieder und fügte hinzu: »Sehen Sie, ich habe eine große Fähigkeit, Verwirrungen zu ertragen.« – »Könnte man sagen, daß Sie auch aus der Verwirrung ein Spiel machen?«

Nach langem Schweigen antwortete er: »Ich tue nichts anderes ... indem ich alles hinausschiebe ... bis zu dem Augenblick, wo ich nicht mehr zurück kann ... Ich bin wie jemand, der mit dem Tod spielt.« Er fiel ins Schweigen zurück, und ich bemerkte, er habe zu schweigen begonnen, als er die Idee des Todes beschworen hatte. »Ach ja, ich dachte nicht mehr an meine Arbeit, sondern an meine sexuellen Spiele. Die Peitsche ist eine Quelle der Angst – doch sie ist auch ein Mittel, die Angst zu unterdrücken.«

Wenn die Peitsche bei meinem Patienten eine mit einer Kastrationsdrohung verbundene Angst auslöste, dann war sie zugleich auch das spielerische Element, welches dazu diente, dieser Angst Herr zu werden. Die Kastration nahm hier das Bild eines weiblichen Genitales an und wurde als »Abgrund« vorgestellt – als eine narzißtische Bedrohung und zugleich als eine Anspielung auf den Vater, also als doppelte Bedrohung für den kleinen Jungen, der mit der Sexualität *spielte*.

Die Folge seiner Assoziationen zu diesem Thema war aufschlußreich. »Gibt es eine Verbindung zwischen der Verwirrung und dem Abscheu?« fragte er sich. »Ich denke an meinen Abscheu vor dem Inneren des weiblichen Körpers.« B. suchte sich gegen die Angst vor dem »Abgrund« durch ein Ausweichen auf eine anale Abwehr zu schützen. »Das weibliche Genitale nicht berühren. Es auch nicht sehen. Doch auch wenn ich es verberge, dieses abscheuliche Geschlecht, möchte ich es vorzeigen.« – »Wem?« Mit einem kleinen, trockenen Lachen antwortete er: »Zweifellos meinem ›anonymen Publikum‹ ... Indem ich Ihnen das sage, spüre ich, daß ich unruhig werde. Die Verwirrung ist sozusagen da. Warum?« Er fügte rasch hinzu: »Aber das geht ganz gut, denn meine Angst erhöht meinen Genuß!« Dies brachte ihn zu der Erkenntnis, daß die Angst und die Verwirrung einen integralen Bestandteil seiner sexuellen (und anderen) Spiele bildeten und daß diese Angst mit dem anonymen Zuschauer zusammenhing. Ob es sich nun um seine Arbeit handelte, um seine Liebesbeziehung, um sein Verlangen, die Menge zu faszinieren und zu beherrschen, oder um seine Masturbationsspiele vor dem Spiegel, stets wurden seine Inszenierungen demselben Blick dargeboten. Während der folgenden Wochen gelang es, die Rolle des »anonymen Zuschauers« anhand der Übertragung einzugrenzen. Eines Tages erklärte er mir des längeren, daß es ihm nicht mehr möglich sei, von seinen Phantasien und sexuellen Praktiken zu sprechen, ohne daß ich darauf reagierte. Da er sich damit herumquälte, davon zu sprechen, brauchte er die Zusicherung, daß dies der Mühe wert sei. Also sollte es mein Wunsch sein, den Bericht über seine sexuelle Betätigung anhören zu wollen. Dabei unterstellte er, daß mir dies ein gewisses Vergnügen bereitete. Mir wurde also die Rolle des *Voyeurs* angeboten. Er fand diese Deutung »zutreffend und beunruhigend«. Dann fügte er hinzu: »Das stimmt um so mehr, als ich mir gesagt habe: ›Nun gut, wenn sie alles das hören will, wird sie enttäuscht sein. Ich werde ihr verbergen, was mir Spaß macht.‹« Er hielt es also für notwendig, mich in die Irre zu führen. *Ein anderer mußte zwar zuschauen, doch sein Blick mußte auch getäuscht werden.* Eben dies zeigte die Inszenierung seines Phantasmas. Bei dem Szenario handelte es sich, abgesehen von einigen Variationen, um eine Bestrafung, deren Opfer im übrigen unschuldig war. (Er »drang niemals ein«, denn es war ja nur ein Spiel.) Das unschuldig-schuldige Opfer wurde öffentlich vor »einer Menge« ausgepeitscht. Diese Menge reduzierte sich im analytischen Diskurs auf einen »Unbekannten«. Dieser Unbekannte täuschte sich über die Bedeutung dessen, was er sah, denn was wie eine schwere Bestrafung aussah, war gerade Bedingung des sexuellen Genusses. Da der Zuschauer darüber hinaus ohne sein Wissen Teilnehmer der Szene des Genusses war, wurde er aufgrund dieses Umstands gleich doppelt in die Irre geführt. Dabei entging uns natürlich nicht, daß der Patient durch sein Spiel zunächst einmal auch sich selbst täuschte. Wenn er sich mit Nachdruck davon überzeugen wollte, daß »das Opfer geschlagen werden will« (im gemeinsamen Spiel oder in den phantasierten Geschichten), dann enthüllte dies die dem Genuß des Partners zugewiesene Bedeutung. Dieser Genuß war notwendig, um sowohl sein Handeln wie seine Mittel zu rechtfertigen. Einzig der andere konnte der Phantasie Geltung verleihen, derzufolge es sich gerade hier um das Geheimnis des sexuellen Genusses handelte (das Spiel mußte zur Wahrheit werden). Nur ein anderer konnte auch in der Peitsche, dem fetischistischen, künstlich nachgebildeten Geschlecht, eine seltsame Macht anerkennen. Die zweite Täuschung bestand darin, den anderen als ausschließliche Quelle der Geltung anzunehmen, während sie doch in sich selbst ruhte und auf den anderen nur durch Projektion bezogen war. Herr B. hatte schließlich verstanden, daß er sich nur mit dem Verlangen identifizierte, »geschlagen zu werden«, das er seiner Freundin zuschrieb, wenn er sie peitschte. Als ihm dies klar wurde, konnte er mir eröffnen, daß er sich zuweilen vor dem Spiegel selbst peitschte. Etwas später sprach er von dem Vergnügen, »vom Schmerz durchdrungen zu werden« und offenbarte auf diese Weise eine bisher verdrängte homosexuelle Phantasie. Auf einem bestimmten Niveau des Imaginären zeugten die Spuren der Peitsche von einer *Kastration*, einer spielerischen, ja ins Lächerliche gezogenen Kastration, weil er auf diesem Weg zu einem sexuellen Genuß gelangte. Zugleich wurde der Schmerz als Durchdringen dargestellt, und dieses Durchdringen seinerseits als Besitz des väterlichen Phallus phantasiert, den die Mutter begehrte. »Ich begreife jetzt«, sagte er, »daß ich vorgebe, eine Frau zu sein, um ein Mann zu werden. Ich möchte einen besonderen Penis bekommen. Doch was soll das bedeuten? Bin ich etwa homosexuell?«

Auch hier wieder irrte er sich, denn in seinen sexuellen Handlungen gab es keinen Penis, weil es in ihnen manifest nicht einmal eine Vagina gab. Zweifellos lag hier ebenso eine homosexuelle wie auch eine heterosexuelle Bedeutung vor. Was aber vor allem verborgen blieb (konkret durch die Geheimhaltung der Inszenierung und psychisch durch die Verleugnung), war der *Unterschied zwischen den Geschlechtern und seine Bedeutung.* Das Geschlechtsverhältnis reduzierte sich auf das Spiel, sich auf den Hintern zu schlagen. Damit illustrierte es recht gut die Rolle der Verleugnung, die Freud in seinen Schriften über den Fetischismus hervorgehoben hat. Indem er auf diese Weise die sexuellen Organe und ihre Funktionen veränderte, um sich über sie hinwegzutäuschen, leugnete B., daß eines von ihnen des anderen zu seiner Erfüllung bedarf. Wichtiger noch schien das Bedürfnis, die ursprüngliche Identität der Teilnehmer am Spiel und an den dazugehörigen Phantasmen vor sich selbst zu kaschieren. Die Phantasie, die zwei weibliche Personen vor dem Blick eines Unbekannten in Szene setzte, ließ eine merkwürdige Umgestaltung der ödipalen Konstellation erkennen.

Wir müssen nunmehr unser Augenmerk auf die Eltern von Herrn B. richten oder vielmehr auf die Art und Weise, in der er sie darstellen wollte. Denn Einzelheiten seiner Vergangenheit gab er nur stückweise preis. So ließ er mich zwei Jahre darüber im unklaren, ob sein Vater noch lebte oder gestorben war, ob er Brüder und Schwestern hatte. Man konnte den Eindruck gewinnen, er sei das einzige Kind und darüber hinaus ein Kind, das keine Geschichte gehabt zu haben schien. Nach und nach trat dann doch ein Portrait seiner Mutter hervor oder vielmehr ein Portrait des Paars, das er, der kleine Junge, mit seiner Mutter bildete. »In meinen pastellfarbigen Hosen, die genau der Mode der Zeit entsprachen, war ich für sie der kleine Märchenprinz. Das war irgendwie gegen meinen Vater gerichtet ... *Wir beide waren unzertrennlich, meine Mutter und ich* gegen ihn ... Sie wiederholte häufig, ich sei ein richtiger kleiner Mann ... Sie war in bezug auf mich sehr ehrgeizig. Ihr größter Wunsch war es, daß ich eines Tages ihrem eigenen Vater ähnlich sein sollte. Er war Schriftsteller, und sie hatte eine grenzenlose Bewunderung für ihn ... Er war groß, stark – in allem das genaue

Gegenteil meines Vaters. Sie haben mir gegenüber bemerkt, daß in allem, was ich über meine Familie erzähle, mein Vater nicht vorkommt. Aber das ist die Wahrheit. Er zählte nicht! Gewiß, er war immer da – *wie eine fortdauernde Abwesenheit* ... Meinen Großvater habe ich ebensowenig vor Augen, ich erinnere mich an ihn nur aufgrund der Erzählungen meiner Mutter ... Sie erzählte mir oft eine Geschichte über ihn. Eines Tages verfolgte der Großvater sie mit einer Peitsche, und sie flüchtete sich im Garten auf die Toilette ... Ich sehe mich im Garten des Großvaters träumen. Ganze Stunden brachte ich so zu.«

Später erfuhr ich, daß B. schon als kleiner Junge von neun Jahren im Garten seines Großvaters bis auf einige Details dieselben erotischen Phantasien träumte, die ihm dreißig Jahre später sexuellen Genuß verschafften. Bestimmte Objekte seiner rituellen Inszenierungen, ein Hemd mit einer bestimmten Farbe, ein Schuh einer bestimmten Form, stellten nichts anderes dar als das, was seine Mutter in der Szene mit der Peitsche getragen hatte. Noch Jahre später konnten diese Objekte sein Begehren mächtig erregen. Doch was war dieses Begehren? Von dem Moment an, von dem die Deckerinnerung zeugte, war die Peitsche mit der Bedeutung jenes zugleich leidenschaftlichen und aufregenden Ereignisses ausgestattet, von dem der kleine Junge sich vorstellte, daß es zwischen seiner Mutter und seinem Großvater stattgefunden hatte. Und worauf konnte sich diese Peitsche beziehen, wenn nicht auf das Begehren der Mutter nach dem väterlichen Penis, diesen hochgeschätzten, idealisierten und verbotenen Penis, der ihr einziges Vorbild blieb? Der Satz, den er so oft gehört hatte: »Du bist wirklich ein kleiner Mann«, bedeutete für den Sohn keineswegs einen Vergleich mit seinem eigenen Vater. Dieses Bild, von dem er annahm, es sei im Gegenteil in den Augen seiner Mutter entwertet, rief in ihm nur die Vorstellung einer Kastration hervor und war durch ein negatives Vorzeichen, durch einen Mangel gekennzeichnet. Gewiß mußte man nicht hier den Phallus suchen, sondern auf seiten der Mutter. Nur über sie schien ein Zugang zur psychischen Struktur des Patienten möglich. B. hatte seine männlichen Identifizierungen gespalten. Während bestimmte seiner sozialen Tätigkeiten einen Versuch darstellten, den idealisierten Großvater nachzuahmen, war in seiner Lebensführung jede Durchsetzung seiner Kreativität nur möglich, wenn er sich mit einem kastrierten und entwerteten Vater identifizierte und zugleich seine Depression durch die Fiktion des Spiels maskierte. Auf der anderen Seite identifizierte er sich in seinem Liebesleben mit einem idealen Vater, dem phallischen Großvater, der mit einer Peitsche bewaffnet war, und zugleich, wie wir gesehen haben, auf einer tiefer verdrängten Ebene mit seiner *Mutter*, die allein ein Anrecht auf den väterlichen Phallus besaß. Die fetischistische Inszenierung diente als eine Maskerade, um mit der Enttäuschung und dem Gefühl der Leere fertig zu werden. In einer Mischung aus Entzücken und Angst stellte B. sich vor, daß die Peitsche, die Repräsentation des Penis seines Großvaters, in ihn eindringe. Um sich zu dieser Vorstellung Zugang zu verschaffen, tat er, als sei er die Frau, die allein darauf einen Anspruch haben konnte. Dieses Liebesspiel wurde (daran muß man erinnern) seinerseits durch die Inszenierung in der Weise verleugnet, daß sein eigenes Begehren von ihm erst über den Umweg über seine Freundin angenommen wurde.

Indem er sich mit der Lust dieses Muttersatzes identifizierte, der ausgepeitscht wurde, gelangte er zu seinem eigenen Genuß. Er erlangte auf diesem Umweg den narzißtischen Phallus, dessen er sich beraubt fühlte.

Die Phantasie, sich magisch von einem überaus geschätzten Penis durchdringen zu lassen, hat an sich im analen Stadium nichts Ungewöhnliches. In dieser Phase wird der Zugang zur Macht des Phallus im Imaginären von Kindern beiderlei Geschlechts als eine anale Einverleibung des väterlichen Penis vorgestellt. (Die Klinik bietet uns hierfür zahlreiche Beispiele, und in den Spielen kleiner Kinder kommt es explizit zum Ausdruck.) Doch die Einstellung eines Kindes zu seinem Begehren (nach dem Phallus) und zu seiner Phantasie (nach einer Einverleibung des väterlichen Penis) gestaltet sich entsprechend seiner Beziehung zu beiden Eltern. Das Begehren wird entweder als erlaubt aufgefaßt, in welchem Fall es in das Ich integriert werden und den Weg zu einer reifen Sexualität eröffnen kann, oder es wird im Gegenteil als verboten und gefährlich aufgefaßt, weil es ein Kastrationsrisiko für den Vater, die Mutter oder für das Kind selbst mit sich bringt. Meinem Patienten war das Begehren nur in Form eines Spiels gestattet, und das Spiel wurde in der Folge seine Antwort auf das Rätsel der Sexualität. Diese »Lösung« stellte die Grundstruktur seines gesamten psychischen Lebens dar.

Später erinnerte der Patient sich an das schmerzliche Gefühl, anders als andere Kinder zu sein. Noch einmal erlebte er, wie er in einer Gruppe von Jungen, die wie er neun Jahre alt waren, also mitten in einer kindlichen Welt voller Freudenschreie und gemeinsamer Spiele, ganz taub und verzweifelt nach seiner Mutter suchte. »Ich wollte nur sie ... nichts anderes zählte für mich ... Ich verstand diese Kinder nicht. Und ich wollte sie nicht verstehen!« »Sie zu verstehen« hätte bedeutet, sich mit ihren Zielen zu identifizieren und zugleich auf den einzigartigen Platz des Märchenprinzen in der Nähe seiner Mutter zu verzichten – dieser Königinmutter seines Inneren, in dem es keinen Platz für einen König gab.

Noch dreißig Jahre nach diesem Vorfall bedeutete »wie die anderen zu handeln«, sich zu kastrieren. »Von den anderen akzeptiert zu werden« hieß, sich zu verlieren. Man ging damit zu den Brüdern – und den Vätern über. Dieses Risiko auf sich zu nehmen, hätte bedeutet, jede Hoffnung darauf zu verlieren, das phallische Geheimnis der Mutter zu besitzen und eines Tages das zu erlangen, womit er sie hätte übertreffen können. Es hätte bedeutet, das Bild eines idealen, unbeschreiblichen und allmächtigen Vaters zu verlieren, den Verlust eines Mysteriums, eines Heiligtums, eines Gottes.

Schwerwiegender noch, B. riskierte, seine subjektive Identität im Nichts verschwinden zu sehen, weil er diese Identität *nur in den Augen seiner Mutter bewahrte.* Auf dem Umweg über sie mußte er die Attribute seiner Männlichkeit erwerben. Das Verlangen, seinen Vater zu lieben, sich mit ihm zu identifizieren, ein im eigentlichen Sinne phallisches Bild des Vaters zu introjizieren, wurde ihm von der Mutter untersagt und mußte unbewußt bleiben. So konnte B. niemals auf seine Mutter verzichten, denn sie war die einzige Garantin seiner narzißtischen Integrität und seiner sexuellen Identität.

Der Weg seiner Analyse bis hin zur Einführung des Vaters in seine Geschichte rief unmittelbar Angst hervor. Immer wieder suchte er Zuflucht bei den zärtlichen und nostalgischen Bildern seines mütterlichen Paradieses. Jedesmal fand er sich wieder in derselben Sackgasse. »Als Junge hatte ich manchmal einen Kloß in der Kehle, und wenn ich ihn nicht mehr ertragen konnte, ging ich zu meiner Mutter, und zwar, um mich an ihrer Schulter auszuweinen. Eine Geste von ihr genügte, und alles war vergessen. Solche Tränen waren mein Entzücken. Doch als ich ungefähr neun Jahre alt war, kam der Moment, wo es nicht mehr möglich war, dies von ihr zu verlangen. Ich war also gezwungen, meinen Kloß herunterzuschlucken! ... In der Folge habe ich ein System aufgebaut, in dem ich ganz mir selbst genügen konnte. Das war mein Ideal geworden. Mein gesamtes System stand bereits im Alter von neun Jahren. Warum gerade in diesem Alter, weiß ich nicht ... Doch inzwischen will ich aus diesem System raus, verstehen Sie! ... Mein ganzes Leben lang habe ich auf ein Wunder gewartet, auf etwas, was die Irrealität meiner Existenz zu einer Realität verändert und meinem Schmerz einen Sinn gibt ... Ich bin verloren in einem Universum, dessen Spielregeln ich nicht kenne.« Indem er einen Moment die spielerische Deckung fallen ließ, enthüllte er, ohne es zu wissen, seine verzerrte ödipale Situation, die seinem Selbstbild, seinen Wünschen und der Rolle der anderen nur teilweise einen Sinn verlieh.

In seinem Bemühen, aus dem Spiel herauszufinden, fuhr er fort: »Ich bräuchte eine Katastrophe, um mich aus all meinem Scheitern, aus den ganzen kleinen Betrügereien herauszuziehen, ein Ereignis, das mich mit dem Rücken zur Wand stellen würde. Wir sind bereits einmal darauf gestoßen, daß ich mich weigere, ein Risiko einzugehen, eine Prüfung zu bestehen. Das stimmt. Ich mache stattdessen lieber einen Umweg ... und finde mich auf der anderen Seite wieder, ohne die Prüfung bestanden zu haben.«
»Das zwingt Sie, weiter zu betrügen und auf der Hut zu sein, daß man Sie nicht entlarvt?« – »Genau. Und ich hab genug davon! Ich möchte mein Image als Scharlatan loswerden, dieses Phantom meiner selbst. Wenn ich nur das machen könnte, worauf ich wirklich Lust habe, und spüren könnte, daß die *anderen* tatsächlich existieren ... Doch ich schlüpfe unten durch. Ich suche immer einen geheimen Ausweg. Nur eine Katastrophe könnte mein Lügengebäude zerstören.« Nach einem langen Schweigen fuhr er fort: »Ich denke, ich weiß nicht warum, an den Krieg.« – »Da haben Sie eine Katastrophe, die recht viele Dinge für Sie arrangiert hat.« – »Ja. Während mein Vater abwesend war, fühlte ich, daß ich zum Mann wurde. Wie ein Fisch im Wasser. Doch unablässig warte ich auf die wirkliche Katastrophe. Ich bin von meiner Katastrophe frustriert! Ich weiß nicht warum, aber das scheint mir zutiefst wahr zu sein ... Es ist, als hätte ich niemals einen Friedensvertrag unterschrieben. Aus der Weigerung heraus, gedemütigt zu werden. Es ist, als sei ich untergetaucht.« – »Ihren Vertrag, haben Sie ihn eigentlich selbst ratifiziert?« – »Ja, er ist gefälscht. Wie alle meine Diplome und alle meine Erfolge. Alles ist gefälscht. Und nun warte ich darauf, daß *Sie* die Katastrophe herbeiführen, indem Sie etwas sagen, was mich umhaut ...«
Die so sehr erwartete »Katastrophe« verlangte den Verzicht auf die Allmacht des Begehrens ebenso wie auf das Inzestobjekt zugunsten des Vaters sowie schließlich die Unterwerfung unter die Klausel eines »demütigenden Vertrages« als

einzig möglichen Ausweg. Doch Herr B. hatte seinen Ausweg aus dem Ödipuskomplex auf andere Weise gesucht. Indem er mit Unterstützung der Mutter seinen Vater als »nichtexistent« behandelte, konnte er sich die Illusion bewahren, das einzige Liebesobjekt der Mutter zu sein. Seine gefälschten Diplome verschafften ihm zweifellos Privilegien, kamen ihn aber teuer zu stehen. Trotz seiner zunehmenden Depressionen konnte er weder schmerzlos auf seine falschen Diplome verzichten noch ohne Angst die Katastrophe heraufbeschwören. Er suchte im Blick der anderen nach einer Antwort: »Ich bin durchaus in der Lage, den Star zu spielen, wenn ich nur ein Publikum vor mir habe. Ein Star existiert nur in den Augen der anderen. Ich täusche sie nach allen Regeln der Kunst. Ich spiele nichts weiter als eine Rolle.« Doch in anderen Augenblicken erschien all dies ihm inhaltsleer, und er erfand dann lange erotische Geschichten: »Meine Freundin schreibt ihrer Mutter, daß ich sie geschlagen habe, und ich weigere mich zuzugeben, daß alle Welt dies weiß. Sie weiß, daß die Nachbarn auf dem laufenden sind, und sie sagt, das sei ihr egal ... Sie haben recht, ein ›Publikum‹ ist unerläßlich!«

Hinter dem komplizenhaften Blick des Partners, entweder bei seinen Schlagephantasien oder bei den Masturbationsritualen vor dem Spiegel, stand unweigerlich das Phantasma eines *anderen Blicks.* »Dieser X, der alles sieht, das ist der Gipfel meiner Angst und meiner Lust.« In der auf diese Reflexion folgenden Sitzung berichtete er einen Traum: »Ich befand mich im Haus meiner Kindheit, und Sie waren mit mir im Bett. Sie sagten: ›Diese kreisrunden Flecken auf dem Bettuch, das ist meine Schuld. Man kann sie sehen.‹ Und Sie fügten mit feierlicher Stimme hinzu: ›Wir sind alle beide beunruhigt.‹ Das war zugleich aufregend und erschreckend.« Zwar sind hier mehrere Deutungen möglich, doch offensichtlich ersetzte die Analytikerin die Mutter als Objekt des sexuellen Begehrens, und »die Schuld« war wohl auf dieses Bild der Mutter zurückzuführen. Schließlich wurde noch auf eine dritte Person angespielt, die beide in Unruhe versetzte. Diese Anspielung auf den Vater wurde als angstauslösend erfahren, weil der Vater den inzestuösen Sohn zu kastrieren drohte, zugleich aber auch als aufregend, weil der Vater durch die Komplizenschaft von Mutter und Sohn getäuscht wurde. Bei dem Gedanken an das im Traum vorkommende Haus erinnerte er sich spontan daran, daß seine Mutter ihm von ihren Auseinandersetzungen mit dem Vater vertraulich berichtete. An jenem Tag sah er keinerlei Verbindung zwischen dem Traum und dieser Assoziation. Indem er, ohne ihn beim Namen zu nennen, auf einen Menschen verwies, der sie »in Unruhe versetzte«, ließ er den Platz dieses anderen leer, der herbeigerufen wurde, um die Flecken auf dem Bettuch zu bemerken, damit er sich darüber Klarheit verschaffte, getäuscht worden zu sein. Sein Mißtrauen wurde auf alle Väter, ja auf eine anonyme Menge ausgedehnt. Da spielte er also nun wieder mit seinen gefälschten Diplomen: »Mir kommt eben der Gedanke, daß ich gegenüber anderen überangepaßt bin. Ich rede nie bloß so dahin ... denn was andere tun, hat überhaupt keinen Sinn für mich. Oder vielleicht bin ich es, der jeden Sinn aufhebt. Auf jeden Fall habe ich vor kollektiven Meinungen einen Horror. Seit ich sechs bin, gehe ich ihnen aus dem Weg. Ich habe immer ein Maximum an Unabhängigkeit von anderen gebraucht. Trinken, essen, onanieren, meinen Phantasien nachhängen – das ist wirklich meine Welt, die nur mir gehört.« Es ist die imaginäre, inzestuöse Welt des Kindes und der Mutter, von der der Andere ausgeschlossen ist. Die Beziehung zum Vater, dessen Sinn B. »aufgehoben« hat, wird hier auf die anderen projiziert (die »braven Bürger«, die Kastrierten). Seine Welt schien von nun an in zwei Teile geteilt: Auf der einen Seite, wo sich die anderen befanden, war für ihn alles Täuschung. Hier galt es alles zu beherrschen und niemals bloß belangloses Zeug zu reden. Auf der anderen Seite lag die »wirkliche«, intime und sinnliche Welt des Essens, Trinkens und Onanierens. In ihr war er allein. Ich faßte die beiden Bilder, die er mir seit einigen Sitzungen von diesen beiden Welten entworfen hatte, in Worte: die eine war ohne jeden Zweck, nicht weiter besetzt, beherrscht und auf Distanz gehalten. Die andere war das Reich seines sexuellen Begehrens, dessen alleiniger Herrscher er war. »Das stimmt – doch ich hab' davon genug. Ich will nicht mehr. Ich habe *Angst,* in der ›Welt der anderen‹ *belangloses Zeug zu reden.* Wenn ich es nur könnte, mich unter sie wagen, einer von ihnen zu sein ... Ich bin überall allein. Selbst bei meiner Freundin. Sie weiß nicht, was wirklich los ist. Übrigens schäme ich mich, es zu sagen, aber ich habe ihr niemals die Macht gegeben, *mich leiden zu lassen.«* Dieser letzte Satz war ein Musterbeispiel für seine Beziehungen zu anderen, vor allem auch für die Einstellung, die er in der Analyse zu wahren suchte. Diesmal enthüllte er, daß er seine Freundin, den Ersatz der verführerischen und gefälligen, aber zu beherrschenden Mutter, auch fürchtete. Unter dem Bild der gefälligen Mutter tauchte die Imago einer Frau auf, die ihn leiden lassen konnte und die ihn täuschte, indem sie ihn an die Wirklichkeit seiner kindlichen Illusionen glauben ließ.

Im Laufe des dritten Jahres seiner Analyse fühlte sich Herr B. mehr und mehr durch Veränderungen seiner Arbeitsweise und seines Sexuallebens bedroht. »Ich sage es Ihnen nicht gern, aber seit einiger Zeit kann ich besser arbeiten. Ich fühle mich frei zu tun, was ich will, und es macht mir auch Spaß. Es mag naiv klingen, doch niemals zuvor in meinem Leben habe ich so etwas empfunden. Wenn ich etwas zustande brachte, mußte es ohne jeden Wert sein, eine Art Spiel. Zuzugeben, daß ich Lust haben könnte, etwas zu leisten, und daß dies sogar einen Wert besitzt, bringt mich ganz durcheinander ... Ich bin deshalb wütend auf Sie. Diesen Erfolg [es handelte sich um einen literarischen Erfolg] verdanke ich in gewisser Hinsicht Ihnen, und das kotzt mich an.« Auf dieser Ebene brachte jeder Erfolg eine doppelte Gefahr mit sich. Zum einen löste er in seinen Phantasmen, in denen »Spaß am Erfolg« zu haben unbewußt gleichbedeutend war

mit einer Erektion, sofort eine Kastrationsangst aus. Zum anderen führte er auf der Beziehungsebene zu der Furcht, andere nötig zu haben, sich nicht mehr »selbst zu genügen«, schließlich gar den Wünschen und dem Urteil anderer gegenüber offen zu sein.
Daher kehrte er nach jedem Eingeständnis eines Erfolgs zu seiner alten Abwehr zurück. Eine ganze Sitzung hindurch konnte er sich vorwerfen, »nichts zu tun«, überflüssig und vom Schicksal verdammt zu sein. Auf meine Bemerkung, er wolle sich allem Anschein nach wieder »für unschuldig erklären«, antwortete er: »Ach ja. Ich wollte es Ihnen nicht sagen, doch seit einiger Zeit führe ich ein anderes, normales und befriedigendes Geschlechtsleben.« »Wirklich« zu leben, einer ernsthaften Arbeit nachzugehen, sich mit Genuß der Liebe hinzugeben – all dies blieb jedoch weiterhin gefährlich und bedeutete für ihn das Risiko, sich in eine noch immer gefürchtete Abhängigkeit zu begeben. Parallel dazu wurden in der Analyse die verschwommenen Erinnerungen an seine Kindheit lebendiger. Der Vater hatte eine sehr viel größere Bedeutung, als er zunächst dachte, und das Bild seiner zärtlichen und gefälligen Mutter wurde allmählich von Feindseligkeit durchsetzt.

Bevor ich mich einem letzten klinischen Detail zuwende, möchte ich einige Umstände der ödipalen Situation zusammenfassen, die in der Geschichte des Patienten aufzutauchen begannen. Der ödipale Konflikt und die Kastrationsdrohung hatten nur insofern eine Lösung gefunden, als sie umgangen worden waren. Diese Umgehung des Ödipuskonflikts wurde durch zwei wesentliche Abwehrmechanismen aufrechterhalten: durch die Verleugnung und das Spiel. Diese beiden Arten der Abwehr richteten sich vor allem gegen die Kastrationsdrohung und hatten das Ziel, erneut die Illusion zu wecken, daß der Patient mit der Mutter ein Paar bilde. In seinem Bild von den Eltern war der Vater stets mit einem negativen Kennzeichen versehen zugunsten einer zweideutigen Mutterimago, die in sich die Attribute beider Geschlechter vereinigte, während die Furcht und der Haß, die ein derartiges Bild auslösen können, dank der Idealisierung auf seiten des Patienten verdrängt blieben. In diesem »teleskopierten« Ödipuskomplex wurde die Mutter zugleich zur Verführerin und zur verbietenden Instanz. Sie war attraktiv und stellte gleichzeitig das Hindernis einer Befriedigung seines Begehrens dar. Dem Kind erschien sie als widersprüchlich. Doch sie garantierte auch eine Illusion. Das Kind glaubte schließlich, dem Schicksal seiner ödipalen Problematik entfliehen zu können. Eines Auswegs aus der Sackgasse beraubt, die eine Identifizierung mit dem Vater von ihm gefordert hätte, sah es sich als Auserwählten der Mutter und glaubte aufgrund dieses Umstands, das menschliche Drama überspielen zu können. Es erhielt sein Diplom, ohne ein Examen zu bestehen, aber (und hier beginnt seine bittere Wahrheit) es erhielt es *unter der Bedingung, daß es sich seiner niemals bediente.* Dieses gefälschte Diplom, das das Kind einem verleugneten Vater entriß, war dennoch der einzige Punkt, der es vor einer Psychose rettete. Als Pappkönig mit einem gefälschten Szepter mußte es von nun an, um seine Identität zu schützen, die *anderen* glauben machen, daß das Gefälschte die Wahrheit sei. So konnte B. auch die Welt, das Publikum und seine Sexualpartnerin nur auf dieselbe Weise täuschen, wie er in seinem Phantasma seinen Vater getäuscht hatte. Von nun an wurde die Angst, wegen dieser Täuschung entlarvt und bestraft zu werden, zu einer beständigen Sorge für ihn. Er mußte alles kontrollieren. Zur Angst, diese zerbrechliche Identität zu verlieren, kam die Furcht, die Kontrolle nicht nur über sich selbst, sondern auch über die anderen zu verlieren, vor deren Augen diese irreführende Identität aufrechterhalten wurde. Schließlich hatte er Angst, die Herrschaft über die anderen und diese Welt zu verlieren, in der ständig das Bild dessen auftreten konnte, der die Legitimität seiner Position als erwählter König hätte in Frage stellen können. Auf diese Weise wurde die väterliche Instanz

mit allem, was sie an furchtbaren Ängsten auslöste, aus dem Bereich des Subjekts hinausprojiziert und auf Distanz gehalten.
Doch die Selbstbeherrschung und die Kontrolle über das Objekt sind nicht ausreichend, um die Kastrationsangst einzudämmen, die bei derartigen Patienten sehr heftig ist. Zur Stützung des prekären Gleichgewichts dieser unangemessenen Lösung des Ödipuskomplexes tragen andere Abwehrkräfte, in erster Linie Regressionen der Triebziele, bei. Beherrschung, Kontrolle, Demütigung und Herausforderung spielen eine wichtige Rolle. Der Analysand gibt der »perversen« Struktur ein unauslöschliches Gepräge. Die im Hinblick auf ihre genitale Bedeutung verleugnete Urszene nimmt den Charakter eines narzißtisch-analen Kampfes an. Der zum Äquivalent eines Kontrollverlusts gewordene Orgasmus muß immer weiter hinausgeschoben, wenn nicht vermieden werden; stellvertretend wird er über den Genuß der Partnerin erlebt. Hier liegt eine besondere Weise vor, die Kastrationsangst zu beherrschen (Aulagnier 1967). Statt sich mit seinem Handeln in seiner sexuellen Identität zu behaupten, gelangt das Subjekt höchstens dahin, sich einen Ort in Raum und Zeit zu verschaffen und sich zu vergewissern, weder sein Objekt zerstört zu haben noch von diesem vernichtet worden zu sein. Dieser im analen Stil geführte Machtkampf, den das Subjekt in seinem sexuellen Spiel und in seiner Beziehung zur Welt auslebt, dient dazu, es vor seinen depressiven Ängsten und Verfolgungsängsten zu schützen. Zugleich verleiht er seinem Handeln etwas Zwanghaftes und Rituelles.

Dieses Stück Analyse enthüllt einen weiteren Aspekt der analen Komponente – die Bedeutung des *Geheimnisses* im Zusammenhang der Perversion. Die Angst, die mit dem *Sichtbaren* – dem Penis oder der Tatsache, daß er fehlt – verbunden ist, läßt sich durch eine Verschiebung auf das Unsichtbare, auf ein anales Objekt, reduzieren, welches sich dem Blick entzieht. Zugleich erlaubt diese Verschiebung dem Subjekt, an dem Phantasma festzuhalten, einen geheimen Penis zu besitzen und eine verborgene, erotische Beziehung zur Mutter zu unterhalten. Wie jedes Geheimnis, kann auch dieses im sexuellen Spiel zugleich enthüllt und verborgen werden. Es wird damit zur Grundlage eines esoterischen »Wissens«, das gleichzeitig unwirksam und täuschend, allmächtig und unfehlbar ist.

Doch das Spiel zu zweit genügt nicht, dem analen Phallus und seiner Bedeutung Geltung zu verschaffen. Ein Zeuge muß der geheimen Liebe zwischen Mutter und Sohn einen Sinn verleihen. Dieser Zeuge ist der Vater, der – wie einst das Kind in der Urszene – erniedrigt und getäuscht wird. In der imaginären Inszenierung ist der Voyeur und Vater dennoch Objekt einer doppelten Triebregung. Er bietet die magische Lösung einer homosexuellen Identifizierung, einer Entwicklungsstufe, die das Subjekt nicht erreicht hat. Wenn das erste Bild des Vaters ein Wesen zeigt, das kastriert ist, dann zeigt das zweite einen idealisierten Vater, der mit einem nichtkastrierbaren Penis begabt ist, welcher der Mutter Erfüllung bieten kann. Doch dieser Vater bleibt auf immer unerreichbar. Spiel, Magie und Taschenspielerei sind die einzigen Mittel, sich mit ihm zu identifizieren. Die Aufspaltung des Vaters als Objekt legt Zeugnis ab von dem entscheidenden Hindernis, das jedem Versuch einer Identifizierung mit dem Vater entgegensteht.

Doch ein derartiges Scheitern tritt nur ein, wenn es durch andere Umstände begünstigt wird. Unausweichlich verweist uns dies zurück auf die frühe Beziehung zur Mutter und auf die Existenz einer depressiven Grundstruktur, die ihrerseits durch fieberhaftes Handeln kompensiert werden muß. Aber dieses frühe Material anzugehen wird erst möglich, wenn im Diskurs des Subjekts eine andere Wahrheit aufgetreten ist als die Verleugnung.

Ich nehme genau an diesem Punkt die Analyse von Herrn B. wieder auf und verweise auf eine kurze Passage, die einen

Weg zu Phantasien eröffnet hat, die noch tiefer verschüttet lagen. Der Patient sprach eines Tages von einem Gefühl der Wut gegenüber seiner Mutter. »Immer ging es nur um ihren eigenen Vater. *Sie* wollte ihm ähnlich sein. Immer wieder hat sie mir gesagt, daß sie ein Junge sein wollte. Jetzt sollte ich dieser Junge sein. Der Tod meines Großvaters hätte mir eigentlich in Erinnerung bleiben sollen, doch ich erinnere mich nicht daran. Nein, warten Sie, ich muß sechs gewesen sein. Als mein Großvater starb, *konnte mein Bruder schon laufen.*« Nach einem kurzen Schweigen fuhr er fort: »Ich verstehe diesen Haß nicht, den ich meiner Mutter gegenüber habe. Sie wollte nur mein Bestes. Wenn sie mich ganz allein für sich haben wollte, dann doch nur, weil sie mich liebte. Und daß sie mich daran gehindert hat, mich meinem Vater zu nähern, erklärt doch noch nicht meinen Haß.«
Ich nahm seine Worte wieder auf: »Als mein Großvater starb, konnte mein Bruder schon laufen.« – »Ich verstehe nicht.« – »Sie sagten mir, daß Ihre Mutter Sie anbetete und ganz allein für sich haben wollte?« – »Gewiß! Und ich sage, daß dies kein ausreichender Grund ist, um sie zu verabscheuen.« – »Der Grund könnte sein, daß sie in Wirklichkeit etwas anderes wollte als Sie. Als ihr so sehr geliebter Vater starb, nahm ihr eigenes Kind schon dessen Platz ein. Was stellte dieser kleine Bruder dar, die Frucht einer angeblich nicht existenten Verbindung zwischen Ihrer Mutter und Ihrem Vater? Was hat es mit der Bedeutungslosigkeit Ihres Vaters auf sich? Im übrigen ist dies das erste Mal, daß Sie mir von Ihrem Bruder erzählen.« – »Aber . . . ich bin das älteste von fünf Kindern!« – »Sie hat Sie also mehr als einmal betrogen?«
Das schicksalhafte Alter lag für ihn bei sechs und neun Jahren. In diese Zeit fielen die bitteren Enttäuschungen über die Geburt jüngerer Brüder. Und zugleich datierte aus dieser Zeit die Durchsetzung »des Systems«. Aber seine Verleugnung wollte, daß diese Geburten ohne Bedeutung seien. Die Peitsche, der künstliche Verlust, der idealisierte Penis des

Großvaters, den der Patient als privilegiertes Objekt des mütterlichen Begehrens hatte phantasieren wollen, diese Peitsche diente ihm auch dazu, zu kaschieren, daß der Vater und sein Penis im Leben der Mutter und bei der Geburt der jüngeren Geschwister eine Rolle gespielt hatten. Wie immer es auch um das Begehren der Mutter bestellt gewesen sein mochte, letzten Endes bestand die Wahrheit seines eigenen Begehrens, des Begehrens eines kleinen Jungen, darin, daß seine Mutter nur für ihn lebte.

In den folgenden Sitzungen erinnerte er sich an Szenen aus seiner Kindheit, von denen eine besonders hervortrat. Sie besaß die Brillanz und Klarheit einer Deckerinnerung. Herrn B.'s Mutter stillte den Säugling, während B. fasziniert zuschaute: »Sie hielt ihn dort unten hin, gegen ihr Geschlecht, wo man nicht hingucken darf. Aber ich konnte hingucken, weil die ›leere Stelle‹ durch den nackten Hintern meines kleinen Brüderchens bedeckt war. Ich starrte auf diesen Hintern und versuchte – ich weiß nicht was – zu verstehen.«

Beim Nachdenken über diese Szene wurde Herrn B. klar, daß der Hintern des Säuglings nicht nur die Stelle des fehlenden Penis der Mutter einnahm, sondern ihn auch in die Lage versetzte, ihre Brüste zu verleugnen, die den Rivalen stillten. In seiner unbewußten Erinnerung waren nach diesem kindlichen Blick die Brust und der Hintern unauflöslich miteinander verbunden. Ursprüngliche Sehnsüchte seiner frühen Kindheit begannen in seinen Träumen und Tagträumen aufzutauchen, und es wurde deutlich, daß das ritualistische und aufregende Spiel, das darin bestand, einen anderen Menschen auf den Hintern zu schlagen, nicht nur eine Kastrationshandlung nachahmte, sondern auch ein Verlangen nach Rache an den treulosen Brüsten darstellte.

Neben dem Gefühl, auf der Höhe seiner ödipalen Bestrebungen von seinen wichtigsten Liebesobjekten hinters Licht geführt und erniedrigt worden zu sein, trat die noch tiefer sitzende Angst, die Brüste der Mutter zerstört und damit die Quelle der Liebe und des Lebens verloren zu haben. Herr B.

kämpfte unablässig gegen die Anerkennung solcher Gefühle und fürchtete, daß sein Haß seine Liebe und schließlich auch ihn selbst zerstören würde. Jede Tätigkeit wurde zu einem Spiel. Jedes Verlangen, gleich ob es sich dabei um eine sexuelle Beziehung, eine Liebesbeziehung oder um ein Arbeitsprojekt handelte, konnte nur in Magie umgesetzt werden. Es war ihm gelungen, sich selbst davon zu überzeugen, daß das Leben nichts weiter als ein Spiel sei, in dem man alles kontrollieren konnte, wenn man nur von niemandem abhängig war.

Patienten wie Herr B. machen häufig den Eindruck, ungewöhnlich selten fordernd aufzutreten, als wären sie frei von allen Bindungen. Tatsächlich sind sie auf einer tiefen unbewußten Ebene gezwungen, jedes Verlangen und sogar jedes Bedürfnis nach anderen Menschen zu verleugnen. Dies führt sie dazu, an dem magischen Glauben des Säuglingsalters festzuhalten, daß die Brüste der Mutter ihr persönliches Eigentum sind und ihnen für immer gehören. Um diese Illusion aufrechtzuerhalten, ist es notwendig, dem Leben jeden Anschein von Ernsthaftigkeit zu nehmen und Frustrationen, Schuldgefühle oder Depressionen nicht an sich herankommen zu lassen.

Das Spiel, das sich Herr B. aus seinen Verleugnungen schuf, diente nicht nur dazu, seine Kastrationsangst zu besänftigen, die mit seinen nicht zum Zuge gelangenden phallischen Bestrebungen zusammenhing, sondern auch dazu, die tiefsitzende Angst unter Kontrolle zu bringen, die sich aus der Phantasie ergab, seiner Mutter die lebensspendende Macht geraubt zu haben. Sein Spiel wurde daher zu einer massiven Verleugnung dessen, worin nach seiner Auffassung sein Leben bestand – einer Art inneren Todes. Dieser Mechanismus erinnert in mancherlei Hinsicht an Melanie Kleins Begriff einer *manischen Abwehr* und stellt nach meiner Auffassung eine wichtige Dimension bei allen Individuen dar, deren psychisches Gleichgewicht in erster Linie auf einer sexuellen Perversion beruht. Die umfangreichen Verleugnungen bieten dem Individuum einen doppelten Vorteil: In Verbindung mit seinen (sowohl heterosexuellen wie homosexuellen) ödipalen Bestrebungen ist es in der Lage, sich davon zu überzeugen, daß das Ereignis, das ihm größte Angst bereitet, die Kastration, zugleich die erregendste Erfahrung ist, die es kennt. Auf einer primitiveren, narzißtischen Stufe kann es unerträgliche Schuldgefühle beseitigen, die ihm seine Existenzberechtigung zu nehmen drohen. Wenn das Spiel, die Illusion, an Macht verliert und ein Gefühl hinterläßt, gegen eine unannehmbare Realität zu kämpfen, wenn also die manische Abwehr unwirksam zu werden beginnt, dann kann der Patient, der an ihr leidet, sich entschließen, die Hilfe eines Analytikers in Anspruch zu nehmen. Selten oder gar nicht wendet er sich an einen Analytiker, um von seiner sexuellen Devianz befreit zu werden. (Wenn dies der Fall ist, haben wir es mit einer gewöhnlicheren neurotischen Persönlichkeitsstruktur zu tun.) Es kommt der Wahrheit näher, wenn man sagt, daß er unter dem Vorwand, über seine sexuellen Praktiken besorgt zu sein, das Recht zu erwerben hofft, nicht mehr sein Leben als Spiel gestalten zu müssen, um zu überleben.

Ziel dieses Kapitels ist es gewesen, bestimmte Aspekte der ödipalen Konstellation bei sexuellen Perversionen zu explorieren. Es ging dabei vor allem darum, anhand einer klinischen Fallgeschichte die grundlegenden Phantasmen darzustellen, zu denen die ödipale »Lösung« der sexuellen Devianz führt, und schließlich auf die ökonomischen Bedingungen zu verweisen, unter denen die entstehende Ich-Identität aufrechterhalten wird. Obwohl das klinische Beispiel der Analyse von Herrn B. reich an individuellen Details war, wurden diese beiseite gelassen, um die Darstellung ganz auf jene Aspekte zu konzentrieren, die für die psychische Struktur der zugrundeliegenden sexuellen Perversionen im allgemeinen typisch sind. Folgende Punkte scheinen mir dabei von Bedeutung: Die Phantasie, die sich auf die phallische Kastration der Vaterimago richtet, verbirgt eine andere, welches die Kastration der nährenden Mutter zum Ziel hat. Wenn der erste Wunsch das Individuum selbst mit Kastration bedroht, dann ruft der zweite eine Angst vor Depressionen, vor psychischer Dekompensation und vor dem Tod hervor.

Diese aggressiven Kastrationswünsche mit den sie begleitenden Ängsten werden durch ein zwanghaftes Sexualverhalten in Schach gehalten, welches Merkmale eines Spiels mit strengen Regeln annimmt und zu einer Art von Objektbeziehung führt, die von denselben Abwehrmechanismen beherrscht wird; von Verleugnung und Verneinung, von Aufspaltung und Projektion, von Regression und manischer Abwehr.

Wie in der Kindheit tritt das Spiel in den Dienst der Beherrschung traumatischer Ereignisse und Zustände und erlaubt es dem Individuum, mit Dingen zu spielen, die es (wie etwa libidinöse und aggressive Wünsche) nicht in Handeln umsetzen kann. Das Spiel gestattet aber auch eine Umkehrung der Rollen, die häufig die Form annimmt, die orgastische Reaktion des Sexualpartners zu kontrollieren. Dabei wird dann der »Kontrollverlust« als eine Kastration des Partners angesehen oder als eine Reduktion seines Status auf den eines hilflosen Kindes. Das Subjekt versetzt sich in seiner spielerischen Phantasie in die Lage, allein in den Genuß des väterlichen Penis und der mütterlichen Brüste zu kommen. Als Folge davon kann es diese Objekte besitzen und zugleich bestrafen. Das verzweifelte Spiel seiner Sexualität erlaubt es ihm, in seinen Phantasien verlorene Objekte wiederzuerlangen und zugleich die Abwehr gegen die verbotenen Wünsche zu erotisieren.

In der Fallgeschichte, die im Zentrum des vorliegenden Kapitels steht, wurden die geliebten und gehaßten Objekte (der Penis des Vaters und die Brüste der Mutter) durch Verschiebung zur Peitsche und zum Hintern getarnt. In dieser Form konnten sie kontrolliert, kastriert und vor allem wieder zum Leben gebracht werden. Gerade indem sie partiell repräsentiert wurden, konnten die geliebten Objekte angegriffen und

kontrolliert werden, und dies allein lieferte schon den Beweis dafür, daß sie noch lebendig waren und daß der Sohn vor ihrer Rache und vor seiner Schuld sicher war.
Wenn die Inszenierung der Perversion eine Geste der Herausforderung (des Vaters oder der Gesellschaft im ganzen) darstellt, dann ist sie zugleich auch ein Versuch, dieses verlorene innere Objekt wiederzuerlangen. Den Vater zu täuschen und zu erniedrigen ist ein Weg sicherzustellen, daß er existiert. Ganz gleich, in welcher Form die Perversion sich manifestiert, sie zielt stets darauf, das Auge eines »anonymen Zuschauers« auf sich zu ziehen, des äußeren Repräsentanten einer phallischen Imago, der dritten Dimension. Dank dieses schattenhaften Dritten, der durchaus auf ein verstümmeltes inneres Objekt oder auf ein unbelebtes symbolisches Objekt reduziert sein kann, ist das Individuum in der Lage, seine Identität aufrechtzuerhalten und das ständig gegenwärtige Risiko von Depressionen oder Verfolgungsängsten auszuschalten, das seine Ich-Identität bedroht und es in eine psychische Leere hinabziehen kann, die durch die grenzenlose allgegenwärtige Welt der Mutter dargestellt wird – die Psychose. Dieses Schicksal fürchten die Perversen, wenn sie die Bindungen abwerfen, die ihr sexuelles (und manchmal ihr gesamtes) Leben zu einem qualvollen und angstbesetzten Seiltanz machen. Denn der anonyme Zuschauer kann seinen Platz nur dem Gespenst des seelischen Todes überlassen.

II. Die Urszene und das perverse Szenarium

Bevor ich die unbewußte Bedeutung sexueller Perversionen und die möglichen Elemente dessen erörtere, was sich als »perverse« Charakterstruktur bezeichnen ließe, möchte ich den klinischen Begriff einer derartigen Struktur im Gegensatz zu einer neurotischen oder psychotischen Charakterstruktur bestimmen. Dies bietet einige Schwierigkeiten, da eine perverse Charakterstruktur nicht notwendig durch das Auftreten devianten Sexualverhaltens definiert oder einfach aus ihm abgeleitet werden kann. Sexuelle Abweichungen treten bei Leuten mit sehr verschiedenartigen Strukturen auf, und je nach ihrer Persönlichkeit kann dieselbe sexuelle Handlung eine ganz unterschiedliche Bedeutung und Funktion besitzen. Man kann auch nicht die Auffassung vertreten, pervers seien alle diejenigen, deren sexuelle Beziehungen oder masturbatorische Handlungen regelmäßig von als pervers zu bezeichnenden Phantasien begleitet werden, da es keine spezifisch perversen Phantasien gibt und da die ganze Vielgestaltigkeit erotischer Phantasiebildungen von vielen eher als ein Privileg der Neurotiker betrachtet wird. Im Gegenteil, Individuen, deren Sexualleben sich in erster Linie in manifesten und nach bestimmten Regeln ablaufenden Perversionen ausdrückt, weisen gewöhnlich ein außerordentlich verarmtes Phantasieleben auf. Dies kann bedeuten, daß ihre innere Objektwelt es ihnen nur gestattet, sich sexuelle Beziehungen ausschließlich unter einem begrenzten Blickwinkel vorzustellen (Sachs 1923). Darüber hinaus ist die Struktur ihres Ich gewöhnlich so beschaffen, daß sie den größten Teil dessen, was sie phantasieren, unmittelbar in Handeln umzusetzen gezwungen sind. Insgesamt verfügen sie sowohl in ihrem Handeln wie in ihren Phantasien über eine nur geringe erotische Freiheit. In die Kategorie einer perversen Charakterstruktur können wir ebenfalls nicht jene oft hysterischen

Patienten aufnehmen, die sich auf gelegentliche homosexuelle Abenteuer eingelassen haben, oder jene zwanghaften Analysanden, die von fetischistischen oder analerotischen Experimenten berichten. Bei ihnen liegt eine qualitativ andere Bedeutung und Funktion vor. *Der erotische Ausdruck sexueller Devianz ist ein wesentliches Merkmal der psychischen Stabilität von Perversen, und ein Großteil ihres Lebens dreht sich um ihn.* Eine ähnliche qualitative Unterscheidung muß im Hinblick auf jene Menschen getroffen werden, deren Ich und deren Objektbeziehungen in erster Linie psychotisch sind. Derartige Individuen gehen manchmal homosexuelle oder andere perverse Beziehungen in dem Versuch ein, einer psychotisch motivierten Angst zu entfliehen oder durch erotische Kontakte irgendeine Form von Abgrenzung zu finden. Auch solche Faktoren können in eine perverse Beziehung eingehen, stellen jedoch nicht deren vorherrschende Elemente dar.

Es ist nicht leicht festzulegen, was pervers ist und was nicht. Und selbst dann noch ist es leichter zu bestimmen, was man unter einer Perversion versteht, als festzulegen, wer als pervers gelten soll. Freud hat früh auf die Tatsache aufmerksam gemacht, daß wir unter der Oberfläche, wo sich die kindlichen polymorph-perversen Anteile unserer Persönlichkeit verbergen, alle pervers sind. Daraus folgt, daß Handlungen, die gemeinhin als pervers betrachtet werden – also Voyeurismus, Fetischismus, Exhibitionismus sowie das Interesse an einer Vielzahl möglicher erogener Zonen – insgesamt Teil des Erlebens einer normalen Liebesbeziehung sein können. *Ein Faktor, der den Perversen von diesem Gesichtspunkt aus zu charakterisieren scheint, besteht darin, daß er keine andere Wahl hat; seine Sexualität ist von Grund auf zwanghafter Natur.* Er entscheidet sich nicht dafür, pervers zu sein, und man kann nicht sagen, daß er sich die Form seiner Perversion aussucht, sowenig man von einem Zwangscharakter sagen kann, daß er sich seine Zwänge aussucht, oder von einem Hysteriker, daß er sich für seinen Kopfschmerz und seine Phobien entscheidet. Das zwanghafte Element der devianten Sexualität teilt sich auch den Objektbeziehungen mit, und das Sexualobjekt gewinnt die Aufgabe, eine eingeschränkte und streng kontrollierte, ja selbst eine anonyme Rolle zu spielen. Die Rolle des Partners wird, obwohl sie häufig auf die eines Partialobjekts reduziert bleibt, hochgradig besetzt und erfüllt eine magische Funktion. Doch auch dies könnte für viele gewöhnliche Liebesbeziehungen gelten, in denen Illusionen niemals fehlen. Wenn wir uns ferner darüber einig sind, daß Psychotiker erotischen Kontakt häufig als Bollwerk gegen ihre Angst oder zur Unterstützung ihres Ich suchen, dann sollten wir hinzufügen, daß auch die gewöhnliche genitale Heterosexualität ein wesentliches Element der Steigerung des Narzißmus und beträchtliche Rückversicherungen gegen die Widrigkeiten des Alltags enthält. In jedermanns Liebesbeziehungen steckt eine Phantasie von Selbstheilung und Allmacht; sie stellt jedoch in den meisten Fällen nicht den einzigen oder vorherrschenden Faktor dar. Nicht nur sind die nicht-sexuellen Aspekte einer Beziehung von Bedeutung, sondern auch die sexuelle Beziehung selbst spielt in der libidinösen Ökonomie eine andere dynamische Rolle als bei perversen oder psychotischen Persönlichkeitsmustern.

Ich werde mich hier nicht auf perverse Charakterzüge oder andere Strukturen des »Ausagierens« beziehen, die den Perversionen vergleichbar sind (wie etwa Süchte oder Delinquenz). Alle diese klinischen Kategorien haben etwas mit der sexuellen Devianz gemein, und es kann sich bei ihnen um verschiedene Methoden handeln, dieselben grundlegenden unbewußten Konflikte zu lösen. Ihnen fehlt aber die besondere Qualität einer bewußten Erotisierung der Abwehr. Ziel des vorliegenden Kapitels ist es, einige charakteristische Elemente jener Struktur zu überprüfen, die durch eine manifeste und relativ konsistente sexuelle Perversion aufrechterhalten wird. Besondere Aufmerksamkeit wird dabei dem Verhältnis des Subjekts und seiner Handlungen zur Urszene geschenkt.

(Dieser Terminus soll den gesamten Umfang des unbewußten Wissens und der persönlichen Mythologie eines Kindes in bezug auf die menschliche Sexualität und insbesondere die seiner Eltern bezeichnen.)

Der Hintergrund der vorliegenden Studie

Ich begann mich für die unbewußte Bedeutung sexueller Perversionen aufgrund eines jener Zufälle zu interessieren, die in jeder psychoanalytischen Praxis vorkommen. Ich hatte gleichzeitig drei homosexuelle Frauen in Analyse. Bevor diese recht langen Analysen beendet waren, hatte ich zwei weitere begonnen. Alle diese Patientinnen litten entweder aufgrund eines Scheiterns ihrer Liebesbeziehungen oder im Zusammenhang mit ihrer beruflichen Arbeit an zeitweise schweren Depressionen. (Alle gingen einer freiberuflichen oder künstlerischen Tätigkeit nach, und keine von ihnen konnte aus ihrer Arbeit Befriedigung ziehen. Bei einigen war dies der Grund dafür, daß sie eine Analyse begonnen hatten. Keine dieser Patientinnen kam in die Analyse wegen ihrer Homosexualität.)

Das klinische Bild dieser Fälle war durch eine Mischung von neurotischen und psychotischen Zügen charakterisiert. Ich begriff schließlich, daß in den sexuellen Liebesbeziehungen dieser Analysandinnen ihre Partnerinnen häufig sowohl einen verzweifelten Schutz gegen die Gefahren von Depressionen oder Identitätsverlust boten wie eine magische Abwehr phantasierter Angriffe von seiten der Männer. Ihre überaus ambivalenten Beziehungen waren ständig auch von innen her bedroht.

Neben diesen Ähnlichkeiten der Ich-Struktur und der Abwehrmechanismen, die zur Aufrechterhaltung eines prekären Gleichgewichts dienten, wiesen diese Patientinnen eine bemerkenswerte Übereinstimmung in der Darstellung ihrer Eltern auf. Durchweg entwarfen sie das Bild eines Vaters, der seine väterlichen Funktionen nicht erfüllte, und einer Mutter, die ihre Funktionen übererfüllte. Ich war von dieser merkwürdigen Aufspaltung in gute und schlechte Eigenschaften entlang einer sexuellen Demarkationslinie beeindruckt und versuchte, meine Eindrücke im Hinblick darauf zu sichten, wie sie mit der inneren Phantasiewelt und deren Beziehung zu einem äußeren Sexualobjekt zusammenhingen. Unter diesem Gesichtspunkt entwickelte ich bestimmte theoretische Vorstellungen über die Rolle der Homosexualität bei der Aufrechterhaltung des psychischen Gleichgewichts und der Ich-Identität (McDougall 1964, 1974).

Die seelische Ökonomie der weiblichen Homosexualität läßt sich zusammenfassend als Versuch beschreiben, ein narzißtisches Gleichgewicht aufrechtzuerhalten, das fortwährend genötigt ist, der von der Mutter-Imago beanspruchten gefährlichen Symbiose zu entgehen und sich zugleich unbewußt mit dem Vater zu identifizieren. Dies stellt ein wesentliches Element in einer zerbrechlichen Struktur dar. Obwohl sie hohe Kosten verursachen kann, trägt diese Identifizierung dazu bei, das Individuum vor Depressionen oder psychotischen Auflösungszuständen zu bewahren und den Zusammenhalt seines Ich zu garantieren.

Mich interessierte die Tatsache, daß männliche homosexuelle Patienten vielfach dieselben grundlegenden strukturellen Merkmale aufwiesen wie homosexuelle Frauen, insbesondere im Hinblick auf ihre Phantasien und die affektive Einteilung von Objekten nach ihrem Geschlecht. Während aber homosexuelle Frauen wesentliche Züge ihrer eigenen Weiblichkeit bei ihren idealisierten Partnerinnen zu gewinnen suchen, suchen männliche Homosexuelle bei ihren Partnern einen idealisierten Penis. Die gefährlichen und destruktiven Aspekte des gleichgeschlechtlichen Elternteils werden in beiden Fällen auf das andere Geschlecht projiziert. Homosexuelle beider Geschlechter suchen unbewußt Schutz vor der primitiven »oralen« oder »analen« Mutter der prägenitalen Phasen und versuchen zugleich verzweifelt, eine gewisse »phallische Barriere« aufrechtzuerhalten – (im Falle des Mädchens) durch Identifizierung oder (im Falle des Jungen) durch eine Objektwahl im Hinblick auf eine innere oder äußere Symbolisierung des Vaters. Der wirkliche Vater wird dabei unausweichlich als wertlos oder abwesend betrachtet.

Die Besonderheit dieser ungleichgewichtigen ödipalen Organisation und die unbewußte Persönlichkeitsstruktur, zu der sie führt, wurden durch die Untersuchung von zwei weiteren fetischistischen Patienten und die Erörterung ähnlicher Fälle im Gespräch mit Kollegen bestätigt. Ich gewann einen klareren Blick für die sadistischen Angriffsphantasien gegen beide Eltern, insbesondere gegen die idealisierte Mutter, und beschäftigte mich weiterhin mit dem Schicksal der Vater-Imago und der Rolle des symbolischen Phallus in der Strukturierung der Persönlichkeit. Diese Überlegungen sind in Kap. I enthalten.

Ich meine, daß bestimmte wesentliche Merkmale, auf die ich in meiner Arbeit über weibliche Homosexualität und Fetischismus gestoßen bin, bei allen perversen Charakterformationen zu finden sind und zwischen diesen Elementen und neurotischen oder psychotischen Charakterstrukturen zu unterscheiden erlauben. Ich möchte nicht den Eindruck erwecken, daß die verschiedenen Formen der perversen Sexualität theoretisch ohne Bedeutung sind. Die Beziehung von Fetischismus und Transvestismus z. B. oder die Verbindung von Fetischismus und sadomasochistischen Wünschen ist evident und für unser analytisches Verständnis dieser Patienten wichtig. Dasselbe gilt für den Voyeurismus und Exhibitionismus, und noch bedeutsamer ist der Unterschied zwischen allen diesen Formen des Sexuallebens und der Homosexualität. Es ist offensichtlich, daß Homosexuelle besondere Probleme mit ihrem narzißtischen Körperbild haben und einem Zwang unterliegen, ihr eigenes Bild durch einen Partner des gleichen Geschlechts zu vervollständigen oder wiederherzustellen. Im Gegensatz dazu weisen Perverse, die nicht homosexuell sind, häufig eine ebenso starke Abwehr homosexueller Wünsche auf wie Neurotiker. Ein Beispiel hierfür gab ein fetischistischer Patient, der Prostituierte dafür bezahlte, ihn auszupeitschen und ihm auf die Genitalien zu treten. Während einer Therapiesitzung berichtete er, einen anderen Klienten desselben Bordells getroffen zu haben, der ihm sagte, sie hätten sehr viel miteinander gemein, da auch er dafür zahle, an den Genitalien ausgepeitscht zu werden – aber von Jungen. Mein Patient wurde darüber sehr ärgerlich und sagte: »Aber dieser Mann ist verrückt. Wir haben absolut nichts miteinander gemein. Er ist schließlich ein Homosexueller!« Diese Bemerkung meines Analysanden wirft auch ein Licht auf den Umstand, daß alle Perversionen um zentrale Illusionen gebaut sind, die nicht berührt werden dürfen. Daneben wirft sie die Frage auf, was in einem sexuellen Mikrokosmos, in dem Verneinung und Verleugnung eine vorherrschende Rolle spielen, als »wirklich« oder bedeutsam betrachtet werden soll.

Im vorliegenden Kapitel geht es mir jedoch mehr um den Perversen als Person und um die Struktur seines Unbewußten als um die Form der Perversion. Ausgehend von der ödipalen Konstellation und den Imagines der Eltern haben wir gesehen, daß die Mutter einen idealisierten Platz einnimmt, während der Vater eine merkwürdig negative Rolle in der inneren Objektwelt spielt. Der Mutter werden die Eigenschaften einer Komplizin und Verführerin zugeschrieben, während der Vater als unfähig vorgestellt wird und auf jeden Fall nicht als Identifikationsmodell geeignet erscheint. Wir entdecken also ein ungewöhnliches »false splitting« (Meltzer 1967), wobei die Mutter zu einem unerreichbaren phallischen Ideal und der Vater zu einem verleugneten oder herabgesetzten Objekt wird. Hinter der äußeren Darstellung dieser Familienporträts wird die Mutter unbewußt als lebensgefährlich für ihr Kind wahrgenommen, wobei der Haß und die Aggression, die mit ihrem Bild zusammenhängen, auf andere Gegenstände verschoben werden. Hinter dem (ebenfalls gespaltenen) Bild eines herabgesetzten Vaters liegt das eines idealisierten Vaters. (Diese Rolle wird häufig dem Vater der Mutter, einer religiösen Figur oder Gott selbst zugeschrieben.) Noch häufiger aber findet sich die Phantasie eines idealisierten Phallus. Trotz seiner Abgespaltenheit spielt dieser für die Persönlichkeitsstruktur eine wichtige Rolle (Kurth und Patterson 1968). Er findet in der devianten sexuellen Handlung zahlreiche Darstellungsmöglichkeiten, die unweigerlich den Versuch erkennen lassen, diesen idealisierten väterlichen Phallus zu gewinnen, zu erhalten oder zu kontrollieren. Nur aus Gründen der Abwehr wird er der Mutter zugeschrieben und bleibt sozusagen hinter ihrer ursprünglichen phallischen Rolle verborgen, die sie als das erste Objekt des Begehrens und als Spenderin des Lebens spielt. Diese ewige Suche nach dem Vater, also nach etwas, das zwischen dem Kind und der allmächtigen Mutter steht, trägt zum zwanghaften Charakter der perversen Sexualität bei. Sie bildet in der psychischen Struktur ein Bollwerk gegen die Psychose und belegt zugleich die Zerbrechlichkeit der perversen Charakterstruktur. *Was in der Welt des Inneren fehlt, wird bei äußeren Objekten oder Situationen gesucht; denn aufgrund einer scheiternden Symbolisierung ist ein grundlegender Mangel oder eine Leerstelle in der Ich-Struktur des Subjekts entstanden.* Dieses Scheitern betrifft die Bedeutung der Urszene und die Rolle des väterlichen Penis. Die Aufhebung bestimmter assoziativer Verbindungen schwächt den Bezug des Individuums zur Realität (zumindest in diesem genau umschriebenen Bereich) und führt damit zu einer »psychotischen Lösung«, zu einem ödipalen Konflikt und zur Kastrationsangst. Diese Lösung wird ihrerseits erotisiert und bietet damit eine gewisse Möglichkeit, die Probleme der Triebabfuhr zumindest teilweise zu lösen.

Neben den besonderen Merkmalen ihrer ödipalen und prä-ödipalen Verfassung stellt die Perversion ein umfassendes und interessantes Gebiet dar, in dem die Entstehung des menschlichen Begehrens und der verschiedenen Objekte, auf die es sich beziehen kann, erforscht werden kann. Zugleich ist sie ein wichtiger Bereich bei der Untersuchung des Problems der menschlichen Identität. Da die Devianz *per definitionem* eine Störung der sexuellen Identität anzeigt, können wir die Frage aufwerfen, welche Rolle die deviante Sexualität bei der Aufrechterhaltung der Ich-Identität spielt. Lichtenstein (1961) schlägt vor, daß eine der wesentlichen Funktionen der nicht zur Fortpflanzung dienenden Sexualität in der Aufrechterhaltung eines Identitätsgefühls besteht. Ich meine, daß dies in gleicher Weise für die sexuelle Devianz gilt. Eine unablässige Suche nach Bestätigung der Identität (um gegen die Panik vorzugehen, die ein drohender Identitätsverlust auslöst) kann in der Ritualisierung des Sexuallebens sogar die libidinösen und aggressiven Triebziele in den Hintergrund drängen. Vermittels eines komplizierten Systems von Negationen, Verleugnungen und Verschiebungen behaupten Perverse häufig, nicht pervers zu sein, sondern als Homosexuelle, Transvestiten usw. geboren zu sein. Das soll besagen, daß sie ihr Sexualverhalten als einen notwendigen Bestandteil ihrer Identität auffassen. André Gides *Corydon* (1920) gibt ein bemerkenswertes Beispiel hierfür. Perverse glauben häufig, ein besonderes Geheimnis in bezug auf das sexuelle Begehren zu kennen und beanspruchen oft sogar, dieses Geheimnis selbst entdeckt zu haben. (Die unbewußte Grundlage dieses Geheimnisses werden wir später erörtern.) Von ihrer eigenen sexuellen Identität überzeugt, haben sie oft nur Verachtung für die »spießigen« Menschen übrig, die sich auf die althergebrachte Art lieben – die Art ihrer verachteten und herabgesetzten Väter. Paradoxerweise werden die gewöhnlichen Heterosexuellen als depravierte (unbewußt als kastrierte) Opfer des väterlichen und gesellschaftlichen Drucks vorgestellt, also als Repräsentanten einer kastrierten, väterlichen Imago. Die Söhne haben, wie ein Analysand sagte, »ein schmackhafteres Gericht« entdeckt. (Dieser Patient, dessen Probleme auch in seinem Alkoholismus zutage traten, gab Prostituierten Geld dafür, daß sie auf ihn urinierten. Er hatte das Gefühl, von anderen wegen der Besonderheit seines Sexualverhaltens beneidet zu werden.) Dieses Gefühl, »eingeweiht zu sein«, vor den gewöhnlichen Sterblichen das Geheimnis der Götter empfangen zu haben, kennzeichnet die Illusion eines inzestuösen Kindes, das glaubte, der Augapfel seiner Mutter zu sein – zum Schaden des verachteten Vaters, der ausgeschlossen und kastriert an die Stelle des Kindes versetzt wurde. Doch das inzestuöse Kind kann die Illusion, das einzige Objekt des Begehrens seiner Mutter zu sein, *nur um den Preis aufrechterhalten, daß es einwilligt, mit seiner Sexualität nur zu spielen.*

Das Ende der Kindheit

Manche perverse Patienten sind sich deutlicher als andere der Depression bewußt, die sich hinter diesem verzweifelten Spiel verbirgt. In ihnen ist die Erinnerung an den unausweichlichen Moment der Enttäuschung noch wach, in dem das Kartenhaus der inzestuösen Versprechen zusammenbrach. Bei dem Versuch, die dadurch entstandene plötzliche Leere des Identitätsgefühls auszufüllen, wird das Sexualspiel zu der verzweifelten Bemühung, eine rasende Wut und mörderische oder selbstmörderische Antriebe abzuwehren. Sexuelle Perversionen lassen übermäßig gesteigerte Triebziele gelten und stellen sie sogar zur Schau, verhüllen jedoch deren eher Angst auslösende Aspekte hinter einem Schleier des Schweigens. Oft wird sexuelle Devianz als eine Zerstreuung in Technicolor dargestellt. Die fröhliche »Tunten«-Welt der Homosexuellen wird in zahlreichen Bars vorgeführt, doch ihre Farbenpracht und »gaiety« verbergen nur notdürftig ihre depressiven und häufig quälenden Aspekte. Da ich hier von der Annahme ausgehe, daß diese komplexen sexuellen Anomalien auf den Ruinen einer zusammengebrochenen Illusion aufgebaut sind, bleibt eine Frage offen: Wenn sexuelle Perversionen eine Antwort auf inzestuöse Wünsche und die

frustrierte Wut als Reaktion auf deren ausbleibende Erfüllung darstellen, so ist damit nicht viel erklärt, da diese Enttäuschungen ein universelles Trauma und einen notwendigen Bestandteil des menschlichen Lebens bilden. Warum sind jene Kinder, die später zu Perversen werden, von dieser Desillusionierung besonders gezeichnet?
Während der Analyse enthüllen uns diese Patienten, wie sie insbesondere die sexuellen Aspekte ihrer Identität aus den Fäden verschwiegener Stichworte gewebt haben, die sie den unbewußten Wünschen und Konflikten ihrer Eltern entnommen haben. Bewußt sind sie sich insbesondere der Rolle, die sie in den Augen ihrer Mütter gespielt haben. Viele psychoanalytische Aufsätze sind zu diesem Thema geschrieben worden – der Komplizenschaft der Mutter und ihrer Auswirkung auf die Entstehung eines devianten Über-Ich (Bak 1956; Gillespie 1956 a, 1956 b; Segal 1956; Sperling 1955; Stoller 1968). Ich möchte hier das Gegenstück erörtern und die *Rolle des Kindes* bei der Entstehung einer neuen Sexualität und der erneuten Erfindung der Urszene untersuchen. Obwohl sie eine Reaktion auf Probleme der Eltern darstellt, handelt es sich hier um eine Erfindung des Kindes und nicht der Mutter. Sie wird aus Bruchstücken der kindlichen Magie aufgebaut (den Elementen der frühkindlichen Sexualität) und entsprechend dem Begehren des Kindes gestaltet (dem Wunsch, die Urszene zunichte zu machen, sowie dem entsprechenden Wunsch, das einzige Objekt zu sein, welches der Mutter Erfüllung bietet). Doch gerade indem es seine Perversion ausbildet, durchbricht das Kind seine Bindungen an die Mutter und *triumphiert über die verinnerlichte Mutter.* Im Laufe der Analyse erinnerten sich meine Patientinnen sehr lebhaft an die Entdeckung ihrer abweichenden Sexualität, an den Beginn ihres privaten erotischen Dramas. Gewöhnlich wird er in die Latenzzeit oder etwa in die Zeit der Pubertät verlegt und als eine »Offenbarung« ihrer wahren Sexualität dargestellt. Auslösende Faktoren, die in vielen Fällen die Macht von Deckerinnerungen haben, sind häufig

familiäre Ereignisse wie etwa die Geburt eines Geschwisters, ein Zerwürfnis der Eltern oder eine erneute Heirat eines der beiden Elternteile. Zwei von meinen homosexuellen Patientinnen behaupteten, ihre sexuelle Berufung nach der Geburt eines zweiten Kindes »entdeckt« zu haben, als sie selbst zehn bzw. elf Jahre alt waren. Auch die von Freud berichtete Fallgeschichte einer weiblichen Homosexuellen (1920) folgte diesem Muster. Ein fetischistischer Patient sowie ein weiterer mit komplizierten sadomasochistischen Ritualen datierten die Entstehung ihrer abweichenden Sexualität auf die Zeit der Geburt von Brüdern und Schwestern zurück – ein unumstößlicher Beweis für die Untreue der Mutter.
Immer wieder wird eine unauslöschliche Erinnerung für das letztendliche Scheitern der inzestuösen Illusionen verantwortlich gemacht. Häufig handelt es sich dabei um eine offene Verunglimpfung der unreifen und kindlichen Sexualität durch die verführerische Mutter, die ihrem Sprößling jedes Bewußtsein der eigenen Sexualität verweigert. Die Mutter in *Portnoys Beschwerden* ist dafür schon ein klassisches Beispiel. »Was? Für dein kleines Ding da?« sagt sie, als Portnoy eine Unterhose mit einem Suspensorium verlangt. Portnoy berichtet seinem Analytiker: »Vielleicht hat sie das nur ein einziges Mal gesagt – doch es hat ein Leben lang gereicht!« Einer meiner Patienten mit homosexuellen Problemen berichtete ein ähnliches Erlebnis. »Als ich elf war, schlüpfte ich nackt zu meiner Mutter ins Bett, wie ich dies schon vorher oft getan hatte. Diesmal jedoch wies sie mich brutal zurück und sagte: ›Was glaubst du denn, was du hier machst, du ungehobelter Bursche!‹ Etwa zur gleichen Zeit nahm mein Vater mich beiseite und erklärte mir, wie Babies geboren werden. Ich brach in Tränen aus.«
Es ist frappierend zu erfahren, wie lang diese Kinder glauben können, der »kleine Liebling« ihrer Mütter zu sein, und sogar meinen, eines Tages sexuelle Beziehungen zu ihr aufzunehmen. Die Wut und Angst, die aus ihrer Enttäuschung entstehen, werden im Verlauf einer Analyse langsam aus der

Verdrängung entlassen. Doch dies ist nur der Anfang. Ihre zutage tretenden Traumen stellen lediglich das letzte Glied in einer sehr langen Kette dar. Ein in dieser Weise an seine Mutter gebundenes Kind ist an einen Punkt gelangt, von dem aus es keinen Weg zurück gibt. Es unternimmt verzweifelte Versuche, sich durch erotische Beziehungen der verschiedensten Art zu befreien, doch die scheinbare Lösung seiner Konflikte ist schon vorab festgelegt. Seine sexuellen Illusionen bleiben intakt und haben einfach nur eine neue Verkleidung angenommen. Wichtige Verbindungsstücke seiner sexuellen Wahrheit sind auf der Stufe der primitiven, präödipalen Beziehungen verzerrt oder zerstört worden, vielleicht sogar in einem Alter, in dem das Kind noch von der Mutter gestillt wurde. Es überrascht daher nicht, daß der »Kastrator« in den unbewußten Phantasien von Perversen unweigerlich die Mutter, nicht der Vater ist. Sie ist die Verschwörerin, die ein Begehren erweckt und zugleich seiner Erfüllung im Wege steht. Für ihr Kind stellt sie das genaue Porträt der Perversion dar. Denn was will sie erreichen? Kinder, die das Bild ihrer Mutter idealisiert haben, glaubten irgendwie auch, »ideale« Kinder und das Zentrum des Universums zu sein – bis zu der schicksalhaften Enthüllung, daß sie nicht die Antwort auf das Begehren der Mutter sind. Nun wissen sie nicht mehr, wer sie sind oder was der Mutter Befriedigung verschafft. Irgendwo muß es einen »idealen« Phallus geben, doch es ist mehr als deutlich, daß er sich nicht im Besitz des Vaters befindet. Dieser wird kaum je als Objekt des sexuellen Begehrens der Mutter anerkannt, so daß von seiten des Kindes wenig Neigung besteht, sich ihm zuzuwenden oder sich mit ihm zu identifizieren. Dieser Faktor, der durch bewußte und unbewußte Einstellungen der Mutter verstärkt wird, paßt nur zu gut zu dem Wunsch des Kindes, an den Mythos eines kastrierten oder nichtexistierenden Vaters zu glauben. (Es sollte in diesem Zusammenhang darauf hingewiesen werden, daß die Abwesenheit oder gar der Tod des Vaters ein Kind nicht notwendig daran hindert, ein vollgültiges Bild des Phallus in seinem Inneren zu entwickeln, wenn die Beziehung zur Mutter dies gestattet.) Die Väter der unglücklichen Kinder, von denen hier die Rede ist, schienen zu ihrem eigenen Ausschluß aus der Familie beizutragen oder erwiesen sich als unfähig, jene Aspekte ihrer Persönlichkeit zu verändern, durch die sie ihren Kindern entfremdet wurden. *Die ödipale Eifersucht und der Kastrationskomplex trugen auf diese Weise zur Desorganisation der Persönlichkeit statt zum Gegenteil bei* (d. h. sie bildeten nicht den Knotenpunkt einer neuen und reiferen Struktur der gesamten Persönlichkeit). Doch die Kinder, mit denen wir es hier zu tun haben, haben keine Lösung des ödipalen Konflikts, sondern nur einen Umweg um das Problem herum gefunden. Um ihn zu verstehen, müssen wir uns jetzt einer Erörterung des sexuellen Szenariums zuwenden.

Perverses Szenarium und Traumszene

Welches ist die unbewußte Bedeutung einer sexuellen Handlung, der nur selten Schmerz und Angst fehlen (auch wo sie mit größtem Nachdruck verleugnet werden)? Welche Rolle spielt das Sexualobjekt in einer Partnerschaft, die in den allermeisten Fällen weit entfernt ist von jeder Liebesbeziehung? Welches Material verwenden Perverse, um ihr merkwürdiges Szenarium zu schreiben? Obwohl Perversionen aus den grundlegenden Elementen der kindlichen Sexualität gebildet werden, ist, wie Gillespie (1956 a) gezeigt hat, klinisch und theoretisch die Auffassung unhaltbar (zu der man nach der Lektüre von Freuds frühen Schriften zu diesem Thema hätte gelangen können), daß eine vollentwickelte Perversion einfach das Nachleben von Bestrebungen des Es im Erwachsenenalter darstellt, die der Verdrängung entgangen sind. In vielerlei Hinsicht ist das Spiel der Perversen einem Traum vergleichbar. Dazu ein klinisches Beispiel:

Einer meiner Patienten bittet seine Frau, eine bestimmte ritualisierte Kleidung anzulegen, die ihre Genitalien verbirgt, die Gesäßbacken aber freiläßt. Er peitscht ihren Hintern, und der Anblick der Striemen verschafft ihm sexuellen Genuß. Auch wenn er allein ist, legt dieser Patient gelegentlich rituelle Bekleidung an und peitscht sein Gesäß vor dem Spiegel, wobei er ängstlich auf die Striemen starrt. Wie ein Traum ähnelt diese Szene einem Bühnenstück, in dem einige wichtige Verbindungsglieder fehlen (und gerade dieses Moment des Theatralischen ist bei vielen perversen Szenarien vorhanden). Es handelt sich dabei um einen manifesten Inhalt, der sich auf ein primärprozeßhaftes Denken, auf Umkehrungen, Verschiebungen und symbolische Gleichsetzungen stützt. Doch der Hauptdarsteller kann sich an seine Stichworte nicht erinnern und unternimmt (wie ein Träumer) immer wieder eine sekundäre Bearbeitung der Elemente seines Handelns bei dem Versuch, die Attraktion des devianten Objekts oder der devianten Situation zu erklären. Statt nach der sexuellen Verbindung einer Peitsche mit zwei Gesäßbakken zu fragen, wobei die Peitsche die Rolle eines fiktiven Penis spielte und der Hintern das weibliche Genitale ersetzte, erklärte der Analysand im vorliegenden Fall, er habe ein besonderes Interesse an Peitschen aller Art und habe sie zuweilen sogar fotografiert. Ferner äußerte er, er sei fasziniert von den Gewaltverhältnissen zwischen Eltern und Kindern. Er hat zahllose Versionen einer Geschichte (eines klassischen fetischistischen Szenariums) geschrieben, in der eine ältere Frau ihre Tochter öffentlich auspeitscht. Er hat an diesem erotischen Manuskript seit etwa 20 Jahren gearbeitet. In seinen Sexualphantasien versetzt er sich in dieses Spiel, in dem er entweder die Rolle der Mutter oder die der Tochter einnimmt, obwohl er behauptet, nur Zuschauer zu sein. Einmal unterbrach er einen Versuch, die Elemente seines persönlichen Mythos des Geschlechtsverkehrs zu rechtfertigen, indem er sagte: »Habe ich Ihnen übrigens schon von meiner Leidenschaft für *science fiction* erzählt?« Im Verlauf dieser

Sitzung war er in der Lage zu erkennen, daß er keine Ahnung hatte, worum es bei seinem sexuellen Szenarium ging, und daß dieses Szenarium aller Wahrscheinlichkeit nach selbst ein Stück *science fiction* war.
Eine andere Art von sekundärer Bearbeitung, die ein deviantes Triebziel und nicht ein deviantes Objekt betraf, wurde von einem zweiten Analysanden vorgenommen. Er beschrieb bis ins kleinste Detail sein Bedürfnis, Prostituierte dafür zu bezahlen, daß sie ihm mit einer besonderen Art von hochhackigen Schuhen auf die Genitalien traten, während er diese Prozedur voller Angst in einem Spiegel beobachtete. Er unterbrach seine Beschreibung und sagte: »Ich hoffe übrigens, Sie denken nicht, daß ich ein Masochist bin – mir macht das, wie Sie sehen, ungeheuren Spaß.« Beide Patienten erkannten die idiosynkratische Natur ihres sexuellen Handelns und hatten das Gefühl, es irgendwie rechtfertigen zu müssen. Beide waren nicht psychotisch. Im Gegensatz dazu hatte ein dritter Patient (der im Verlauf der Analyse tatsächlich vorübergehend psychotisch wurde) nicht dieses Rechtfertigungsbedürfnis. Er setzte die Wirklichkeit seines Inneren an die Stelle der Welt. Während seines ersten Interviews sagte er: »Ich bin selbstverständlich homosexuell. Wie Sie wohl wissen, sind alle Männer homosexuell, doch der Mehrzahl von ihnen fehlt einfach der Mut, es zuzugeben.« Ich werde später auf die psychotische Phase dieses Patienten eingehen, da sie nach meiner Meinung durch eine Deutung ausgelöst wurde, die ein lebenswichtiges Element in der Struktur seiner Perversion berührte, den Kontakt mit einem phallischen Objekt, durch das die psychotische Verwirrung unter Kontrolle gehalten wurde.

Thema und Variationen

Perverse versuchen also, sich selbst und andere davon zu überzeugen, daß sie das Geheimnis der Sexualität kennen.

Dieses Geheimnis wird dann in ihren sexuellen Handlungen aufgeführt. Doch worin besteht das Geheimnis? Was versuchen ihre sexuellen Spiele über eine Triebabfuhr hinaus zu beweisen oder zu erreichen? Das Geheimnis läßt sich auf die relativ einfache Behauptung reduzieren, daß es keinen Unterschied zwischen den Geschlechtern gibt. Genauer gefaßt lautet es: *Es gibt Unterschiede zwischen den Geschlechtern, die man wahrnehmen kann, doch sie sind ohne Bedeutung. Vor allem aber sind sie weder die Ursache noch die Bedindung des sexuellen Begehrens.* Diese Behauptung leugnet, daß der Mutter ein Penis fehlt, und geht bis zur Verleugnung der Urszene. Durch unzählige symbolische Verschiebungen und die Zerschneidung bestimmter assoziativer Verbindungen wird die Sexualität mit neuen Objekten, neuen Körperzonen und neuen Triebzielen versehen.

Die Urszene, die der Perverse neu schreibt, verdient Beachtung. Obwohl das Dekor, die Schauspieler und die Objekte sich beträchtlich unterscheiden können, ist das Thema unveränderlich. Es ist das Drama der Kastration und die Bewältigung der Angst vor ihr. Es kann sich dabei um das Szenarium eines Sadomasochisten handeln, der sich auf die Schmerzen konzentriert, die häufig den eigenen Genitalien oder denen seines Partners zugefügt werden; um das eines Fetischisten, der das Spiel der Kastration auf einen geschlagenen Hintern und die Fesselung des Körpers reduziert (wobei Striemen wichtig sind, die die Kastration symbolisieren, aber leicht wieder verheilen); um das eines Transvestiten, der seine eigenen Genitalien verschwinden läßt, während er die Kleider seiner Mutter anlegt, weil er ihre Identität annehmen will; um das eines Homosexuellen mit seiner rastlosen Suche nach mehr und immer mehr Penissen, die er oral und anal magisch in sich aufnimmt, wobei er zugleich seine eigene phantasierte Kastration wiedergutmacht, seinen Partner durch dessen orgastische Reaktion kastriert und auch an ihm die Kastration wiedergutmacht. In allen diesen Fällen ist die Handlung des Dramas dieselbe: Die Kastration stellt keine Verletzung dar und ist geradezu die Voraussetzung für die Weckung sexueller Lust. Wenn sich dennoch Angst einstellt (und sie fehlt selten), so wird sie ihrerseits erotisiert und löst sexuelle Erregung aus. Man kann sich dem Eindruck nicht verschließen, daß Perverse mit *der Sexualität spielen*. Aber ihr Spiel hat etwas Verzweifeltes. Es soll eine ungeheure Kastrationsangst abwehren. (Menschen dieses Typus besitzen eine relativ schwache Ich-Struktur. Jede Anspannung oder Enttäuschung führt bei ihnen dazu, daß sie sich minderwertig fühlen und dieses Gefühl der Minderwertigkeit sofort durch magisches Sexualhandeln auflösen wollen.) Darüber hinaus muß der erfundenen Urszene Geltung verschafft werden. Stets gibt es bei diesen Inszenierungen einen Zuschauer. Es handelt sich dabei um eine Rolle, welche das Individuum häufig selbst einnimmt, indem es die Aufführung seiner Inszenierung in einem Spiegel beobachtet. Dabei findet eine wichtige Vertauschung der Rollen statt. Das Kind, das früher einmal Opfer der Kastrationsangst war, handelt jetzt selbständig (wie das von Freud auf den ersten Seiten von »Jenseits des Lustprinzips« beschriebene Kind, das die dramatische Trennung von seiner Mutter zu bewältigen sucht). Das erregte Kind, das früher ein hilfloser Zuschauer der Beziehung der Eltern oder das Opfer einer außerordentlichen Stimulierung war, mit der es nicht fertig werden konnte, ruft jetzt die eigene Erregung oder die des Partners hervor. Viele Perverse sind in der Tat ausschließlich daran interessiert, die sexuellen Reaktionen anderer Personen zu manipulieren. Dieses recht wichtige Element, das darin besteht, Objekte aktiv erleiden zu lassen, was man selbst früher passiv erduldete, findet seine Entsprechung in einer bestimmten psychotischen Art, mit Beziehungen umzugehen. Hanna Segal (1956) hat darauf in ihrer Arbeit über »Depression in the Schizophrenic« hingewiesen. Sie zeigt, wie Patienten auf subtile Weise versuchen, ihrer Mutter die Rolle eines Säuglings zuzuweisen, der sexuelle Erregung, Gier, Frustration, Wut und Schuld erfährt. Neben dieser wichtigen Umkehr einer frühen traumatischen Erfahrung findet sich die entscheidende Verleugnung der genitalen Beziehung zwischen den Eltern. Der Penis des Vaters soll im Sexualleben der Mutter keine Rolle spielen. Sexuelle Lust erfährt sie statt dessen, wie wir glauben sollen, indem sie geschlagen und angekettet wird, indem jemand auf sie uriniert, indem sie sich exhibiert, auf den Vater defäziert oder uriniert, ihn schlägt usw. Zu den vielfältigen Variationen des Themas der Kastration muß daher ihr Gegenstück treten, die Annahme, daß die Geschlechtsorgane der Eltern sich nicht gegenseitig ergänzen und daß es kein wechselseitiges Begehren zwischen den Eltern gibt. Diese Fiktion muß immer wieder Bestätigung finden. Bei seinem Versuch, von der Beziehung zwischen den Eltern nichts zu wissen, d. h. an der fiktionalen, introjizierten Urszene festzuhalten, sieht sich ein Perverser einer aussichtslosen Auseinandersetzung mit der Realität konfrontiert. Sie muß jeden Tag erneut aufgenommen werden und ist so wenig erfolgversprechend wie der Versuch, eine einstürzende Wand mit Klebeband zu reparieren. Unter diesem Gesichtspunkt ist sein sexuelles Verhalten ein unablässiges, zwanghaftes Ausagieren; denn der Perverse hat sich eine sexuelle Mythologie geschaffen, deren wahre Bedeutung er so wenig erkennt wie die eines Textes, aus dem wesentliche Teile entfernt worden sind. Wie wir sehen werden, sind diese fehlenden Teile nicht verdrängt, denn dies hätte zu neurotischen Symptomen geführt. Statt dessen sind sie zerstört, wie jemand die Telefonleitung durchschneidet, wenn er eine schlechte Nachricht erhält. Darum beklagen sich viele perverse Patienten darüber, daß sie die menschliche Sexualität nicht verstehen. Ein Voyeur sagte mir, er fühle sich »wie ein Marsmensch«, wenn er andere Männer über ihr Interesse an Frauen reden höre. Der Fetischist, der an *science fiction* interessiert war, erinnerte sich an sein Erstaunen, als seine jugendlichen Kameraden von der Sexualität sowie über Mädchen sprachen und schlüpfrige Geschichten erzählten. Er behandelte diese Situation wie alle beunruhigenden Erlebnisse, indem er sich auf sie einließ und sie manipulierte. An seiner Schule wurde er zum Experten für obszöne Geschichten. Er dachte sich stets schlimmere Pointen aus als andere. Sein persönliches Vergnügen daran, die sexuelle Erregung seiner Mitschüler unter Kontrolle zu haben, war ebenso groß wie sein Stolz darauf, »nichts dabei zu empfinden«. Wie der »Marsmensch« hatte er Schwierigkeiten, an die sexuellen Ziele anderer Männer zu glauben; denn seine Verleugnung der sexuellen Wirklichkeit mit allen entfremdenden Konsequenzen für sein eigenes sexuelles Begehren und seine sexuelle Identifizierung war total. Dieser selbe Patient sagte auch: «Ich habe das Empfinden, in der Kindheit verflucht worden zu sein. Ich habe mir meine Sexualität nicht ausgesucht; ich wurde durch sie wie in einen Bann geschlagen.« Gerade hier liegt das Dilemma eines Perversen. Wenn er die ritualisierte, angstbesetzte und an vielfältige Bedingungen geknüpfte Form seiner Sexualität aufgäbe, käme dies einer Kastration gleich und würde in vielen Fällen vorübergehend zu einem Verlust der Ich-Identität führen. Eine homosexuelle Patientin sagte mir neulich: »Wenn ich mit ›ihr‹ zusammen bin, weiß ich wenigstens, daß ich *existiere* ... So war es auch bei meiner Mutter, als ich klein war. Ich existierte ausschließlich in ihren Augen.«

Offenkundig liegen hinter den Ängsten der phallischen Phase und den narzißtischen Wunden der Urszene tiefere Schrecken vor einer Trennung und Ängste um die individuelle Identität. Bei allen hier in Frage kommenden Patienten wird der Vater, obwohl er gewöhnlich vorhanden ist, als etwas Abwesendes dargestellt. Daß er in der Welt innerer Repräsentationen fehlt, ist seinerseits für das Identitätsgefühl zutiefst bedrohlich. Nur der perverse oder mythische sexuelle Akt gestattet eine illusionäre Wiedererlangung des väterlichen Phallus, wenn auch in idealisierter und verhüllter Form. Er erfüllt damit eine wesentliche Funktion bei der Behauptung einer selbständigen Identität und bietet Schutz gegen die überwältigende Abhängigkeit von der Imago der Mutter und gegen das ebenso gefährliche Begehren, sich mit ihr zu vereinigen. Doch wie funktioniert ein solches magisches System der Sexualität? Wie gelingt es diesen Individuen, ihr Wissen von der sexuellen Realität zu zerstören und einen neuen, illusionären Akt an deren Stelle zu setzen? Die primitiven Mechanismen, die hierzu notwendig sind, sind bei sehr kleinen Kindern normal, bei Erwachsenen dagegen ein Kennzeichen der Psychose. Doch Perverse sind nicht psychotisch. Denn was sie verleugnen oder nicht wahr haben wollen, kehrt nicht in Form wahnhafter Täuschungen, sondern gewissermaßen in Form einer *Illusion* zurück, die in ihr Handeln wiederum eingeht. Dabei zeigt sich, daß die Fähigkeit zusammengebrochen ist, die sexuelle Realität zu symbolisieren und eine innere Phantasiewelt zu schaffen, die mit der unerträglichen Realität fertig werden könnte. Daher muß die Illusion endlos ausagiert werden. Auf diesem Weg wird die Gefahr einer psychotischen Lösung, die wahnhafte Täuschung, vermieden.

Überprüfen wir noch einmal Freuds Auffassung von der Entwicklung des Wissens über die Sexualität bei Kleinkindern und die Reihe von Phantasien, in denen sich dieses Wissen darstellt (Freud 1923, 1924 a, 1925, 1927, 1940). Zunächst glaubt das Kind, daß es nur ein einziges Sexualorgan gibt – den Penis. Zu einem späteren Zeitpunkt kann es die Wahrnehmung nicht vermeiden, daß das weibliche Geschlecht keinen Penis besitzt. Diese inakzeptable Wahrnehmung will es nicht wahrhaben. »Es gibt dort aber doch einen Penis. Ich habe ihn selbst gesehen.« Wie Freud zeigt, liegt darin bereits eine Bestätigung der Wahrnehmung des Geschlechtsunterschieds von seiten des Kindes. Noch später gestattet es der sich entwickelnde Realitätssinn dem Kind nicht, an seiner Auffassung festzuhalten, daß es keinen wahrnehmbaren Unterschied zwischen den Geschlechtern gibt. An diesem Punkt beginnt eine überaus wichtige psychische Anpassung an die unwillkommene sexuelle Realität: Das

Kind beginnt, *eine Reihe von Phantasien auszuarbeiten,* um sich von dieser Realität Rechenschaft zu geben. »Die Mutter hat jetzt zwar keinen Penis, doch er wird ihr später wachsen ... Andere Frauen haben keinen Penis, meine Mutter aber wohl ... oder sie hatte einen, und der Vater hat ihn ihr weggenommen ... oder er ist in ihr verborgen« usw. Es liegt nicht länger ein Nichtwahrhabenwollen einer äußeren Sinneswahrnehmung vor, sondern etwas sehr viel Reiferes und Komplizierteres – eine andere Art von Nichtwahrhabenwollen. Anna Freud (1936) beschreibt im Detail die Unterscheidung zwischen der *Verleugnung in der Phantasie* und der *Verleugnung in Wort und Handlung.* Freud stellt ferner ein viertes Stadium dar, in dem die Kinder das inakzeptable Geschlechtsorgan durch eine Reaktionsbildung oder Phobie neurotisch meiden, wobei das weibliche Genitale schmutzig oder gefährlich wird oder die Weiblichkeit allgemein verächtliche Züge erhält. Das offene Geschlecht der Mutter ist dann bekannt und wird mit Gegenbesetzungen belegt. Es ist nicht länger Gegenstand der Faszination, sondern einer Beunruhigung, die vorübergehend den Zugang zum Begehren versperrt. Wenn die beunruhigenden Phantasien auf dieser Stufe einfach verdrängt werden, gelingt es dem Kind zwar scheinbar, seine ödipale Problematik zu lösen, doch steht die Tür damit offen für spätere Neurosen. In der besten aller möglichen Welten wird das Kind selbstverständlich am Ende akzeptieren, daß, was es sich als wahr wünscht, niemals wahr sein wird; daß das Geheimnis des sexuellen Begehrens darin liegt, daß der Mutter ein Penis fehlt, daß nur der Penis des Vaters ihr Genitale jemals vervollständigen wird und daß es selbst auf immer seinem primären sexuellen Begehren und seinen unerfüllten narzißtischen Wünschen entfremdet sein wird. Aber um sich diesen Wahrheiten zu stellen, braucht das Kind Eltern, die nach einem Ausdruck Winnicotts »gut genug« sind. Wir haben allen Grund zu glauben, daß Kinder, die später pervers werden, solche Eltern nicht haben. Zuweilen erwecken sie den Eindruck, mit ihrer anormalen Reaktion auf ihre ödipalen Qualen neben ihren eigenen Probleme die ihrer Eltern lösen zu wollen. Die perverse »Lösung« der ödipalen Probleme stellt überhaupt keine Lösung dar. Dennoch ist sie ein wirksamer Ausweg aus bestimmten schweren »präödipalen« Konflikten (Glover 1933). Die perverse Lösung scheint zwischen dem zweiten und dritten Entwicklungsstadium des Freudschen Modells steckenzubleiben, also zwischen der Verleugnung einer Wahrnehmung und der Verleugnung in der Phantasie. Das zweite Entwicklungsstadium (»Da ist ein Penis, ich habe ihn selbst gesehen«) stellt eine magische Verleugnung dar und kann nur durch die Schaffung einer neuen Realität aufrechterhalten werden, welche die Lücke ausfüllt und die Außenwelt in einer bestimmten Weise manipuliert (Freud 1924 b). Das dritte Entwicklungsstadium (»Da ist kein Penis, aber ...«) macht die aus der äußeren Realität gewonnene Information nicht unbrauchbar, sondern nimmt von ihr Kenntnis und geht in einer autoplastischen Phantasie mit dem schmerzlichen Wissen um. Gerade an dieser Stelle liegt der Unterschied zwischen einer neurotischen und einer perversen Lösung des Problems. Die Faktoren jedoch, die ein Kind dazu prädisponieren, die sexuelle Wirklichkeit durch magische Verleugnung des Geschlechtsunterschieds, durch dessen Ausarbeitung in der Phantasie zu bewältigen, *sind lange vor dieser Entwicklungsphase wirksam.*

Was ist nun eine *Verleugnung?* Der Terminus meint die *Zerstörung einer Bedeutung* durch das Zerschneiden assoziativer Verbindungsglieder (Freud 1923). Er ist Teil dessen, was Bion (1962, 1963) als ein »Minus-K-Phänomen« bezeichnet hat. Bion schreibt: »Bevor ein affektives Erlebnis als Modell verwendet werden kann, müssen seine Sinnesdaten in ›Alpha‹-Elemente überführt werden, die gespeichert werden und der Abstraktion zur Verfügung stehen. Bei einem ›Minus-K‹ wird die Bedeutung abstrahiert, und übrig bleibt die nackte Repräsentation« (Bion 1962: 74-75).

Im vorliegenden Fall (in dem das »Modell« von der Wahrheit

des Geschlechtsunterschiedes und der sexuellen Beziehungen entstellt und verzerrt wurde) ist die »nackte Repräsentation« nicht nur die leere Vagina der Mutter, sondern auch die *Bedeutung, die ihrer Entdeckung hätte zugemessen werden sollen.* Das Kind bemerkt natürlich den Unterschied seiner Wahrnehmungen und weiß, daß seine Mutter keinen Penis besitzt. Doch die psychische Repräsentation dieses Wissens führt zu nichts. Sie gewinnt keine Signifikanz. Die Wahrnehmung des weiblichen Genitales kann nicht nur die von Freud beschriebene Phantasie hervorrufen, daß Jungen kastriert werden können und Mädchen bereits kastriert sind. Sie führt unweigerlich zu der intuitiven Erkenntnis, daß der fehlende Penis die Stelle markiert, an welcher der reale Penis seine wahre phallische Funktion gewinnt. Diese Intuition schafft Raum für das erworbene Wissen über die Sexualbeziehungen. Das Genitale der Mutter bietet also einen Beweis für die Rolle, die der Penis des Vaters spielt. Doch das Kind möchte nichts davon wissen. Es zieht vor, einen Penis zu halluzinieren und seine Anerkennung des Geschlechtsunterschieds aufzukündigen, statt hinzunehmen, daß die Genitalien seiner Eltern verschieden sind und einander ergänzen, daß es selbst für immer aus dem Kreis ihrer Beziehungen ausgeschlossen bleibt und daß es, wenn sein Begehren weiterbesteht, mit der Drohung einer Kastration konfrontiert ist. Der Begriff der Kastration kann in diesem Kontext als Äquivalent der *Realität* aufgefaßt werden. Wird er akzeptiert, so gelangt das Kind zu den verschiedenen im Zusammenhang mit Freuds drittem Entwicklungsstadium beschriebenen Phantasien. Es handelt sich bei ihnen durchweg um Versuche, die Kastrationsangst und das Inzestverbot zu bewältigen. Ein Kind, das eine perverse Lösung entwickelt, wird mit diesen unausweichlichen Realitäten fertig, aber zahlt dafür einen hohen Preis. Denn es opfert einen Teil seines eigenen Ichs und verzichtet auf einen begrenzten Teil der äußeren Realität. Statt dessen verkündet es: »Es stimmt nicht! Mein Vater hat weder für mich selbst noch für meine Mutter irgendeine Bedeutung. Ich habe nichts von ihm zu fürchten, und meine Mutter liebt nur mich.« Damit verliert der Penis des Vaters seinen symbolischen Wert, und ein wichtiges Stück sexueller Erkenntnis wird ausgelöscht.

Das Gefühl einer Lücke im eigenen Wissen und der mit ihr zusammenhängenden Konsequenzen illustriert der folgende Traum eines fetischistischen Patienten. »Ich lag auf dem Bett neben einer Frau, und man befahl mir, ihre nackten Beine anzusehen. Ich starrte sie einige Zeit an, wußte aber nicht, was ich antworten sollte. Mir schien, daß es sich um ein Problem der Logik handelte. Schließlich sagte ich, daß ich niemals die Antwort finden würde, weil ich immer schlecht in Mathematik gewesen sei.« In seinen Assoziationen erinnerte sich dieser Patient an einige »Flirts« während seiner Jugend sowie an den Augenblick, als er zum ersten Mal ein Mädchen geküßt hatte. Er war beunruhigt zu entdecken, daß er keinerlei Reaktion zeigte. Statt eines sexuellen Begehrens verspürte er nur leichten Ekel. Man wird hier daran erinnert, daß Oscar Wilde Frauen im Vergleich zu homosexuellen Objekten so attraktiv fand wie »kaltes Lammfleisch«.

In seiner Arbeit über »Die Ichspaltung im Abwehrvorgang« führt Freud aus, daß das Kind angesichts des Lochs an der Stelle, wo der mütterliche Penis sein müßte, entweder einen Fetisch oder eine Phobie entwickelt, um diese Leerstelle auszufüllen (Freud 1940) – oder ein Stück von beiden. (Darin steckt der Knotenpunkt einer möglichen »dritten« psychischen Struktur, die sowohl an neurotischen wie an psychotischen Abwehrmechanismen teilhat. Das Ich »spaltet«, mit anderen Worten, seine Abwehrkräfte bei dem Versuch, die Wahrheit des sexuellen Begehrens und die Vergeblichkeit seiner narzißtischen Ansprüche anzuerkennen. Es verleugnet, was es nicht wissen will.) Je nach dem Ausmaß, in dem das Kind unfähig ist, die Realität zu internalisieren und zu symbolisieren, wird es sich entweder in die Richtung einer psychotischen Charakterstruktur entwickeln (also zu einer

Verleugnung nicht nur der Bedeutung des Geschlechtsunterschieds, sondern der Anerkennung einer Trennung zwischen sich selbst und anderen) oder zu einer devianten Charakterstruktur, die nicht notwendig zu einer sexuellen Perversion führt. Zahlreiche Fälle von Sucht, Delinquenz und pathologischem Ausagieren weisen ähnliche psychische Mechanismen auf (McDougall 1974, Sperling 1968).

Der Fetischismus ist der Prototyp aller perversen Charakterstrukturen, das heißt, er zeigt exemplarisch, wie die Leerstelle, die durch die Verleugnung oder Zerstörung der Wahrheit entstanden ist, in der Folge kompensatorisch ausgefüllt werden muß. In gewisser Hinsicht ist dies ein Akt äußerster Klarheit. Konfrontiert mit der Tatsache, daß er eine gesonderte Identität besitzt und den Geschlechtsunterschied mit seinen ödipalen Implikationen bemerkt, findet der künftige Perverse keinen Schleier, der dicht genug wäre, die Umrisse einer unerträglichen Realität zu verwischen, wie dies dem Neurotiker gelingt. Er kann das Problem nur unkenntlich machen und neue Antworten auf sein sexuelles Begehren finden. In den Analysen solcher Patienten hat man den Eindruck, daß sie zu früh einer sexuellen Reizung ausgesetzt, dann zurückgewiesen und falsch informiert worden sind oder daß ihnen illusionäre Kenntnisse mitgeteilt wurden. Es sei in diesem Zusammenhang an Hellmans (1954) Aufsatz über die Mütter von Kindern mit intellektuellen Hemmungen erinnert. Diese Kinder durften alle jene Dinge nicht wissen, von denen ihre Mütter nicht ertragen konnten, daß sie sie wußten. Bei Kindern, deren sexuelles Begehren in die Richtung einer perversen Lösung geht, spielt das Unbewußte der Mutter eine wesentliche Rolle. Man ist versucht zu meinen, daß die Mütter von Kindern, die später pervers werden, ihrerseits die sexuelle Realität verleugnen und die phallische Funktion des Vaters herabsetzen. Es ist auch möglich, daß sie dem Kind das Gefühl vermitteln, es selbst sei ein Ersatz für den Phallus. In den Fallgeschichten dieser Patienten entdecken wir häufig, daß den Kindern ein anderes

Modell der Männlichkeit als Objekt phallischer Wertschätzung entgegengehalten wurde, manchmal der Vater der Mutter oder ihr Bruder, manchmal auch eine religiöse Gestalt oder Gott. Dennoch sind dies nur Teilerklärungen für das komplizierte psychische System, das sich daraus entwickelt. Als solche sind sie bei der Analyse sexueller Perversionen nur von begrenztem Nutzen.

Einige der Faktoren, die von Bion (1967) in Verbindung mit einer psychotischen Charakterstruktur und schizophrenem Denken erwähnt werden, scheinen auch auf Kinder zuzutreffen, die pervers werden. Verfrühte Objektbeziehungen und ein Haß auf die Realität sind in den meisten Fällen klinisch nachweisbar. Phallische Kastrationsangst und ödipale Eifersucht sind die Faktoren, die sich an der Oberfläche und nicht am Ursprung einer perversen Antwort auf die Probleme der Realität finden. Angst entsteht in erster Linie beim Fehlen eines Objekts. Hinter dem Trauma des fehlenden Penis der Mutter zeichnet sich der Schatten des Fehlens der Mutter selbst ab. Die Art, wie dem Kind geholfen oder wie es daran gehindert wurde, diesen entscheidenden Verlust zu kompensieren, bietet die Grundlage für die Art, in der es die Konflikte der klassischen ödipalen Phase angehen wird. Trennungsangst ist ein Prototyp der Kastrationsangst, und die Anwesenheit bzw. Abwesenheit der Mutter sind die Faktoren, um die herum sich die früheste ödipale Struktur entwickelt. In einer persönlichen Mitteilung hat Rosenfeld die Meinung vertreten, daß ein Säugling vielleicht schon eine »perverse« Beziehung zu den Brustwarzen entwickelt hat. In einem weiten und eher metaphorischen Sinn würde ich damit übereinstimmen. Das frühe Kastrationstrauma, das sich in einer Angst vor körperlicher Desintegration und in einer Angst vor Identitätsverlust ausdrückt, tritt unweigerlich in sexuellen Perversionen wieder zutage, ist aber nicht nur für sie charakteristisch. Wenn frühe Trennungserlebnisse traumatisch gewesen sind, kann dies noch zu vielen verschiedenen Ergebnissen führen, die von einer Psychose und psychosomatischen Krankheit bis hin zur Sucht und anderen pathologischen Formen des Ausagierens reichen. Die entscheidenden Faktoren, die das Bild einer späteren sexuellen Devianz vorbereiten, entstehen in der ödipalen Phase; die Infrastruktur aber beginnt bereits an der Mutterbrust. Das Auftreten psychosomatischer (insbesondere allergischer) Erkrankungen ist klinisch ungewöhnlich hoch bei Patienten mit perverser Charakterstruktur. Sperling (1968) hat das Alternieren von Perversionen und somatischen Erkrankungen bei derartigen Analysanden untersucht. Dies läßt vermuten, daß es andere Formen frühzeitiger »Lücken« auf dem Niveau der Phantasie und der Symbolisierung gibt, andere Gebiete eines Minus-Wissens, auf denen Affekte und Gedankenansätze nur direkt über den Körper ausgedrückt werden können, ohne wie bei der Neurose über eine zureichend ausgearbeitete Phantasiewelt vermittelt zu sein. Dies ist auch der Punkt, an dem die perverse Charakterstruktur in eine psychotische übergeht und die Verleugnung in jene Zurückweisung oder Verwerfung einer wahrgenommenen Realität, welche Freud als den grundlegenden Mechanismus der Psychose beim Wolfsmann und im Fall Schreber postulierte. Freud sucht die auf Flechsig und Gott gerichtete psychotische Homosexualität von Schreber zu verstehen: »Es war nicht richtig zu sagen, die innerlich unterdrückte Empfindung werde nach außen projiziert; wir sehen vielmehr ein, daß das *innerlich Aufgehobene von außen wiederkehrt*« (Freud 1911, 8: 302).

Dieser grundlegende Mechanismus der Differenzierung, der den Zugang zur Wahrheit der Wahrnehmungswelt und der menschlichen Realität entweder erleichtert oder verschließt, ist von Bion (1962) mit dem Konzept des Minus-K-Phänomens und in Frankreich von Lacan (1956, 1959) untersucht worden, der ihn mit dem Terminus »forclusion« bezeichnete. Dem Psychotiker drängt sich ein projiziertes Wissen, dessen Verbindungsglieder zerstört worden sind, in wahnhafter Form wieder auf. Der Perverse macht gegenüber

dieser Position insofern einen beträchtlichen Fortschritt, als auch er aus der Außenwelt etwas Verlorenes wiedererlangt, aber sich dazu einer von ihm selbst *kontrollierten und begrenzten Illusion* bedient. Er unterliegt keinem Wahn. Das Minus-Wissen in bezug auf den Geschlechtsunterschied und die Urszene ist in der perversen Charakterstruktur auf eine Peitsche, ein Haarbüschel oder den Penis eines anderen Mannes beschränkt und nicht so ausgedehnt wie der Beeinflussungsapparat (Tausk 1919) der psychotischen Sexualität. Diese kleinen Beeinflussungsapparate stellen vielleicht eine Miniaturpsychose dar, doch sie dienen auch dazu, die psychische Gesundheit eines Individuums und seiner inneren und äußeren Objekte zu schützen (Gillespie 1956 a).
Gehen wir noch einmal zum Begriff der Verleugnung zurück. Die Zerstörung assoziativer Verbindungsglieder, die sie impliziert, ist ein Akt psychischer Gewaltsamkeit und geht vermutlich in den Augenblicken einer intensiven Wut vor sich, die keine körperliche Abfuhr findet. Als Beispiel dafür möge eine Szene aus dem Alltagsleben dienen: Ein kleiner Junge von zweieinhalb Jahren hat viel davon reden hören, daß in der Familie ein weiteres Kind erwartet wird. Eines Tages schlägt er plötzlich seiner Mutter, die im neunten Monat schwanger ist, auf den Bauch und schreit: »Es stimmt nicht, daß Mami voll ist wie eine Flasche!« Es handelt sich dabei nicht um eine einfache Negation, sondern um eine Verneinung oder Verleugnung seiner eigenen Sinneswahrnehmung, um eine letzte entscheidende Anstrengung, die angstauslösende Realität zu beseitigen, daß etwas zwischen ihm und seiner Mutter steht, und zwar gerade im Inneren der Mutter, wo er selbst oft gern wäre. Er weiß, daß es sich um ein anderes Kind, mithin um einen Rivalen handelt. Er weiß auch, daß es etwas mit dem Penis des Vaters zu tun hat, und er möchte sowohl das Baby wie den Penis in diesem Augenblick zerstören. Doch er schützt seinen Vater und seine Mutter in seinen phantasierten Angriffen und verleugnet statt dessen die Realität. Selbstverständlich ist die Reaktion

des kleinen Jungen seinem Alter durchaus angemessen. Was allein zählt, ist, was er später daraus macht. Zu welchen Hilfsmitteln wird er greifen, um das durch seine Verleugnung entstandene Loch zu flicken? Wie wir bereits bei der Erörterung von Freuds Schema unterschiedlicher Reifegrade im Hinblick auf die Auffassung der Sexualität gesehen haben, stehen ihm noch viele Wege offen.

Wie der kleine Junge schützt auch ein Perverser mit der Zerstörung eines Teils seines wahrgenommenen und intuitiven Wissens sein Objekt vor einem destruktiven Haß. Und auch dies muß in der von ihm selbst gefundenen Urszene enthalten sein. Das Objekt (der Partner, Penis, Fetisch usw.) darf nicht zerstört werden. Je nach seinen inneren Phantasien kann dies auf zweierlei Weise vor sich gehen: Er kann entweder *etwas an dem Objekt wiedergutmachen* (ein depressiver Aspekt), oder er kann *sich davor schützen, selbst zerstört zu werden* (eine paranoide Angst), indem er das Objekt erotisch dominiert.

Eine Passage in Painters Biographie von Marcel Proust zeigt ein sensibles Verständnis der gewalttätigen Aspekte von Prousts Homosexualität. Painter beschreibt, wie Proust erst das Mobiliar und später auch die Portraits seiner verstorbenen Eltern an das Bordell von Albert verschenkt, damit seine jüngeren homosexuellen Freunde diese erhabenen Wesen beleidigen konnten. Angesichts von Prousts Lieblingsportrait der Prinzessin Hélène de Chimay mußten sie in den Ruf ausbrechen: »Wer zum Teufel ist diese kleine Hure?« Painter beschreibt im folgenden Prousts Bedürfnis, zuzusehen, wie Ratten gequält wurden, sowie seine Suche nach jungen Männern, welche diese Ratten als Teil eines orgiastischen Rituals quälten:

»Wenn Proust bei diesen jungen Männern nach Grausamkeit suchte, war das nur zum Teil ein bewußtes Verlangen nach der imaginären Schönheit jugendlicher Kraft und Sittenlosigkeit. Gleichzeitig vollzog er symbolische Racheakte für ein Unrecht, das ihm in ferner Kindheit ... zugefügt worden war. Seit er zweiundzwanzig Monate alt war und sein Bruder Robert geboren wurde, war es ihm auf immer versagt gewesen, die ungeteilte Liebe seiner Mutter zu besitzen. Daran hatte Robert keine Schuld, und Marcel hatte ihm schon in sehr jungen Jahren vergeben, aber ein diabolischer Teil seines Ich hatte seiner Mutter niemals vergeben ... Der nie geheilte Abszeß kindlicher Aggression wurde nach vierzig Jahren geheilt ...« (Painter 1968, 2: 420 f.).

Wie viele andere Homosexuelle rächte sich auch Proust an seinen treulosen Eltern, die, im Gegensatz zu dem, was sie ihn glauben ließen, und insbesondere im Gegensatz zu dem, was er selbst glauben wollte, sexuelle Beziehungen zueinander unterhielten. Auch die gequälten Ratten sind ein traumartiges Bild des väterlichen Penis und des immer wiederkehrenden Themas, daß die Kastration keine Verletzung darstellt. Weder er selbst noch die zugleich geliebten und gehaßten Objekte werden jemals wirklich beschädigt – solange die fiktive Urszene weiterhin funktionieren kann. Der Fetisch (der von dem französischen Wort »factice« kommt, welches »fiktiv« oder »künstlich« bedeutet) ist ein fingiertes phallisches Objekt, dessen psychische Repräsentation in der inneren Objektwelt schwer beschädigt worden ist. Er muß in der Inszenierung der perversen Sexualität immer wieder zu neuem Leben erweckt und einer Wiedergutmachung ausgesetzt oder bewältigt werden. Den Vater zu kastrieren, zu erniedrigen und zu verleugnen, stellt dennoch einen Beweis seiner Existenz dar.

Es gibt also zu jeder perversen Handlung eine verdichtete Urszene, an der drei Menschen beteiligt sind. Dies hängt seinerseits von der Fähigkeit des Individuums ab, äußere Objekte symbolisch zu verwenden, um die innere Lücke auszufüllen, in der ein symbolisches Scheitern, eine Verwerfung oder ein Minus-Wissen aufgetreten ist. Segal (1956) stellt fest, daß die Fähigkeit eines Kindes zur Symbolisierung »dazu verwendet werden kann, mit früheren ungelösten Konflikten durch Symbolisierung fertig zu werden«. Es scheint mir, daß Perverse versuchen, verschiedene Probleme aus unterschiedlichen Schichten ihres Seelenlebens durch die magischen und symbolischen Aspekte des Geschlechtsakts zu lösen. Eine Unfähigkeit zu dem, was als symbolisches Spiel bezeichnet werden könnte, kann dagegen zu einer psychotischen Lösung führen. So wird etwa ein Transvestit, der die Identität seiner Mutter annehmen will, spielerisch in ihre Haut schlüpfen, indem er sich Frauenkleider anzieht. Er gibt sich im Spiel seiner Phantasie hin, den phallischen Vater an sich zu ziehen und damit symbolisch einem doppelten Begehren entgegenzukommen. Im Gegensatz dazu war jener Mann, der (wie den Schlagzeilen der Zeitung zu entnehmen war) seine Freundin tötete, um zu sexuellen Zwecken ihre Haut zu tragen, psychotisch und nicht pervers. Dasselbe ließe sich von jenen Transsexuellen sagen, die sich einer körperlichen Kastration unterziehen, um ihrer Angst zu entfliehen und in der Lage zu sein, zu einer homosexuellen Lösung ihrer Probleme zu gelangen. Da ihnen (im Unterschied zu der allmächtigen Mutter ihrer frühen Kindheit) ein internalisierter Phallus fehlt, müssen diese Kinder in der Lage sein, in der Außenwelt ein symbolisches Vaterobjekt zu finden, das sie daran hindert, mit dem grenzenlosen oralen Universum zu verschmelzen, indem sie selbst und die Objekte eins sind. Dies scheint auch Khan (1983: 194) auszudrücken, wenn er schreibt: »Zu den Errungenschaften des ›montierten inneren Objekts‹ in der psychischen Realität des Perversen gehört, daß es ihn dazu befähigt, ein Paradox in der inneren Realität zu errichten, das ihn davor schützt, daß seine Person durch die zudringliche Allgegenwart des mütterlichen Unbewußten in seiner Kindheitserfahrung überwältigt wird.« Khan schreibt im Anschluß an Winnicott weiter, daß die Verkörperung einer Sexualphantasie in einer realen Person ein Individuum vor dem Selbstmord retten kann. Unter Bezugnahme auf Khans Metapher eines montageartig zusammengestellten Objekts, in dem unterschiedliche Aspekte der Imago des Vaters und der Mutter nebeneinander stehen, möchte ich darauf verweisen, daß die Tür zum Selbstmord oder zu einer psychotischen Auflösung der Persönlichkeit offen steht, wenn bestimmte lebenswichtige Anteile der Imago des Vaters aus dieser »Montage« entfernt werden.

Auf dieselbe Weise kann die plötzliche Wiederkehr dessen, was im Innern versteinert oder gewaltsam abgewiesen worden ist, zu einer gefährlichen Auflösung führen. Ich möchte in diesem Zusammenhang einen Vorfall aus der Analyse eines homosexuellen Patienten berichten. Sein gewöhnliches Sexualverhalten bestand darin, eine Reihe von verschiedenen Partnern zum Zwecke der Fellatio aufzugabeln, stets in der Hoffnung, eines Tages jemanden zu finden, »den er wirklich liebte«. Im Verlauf einer Sitzung berichtete er, daß er in der vorausgegangenen Nacht eine schreckliche Erfahrung gemacht habe. Er hatte einen Mann mit nach Hause genommen, der sehr viel älter war als er selbst. Dies war ungewöhnlich und zu seiner Überraschung bemerkte er, daß er an dem Mann viel stärker interessiert war als an dessen Penis. Er geriet in Panik und suchte nach einer Ausrede, um die Situation zu beenden. Da er sich stets eingeredet hatte, in seine Zufallsbekanntschaften verliebt zu sein, war er über die Entdeckung entsetzt, daß sie kaum als Person, sondern nur als Penis existierten. Aufgrund seiner Assoziationen zu dem älteren Mann, die in engem Zusammenhang mit seiner aktuellen Vaterübertragung in der Analyse standen, konnte ich ihm zeigen, daß er jedes Interesse an seinen Partnern hätte vermeiden müssen, um sich nicht darüber klar zu werden, daß der einzige Penis, den er hätte besitzen wollen, der seines Vaters war. Er wollte vom Penis seines Vaters ernährt und gestärkt werden und dabei zugleich die Kastration des Vaters vermeiden, die dies mit sich gebracht hätte. Nach dieser Sitzung brach der Patient seine homosexuellen Abenteuer abrupt ab und nahm eine Beziehung zu einer Frau auf, die älter war als er selbst. Doch er »entdeckte«, daß er jedesmal, wenn sie gemeinsam aßen, »ganz furchtbar anschwoll«.

Exhibitionistisch führte er diese Zustände des phantasierten Angeschwollenseins allen seinen Freunden ebenso vor wie mir. Zugleich beklagte er sich, sein Schlafzimmer sei voller Gespenster. Seine Freunde waren überaus beunruhigt. Dieser Vorfall kann auf vielfältige Weise gedeutet werden. In erster Linie geht es darum, daß die Verleugnung in bezug auf den Vater und dessen Verhältnis zur Mutter aufgehoben wurde. Dies führte zu einer unerträglichen Überflutung mit schmerzhaften Affekten. Darüber hinaus schien es, als habe er abrupt eine Reihe von abgespaltenen Bildern des väterlichen Penis reintrojiziert, die er zuvor im Verlauf seiner homosexuellen Aktivitäten spielerisch symbolisiert hatte. Sie kehrten nunmehr als Gespenster wieder. Indem er schließlich die letzten Reste seiner Illusion aufgab, einen »idealen Phallus« wiederzuerlangen, verschmolz er vollständig mit der Figur der Mutter – indem er sie verschlang! Ich übergehe hier seine Schwangerschaftsphantasien, die sich in der Folge entwickelten, aber wieder verschwanden, als der Patient beschloß, sich noch einmal wirklichen Penissen zuzuwenden. Ich meine, daß diese Vignette das Thema des vorliegenden Kapitels noch einmal in gedrängter Form zusammenfaßt. Die neu erfundene Urszene, eine besondere Form manischer Abwehr, ist dem Wahnsinn vorzuziehen.

III. Das homosexuelle Dilemma. Eine Untersuchung zur weiblichen Homosexualität

Im folgenden Kapitel möchte ich nachweisen, daß die weibliche Homosexualität einen Versuch darstellt, einen Konflikt in bezug auf die beiden Pole der psychischen Identität aufzulösen: die eigene Identität als besonderes Individuum und die sexuelle Identität. Die zahlreichen Wünsche und Konflikte, denen sich jedes Mädchen im Hinblick auf seinen Vater konfrontiert sieht, sind bei Frauen, die homosexuell werden, in der Weise verarbeitet worden, daß sie den Vater als Objekt ihrer Liebe und ihres Begehrens aufgeben und sich statt dessen mit ihm identifizieren. Das führt zu dem Ergebnis, daß die Mutter wiederum zu ihrem einzigen Liebesobjekt wird. Die Tochter erwirbt dadurch eine etwas fingierte *sexuelle Identität.* Ihre unbewußte Identifizierung mit dem Vater trägt jedoch dazu bei, daß sie ein stärkeres Gefühl ihrer *subjektiven Identität* entwickelt. Sie bedient sich dieser Identifizierung, um sich von den eher gefährlichen und mit Verboten drohenden Aspekten der Imago der Mutter ein Stück weit zu lösen. Die idealisierten Aspekte der Mutter-Imago suchen daraufhin in einer Ersatzbeziehung zu einer homosexuellen Partnerin nach Befriedigung. Diese über Gebühr simplifizierte Darstellung der »homosexuellen Lösung« der ödipalen Probleme ebenso wie der Konflikte und der Bedrohungen der narzißtischen Integrität wirft zahlreiche Fragen auf. Ich hoffe, manche dieser Fragen teilweise beantworten zu können.

Welche Gründe könnten ein kleines Mädchen dazu zwingen, seine Liebe zu seinem Vater aufzugeben? Und wodurch gelangt es statt dessen zu einer Identifizierung mit ihm? Warum wird die Mutter als bedrohlich erfahren? Welche Faktoren haben eine Identifizierung mit einer genitalen Mutter beeinträchtigt, die zu einem Mann sexuelle Beziehungen unterhält? Was liegt der fanatischen Idealisierung von Frauen zugrunde? Und was können weibliche Homosexuelle ihren idealisierten Partnerinnen bieten?

Neben und hinter diesen Fragen, die sich im wesentlichen auf die innere Objektwelt und die ödipale Struktur weiblicher Homosexueller beziehen, stellen sich andere, welche die weibliche Homosexualität generell betreffen. Welche Rolle spielen der »Penisneid« und die »Kastrationsangst« bei der Homosexualität? Und wie steht es mit dem Körperbild? Wie ist es möglich, die Illusion aufrechtzuerhalten, wirklich die Sexualpartnerin einer anderen Frau zu sein? Sobald wir über einige versuchsweise Antworten auf diese Fragen verfügen, sind wir besser darauf vorbereitet, die weibliche Homosexualität und alles, was sie unbewußt repräsentiert, zu untersuchen. Zuerst aber wollen wir unseren Blick 40 Jahre zurücklenken auf die früheste psychoanalytische Arbeit, die zu diesem Thema veröffentlicht worden ist.

»Kein Verbot und keine Überwachung hält sie ab, jede der spärlichen Gelegenheiten zum Beisammensein mit der Geliebten auszunützen, alle ihre Lebensgewohnheiten auszukundschaften, stundenlang vor ihrem Haustor oder an Trambahnhaltestellen auf sie zu warten, ihr Blumen zu schicken u. dgl. Es ist offenkundig, daß dies eine Interesse bei dem Mädchen alle anderen verschlungen hat.« So beschreibt Freud (1920, 12: 272) die Leidenschaft einer jungen homosexuellen Patientin für eine etwa zehn Jahre ältere Frau. Bei der Rekonstruktion der Entstehung der Homosexualität seiner Patientin entdeckt Freud, daß die Tochter nach einer normalen ödipalen Anhänglichkeit an ihren Vater zu einem Zeitpunkt auf jede Liebe zu ihm verzichtete, als sie unbewußt ein Kind von ihm begehrte. Diese Zeit fiel mit einer Schwangerschaft der Mutter zusammen. Es war also die Mutter – die unbewußt gehaßte Rivalin um die Liebe des Vaters –, die ein von der Tochter ersehntes Kind gebar. Die traumatischen Auswirkungen dieses Ereignisses schienen das junge Mädchen dahin geführt zu haben, voll Bitterkeit alle Männer zurückzuweisen. »Sie wandelte sich zum Manne um und nahm die Mutter an Stelle des Vaters zum Liebesobjekt (Freud 1920, 12: 285). Seit dieser Zeit galt ihre Liebe und Verehrung Frauen, die etwas älter waren als sie selbst. Als sie Freud konsultierte, war sie in eine Dame von zweifelhaftem Ruf verliebt, die das besondere Mißfallen ihres Vaters erregte, obwohl sie aus einer vornehmen Familie stammte. Die junge Frau richtete es dessenungeachtet so ein, daß ihr Vater sie in Gesellschaft ihrer Geliebten sah. Der warf ihr einen haßerfüllten Blick zu, dem sie entnahm, daß er ihr die Liebe zu dieser Frau verbot. Für ihr Unbewußtes aber enthielt dieser Blick zugleich die Botschaft, daß sie auch auf den Vater würde verzichten müssen. Nach dem Austausch wütender Blicke zwischen Vater und Tochter war die ältere Freundin aufgebracht darüber, zum Objekt des Mißfallens gemacht worden zu sein. Sie befahl dem Mädchen, sie zu verlassen, und verbot ihr, sich je wieder an sie zu wenden. Nach Auffassung des Mädchens hatten sowohl der Mann wie auch die Frau ihr das Recht abgesprochen, sexuelle Beziehungen zu einer Frau zu unterhalten. Unbewußt aber verleiht die Tochter, wie Freud nachweist, diesem Verbot die Bedeutung, daß sie selbst nicht das Recht besitzt, den Platz ihrer Mutter einzunehmen und die Liebe ihres Vaters zu begehren. Angesichts der Zurückweisung sowohl durch den Vater wie durch die Mutter unternimmt sie eine letzte symbolische Geste in dem Versuch, die beiden Objekte ihres Begehrens zu besitzen und zu bestrafen. In selbstmörderischer Absicht stürzt sie sich über eine Mauer in den Einschnitt der Stadtbahn. Auf tragische Weise protestiert sie dagegen, von beiden verlassen worden zu sein, und gibt ihrer äußersten Hilflosigkeit sowie ihrer Überzeugung Ausdruck, daß das Leben für sie jeden Sinn verloren hat.

Freud gewinnt aus diesem Fragment einer Analyse Einblick in die verborgenen sexuellen Wünsche des Mädchens in bezug auf seinen Vater. Ihren Selbstmordversuch interpretiert er als symbolische Handlung, mit der sie den Vater hat zwingen wollen, ihr ein Kind zu schenken. Es handelt sich hier um ein ödipales Drama. Freuds Schlußfolgerungen könnten zu der Annahme führen, daß der Sprung in den versuchten Selbstmord allein aus einer narzißtischen Kränkung zu erklären sei. Ödipale Wut und ödipaler Schmerz angesichts des Umstands, für immer von der Erfüllung inzestuöser Kinderwünsche ausgeschlossen zu sein, stellen jedoch ein universales sexuelles Trauma dar. Warum ist gerade diese junge Patientin wie so viele andere von der traumatischen Natur der menschlichen Sexualität und der ödipalen Enttäuschung in besonderem Maße gezeichnet? Warum kommt es zu einer derart verzweifelten Lösung? Obwohl ihr Selbstmordversuch durch ein ödipales Leiden ausgelöst wird, sind wir zugleich Zeugen eines präödipalen Dramas, welches Freud nicht untersucht. Die Arbeit liegt etwa zehn Jahre vor Freuds aufregender Entdeckung der präödipalen Konflikte des Mädchens in den Auseinandersetzungen um seine sexuelle Identifizierung (Freud 1931, 1933). Lange vor der klassischen ödipalen Phase muß es mit seiner aus Liebe und Haß gemischten Beziehung zu seiner Mutter zurechtkommen. Es muß zu einer Identifizierung mit ihr als selbständigem Individuum gelangen und sich zugleich mit ihr sexuell identifizieren. Offensichtlich hängen seine Chancen, ohne übermäßige Schuldgefühle und Depressionen zu psychischer Unabhängigkeit zu gelangen, weithin von der Bereitschaft der Mutter ab, ihre Tochter unabhängig werden zu lassen und ihr bei ihrer sexuellen Identifizierung zu helfen. Dies setzt seinerseits voraus, daß die Mütter ihre Töchter als Rivalinnen mit weiblichen Zielen und Wünschen anerkennen und die Liebe ihrer Töchter zum Vater akzeptieren. Deutlich setzt dies auch eine bestimmte Einstellung der Väter den Mädchen gegenüber voraus. Sie müssen bereit sein, ihnen ihre Kraft und Liebe anzubieten und ihnen dabei zu helfen, sich von ihren Müttern zu lösen. Wenn die Eltern unter unbewußten Konflikten leiden, die den Versuch der Mädchen beeinträchtigen, mit den eigenen narzißtischen und erotischen Wünschen sowie mit der Notwendigkeit fertigzuwerden, die Sexualität und ihre eigene sexuelle Identität zu akzeptieren, dann laufen die Mädchen Gefahr, verwirrende Botschaften zu empfangen. Durch sie wird ihr wachsendes Identitätsgefühl ebenso aufs Spiel gesetzt wie ihre Fähigkeit zur Realitätsprüfung und die Struktur ihrer libidinösen und aggressiven Antriebe. Auf der Grundlage ihrer früh gestörten ödipalen Verfassung sehen sie sich dann den Konflikten der klassischen ödipalen Krise konfrontiert, die sie endlich durcharbeiten müssen. Es ist wohl gerechtfertigt, anzunehmen, daß zwei problematische Elternteile notwendig sind, damit die Nachkommen homosexuell werden.

Freud stellt eindeutig fest, daß es sich bei dem Selbstmordversuch seiner jungen Patientin um das unbewußte Ausagieren einer phallischen Vereinigung mit ihrem Vater handelte. Dieser symbolischen Rekonstruktion müssen wir jedoch hinzufügen, daß es dabei zugleich um die Auflösung ihrer frühkindlichen Beziehung zu ihrer Mutter ging. Die Patientin war schließlich eine Frau, die ihr Recht auf Sexualität und Mutterschaft geltend machte und zur vollen Durchsetzung ihrer eigenen Weiblichkeit nicht mehr einer anderen Frau bedurfte. Sie hatte ihrer Freundin die Rolle einer idealisierten Mutter zugewiesen. In den Augen des leidenschaftlichen Mädchens war sie schön und von Liebhabern umgeben, ein vollkommenes Bild der Weiblichkeit. Sie besaß zahlreiche Talente, von denen das Mädchen meinte, sie seien ihm abgesprochen und während seiner eigenen Kindheit ausschließlich seiner Mutter vorbehalten worden. Sein bewußtes Verlangen, zum Objekt des erotischen Begehrens einer anderen Frau zu werden und sexuell von ihr Besitz zu ergreifen, maskiert nicht nur, wie Freud sagte, ihren Wunsch, ein Mann zu sein, sondern auch ihren aggressiven Wunsch, den verborgenen Schatz der Frau zu erhalten – das Recht auf einen Mann, auf dessen Penis und auf ein Kind, das er ihr schenken soll. Als ihre homosexuellen Bestrebungen durchkreuzt wurden, suchte sie sowohl den Mann wie die Frau zu bestrafen; denn ihre Forderung richtete sich gegen beide. Mit dem selbstmörderischen Sprung wollte sie eine letzte und geheime Erfüllung ihrer Wünsche erreichen und wurde zugleich, wie Freud gezeigt hat, für sie bestraft.

Eine alternative Lösung ihres Konflikts hätte die Aufnahme manifest homosexueller Beziehungen sein können, und Freuds Aufsatz führt uns zu der Annahme, daß dies bei seiner jungen Patientin der Fall war. Ihre homosexuelle Aktivität hätte dann dieselbe unbewußte Bedeutung wie ihr Selbstmordversuch, nämlich die einer symbolischen Erfüllung sowohl liebender wie destruktiver, ursprünglich gegen die Eltern gerichteter Wünsche. Ich will damit nicht sagen, daß eine homosexuelle Lösung ödipaler und narzißtischer Probleme ein Äquivalent des Selbstmords ist. Im Gegenteil, sie kann dazu dienen, Depressionen oder Depersonalisationszustände abzuwehren und als Bollwerk gegen den Selbstmord oder einen psychischen Tod zu wirken.

Mehrere homosexuelle Frauen, die ich als Patientinnen hatte, wiesen bemerkenswerte Übereinstimmungen in ihrer Ich-Struktur und in ihrer ödipalen Verfassung auf. Auffällig war insbesondere auch ihre Gewalttätigkeit sowie der komplizierte Abwehrkampf gegen sie. Dies galt vor allem dann, wenn sich ihre zur Gewalttätigkeit drängenden Gefühle gegen ihre Partnerinnen richteten. Ebenfalls bemerkenswert war die Schwäche ihres Identitätsgefühls, die sich in Perioden der Depersonalisation, in eigenartigen Körperzuständen usw. vor allem dann ausdrückte, wenn die Beziehung zu ihren Partnerinnen durch äußere oder innere Umstände bedroht schien. So äußerte etwa eine Patientin, als sie erfuhr, daß ihre Geliebte sie unerwartet für drei Tage verlassen mußte: »Als ich ihren Brief las, hatte ich das Gefühl, daß der Raum um mich ins Schwimmen geriet. Ich wußte nicht mehr, wo ich war, und mußte meinen Kopf gegen die Wand schlagen, um wieder zur Besinnung zu kommen.« Bei einer ähnlichen Gelegenheit drückte sie brennende Zigaretten auf ihren Händen aus, um die schmerzhafte Empfindung eines Verlusts der Grenzen ihres Körper-Ichs zu beenden (Federn 1978). Eine andere Patientin schnitt sich mit einem scharfen Messer in die Hände und brachte sich Verbrennungen bei, als sie von ihrer Geliebten verlassen wurde. Diese Analysandinnen brachten nicht nur ihre beinah symbiotische Abhängigkeit von ihren Partnerinnen zum Ausdruck, sondern auch den Schrecken und die gewalttätige Wut, die das Erlebnis von Trennung und Verlust in ihnen auslöste. Jede dieser Patientinnen reagierte heftig auf Männer – erwartete aber von ihnen nur gewalttätige Angriffe. Eine meiner Analysandinnen hatte ein Stilett bei sich, eine andere trug ein großes Küchenmesser in ihrer Handtasche. Beide behaupteten, sich gegen die Angriffe von Taxifahrern und Passanten auf der Straße schützen zu müssen. Neben vorübergehenden Verwirrungs- und Depersonalisationszuständen litt jede von ihnen zeitweise an intensiven Depressionen im Zusammenhang mit einem Scheitern ihrer Liebesbeziehungen oder ihrer künstlerischen bzw. freiberuflichen Tätigkeit. Ein Versagen im Beruf wurde zumeist als Grund dafür angegeben, eine Analyse zu beginnen. Während meiner Arbeit mit diesen Patientinnen begriff ich, daß ihre sexuellen Liebesbeziehungen häufig als ein manischer Schutzschild gegen Depressionen und Verfolgungsängste dienten, eine magische Vorrichtung gegen phantasierte Angriffe oder drohenden Identitätsverlust.

Ödipale Geschichte und ödipale Charakterstruktur

Ich unterscheide hier zwischen der persönlichen Familiengeschichte, die sich aus Kindheitserinnerungen, bewußten Beurteilungen und dem ergibt, was als Eltern-Imago zu bezeichnen wäre, und den unbewußten symbolischen Strukturen, die aus den Kindheitserlebnissen sowie aus der inneren Phantasiewelt eines Individuums entstanden sind. Diese Strukturen betreffen nicht nur das Ich, sein Abwehrsystem und die internalisierten Objekte von Liebe und Haß, sondern auch die Beziehungen zu äußeren Objekten. Wenn wir dem Begriff der *Struktur* die Bedeutung verleihen, die er bei Levi-Strauss (1981) hat, dann können wir uns leicht darüber verständigen, daß die *ödipale* Struktur das Zentrum der unbewußten Grundlage unserer Persönlichkeit darstellt. Sie bestimmt nicht nur die Ich-Identität in ihren narzißtischen und sexuellen Aspekten, sondern prägt auch die Triebziele sowie letzten Endes die Struktur der interpersonalen und intrapersonalen Beziehungen. Die grundlegende symbolische Bedeutung des Ödipuskomplexes läßt sich nicht einfach auf die Geschichte eines Kindes und seiner Eltern reduzieren. Dennoch gelangen wir nur, indem wir diese »Geschichte« Stück für Stück zusammensetzen, zu einem Verständnis der symbolischen Strukturen des Ich und seiner Sexualobjekte.

Bei homosexuellen Männern und Frauen finden wir eine besondere Art von Familienroman. Er muß sorgfältig analysiert werden, wenn wir die Persönlichkeitsstruktur, zu der er führt, sowie die Rolle der homosexuellen Objekte in der psychischen Ökonomie verstehen wollen. Neben Übereinstimmungen in der Ich-Struktur und den Abwehrmechanismen, die zur Aufrechterhaltung eines prekären Gleichgewichts verwendet werden, gibt es bei diesen Patienten eine bemerkenswerte Übereinstimmung darin, wie sie ihre Eltern darstellen. Meine homosexuellen Patientinnen hätten alle ein und derselben Familie entstammen können, so sehr glich sich das Bild, das sie von ihren Eltern entwarfen. Meine eigenen klinischen Beobachtungen wurden durch die Ergebnisse anderer analytischer Autoren auf diesem Gebiet weithin bestätigt, insbesonders durch Deutsch (1932, 1948), Socarides (1971) und Rosen (1964). Die folgenden Darstellungen setzen frühere Untersuchungen der unbewußten Bedeutung von Objektbeziehungen in Fällen von weiblicher Homosexualität fort (McDougall 1970). Wenn ich längere Passagen aus dieser Arbeit übernehme, so geschieht dies, weil ich ihr im Hinblick auf diesen besonderen Aspekt der Homosexualität wenig hinzuzufügen habe.

Das Bild des Vaters

Wie wir sehen werden, wird der Vater weder idealisiert noch begehrt. Wenn er im analytischen Diskurs nicht vollständig fehlt, wird er verachtet, verabscheut oder auf andere Weise herabgesetzt. Eine intensive Voreingenommenheit gegenüber den Geräuschen, die er verursacht, gegenüber seiner Brutalität, mangelnden Sensibilität, fehlenden Kultiviertheit usw. trägt dazu bei, seinem Porträt einen analsadistischen Zug zu verleihen. Ferner werden ihm phallisch-genitale Qualitäten abgesprochen, da er häufig als kraftlos und impotent dargestellt wird. Er vermittelt weder den Eindruck, ein starker, liebender Vater zu sein, noch einen Charakter zu besitzen, der als durch und durch männlich angesehen werden kann. In der psychischen Welt der Tochter ist der Vater, der früher einmal als phallisch wahrgenommen wurde, aufgrund einer libidinösen Regression zu einem analsadistischen geworden.

Olivia, eine anmutige junge Frau von etwa 20 Jahren, stammte aus einer französisch-italienischen Familie und lebte während der ersten Jahre ihrer Analyse mit einer älteren Frau zusammen, von der sie sagte, sie sei mit ihr »verheiratet«. Eine Tages kam sie mit einem Brief von ihrem Vater in der Hand zur Sitzung; sie machte einen physisch leidenden Eindruck. »In den Ferien muß ich wieder zu meiner Familie nach Florenz fahren! Das macht mich ganz krank. Ich habe letzte Nacht kein Auge zugetan und hatte dauernd das Gefühl, mich übergeben zu müssen ... Ich kann die Geräusche meines Vaters nicht ertragen, seine schrecklichen Rachenlaute, seinen Husten. Er will mich damit nur verrückt machen. Ich kann es nicht ertragen, ihn anzusehen. Er hat kleine Zuckungen im Gesicht. Ekelhaft.« Im Verlauf früherer Sitzungen hatte sie sich an das Kratzen seines Barts erinnert, als sie klein war. Darüber hinaus war ihr eingefallen, daß seine Stimme schrill und furchterregend war. Jede Erinnerung an ihn stellte seine Gegenwart als eine gewaltsame Belästigung dar. Wärmere und zärtlichere Erinnerungen tauchten erst zwei Jahre später auf. Soweit Olivia zu diesem Zeitpunkt ihrer Analyse zurückdenken konnte, hatte sie ihn stets gehaßt und geglaubt, daß auch er sie haßte. Sie fuhr fort: »Ich habe solche Angst, daß ich einen Anfall kriege, wenn ich zurück nach Florenz gehe. Wenn ich krank bin und das Haus hüten muß, haßt mein Vater mich mehr denn je.« Olivia spielte hier auf eine Brech-Phobie an, die so schwer war, daß sie die meisten ihrer sozialen Beziehungen beeinträchtigte. Diese Phobie war eines der wichtigsten Motive dafür, daß sie eine Analyse begonnen hatte. Olivia »erbrach« die qualvollen und haßerfüllten Gefühle, die sie ihrem Vater gegenüber hatte: »Ich bin überzeugt, daß mein Vater für meine Anfälle verantwortlich ist. Er versucht, mich krankzumachen. Sie werden es wahrscheinlich nicht glauben, aber ich bin sicher, daß er mich am liebsten töten würde.« Olivia glaubte vorübergehend, ihr Vater plane gemeinsam mit seinen Angestellten, sie umzubringen. Im dritten Jahr ihrer Analyse korrigierte sie diesen Glauben und sagte: »Mein Vater ist sich gar nicht klar darüber, aber *unbewußt* möchte er mich umbringen.« Seit dieser Zeit sah sich Olivia nicht länger gezwungen, wenn sie ausging, ein Messer bei sich zu tragen, um sich gegen die Angriffe von Männern schützen zu können.

Karen, eine begabte Schauspielerin, suchte die Analyse wegen schwerer Angstanfälle auf, die es ihr unmöglich machten, vor einem Publikum aufzutreten. Im Fortgang ihrer Analyse war sie in der Lage, den phantasierten Inhalt ihrer phobischen Anfälle darzustellen. Ihr war, als müsse sie auf der Bühne plötzlich defäkieren oder sich übergeben. »Sobald ich an meinen Vater denke, höre ich, wie er den Schleim im Hals hochwürgt, wie er sich die Nase putzt und beim Essen

abscheuliche Geräusche verursacht. Es kam mir vor, als würden sie sich über den ganzen Tisch verbreiten und uns alle (sie selbst und ihre drei Schwestern) einhüllen. Jedesmal, wenn er mit mir sprach, hatte ich das Gefühl, ohnmächtig zu werden. Mir war, als wollte er mich anspucken. Ich möchte ihm die Eingeweide herausreißen, diesem Schwein! Er ist ein Brechmittel.« Ein anderes Mal sagte sie: »Als Kind fürchtete ich ständig, mich nicht in der Gewalt zu haben. Ich wurde oft ohnmächtig. Jeden Morgen, bevor ich zur Schule ging, betete ich: ›Lieber Gott, mach, daß ich heute nicht brechen muß.‹« Bei anderer Gelegenheit beschrieb sie eine erschrekkende Phantasie, die fast zwanzig Jahre angehalten hatte. Sie stellte sich vor, daß ihr Vater sich heimlich von hinten an sie heranschlich, um ihr den Kopf abzuschneiden. »Ich glaube, er muß mir wirklich *gedroht* haben, mich zu töten, als ich noch klein war. Jedesmal, wenn er hinter mir auftauchte, zuckte ich zusammen. Ich weigerte mich, mich im Auto neben ihn zu setzen.«
Eva äußerte: »Ich bin nicht imstande, den schrecklichen Gesichtsausdruck meines Vaters zu beschreiben. Auch wenn ich gar nichts gemacht habe, habe ich immer Angst, daß er mich anbrüllt ... Beim Essen hat er überhaupt keine Manieren. Mein Herz schlägt, als würde er mich jeden Augenblick umbringen. In seiner Gegenwart fühle ich mich gelähmt vor Angst und bin unfähig zu sprechen.«
Sophie, eine Gynäkologin, die mit einer Kollegin zusammenlebte, zeichnete im Grunde mit leicht abgewandelten Farben dasselbe Porträt eines verunglimpften Vaters: »Er ist ein reicher und erfolgreicher Geschäftsmann, aber im Grunde einfach nur ein Bauer. Er hat veraltete Ideale und keinerlei Sensibilität. Niemand durfte sich im Haushalt bewegen ohne seine Zustimmung. Er hatte gewalttätige Wutanfälle wie ein Kind. Frauen haßte er. Voller Stolz pflegte er zu erzählen, wie er seine Schwester öffentlich ohrfeigte, weil sie mit einem Jungen spazierenging. Kein Mensch kann zu einem solchen Vater aufblicken.«

Diese Beispiele, die sich beliebig vermehren ließen, zeigten, daß die Imago des Vaters als stark und gefährlich erfahren wurde. Seine physische Nähe rief Angst und Ekel hervor. Die Töchter stellten eine Situation ihrer Kindheit dar, in der der Vater auf Distanz gehalten wurde. Es folgte ein phantasierter Kampf gegen die Vereinnahmung durch seine Ticks, seinen Schleim, seine wütende Stimme und ähnliche Zudringlichkeiten. Der anale Charakter dieser Beschreibung war ebenso offensichtlich wie ihre Verknüpfung mit Vorstellungen von sadistischen Angriffen. Gerade die Konzentration auf den Vater, auf seine Gesten, Geräusche, Worte und Haltungen gab einen Hinweis auf die unangenehme Erregung, die mit seinem Bild verbunden war. Man gewann den Eindruck von einem kleinen Mädchen, das unter dem Terror eines Vaters lebte, der es überfallen oder in es eindringen wollte. Die Betonung seiner schmutzigen, lauten oder unmanierlichen Eigenschaften und die Intensität, mit der er als Person zurückgewiesen wurde, gaben einen Hinweis darauf, wie hier Regression und Verdrängung dazu eingesetzt wurden, mit einem phallisch-sexuellen Interesse fertigzuwerden, das durch ihn hätte geweckt werden können. Darüber hinaus gab es zahlreiche Beweise dafür, daß die Kind-Frau zu einer psychischen Abwehr gezwungen war, um mit den *unbewußten Problemen des Vaters* in bezug auf die Weiblichkeit fertigzuwerden.

Diese Mutmaßungen fanden weitere Unterstützung durch die Beobachtung, daß in den Frühstadien der Analyse kaum je auf die genitale Sexualität des Vaters oder gar auf seine Tätigkeit als Mann in der Außenwelt Bezug genommen wurde. Seine sexuelle Beziehung zur Mutter blieb vollends im Dunkeln, und seine Leistungen in der Arbeitswelt wurden verächtlich gemacht oder als geringfügig hingestellt. Das Bild eines in dieser Weise als impotent dargestellten Menschen diente deutlich einer Abwehr: Wenn er schon kastriert war, stand nicht zu befürchten, daß er als Liebesobjekt begehrt wurde. Die Gründe, warum es zu diesem zerstörten und herabgesetzten Introjekt kam, und die Art und Weise, in der es aller phallisch-genitalen Qualitäten beraubt wurde, bleiben noch zu untersuchen. Wichtig ist jetzt, Einblick in die unbewußte *Identifizierung mit dem Vater* zu gewinnen, die diese Patientinnen vornahmen.

Zu Beginn ihrer Analyse hatte Olivia immer die gleichen Sachen an: Fleckige Jeans und dicke, weite Pullover. Sie klagte über die Frauen in ihrer Umgebung, die ihr Aussehen kritisierten und sich weigerten, sie so zu akzeptieren, wie sie nun einmal war. »Ich fühle mich so häßlich und sehe aus wie ein verwahrloster Junge. Ich bin überzeugt, daß auch Sie nicht an mir interessiert sind. Vermutlich wollen Sie die Analyse mit mir nicht weitermachen!« Gereizt fragte sie mich, ob auch elegant gekleidete Frauen mich konsultierten. Dann brach sie in Tränen aus und sagte, sie sei »schmutzig, ungeschickt und abstoßend«. Zugleich behauptete sie, es sei ihr unmöglich, sich anders zu geben. »Ich käme mir lächerlich vor, wenn ich angezogen wäre wie eine *Frau*. Ich kann es nicht ertragen, wenn sie über Mode und Make-up daherschnattern. Mein ganzes Leben hat meine Mutter mich gezwungen, mich für Empfänge zurechtzumachen. Das machte mich immer ganz krank und gereizt.«

Olivia wendete hier gerade die Worte auf sich selbst an, mit denen sie ihren Vater tadelte. Da er außer in ihrem leidenschaftlichen Haß auf ihn als Objekt weithin für sie verloren war, identifizierte sie sich mit ihm in Form eines regressiven Bildes, dem unangenehme und gefährliche anale Eigenschaften zugeschrieben wurden. Längere Zeit trug sie einen breiten Armreifen, weil sie meinte, er verleihe ihr »einen äußeren Schein von Kraft und Grausamkeit«. Aber das Ausmaß ihrer Identifizierung war ihr unbekannt, da sie einen großen Teil jener gefährlichen Stärke und Grausamkeit generell auf die Welt der Männer projizierte. Wenn sie ausging, schützte sie sich gegen sadistische Angriffe durch ein Messer. Daß sie es war, die das Messer besaß und darum als gefährlich erscheinen konnte, kam ihr nicht in den Sinn.

Im Vorgriff auf unsere Erörterung der Rolle der Mutter in diesem merkwürdigen ödipalen Dreieck können wir darauf hinweisen, daß eine partielle Identifizierung mit der Imago des Vaters als etwas empfunden wurde, das von der Mutter verboten und von anderen Frauen kritisiert und verachtet wurde. Auch Olivia fürchtete in dieser Sitzung – wie sie dies etwa zwei Jahre lang während unserer gemeinsamen analytischen Arbeit tat –, daß die Analytikerin sie wegen jener Charakterzüge hinauswerfen würde, in denen sie sich unbewußt mit der Stärke ihres Vaters identifizierte. Diese Elemente stellten deutlich einen vitalen Teil ihrer Identität dar, um dessen Beibehaltung sie kämpfen mußte. Obwohl ihre narzißtische Identifizierung mit einem analsadistisch aufgefaßten Vater hochgradig konfliktbehaftet war, war sie für Olivias Selbstbild von zentraler Bedeutung und stellte in ihren homosexuellen Verbindungen eine wichtige Dimension dar.
In ihrer unnachahmlichen Weise zeichnete Karen ein ähnliches Selbstporträt: »Ich bin nur ein Haufen Scheiße und werde auch von allen Leuten so behandelt. Meine Freundin Paula sah mich ganz anders an. Dadurch habe ich verstanden, daß sie mich wirklich liebte. Ihr gefiel meine Verrücktheit, und sie behandelte mich nicht wie ein Stück Scheiße.« Nicht ganz sicher, ob die Analytikerin sie lieben und akzeptieren würde, wie sie war, fügte sie abwehrend hinzu: »Ich habe schon wochenlang kein Bad mehr genommen, aber das ist mir vollkommen egal. Ich habe einen Geruch wie ein Stinktier und ich fühle mich wohl dabei. Können sie's riechen?« Die narzißtische Bindung an die Produkte und Gerüche ihres Körpers ergänzte sie durch eine entsprechende Kleidung. Wenn sie es bei bestimmten Anlässen für unumgänglich hielt, »weibliche« Kleidung zu tragen, empfand sie Angst und Übelkeit.
Die sadistischen Intentionen, die sie ihrem Vater zuschrieb, spielten auch in Karens Phantasien eine wesentliche Rolle. Sie stellte sich häufig vor, Männer umzubringen. »Ich möchte jemanden töten – irgend einen Mann – und ihm ein

Messer in den Bauch stoßen.« Wiederholt träumte sie davon, Männer zu zerstückeln; sie hatte dann Angst davor, auf die Straße zu gehen, es sei denn, sie wurde von ihrer Freundin begleitet, denn sie fürchtete, die Männer hätten sich verschworen, sie zu ermorden.

Es ist interessant festzuhalten, daß Sophie, die in ihrem Vater einen Frauenhasser sah, mir in ihrem ersten Interview erzählte, daß *sie* misogyn sei, obwohl sie in ihren Liebesbeziehungen ausschließlich homosexuell war. Auch sie empfand sich »wie ein Kastrat« (so ihr eigener Ausdruck), wenn sie statt ihrer gutgeschnittenen Hosenanzüge Kleider trug. Stärker als meine anderen homosexuellen Patientinnen war sich Sophie des grundlegenden Hasses und der allgemeinen Ambivalenz gegenüber ihren homosexuellen Geliebten bewußt, obwohl ihre Identifizierung mit einem analsadistischen Vater ihr vollkommen unbewußt war.

Ich komme nun zu einem weiteren wesentlichen Aspekt der Vater-Imago, der für jedes Verständnis der symbolischen ödipalen Struktur und ihrer besonderen Anfälligkeit von beträchtlicher Bedeutung ist. Dies hat seinerseits große Konsequenzen für die Struktur des Ich und die Aufrechterhaltung der Ich-Identität. Hinter dem »kastrierten« Bild, hinter dem regressiven libidinösen Interesse an einem aufregenden und furchteinflößenden analsadistischen Vater liegt das Bild eines Vaters, der *in seiner besonderen elterlichen Rolle versagt hat* und seine kleine Tochter einer verschlingenden oder kontrollierenden und allmächtigen Mutter-Imago überlassen hat. Die Mutter, die, wie wir sehen werden, gewöhnlich als Muster der Weiblichkeit und keineswegs als maskulin-phallische Persönlichkeit erfahren wird, hat insgeheim dennoch den Wert des Vaters als Autoritätsfigur zerstört und dem Kind dabei geholfen, die phallisch-genitalen Eigenschaften des Vaters zu verleugnen. Die Urszene wird, wenn sie überhaupt anerkannt wird, sadistisch vorgestellt und gewöhnlich den Geschichten der Mutter über die von Männern zu erwartenden sexuellen Brutalitäten zugeschrieben.

Die offenkundige Komplizenschaft der Mutter bei der fast totalen Zerstörung des maskulinen Bildes des Vaters ist ein durchgängiges Thema. Eine Mutter verabredete mit ihren Kindern, dem Vater kleinere Geldbeträge zu stehlen. Eine andere war ihrem Kind dabei behilflich, schlechte Noten geheimzuhalten. Eine Patientin behauptete, ihre Mutter habe sich geweigert, den Vater in ihre Nähe zu lassen, als sie noch klein war, mit der Begründung, der Vater würde das Kind beunruhigen, weil es »nervös und zart« sei. Karens Mutter besprach häufiger die Möglichkeit einer Scheidung mit ihrer Tochter. Dabei spielte die Idee eine Rolle, daß Tochter und Mutter es allein besser haben würden. Wieder eine andere Mutter machte ständig die Familie des Vaters und dessen Herkunft schlecht. Trotz ihrer kindlichen Freude an dem Glauben, ihren Müttern wichtiger zu sein als die Väter, wandten sich die Kinder, von denen hier die Rede ist, voll Bitterkeit gegen einen Ausschluß der Väter aus der Familie. Sie warfen ihnen vor, die Vaterrolle unzureichend gespielt zu haben und ihnen nicht dabei behilflich gewesen zu sein, von der Mutter unabhängig zu werden. Das Ausmaß der Drohung, welche diese Zerstörung der Vater-Imago darstellte, wurde während der Analyse nur langsam zutage gefördert, obwohl es von Beginn an in gewissen Angstsymptomen erkennbar war.

Karen beschrieb einen Traum mit folgenden Worten: »Ein kleiner Junge läuft vor ein Auto. Die Fahrerin des Wagens überfährt ihn und läßt ihn gelähmt zurück. Mein Vater steht einfach nur da und sagt, daß er nicht weiß, woher er Hilfe holen soll. Ich schreie: ›Du bis doch Arzt, oder? Du kannst wegen unterlassener Hilfeleistung aufgehängt werden.‹ Dann bringe ich selbst das Kind zu einer Ärztin. Sie besprüht es mit Äther, doch ich rufe weiter nach meinem Vater, damit er mir zu Hilfe eilt.«

Karens Assoziationen führten zu zornigen Anschuldigungen gegen ihren Vater und zu Einzelheiten, die auf eine Identität zwischen dem verletzten Jungen und ihr selbst schließen ließen. Die Ärztin wurde als die Analytikerin erkannt. Wir wollen nun die latente Bedeutung des Traums rekonstruieren, soweit sie für unsere gegenwärtige Diskussion von Belang ist. Der Unfall des kleinen Jungen bedeutet eine Kastration im weitesten Sinne. Der Junge ist so gelähmt, wie Karen selbst sich zumeist fühlt. »Meine Mutter fährt furchtbar schlecht Auto. Sie guckt nie, wo's lang geht.« Doch eine Frau (die Analytikerin-Mutter) soll den schweren Schaden wiedergutmachen, dem der Vater indifferent gegenübersteht. Homosexuelle Beziehungen werden sie »wieder heil machen«; sie werden ihr das Gefühl nehmen, gelähmt zu sein und ihr die langersehnte Erfüllung ihrer selbst verschaffen. Doch in einer homosexuellen Lösung lauern Gefahren. Welcher Art sie sind, enthüllen Karens Assoziationen zur »Behandlung« von seiten der Ärztin, wenn eine homosexuelle Lösung in der Analyse ausgelebt wird. »Der Äther«, meinte Karen, »versetzt einen entweder in eine Empfindungslosigkeit, in der man keinerlei Schmerz mehr verspürt – oder aber er führt zum Tode.« Die Analytikerin-Mutter kann wie die homosexuellen Partnerinnen das verletzte Kind in die phantasierte Glückseligkeit der Verschmelzung von Mutter und Säugling nachträglich einlullen, doch kann dieses Bestreben das Kind auch töten. Der abweisende Vater überläßt sein Kind der allgewaltigen, verführerischen Mutter, die ihrerseits nur den psychischen Tod zu bieten hat. Was einmal ein phallisch-libidinöser Anspruch war, ist zu einem Schrei nach Hilfe regrediert. Aber der Vater schenkt diesem Appell keine Beachtung.

Ein Traum Olivias enthüllt ein ähnliches unbewußtes Bild des Vaters. Sie träumt, daß sie zusieht, wie eine Katze ihre Jungen bekommt. Die kleinen Kätzchen kommen mit geöffneten Augen zur Welt, und das bedeutet, daß sie sterben müssen. Sie versucht verzweifelt, sie zu retten, indem sie sie zunächst in einen kleinen Kasten legt. Aber die Kätzchen ersticken langsam. Schließlich bringt sie sie mitsamt ihrer Mutter nach draußen in den Schnee. Dort trifft sie ihren

Vater, der sich bei der Katze aufhält, und bittet ihn, ihr zu helfen. Er antwortet, daß er zu beschäftigt sei. Er müsse zu einem Treffen mit Geschäftsfreunden. Sie läuft schnell zu den Kätzchen zurück und stellt fest, daß sie alle tot sind. Beim Erzählen dieses Traums bricht Olivia in Tränen aus. Sie sagt, der Traum sei insofern wie ihr Leben, als es ihren Vater nicht bekümmern würde, wenn *sie* sterben würde. Die Kätzchen, die wegen ihrer geöffneten Augen sterben müssen, hingen in ihrem primärprozeßhaften Denken unmittelbar mit einer frühen Erinnerung an die Urszene zusammen. Olivia hatte ihre Eltern einmal beim Geschlechtsverkehr beobachtet, als sie glaubten, das Kind schlafe. Im Bericht über diese Deckerinnerung beschrieb sie ihre Mutter als »eine Katze, die sich das Maul leckt«. Sie war damals drei Jahre alt. In der Traumgeschichte läßt sich ihr Wunsch erkennen, daß die Babies ihrer Mutter sterben sollen. Was aber tatsächlich in dem kleinen Mädchen erstarb, war die Hoffnung, eines Tages an die Stelle der Katzenmutter zu treten, Zugang zum genitalen Bild des Vaters zu haben und das Recht zu erwerben, ihrerseits kleinen Katzen das Leben zu schenken.
Olivias Assoziationen zu diesem Traum zeigten, daß sie den Eindruck, hatte, ihr Körperinneres sei »zerstört«. Seit mehreren Monaten litt sie zur Zeit des Traums an einer Amenorrhö. Obwohl wir später begreifen konnten, daß dieses Symptom den Sinn hatte, ihren Wunsch nach einem Kind auszudrücken, war sie in ihren Phantasien zu jener Zeit leer und als Frau am Ende. Die toten Kätzchen stellten sie selbst und ihre zum Sterben verurteilten ungeborenen Kinder dar. Im Traum wandte sie sich an ihren Vater, der sie aus einer Situation befreien sollte, in der ihre Weiblichkeit bedroht war. Er aber tat nichts, und das Endergebnis war der Tod.
Hinter dem bewußten Wunsch, den Vater auszuschalten oder herabzusetzen, enthüllten alle meine homosexuellen Patientinnen narzißtische Wunden im Zusammenhang mit dem Bild eines *indifferenten* Vaters. Gestärkt durch die

Überzeugung, daß die Mutter jedes liebevolle Verhältnis zwischen Vater und Tochter untersagte, hatten diese Frauen den Eindruck, daß jedes Verlangen nach dem Vater, nach seiner Liebe oder nach seinem Penis gefährlich sei. Ein derartiger Wunsch konnte nur zum Verlust der Liebe der Mutter führen und den Vater kastrieren. Die bewußt eingestandene Abneigung der Tochter gegenüber dem Vater wurde als ein Geschenk an die Mutter erlebt. Dies führte zu Phantasien von einem rach- und verfolgungssüchtigen Vater sowie schließlich zur Angst vor Männern im allgemeinen.

Welches Licht werfen diese kurzen klinischen Beispiele auf die Beziehung weiblicher Homosexueller zu ihren Vätern? Es gibt bei ihnen praktisch keine Spur einer normalen neurotischen Lösung ihrer ödipalen Wünsche. Der Vater ist als Liebesobjekt ebenso verloren wie als Repräsentant von Sicherheit und Stärke; damit ist der Weg zu künftigen genitalen Beziehungen versperrt. Das Ich des kleinen Mädchens ist durch dessen Versuche, mit seinen primitiven libidinösen und aggressiven Wünschen fertigzuwerden, grundlegend verändert worden. Das aufgegebene väterliche Objekt ist in seine Ichstruktur eingebaut worden und wird niemals wieder preisgegeben. Kein anderer Mann nimmt je den Platz des Vaters im psychischen Universum eines homosexuellen Mädchens ein. Der Verzicht auf den Vater als Objekt libidinöser Besetzung entspricht nicht jener Preisgabe des ödipalen Objekts, die wir bei heterosexuellen Frauen finden. Sie führt auch nicht zur Ausbildung von Symptomen, die als Ausdruck frustrierter ödipaler Wünsche und Kastrationsängste fungieren, die wir in den meisten neurotischen Strukturen entdecken. Statt dessen liegt eine Identifizierung mit dem Vater vor. Während sie wohl eine weitere psychische Desintegration verhindert, hat sie lähmende Folgen für das Ich, denn es handelt sich bei ihr um die Identifizierung mit einem verstümmelten Bild, das von unangenehmen und gefährlichen Eigenschaften beherrscht wird. Die Ambivalenz,

die mit jeder Identifizierung gegeben ist, wird maßlos gesteigert. Wegen dieser Identifizierungen, die doch einen wesentlichen Teil der Identität des Mädchens ausmachen, setzt sich das Ich dem Risiko gnadenloser Angriffe von seiten des Über-Ich aus. Die depressiven Selbstvorwürfe, mit denen weibliche Homosexuelle sich so oft überhäufen, tragen das Kennzeichen der klassischen Selbstvorwürfe der Melancholiker. Sie stellen Angriffe auf den internalisierten Vater dar. Dieses narzißtisch bedeutsame und eifersüchtig behütete Objekt der Identifizierung ist ein Bollwerk gegen den psychischen Zerfall. Das prägenitale Über-Ich führt zu einer Ichschwäche sowie zu einer Verarmung oder Lähmung zahlreicher Funktionen des Ich.
Wir bleiben weiterhin mit der Frage konfrontiert, warum das Mädchen nur um den Preis von Objektverlust, Verarmung des Ich und beträchtlichem Leiden etwas für sein Ich und seine Triebentwicklung so Lebenswichtiges wie die phallische Repräsentanz seines Vaters internalisieren kann. Um zu einem umfassenden Verständnis seiner psychischen Realität zu gelangen, ist es erforderlich, daß wir uns nunmehr der Beziehung zum Bild der Mutter zuwenden.

Das Bild der Mutter

Auf eine Komplizenschaft mit der Mutter ist bereits hingewiesen worden. Dennoch liegt eine nur geringe Identifizierung mit ihr vor. Stets wird sie in idealisierter Form beschrieben – als schön, talentiert, charmant. Sie verfügt damit über all jene Eigenschaften, die der Tochter fehlen. Auffällig in dieser ungleichen Situation ist, daß sie als gegeben hingenommen wird. Es gibt keinen bewußten Neid auf die Mutter. Darüber hinaus wird die Mutter zu einer Gestalt, die einen totalen Schutz vor den Gefahren des Lebens bietet, vor Gefahren also, die sowohl von seiten des Vaters wie der Außenwelt drohen. Zugleich ist die Mutter selbst ständig

Gefahren ausgesetzt. Häufig wird ihr baldiger Tod befürchtet. In der Phantasie wird sie zum Opfer tödlicher Unfälle oder Krankheiten bzw. zur Beute vorgeblicher Angriffe. Dem eigentlichen Motiv näher liegt die Befürchtung, daß sie vom Vater verlassen bzw. exzessiv dominiert wird. Dem Vater werden sexuelle oder andere illoyale Forderungen der Mutter gegenüber zur Last gelegt.
Die Identifizierung mit einer solchen Mutter-Imago bereitet hauptsächlich zwei Schwierigkeiten. Jede Bestrebung nach narzißtischer Identifizierung mit der Mutter ist zum Scheitern verurteilt, weil sie über extrem idealisierte Qualitäten verfügt. An denen wird wiederum festgehalten, um eine Reihe von feindseligen und destruktiven Wünschen zu verdrängen, die gegen die internalisierte Mutter gerichtet sind. Um den Preis einer fortgesetzten narzißtischen Schädigung des Selbstbilds der Tochter muß die Mutter ein unerreichbares Ideal bleiben. Diese Einstellung wird durch die destruktive Natur der auf die Urszene gerichteten Phantasien verstärkt. Es gibt nicht den Schatten einer Vorstellung davon, daß die Eltern einander sexuell ergänzen oder daß die Mutter durch ihre Beziehung zum Vater an Wert gewinnt. Häufig wird die sexuelle Beziehung der Eltern zueinander auf der Bewußtseinsebene total in Abrede gestellt. Die Analyse enthüllt, daß hinter dieser Verleugnung der sexuellen Realität sadistische und angstauslösende Vorstellungen vom Geschlechtsverkehr und vom Penis des Vaters liegen. Es gibt mithin nicht den Wunsch, sich mit der Mutter in ihrer genitalen Rolle zu identifizieren. Die Wunschphantasien aller dieser Patientinnen lassen sich zusammenfassen in dem Begehren nach vollständiger Ausschaltung des Vaters und nach Einrichtung einer ausschließlichen und dauerhaften Beziehung zwischen Mutter und Tochter. Diese Phantasien werden in den sexuellen Beziehungen mit weiblichen Partnerinnen ausgelebt, die dadurch zu einem Substitut der Mutter werden. Häufig findet dabei ein Rollentausch statt, so daß jede der beiden Partnerinnen zuzeiten die Mutter und dann

wieder das Kind ist. Ausarbeitungen dieser Wünsche werden oft in den frühen Übertragungen wiederholt. Ihre aggressiven Elemente bleiben gewöhnlich nachhaltig verdrängt.
Auch hier wieder zitiere ich Beispiele aus meiner analytischen Praxis. Olivia beschrieb ihre Mutter als »talentiert und schön. Sie war eine allgemein bekannte Persönlichkeit, und jeder bewunderte sie ... Ich wollte wie alle anderen immer in ihrer Nähe sein. Wenn wir ausgingen, quälte mich die Vorstellung, ihr könnte etwas zustoßen ... Sie ist rein und unschuldig; sie kann absolut nicht verstehen, daß man etwas Schlechtes denken kann ... Das einzige Problem ist, daß sie nicht einzusehen vermag, was es heißt, krank zu sein. Sie war niemals krank ... Irgendwie war sie nie da, wenn ich sie brauchte. Manchmal frage ich mich, ob meine Magenbeschwerden nicht einen Versuch darstellten, sie in meiner Nähe zu halten.«
Eva sagte: »Ich liebte sie so sehr, und sie war wunderschön. Sie ging häufig zur Kosmetikerin und sieht für ihr Alter noch immer recht jung aus. Als ich klein war, sparte ich jeden Pfennig, um Blumen für sie zu kaufen.« (Später stahl diese Patientin ihrem Vater Geld, um den Mädchen, in die sie sich auf dem College verliebt hatte, Blumen zu schenken.) »Wenn sie meine kleine Schwester versorgte, war ich halb krank vor Sehnsucht nach ihr. Manchmal versuchte ich, krank zu werden, um mit ihr zu Hause bleiben zu können.« Später fügte sie hinzu: »Irgendwie konnte ich ihr aber nie nahekommen. Sie war nicht bösartig, aber sie schenkte mir statt Liebe immer nur Sachen.«
Bevor wir die Vielschichtigkeit des Bildes der Mutter näher untersuchen, wollen wir kurz zusammenfassen, was in der Initialphase der Analyse über die Imagines der Eltern zutage trat. Während der Vater über all das verfügte, was böse, schmutzig und gefährlich war, wurde die Mutter als rein, schön und sauber dargestellt. Vor allem gilt sie als ein *konfliktfreies* Objekt. Sie ist die Quelle jeder Sicherheit – einer Sicherheit, die später bei anderen Frauen gesucht wird, die zu

Objekten des sexuellen Begehrens werden. Sie wird mit kostbaren weiblichen Attributen ausgestattet, die aber zu keiner bewußten Eifersucht führen. Manche dieser Eigenschaften hoffen die Töchter später dadurch erlangen zu können, daß sie sich in andere Frauen verlieben. Der einzige Mißklang im Lied von der lieblichen Mutter ist der Eindruck, daß sie narzißtisch auf sich selbst bezogen ist und es an Verständnis fehlen läßt. Doch auch dieser Zug bietet den Töchtern keinen Anlaß zu Ressentiments; sie versuchen, das idealisierte Bild ihrer Mütter unangetastet zu lassen. Statt dessen betrachten sie sich selbst als unwürdige und nicht liebenswerte Kinder, die ihre Mütter tief enttäuscht haben.

Alle meine Patientinnen entdeckten im Fortgang der Analyse ganz andere Aspekte des Bildes der Mutter. Von ihnen schienen zwei besonders bedeutsam zu sein. Der erste betrifft ihre eigenen ambivalenten Gefühle der Mutter gegenüber, der zweite bezieht sich auf die Ambivalenz der Mutter. Der erste, auf den bereits hingewiesen wurde, war die ständige Sorge um die Gesundheit und Sicherheit der Mutter. Zwangsvorstellungen davon, sie könne sterbenskrank oder tot aufgefunden bzw. in Stücke geschnitten werden, kamen häufig vor. Oft wurde dies durch ein zwanghaftes Bedürfnis zum Ausdruck gebracht, die Mutter bei jeder Trennung sofort anzurufen oder ihretwegen die Ferien zu unterbrechen. Häufig wurden diese stets gleichbleibenden Befürchtungen auf die jeweiligen Partnerinnen übertragen. Das Bedürfnis, der Mutter sehr nahe zu sein, jede ihrer Bewegungen nach bestem Wissen zu kontrollieren und sie mit Fürsorglichkeit zu ersticken, verhüllte nur oberflächlich die zugrundeliegenden aggressiven Inhalte. Die Betonung lag dabei auf der Unentbehrlichkeit der Mutter für das Kind. Erst sehr viel später konnten die Patientinnen entdecken, daß es sich dabei um einen *von der Mutter stammenden* Anspruch handelte. Von ihr unabhängig zu sein hätte bedeutet, ihr untreu zu werden oder eine Gefahr für sie darzustellen. Die Phantasien, daß die Mutter oder die Sexualpartnerin einer lebensbedrohlichen Katastrophe zum Opfer fallen könnte, wurden bewußt als umfassende Bedrohung der persönlichen Sicherheit der Patientinnen und ihrer Objektwelt aufgefaßt. Mit der Zeit aber mußten sie erkennen, daß es sich dabei um magische Mittel zur Verhinderung gefährlicher Antriebe in ihnen selbst handelte, die eine Zerstörung des mütterlichen Objekts zum Ziel hatten.

Das zweite Thema, das mit frappierender Regelmäßigkeit wiederkehrte, zeigte die Mutter als eine Persönlichkeit, die eine rigide Kontrolle ausübt, allgewaltig über den Körper ihres Kindes wacht und sich peinlich genau um Ordnung, Gesundheit und Sauberkeit sorgt. Eine Bemerkung von Karen zeigt die Gefühle, die einer derartigen Beziehung zur Mutter zugrunde liegen: »Meine Mutter verabscheute alles, was mit meinem Körper zu tun hatte. Ständig roch sie an meinen Kleidern, um festzustellen, ob sie schmutzig waren. Wenn ich aufs Klo ging, benahm sie sich, als handele es sich dabei um Gift. Jahrelang lebte ich in der Überzeugung, daß meine Mutter nicht zur Toilette mußte. Noch heute fällt es mir schwer, das für möglich zu halten!« Ähnliche Beispiele ließen sich in großer Zahl anführen. So erinnerte sich eine Patientin, daß es ihr verboten war, von derlei Bedürfnissen zu sprechen. Schon im zartesten Alter wurde ihr beigebracht, höflich zu hüsteln, um auf derartige Dinge aufmerksam zu machen. Sie fühlte sich stets schmutzig und schämte sich ihrer Körperfunktionen. Die Mutter einer anderen Patientin sprach von »Rückenschmerzen«, wenn sie eine Verstopfung meinte. Derartige Aspekte einer »analen« Mutter, die alles zurückwies, was mit der Analerotik in Verbindung stand, wirkten sich, wie wir gesehen haben, deutlich hemmend auf die Integration der analen Libidokomponenten in die Persönlichkeit aus. Bemerkenswert war in einigen Fällen auch eine Verschiebung dieser Komponenten auf das phallische Bild des Vaters.

Die kontrollierenden Züge der Imago der Mutter sowie das Gefühl, körperlich von ihr abgelehnt worden zu sein, kamen langsam zu Bewußtsein und stießen auf beträchtliche Widerstände, da es sich hier um einen Angriff auf die internalisierte Mutter handelte, der das Risiko in sich barg, aus einer beinahe symbiotischen Beziehung in der inneren Objektwelt ausgeschlossen zu werden (Mahler und Gosliner 1955). Das Gefühl, daß ihr Körper und ihre gesamte äußere Erscheinung von der Mutter heftig abgelehnt worden waren, kam diesen Patientinnen überaus schmerzhaft in den Sinn, obwohl ihnen von Beginn an ihre eigene, oft überaus heftige Ablehnung ihres Körpers bewußt war. »Mein Körper stößt mich ab, insbesondere meine Brüste. Alles an mir, was schlaff ist, finde ich ekelhaft. Ich habe mich stets bemüht, harte, starke Hände zu haben. Meine Hände ähneln denen meines Vaters und helfen mir, alles an meinem Körper zu verdecken, was feucht und verkehrt ist. Ich habe noch immer schreckliche Angst in bezug auf Urin und Scheiße. – Ich kann diese Körperfunktionen nicht akzeptieren; sie sind irgendwie ekelhaft weiblich.« Mit diesen Worten drückte Sophie ihre Gefühle für ihren verachteten Körper aus. Als sie jünger war, schnitt sie sich mit einer Rasierklinge Hautfetzen ab, um sich zu »reinigen«. Dieses Zwangsverhalten war nach ihren ersten homosexuellen Erfahrungen nicht mehr notwendig. Die Gegenbewegung zur Zurückweisung von seiten der Mutter und zum Haß auf ihre äußere Erscheinung wurde von allen diesen Patientinnen in Phantasien von der Liebe zum Körper einer anderen Frau zum Ausdruck gebracht. Sie überhäuften ihre Partnerinnen mit Zärtlichkeiten, kleinen Spielen, Liebkosungen und all der Liebe, die sie unbewußt für ihren eigenen Körper verlangten, von dem sie glaubten, er sei häßlich und deformiert, schwach oder ungesund. Eine Patientin beschrieb die »Wiederentdeckung« ihres eigenen Körpers durch ihre Partnerin mit folgenden Worten: »Bis ich Sara kennenlernte, hatte ich keinen Körper, nur einen Kopf. Ich war immer gut in der Schule, um meiner Mutter zu gefallen. Auf die Straße zu gehen war für mich ein Alptraum. Ich fühlte mich unbeholfen, unsicher und mißgestaltet. Aber ich war mir der einzelnen Teile meines Körpers nicht bewußt. Sara brachte Leben in meine Hände und Füße sowie in meine Haut. Doch das geht noch immer nicht sehr weit. Ich kann es nicht ertragen, daß meine Brüste berührt werden. Ich liebe ihr Genitale, kann es aber nicht haben, wenn sie meins berührt.« Ein ähnlich intensiver körperlicher Konflikt trat bei einer anderen Patientin insofern auf, als die gefährlichen Phantasien in bezug auf ihren eigenen Körper und ihre Genitalien auch auf die ihrer Partnerin projiziert wurden. Diese Patientin behauptete, weder klitorale noch vaginale Empfindungen zu haben; tatsächlich war ihr nicht klar, wo ihre Vagina lag. Sie stellte sich die Vagina zusammengepreßt vor oder schneidend wie ein Messer. Immer wieder hatte sie die Phantasie, ein Kind in zerbrochenen Teilen zur Welt zu bringen. Später wurde deutlich, daß sie ihrer Vagina sowohl oral-verschlingende wie auch anal-zusammenpressende Funktionen zuschrieb. Bei ihrem ersten homosexuellen Erlebnis im Alter von 18 Jahren wurde sie erregt, als ihre Partnerin von ihr verlangte, klitoral stimuliert zu werden, und war glücklich, ihrer Freundin diese Liebkosung zuteil werden zu lassen. Als aber ihre Freundin eines Tages von ihr verlangte, ihr die Finger in die Vagina zu stecken, zog sie sich verschreckt zurück: »Ich war sicher, meine Finger würden in ihr stecken bleiben, und wir müßten durch einen Chirurgen voneinander getrennt werden. Ich war so verängstigt, daß ich ihr Verlangen einfach nicht erfüllen konnte.« Die Angst »steckenzubleiben« hing mit einem unbewußten Aspekt ihrer Beziehung zur Mutter zusammen. Ihren Phantasien zufolge verlangte die Vagina ihrer Mutter, daß sie beständig mit ihr verbunden blieb wie ein phallisches Organ und daß nichts außer dem Messer eines Chirurgen sie voneinander trennen konnte. Daß der Vater dieser Patientin ein bekannter Chirurg war, paßte zu dieser Überzeugung und verlieh ihr symbolische Bedeutung. Nur ein tatkräftiger Vater konnte sie vor dem Wunsch der Mutter schützen, sie zu ihrem permanenten Phallus zu machen.

Diese Fragmente aus einzelnen Sitzungen werfen weiteres Licht auf die nachhaltige, wenn auch angstauslösende Bindung an die negativen Aspekte einer internalisierten Mutter. Die Patientinnen betrachteten sich alle unbewußt als einen unentbehrlichen Teil oder als eine unerläßliche Funktion der Mutter (Lichtenstein 1961). Das Gefühl, der Phallus der Mutter zu sein, brachte eine Steigerung des Narzißmus mit sich, war aber unausweichlich von der Vorstellung begleitet, ein fäkales Objekt zu sein, das von der Mutter verachtet, aber allmächtig kontrolliert wurde. Unweigerlich hatte die Tochter das Gefühl, nur zur Steigerung des mütterlichen Ich zu existieren. Man ist versucht zu glauben, daß diese Patientinnen ihren Müttern als kontraphobische Objekte im Hinblick auf eigene Ängste dienten (Winnicott 1948, 1960).
Zwei weitere Bemerkungen bringen die komplexe und archaische Bindung an die Mutter ebenso lebhaft zum Ausdruck wie die Gefahr, die mit dem Wunsch gegeben ist, diese Bindung, so schrecklich und lähmend sie auch sein mag, aufzulösen. »Die Gefühle, die ich für Sie [die Analytikerin zum Zeitpunkt einer intensiven Mutterübertragung] habe, sind unerträglich. Nie zuvor in meinem Leben habe ich jemanden so geliebt oder gehaßt. Wenn ich Sie liebe, werden Sie mich zerstören. Wenn ich Sie hasse, werfen Sie mich hinaus.« Lieben bedeutete Verschlingen. Lange Zeit war für diese Patientin die Überzeugung wichtig, daß ich sie haßte. Das gab ihr das Gefühl der Sicherheit und versetzte sie in die Lage, ihre eigenen stark sadistischen Haßgefühle mir gegenüber zu ertragen. »Wenn Sie mich lieben, bin ich verloren; denn dann werden Sie mich zerstören und wie einen Dreck hinauswerfen. Oder aber Sie binden mich auf ewig an sich – wie meine Mutter.«
Eine andere Patientin brachte dieselbe Vorstellung in der folgenden Phantasie zum Ausdruck: »Meine Mutter und ich, wir sind miteinander verschmolzen. Am einen Ende hängen wir mit unsern Mündern zusammen, am anderen mit unseren Vaginas. Wir bilden einen Kreis aus kaltem Stahl. Wenn

er zerbricht, sind wir beide zerrissen.« Diese Phantasie, die sich über mehrere Sitzungen erstreckte, unterlag der folgenden Veränderung. »Ich durchbrach diesen Kreis, als ich zum ersten Mal eine andere Frau liebte. Doch es gab da nur eine Vagina – und die gehörte meiner Mutter! Mit ihren eiskalten Fingern hatte sie meine für immer verschlossen.« Dieselbe Patientin hatte häufig den Eindruck, daß ihre Mutter ernsthaft erkranken und sterben würde, wenn sich irgend etwas in ihrem Leben (sie war Künstlerin) zum Guten wendete oder wenn sie Erfolg oder Vergnügen bei ihrer Arbeit hatte. Dasselbe Entsetzen in einer symbiotischen Beziehung brachte Mary Barnes zum Ausdruck. In ihrem Buch *Meine Reise durch den Wahnsinn* (Barnes und Berke 1973) stellt sie die Gewalt einer Bindung an eine internalisierte Imago der Mutter dar. Mary schreibt: »Meine Mutter hatte Schwierigkeiten, geliebt zu werden, und sie verstand nichts von unbewußten Motiven ... Einmal sagte ich ihr ›Mutter, mir scheint, daß ich schuld an deiner Krankheit und an der von Peter bin!‹ ... Wenn ich glücklich war und mich freute, fragte ich mich instinktiv, ob meine Mutter krank sei ... Man ist nur dann in Sicherheit, wenn man tot ist, sich verstellt oder irgendwo verborgen ist. Verrückte Mary.« Die Patientinnen, von denen hier die Rede ist, wählten andere Lösungen (von denen später im einzelnen die Rede sein soll) als die, für die sich Mary Barnes entschied. Für sie mußte die Heterosexualität und die Welt der Männer tot sein oder irgendwo verborgen bleiben, während ihre Mutter zum Gegenstand immer neuer Wiedergutmachungsleistungen und Zusicherungen wurde. Die Angst, von ihr getrennt und unabhängig zu sein, führte bei vielen dieser Patientinnen dazu, daß sie unfähig waren zu arbeiten oder schöpferisch tätig zu sein. Wenn sie Ambitionen in dieser Richtung hatten, litten sie unweigerlich an Ängsten und Phantasien, ihre Mutter könne erkranken oder sterben. Vielleicht war es kein Zufall, daß zwei der Mütter meiner Patientinnen tatsächlich schwer erkrankten, als ihre Töchter anfingen, in ihrer Karriere Erfolg zu haben. Eine weitere Mutter litt an einer unerklärlichen Hämorrhagie, als ihre Tochter heiratete. Meine Patientin träumte während dieser Zeit, daß ihre Mutter beide Beine verloren habe und daß sie selbst dazu verurteilt sei, unter ihrer Mutter zu laufen und die Rolle ihrer Beine zu übernehmen. Aber wie kann sich ein Bein vom Körper trennen? Und kann es auf eine gesonderte Existenz hoffen? Wie kann der Körper der Mutter weiterleben, wenn die Beine beschließen, ihn zu verlassen? All dies sind Ausdrucksformen des Dilemmas, denen sich eine homosexuelle Patientin konfrontiert sieht, wenn sie die Bindungen an ihre internalisierte Mutter lösen will. Entweder wird sie selbst zu nichts weiter als einem amputierten Körperteil, oder ihre Mutter sinnt auf Rache bzw. stirbt. In den meisten Fällen werden verzweifelte Gefühle dieser Art auf die Sexualpartnerinnen übertragen. Sophie sagte: »Seit ich mit meiner Freundin zusammenlebe, habe ich die Sicherheit, daß ich existiere. So war es auch in meiner Kindheit. Ich existiere nur in den Augen meiner Mutter. Ohne sie war ich nie ganz sicher, wer ich wirklich war.«

Die hervorstechenden Züge im Bild der Mutter lassen sich also folgendermaßen zusammenfassen: Die Mutter tritt nach der Zerstörung des phallischen Bildes des Vaters wie eine Verbotsschranke zwischen Vater und Tochter. Hinter diesem Bild steht die Mutter – mit dem Klistier. Sie nimmt den kindlichen Körper und dessen Inhalt in Besitz. Das führt gewöhnlich zu einer sehr frühen Kontrolle über die Körperfunktionen, die das kleine Mädchen weniger befreit als vielmehr noch stärker von der Mutter abhängig macht. Am Ende steht dann die Phantasie, daß die Tochter geradezu Teil der Substanz der Mutter ist und umgekehrt – eine symbiotische Phantasie, derzufolge jede von beiden die andere am Leben erhält. Nach ihr kann es niemals zwei gesonderte Frauen geben. Sich von der Mutter zu trennen (oder später an ihre Stelle zu treten) bedeutet, die eigene Identität zu verlieren (Lichtenstein 1961).

Neben der homosexuellen Objektwahl besteht ein weiteres

Ergebnis dieser eigenartig schiefen Familienkonstellation in einer Verbindung von Charakterzügen, die bei den meisten meiner Patientinnen auftraten und die ich auch aus den klinischen Schriften anderer Analytiker kenne. Die Patientinnen waren tendenziell unfähig, ihr Leben auch nur in den kleinsten Details zu organisieren, wenn diese Unfähigkeit nicht durch peinlich genaue Reaktionsbildungen kompensiert wurde. Manche von ihnen schienen in einer Unordnung und Konfusion zu leben, die bis zur Selbstbestrafung reichte. Die Unfähigkeit, konstruktiv tätig zu sein oder auch nur (in manchen Fällen) persönliche Papiere zu ordnen, einen Koffer zu packen bzw. eine Entscheidung zu fällen, dokumentierte die Angst davor, daß eine selbständige Tätigkeit des Ich gefährlich werden könnte. Das Gefühl, unvollkommen, konturenlos, unfähig und verletzbar zu sein, ist unweigerlich das Ergebnis einer unbewußten symbiotischen Beziehung. Daß die analen Libidokomponenten nicht in einer Weise integriert sind, daß sie dem Ich nützlich werden, schwächt die Persönlichkeitsstruktur. Nichts kann erreicht oder zumindest dauerhaft erhalten werden. Es drängte sich der Eindruck auf, daß diese Patientinnen gezwungen waren, unter Beweis zu stellen, daß sie nichts ohne die unablässige Hilfe ihrer Mutter oder einer Ersatzperson erreichen konnten. Eine Mutter, die bei ihrer kleinen Tochter vorzeitig auf einer Kontrolle des Körpers und des Ich aus dem Wunsch heraus besteht, das Kind möge dies ihr zuliebe tun, nimmt ihrer Tochter das Recht, eine derartige Kontrolle zu ihrem eigenen Vergnügen auszuüben.

Penisneid und der Begriff des Phallus

Bevor wir die ödipale Konstellation und die besondere Struktur des Unbewußten, zu der sie führt, zusammenfassend darstellen, sollten wir zunächst die Rolle des Penisneids bei der weiblichen Homosexualität im Vergleich zur Hetero-

sexualität untersuchen. Ich möchte kurz an die Elemente dieses Begriffs in der Theorie Freuds sowie an die theoretische Unterscheidung »Penis« und »Phallus« erinnern, da letztere für ein Verständnis der symbolischen Struktur von Belang ist, die zur Bildung sexueller Devianz beiträgt.
Freud betrachtete den Penisneid als ein grundlegendes Element der weiblichen Sexualität. Entstehen soll dieser Neid als Ergebnis der Entdeckung des Geschlechtsunterschieds, nach der das kleine Mädchen sich beraubt und benachteiligt fühlt (Freud 1925). Dieses Gefühl, beraubt und benachteiligt zu sein, das mit einem Unwissen über die Existenz der Vagina einhergeht, führt zum weiblichen Kastrationskomplex (Freud 1908). Während der ödipalen Phase soll der Penisneid abgelöst werden durch zwei Umformungen des grundlegenden Wunsches nach einem eigenen Penis. Er verwandelt sich erstens in den Wunsch, im eigenen Körperinnern einen Penis zu haben, und das heißt gewöhnlich: in den Wunsch nach einem Kind. Und es entsteht zweitens das Begehren, im Sexualverkehr durch den Penis des Mannes Lust zu empfinden (Freud 1920, 1933). Bleiben diese Umformungen aus, so kann dies zu neurotischen Symptomen und Charakterproblemen führen. Beide Wünsche können auch in sublimierter Form ausgedrückt werden.
Der Begriff »Phallus« hat symbolische Bedeutung. Im Fortgang seiner Forschungen interessierte sich Freud zunehmend für die von ihm so genannte »phallische Phase« der Libidoentwicklung bei Kindern beiderlei Geschlechts. Der Begriff *Penis* blieb dem konkreten männlichen Geschlechtsorgan vorbehalten, während das Wort *Phallus* sich auf all das bezog, was der Penis psychisch symbolisieren konnte – Macht, Vollkommenheit, Fruchtbarkeit usw. Eine phallische Bedeutung kann mithin auf jedes Partialobjekt wie etwa die Brust, die Faeces, den Urin, ein Kind oder einen Erwachsenen übertragen werden. In der neueren analytischen Literatur (Grunberger 1976) erscheint der Phallus als Symbol narzißtischer Integrität oder auch als wichtigster Bedeu-

tungsträger des Begehrens bei beiden Geschlechtern (Lacan 1958). Die meisten Analytiker stimmen heute wohl dahingehend überein, daß das Konzept des Penisneids mit seiner symbolischen Nähe zum Phallus auf beide Geschlechter anwendbar ist. Wenn ein kleines Mädchen seinen Bruder um dessen Sexualorgan beneidet, so ist dieser wiederum neidisch auf den großen Penis des Vaters. Jenseits dieses Neids ist das Interesse auf die symbolische Bedeutung des Penis konzentriert, auf die Bedeutung des Phallus für die Libidoentwicklung von Jungen und Mädchen und ihre strukturelle Auswirkung auf die ödipale Verfassung (Kurth und Patterson 1968). Diese Phase der Entwicklung bedeutet einen Wendepunkt im Seelenleben, der nachhaltige Konsequenzen für die Ausbildung einer sexuellen Identität und die unbewußte Strukturierung des sexuellen Begehrens hat. Der *Phallus* spielt als psychischer Repräsentant des Begehrens und der narzißtischen Erfüllung bei beiden Geschlechtern dieselbe Rolle, doch die Einstellung zum *anatomischen Penis* ist notwendig verschieden. Die Tatsache, daß der Penis ein sichtbares Sexualorgan ist und in unserer phallozentrischen Gesellschaft alles Männliche höhere Privilegien genießt, stellt Frauen vor besondere Probleme und macht es mehr als unwahrscheinlich, daß diese, wie Freud behauptete, einfach dadurch gelöst würden, daß sie schließlich ein Kind zur Welt bringen. Wenn sie ihr Kind als Äquivalent eines Penis oder gar als ihren *Phallus* betrachten würden, der zum Objekt ihres Begehrens und zum Mittel ihrer sexuellen und narzißtischen Vervollständigung würde, hätten sie von ihren grundlegenden Problemen mit ihrer Sexualität und ihren Objektbeziehungen nur wenig gelöst. Kaum könnten sie es dann vermeiden, für ihr Kind noch schwerere Probleme zu schaffen. Um die besonderen Konflikte zu verstehen, die Mädchen mit ihren phallischen Wünschen haben, müssen wir davon ausgehen, daß diese ihr Vorbild in den frühesten Mutter-Kind-Beziehungen haben. Das erste phallische Objekt in einem symbolischen Sinn, das früheste Objekt narzißtischer Vervollstän-

digung und libidinösen Begehrens, ist die Brust. Die besondere Bedeutung der »phallischen Mutter« als der allmächtigen Mutter der Stillzeit – des Objekts nicht nur der Bedürfnisse eines Säuglings, sondern auch des Urobjekts seines erotischen Begehrens – wurde zuerst von Brunswick (1940: 304) erkannt: »Der Begriff ›phallische Mutter‹ ... bezeichnet am besten die allgewaltige Mutter, die alles kann und jedes wertvolle Attribut besitzt.«
Was nun den phallischen Neid und seine besondere Entwicklung bei Mädchen angeht, so müssen wir dessen Ursprung auf das Begehren zurückführen, selbst die Brust-Mutter zu besitzen, das Objekt des Begehrens, der Lust und der Bedürfnisbefriedigung. Wir müssen den Penisneid von einem oralsadistischen Brustneid ausgehend über die verschiedenen analen Erscheinungsformen bis zur Besetzung des Penis verfolgen. Von diesem Gesichtspunkt aus ist der Penisneid in der Form des Wunsches, einen Penis zu besitzen, und des Neids auf die, die einen haben, nur eine Manifestation in einem Kontinuum möglicher Objekte des Begehrens in vielfältigen, prägenitalen, genitalen und sublimierten Formen. Bei beiden Geschlechtern kann der Versuch, eine Lösung des frühkindlichen sexuellen und narzißtischen Verlangens zu finden, in die irreführende Schlußfolgerung führen, es sei das Geheimnis jeder Erfüllung, einen Penis zu besitzen. Doch aus den bereits genannten Gründen tritt diese Phantasie mit größerer Wahrscheinlichkeit bei kleinen Mädchen auf.
Klinische Entdeckungen und Beobachtungen von Kindern bestätigen insgesamt die Bedeutung des Penisneids bei Frauen, fragen aber selten nach dessen vielfältigen Wurzeln. Er kann nicht einfach durch den größenwahnsinnigen Wunsch erklärt werden, all das besitzen zu wollen, was man nicht hat. Es ist darauf hingewiesen worden, daß der Penisneid ein frühes orales Verlangen verbirgt. Dem müssen wir all jene Gedanken hinzufügen, die ein kleines Mädchen in bezug auf den Penis ihres Vater hat. Der Vater stellt für seine

Tochter gewöhnlich die Autorität, die Ordnung und die Außenwelt dar. Sein Penis symbolisiert diese Qualitäten in ihrem Unbewußten. Darüber hinaus wird er als Objekt der Steigerung des Narzißmus der Mutter gesehen, als ein Symbol der Macht und des Schutzes sowie als Objekt des Begehrens der Mutter. Unausweichlich stellt dies mächtig besetzte phallische Symbol in den Augen des kleinen Mädchens das wichtigste Objekt dar, dessen es bedarf, um sich der Liebe und des sexuellen Interesses der Mutter zu versichern. Darüber hinaus ist es ein bedeutender Besitz, mit dem es sich generell in der Welt Respekt verschaffen könnte. Folglich meinen Mädchen, daß Jungen in einer viel günstigeren Lage sind.

Doch der phallische Neid der Mädchen hat noch eine weitere Dimension. Bei beiden Geschlechtern verbindet sich der Wunsch, das ausschließliche Objekt der Liebe und des Begehrens der Mutter zu sein, mit der Angst vor dem prägenitalen Mutterbild, der kontrollierenden und fordernden Mutter der analsadistischen Entwicklungsphase sowie der ähnlich schreckenerregenden, verschlingenden Mutter der oralen Phantasien. Mädchen neigen zu der Auffassung, daß der Besitz eines Penis sie vor Unterjochung und Unterwerfung unter diese allmächtigen Aspekte der Imago der Mutter schützen würde. Jungen hätten nicht nur mehr zu bieten, sondern würden auch kein Risiko als Rivalen der Mutter darstellen.

Es ist daher verständlich, daß eine überwältigende Mehrheit von Frauen Schwierigkeiten damit hat, die Probleme des Penisneids zu lösen. Dies gilt um so mehr, als Frauen nach ihrer Mutterschaft dazu neigen, ihre neurotischen Lösungen an ihre Töchter weiterzugeben. Denn Frauen sind weithin selbst für die »Lösungen« der Probleme des Penisneids und der Kastrationsangst verantwortlich, da sie eine beträchtliche Rolle bei der Idealisierung des Penis und der Herabsetzung der Weiblichkeit spielen.

»Wir haben allen Grund anzunehmen, daß dieser Jahrtau-

sende alte Zustand sich auf die Komplizenschaft der Frau stützt, und zwar trotz der durch ihren ›Penisneid‹ verdeutlichten Proteste. Wenn Mann und Frau einen solchen *modus vivendi* eingerichtet haben, der unerschütterlich alle Kulturen überlebt hat, müssen sie spezifischen affektiven und komplementären Konflikten ausgesetzt sein.
(...) Mit dem Ende des analen Stadiums müßte das kleine Mädchen in seinen Masturbationsphantasien eine gleichzeitige Identifizierung mit beiden Eltern realisieren können. Nun stößt diese Entwicklung freilich auf eine doppelte Schwierigkeit: zunächst eine anale, in dem Sinne, daß die Autonomie in der masturbatorischen Befriedigung notwendigerweise eine sadistische Aneignung der mütterlichen Vorrechte bedeutet; sodann eine ödipale, da eine phantasmatische Realisierung der Urszene durch Identifizierung mit beiden Eltern die Vertreibung der Mutter impliziert. Solange diese doppelte Schwierigkeit nicht überwunden ist – und das ist in der Tat eine Ausnahme –, bleibt eine Lücke in den Identifizierungen: 1. in der Identifizierung mit dem Vater wegen der Spezifizität seines Geschlechts; 2. in der Identifizierung mit der Mutter, weil sie die genitale Partnerin des Vaters ist. Diese fundamentale Lücke ist verbunden mit einer besonderen Konstellation der Imagines: einer anspruchsvollen, kastrierten und eifersüchtigen Mutter und einem begehrten Vater, der verachtet und zugleich überbewertet wird. Der einzige Ausweg aus der Sackgasse der Identifizierungen ist die Errichtung eines unerreichbaren phallischen Ideals.
(...) Wenn sich eine Frau mit derartigen Imagines in die Ehe begibt, wird sie plötzlich mit ihren latenten genitalen Wünschen konfrontiert, obwohl die Probleme des analen Stadiums noch ungelöst dominieren. Auch die vorübergehenden ödipalen Hoffnungen weichen schon nach kürzester Zeit einer Zweitausgabe der analen Mutterbeziehung, mit dem Ehemann als Partner und dem ›Penisneid‹ als Siegel. Der Vorteil dieser Position besteht darin, daß ein frontaler Angriff auf die Mutter-Imago sowie die tiefe Angst, sich ihrer

Herrschaft zu entreißen, erspart bleiben« (Torok 1974: 228 f.).

Die homosexuelle Frau und der Penis

Die eben zitierte Passage belegt auf subtile Weise eine *neurotische* Lösung des Problems des Geschlechtsunterschieds, die Frustrationen der ödipalen Situation sowie die Ideale unserer gegenwärtigen Gesellschaft. Wie steht es aber nun mit den homosexuellen Frauen und ihrer besonderen Lösung dieser Probleme? Zunächst einmal ist ihr Wunsch nach einem eigenen Penis und allem, was er repräsentiert, nicht wie bei den heterosexuellen Frauen vollständig unbewußt. Das Verlangen weiblicher Homosexueller nach einem Penis ist oft sehr bewußt, intensiv und von Männern unabhängig. Viele homosexuelle Frauen berichten von Träumen, in denen sie einen Penis besitzen, und entwerfen Sexualspiele mit einem künstlich verfertigten Penis. Eine meiner Patientinnen weigerte sich während ihrer Jugend, das Haus zu verlassen, wenn sie nicht vorher an ihrem Genitale einen künstlichen Penis angebracht hatte. Obwohl sie große Angst davor hatte, daß dies entdeckt werden könnte, ängstigte sie sich in gleicher Weise davor, ohne diese Vorrichtung aus dem Haus zu gehen. Ein Kollege erörterte mit mir den Fall einer Patientin, die sich vor jedem Schritt in die Öffentlichkeit ihre Brüste abschnürte und einen falschen Penis anlegte. Diese Patientin nahm Hormone ein, von denen sie hoffte, sie würden die sekundären Geschlechtsmerkmale von Männern hervorrufen. Daneben hatte sie sich nach der Möglichkeit erkundigt, sich die Brüste entfernen zu lassen: »Ich habe meine Brüste nun schon zwei Jahre lang abgeschnürt ... Jeder glaubt, ich bin ein Mann. Ich rasiere mich jeden zweiten Tag. Wenn ich mit Mädchen flirte, befriedige ich sie sexuell, doch ich bleibe stets angekleidet. Ich kann es nicht ertragen, angefaßt zu werden.«

Der Wunsch, einen wirklichen Penis zu besitzen, nimmt zuweilen halluzinatorische Formen an. Manche meiner Patientinnen glaubten vorübergehend, tatsächlich über ein männliches Genitale zu verfügen. Eine von ihnen sprach von ihrem »Penis« als einem »Phantom-Organ« und verglich ihn mit den Illusionen amputierter Patienten, die ein fehlendes Körperglied noch immer »fühlen« können. Auch diese Patientin dachte daran, sich ihre Brüste entfernen zu lassen, und konnte es wie jene andere, die Hormone einnahm, nicht ertragen, von ihren Partnerinnen berührt zu werden. Wie viele dieser Frauen gewann sie sexuelle Lust ausschließlich, indem sie ihre Partnerinnen stimulierte. Der Peniswunsch ist bei homosexuellen Frauen außerordentlich kompliziert. Er dient nicht nur dazu, eine phantasierte Kastration rückgängig zu machen, sondern hat auch das Ziel, *jede Form weiblicher Sexualität ruhen zu lassen.* Die Patientin, die während ihrer Jugend stets einen künstlichen Penis trug, erreichte in ihrer Analyse einen Punkt, an dem sie die überwältigenden Schuldgefühle wegen dieses Verhaltens aufzudecken begann. Plötzlich wünschte sie noch einmal, sich einen Penis herzustellen. Es erschien ihr nun nicht mehr als ein abscheuliches Verbrechen: »Gestern Nacht stellte ich mir einen Penis her. Ich probierte ihn an, liebkoste ihn und war sehr erregt. Plötzlich verspürte ich einen merkwürdigen Drang, ihn in meinen Körper einzuführen. Ich erschrak beinahe zu Tode.« Die vaginalen Empfindungen und das Gefühl sexuellen Begehrens erfüllten sie mit Angst, und der Gedanke kam ihr in den Sinn, daß sie verrückt würde, explodieren oder sterben könnte, wenn sie sich derartigen Gefühlen überließe. In dieser Nacht träumte sie, daß ihre Mutter starb. Der grausame und verbietende Teil der internalisierten Imago starb in dem Maße, wie die Tochter sexuell zum Leben erwachte. Später entdeckten wir, daß der Spielzeugpenis auch dazu gedient hatte, klitorale und vaginale Empfindungen zu blockieren und daß er damit gerade die Blockade ihrer Genitalität verstärkt hatte.

Wie wir gesehen haben, ist das tiefsitzende Gefühl eines Verbots und einer Drohung von seiten der Mutter nicht der einzige Grund für den Wunsch nach einem Penis. Der Penis des Vaters ist seiner symbolischen phallischen Funktion und Bedeutung beraubt worden. In dem Ausmaß, in dem der Penis mit einem Mann in Verbindung gebracht wird, stellt er ein gefährliches Bild dar, dem gewalttätige und destruktive Qualitäten anhaften. Da zugleich die Urszene analsadistisch aufgefaßt wird, können diese Patientinnen glauben, daß Männer von sadistischen oder demütigenden Antrieben Frauen gegenüber beherrscht sind. Es gibt nicht das Bild eines »guten Penis«. Nie wird der Penis als ein lustbereitender, Heilung bringender oder den eigenen Narzißmus stärkender Besitz in heterosexuellen Beziehungen aufgefaßt. Zudem wird der Penis des Vaters von diesen Analysandinnen verleugnet. Ein Großteil ihrer sexuellen Aktivität stellt einen Protest dar, der beweisen soll, daß die Mutter niemals den Vater oder dessen Penis begehrt hat und daß ein Penis im Geschlechtsverkehr mit einer Frau eigentlich unnötig sei.
Hinter den Bildern von einem »bösen Penis« enthüllte die Analyse ähnlich gefährliche Phantasien in bezug auf die Brust. Sie wird als ein giftiges und peinigendes Objekt aufgefaßt. Die Gleichsetzung von Brust und Penis im Unbewußten ist stets mit oralsadistischen Ängsten paranoider oder schizoider Art verbunden und selbstverständlich nicht auf Homosexuelle beschränkt. Die Tragödie der psychosexuellen Entwicklung homosexueller Mädchen wurzelt in der Tatsache, daß der Penis vom Vater losgelöst worden ist, daß also das Partialobjekt den Platz des gesamten Objekts eingenommen hat. Es wird als solches eingeführt, um eine weitere Regression auf die traumatische präphallische Phase zu verhindern, in der die Auffassung herrscht, die Mutter enthalte den Phallus – nicht nur den Penis des Vaters, sondern die Macht über Leben und Tod ihres Kindes. Je nach den möglichen Variationen der unbewußten Familienkonstellation verändert sich das Bild des Penis und dessen

phallische symbolische Bedeutung bei einzelnen weiblichen Homosexuellen. Es gibt innerhalb dieser Veränderungen wohl zwei Endpunkte, bei denen auf der einen Seite eine depressive Angst vorherrscht und auf der anderen eine Verfolgungsangst. Im ersten Fall steht das Ziel im Vordergrund, die Partnerin und damit in gewissem Umfang auch sich selbst wiederherzustellen. Der Bruch im Selbstbild kann dabei narzißtisch durch ein Sexualobjekt überwunden werden, das der betreffenden Frau *ähnlich* ist. Am anderen Endpunkt der Skala führt die Angst vor einem homosexuellen Objekt wegen der paranoiden Projektion zu dem überwältigenden Bedürfnis, das Objekt erotisch zu dominieren. Der Orgasmus der Partnerin gewinnt dabei die Bedeutung sowohl eines Besitzes wie einer Kastration. Frauen dieses Typus streben häufig für sich selbst keinen Orgasmus an. Wenn bei ihnen die Angst vor einem vollständigen Selbstverlust stark ist, übernehmen sie zuweilen eine illusionäre männliche Identität. Das führt in manchen Fällen zu Operationen, in denen eine »Transsexualisierung« ihres Körpers angestrebt wird. Frauen, die von derart tiefen Ängsten beherrscht werden, behaupten häufig, daß sie *nicht homosexuell* seien. Unbewußt vertreten sie die Auffassung, in Wirklichkeit Männer zu sein, die ins Gefängnis weiblicher Formen gesteckt worden sind. In ihren sexuellen Betätigungen vermeiden sie jeden Orgasmus, während sie zugleich ihren Partnerinnen sexuelle Lust zu verschaffen suchen. Ein Begehren, das sich ausschließlich darauf richtet, die Partnerin zum Orgasmus zu bringen, ist für eine Reihe weiblicher Homosexueller charakteristisch. Das unmittelbare Streben nach eigener erotischer Befriedigung würde das tiefsitzende Gefühl ihrer männlichen Identität zerstören. Dies ist seinerseits von vitaler Bedeutung, um psychotische Ängste in bezug auf das Körperbild und das Gefühl der eigenen Identität abzuwehren. Derartige Ängste werden durch die Drohungen der internalisierten Mutter ausgelöst und beziehen sich auf die Gefahr, mit ihr zu verschmelzen.

Das bringt mich auf die entscheidende Rolle der Kastrationsangst bei homosexuellen Frauen. Aus den bereits zitierten klinischen Fragmenten ist vielleicht deutlich geworden, daß die Phantasie, kastriert zu sein, grundlegender und insgesamt beunruhigender ist als bei Frauen, die neurotische Symptome oder Charakterzüge entwickelt haben, um mit der Kastrationsangst auf ihren unterschiedlichen Entwicklungsstufen fertig zu werden. Klar ist, daß die Kastrationsangst nicht auf die phallische Angst beschränkt bleibt, die sich in jener Phase entwickelt, in der der Geschlechtsunterschied bedeutsam wird. Ebensowenig bleibt sie auf die »narzißtische Kastration« beschränkt, die sich aus den ödipalen Krisen ergibt, wenn ein Mädchen entdeckt, daß sie für immer aus der sexuellen Vereinigung ihrer Eltern ausgeschlossen bleibt und daß ihre inzestuösen Sehnsüchte niemals erfüllt werden. Die Angst, die homosexuelle Patientinnen erleben, betrifft *nicht nur ihre Sexualität, sondern ihr Gefühl subjektiver Identität als selbständige Wesen.* Sie könnte sehr wohl als »primäre Kastrationsangst«, also als Vorbild der späteren Kastrationsangst bezeichnet werden. Wenn sie nicht aufgelöst wird, wenn es einem Mädchen nicht gelingt, die Tatsache zu akzeptieren und adäquat zu kompensieren, daß es ein selbständiges Wesen ist, dann läuft es Gefahr, seine Ichgrenzen zu verlieren, in eine Aphanisis und den psychischen Tod zu geraten.

Kastration in diesem globalen Sinn läuft tatsächlich darauf hinaus, die Realität zu akzeptieren. Sie muß in derselben Weise symbolisiert werden, wie die phallische Kastrationsangst psychisch zur Ausbildung der sexuellen Realität und der Geschlechtlichkeit ausgearbeitet werden muß. In homosexuellen Beziehungen wird das vielseitige Problem der klassischen phallischen Kastrationsangst einfach durch Ausschluß eines der beiden Geschlechter vermieden. Doch die Homosexualität und die sich aus ihr ergebenden Beziehungen helfen dem Ich auch dabei, mit der überwältigenden Angst vor Trennungen und Desintegrationen fertig zu werden. Dies gelingt jedoch nicht durchweg. Große Angstbeträge bleiben erhalten, und wir finden bei homosexuellen Patienten zahlreiche schwachstrukturierte neurotische Symptome – phobische Bildungen gegen orale Angst (häufig sind Anorexie, Bulimie, Süchte und phobisches Erbrechen), phobisch-zwanghafte Symptome, die anale Funktionen und Harnfunktionen betreffen, sowie masochistische Körperrituale und Verfolgungsängste. Hypochondrische Ängste und Somatisierungen sind ebenfalls verbreitet (Sperling 1955). Alle diese Symptome sind tief in der frühen Mutter-Kind-Beziehung verwurzelt, in der die Grundlage für viele Symptome des Ausagierens inklusive einer homosexuellen Lösung der ödipalen Spannung zu einem späteren Zeitpunkt gelegt wird. Zu dieser letztgenannten Lösung kommt es mit größerer Wahrscheinlichkeit, wenn beim Vater ungelöste homosexuelle Probleme sowie Neid und Haß auf Frauen vorliegen.

Die homosexuelle Beziehung

In seiner umfassenden Darstellung *Der offen Homosexuelle* schreibt Socarides (1971: 265 f.): »Fast alle manifest homosexuellen Frauen erkennen in der Behandlung die Tatsache an, daß sie zu ihrem Liebesobjekt eine Mutter-Kind-Beziehung haben. (...) Die homosexuelle Frau ist auf der Flucht vor dem Mann. Die Ursachen dieser Flucht sind ihr aus der Kindheit stammendes Schuldgefühl gegenüber der Mutter, die Furcht, mit ihr zu verschmelzen, und die Furcht vor Enttäuschung und Zurückweisung von seiten des Vaters, sollte sie es wagen, sich um Liebe und Hilfe an ihn zu wenden. Auch wenn sie annahm, ihr Vater würde ihre infantilen Sexualwünsche erfüllen, liegt eine masochistische Gefährdung vor. Oder sie glaubt, der Vater würde sie zurückweisen; dann riskiert sie eine Verletzung ihres Narzißmus. Das Endergebnis ist die erneute Hinwendung zum ursprünglichen Liebesobjekt – der Mutter –, nur inniger als zuvor. Die Angst, zu verschmelzen und verschlungen zu werden, hindert sie jedoch daran, zur wirklichen Mutter zurückzukehren.«

Die groß angelegte Untersuchung von Socarides wird durch meine eigene klinische Erfahrung bestätigt. Doch ich möchte seiner Zusammenfassung eine kurze Erörterung der dynamischen Veränderungen in der psychischen Ökonomie hinzufügen, die sich mit der Aufnahme manifester homosexueller Beziehungen ergeben. Die meisten meiner Patientinnen waren sich eines intensiven Gefühls bewußt, über die Mutter triumphiert zu haben, und verspürten den Wunsch, sie möge sich verlassen und bestraft vorkommen. Dieser Wunsch war gewöhnlich durch eine dünne Schicht von Besorgnis um ihre Gefühle sowie durch die Angst verdeckt, daß sie sich auf irgendeine Weise rächen würde. Eine meiner Patientinnen bemerkte unumwunden: »Ich habe meine Mutter absichtlich meine Liebesaffäre mit Susanne entdecken lassen. Sie war natürlich schrecklich wütend – und ich war insgeheim froh, als hätte ich sie für irgend etwas bestrafen wollen. Wenn sie erfährt, daß ich bei einer *Frau* in Analyse bin, wird sie das schier umbringen!« Weibliche Homosexuelle triumphieren auch über den Vater, da die homosexuelle Lösung eine Verleugnung der phallischen Rolle und genitalen Existenz des Vaters darstellt und den Beweis erbringt, daß eine Frau zu ihrer sexuellen Vollständigkeit weder einen Mann noch einen Penis braucht. Weibliche Homosexuelle triumphieren schließlich über die Urszene und die sexuelle Realität.

Eine weitere Quelle von Befriedigung liegt in dem Umstand, daß die neue Beziehung manifest erotisch ist. Masturbation und sexuelles Begehren, die stets als von der Mutter verboten empfunden wurden, werden von der neuen Partnerin begrüßt. Dadurch werden Schuldgefühle verringert. Viele ältere Konflikte zwischen Mutter und Tochter werden in der Beziehung zum Muttterersatz ausgeräumt. Die tatsächliche Mutter hatte sich stets über ihre unweibliche Tochter beklagt, die sich weigerte, hübsche Kleider anzuziehen, an Jungen oder Parties nicht interessiert war und sich auf eine Art und Weise benahm, die unverantwortlich, ungewöhnlich, unordentlich und geheimnistuerisch erschien. Nunmehr werden all diese Charakterzüge akzeptiert und von seiten der homosexuellen Partnerin sogar hochgeschätzt. Die unbewußte Bedeutung dieses Akzeptiertwerdens ist enorm, denn unter der Oberfläche des rücksichtslosen nonkonformistischen analerotischen Kindes ist der internalisierte Vater verborgen. Das führt zur quälenden Angst, die Identifizierung mit ihm zu verlieren, durch die die Identität des Ich garantiert wird. Das hatte die Mutter nie akzeptiert, während der Vater dieses Ergebnis aufgrund seiner eigenen Konflikte mit der Weiblichkeit verstärkt hatte.

Eine meiner Patientinnen berichtete von einer ergreifenden Szene mit ihrer Geliebten, welche die »Wiedergutmachungsdimension« einer homosexuellen Liebesbeziehung beispielhaft veranschaulicht. Sie lebte mit einer älteren Frau zusammen, von der sie extrem abhängig war. Obwohl sie zahlreiche Beweise der Zuneigung ihrer Freundin erhielt, fürchtete sie doch stets, sich eines Tages übergeben zu müssen und dann von ihrer Freundin hinausgeworfen zu werden. Sie litt tatsächlich an einer schweren Phobie vor dem Erbrechen. Eines Abends hatte sie eine schwere Magenverstimmung. Da sie wußte, daß sie erbrechen würde, rief sie ihre Freundin zu Hilfe, damit diese es verhinderte. Als Reaktion auf ihre Bitte hielt ihr die Freundin die geöffneten Hände entgegen, so daß die junge Frau in sie erbrechen konnte. Sie tat dies auch und rief: »Jetzt wirst du mich nie wieder lieben!« Aber ihre Geliebte küßte zum Zeichen dafür, daß sie sie vollkommen akzeptierte, die erbrochene Mahlzeit. Dieser ungewöhnliche Austausch von Gesten hatte eine tiefe Bedeutung und ebenso tiefe Auswirkungen auf die junge Frau. In den folgenden Monaten war sie in der Lage, den unbewußten Sinn ihrer Phobie zu analysieren. Sie verstand, daß die Geste ihrer Freundin die Bedeutung hatte, daß all ihre verbotenen erotischen Phantasien in bezug auf den Penis des Vaters ebenso wie verdrängte sadistische Wünsche akzeptiert und vergeben worden waren. Ihr Körperbild, das sie bis dahin als ein Fäkalobjekt erlebt hatte, welches ausgeschieden werden mußte, wurde zu einem Objekt des Werts.

Die große Bedeutung und die strukturierenden Aspekte analerotischer und analsadistischer Phantasien sind bereits hervorgehoben worden. Die eben erwähnte Patientin stellt ein Musterbeispiel für eine Phantasie dar, die bei den meisten homosexuellen Frauen verbreitet ist, daß nämlich eine Frau zu sein soviel wert ist wie ein Haufen Dreck. »Unbewußt sah sie sich als ein aggressives, unattraktives, destruktives und ›stinkendes‹ Objekt. Sie ›stank‹ und war angefüllt mit schlechten Dingen. Sie litt an tiefen Schuldgefühlen wegen ihrer Aggression gegen den Vater und die Mutter. ›Wenn ich meine Schlechtigkeit zeige, werden alle mich verlassen ...‹ In ihren Träumen kehrte diese Aggression sich gegen sie selbst und führte dazu, daß sie sich elend, ›wie ein Stück schmieriger Kot‹ fühlte« (Socarides 1971: 280 f.). Solche tiefreichenden destruktiven Gefühle werden ebenso wie das beschädigte Selbstbild durch eine homosexuelle Beziehung teilweise kuriert, in der jede der beiden Partnerinnen für die andere die »Auffangfunktion jener hinreichend guten Mutter« spielt, von der Winnicott spricht (1974). »Sie ist weniger grausam zu mir, als ich es mir selbst gegenüber bin«, sagte Sophie eines Tages, als sie von ihrer Geliebten sprach. Homosexuelle Frauen sind häufig nicht in der Lage, sich selbst eine »gute Mutter« zu sein, und können nur einer anderen Frau Liebe schenken. Etwas, das in ihrer inneren Objektwelt fehlt, suchen sie bei ihren Partnerinnen. Durch eine Identifizierung mit ihnen werden Triebbefriedigungen und verlorene Teile ihrer Identität wiedererlangt.

Die aggressiven Wünsche, die in einer homosexuellen Objektbeziehung und im homosexuellen Akt beschlossen sein sollen, reichen weiter zurück als bis zu den phallisch-genita-

len Frustrationen, weiter auch als bis zur Integration der analen Phase, ja, wie wir gesehen haben, bis zu den archaischen Sexualobjekten lange vor einer bewußten Differenzierung der Geschlechter (Klein 1934, 1950). Wenn das geheime Begehren eines homosexuellen Mädchens auf der phallisch-genitalen Stufe darin besteht, die sexuellen Embleme des anderen Geschlechts zu erhalten – den symbolischen, unerreichbaren Phallus, mit dem es attraktiv würde für das Begehren der Mutter –, so liegen dem doch noch alle unbewußten Wünsche eines Säuglings zugrunde. Sie lassen sich in dem einen Wunsch zusammenfassen, die Brust-Mutter zu erhalten und auf ewig zu besitzen. Nicht nur wird auf dieser Stufe der Unterschied zwischen den Geschlechtern nicht anerkannt, sondern auch der Unterschied zwischen einer Person und einer anderen, einem Körper und einem anderen Körper, dem Säugling und der Brust. Befriedigungen und Gratifikationen dieser Art werden auch in der erotischen Bindung der Homosexualität erhofft. Da sie aber auf der Gier einer oralen Liebe als der frühesten Beziehungsform beruhen, umfaßt bei ihnen das Ziel, das Objekt zu besitzen, dessen Zerstörung. Die ihnen zugrundeliegende Phantasie, das Objekt nicht nur kastriert, sondern verloren oder zerstört zu haben, führt zu intensiven Depressionen.
Bis hierher sind wir ausschließlich auf die konstruktiven Aspekte der homosexuellen Beziehungen eingegangen; aber offensichtlich werden nur wenige grundlegende Konflikte durch eine neue Beziehung gelöst, so daß sie die Saat ihrer eigenen Zerstörung in sich trägt. Die Analyse enthüllt unweigerlich die gierigen, destruktiven, manipulatorischen, anal-kontrollierenden Aspekte der Beziehung. Das Bedürfnis, die Partnerin, den Geschlechtsakt und die Beziehung als ganze zu idealisieren, soll das Liebesobjekt vor den phantasierten Attacken schützen, die das Individuum gern gegen es richten würde. Homosexuelle sind auf den Glauben angewiesen, daß die Beziehung, die sie zu ihrer Partnerin unterhalten, etwas von einer Wiedergutmachung und Heilung an

sich hat. Während Besorgtheit um ein Objekt tatsächlich die zerstörerische orale Gier mildert, trägt deren unbewußter Inhalt zur Flüchtigkeit vieler homosexueller Affären bei. »Ich bin mir mehr und mehr darüber im klaren, daß ich verrückt bin, weiterhin so für sie zu sorgen. Es mag ja sein, daß ich mich an sie gehängt habe und daß wir zusammenleben, weil meine letzte Freundin mich so plötzlich verlassen hat. Und ich kann nicht allein leben. Ebensowenig kann sie es. Doch während ich mir wirklich eine Menge Sorgen um sie mache – um ihre Mißerfolge oder um ihre Schlaflosigkeit –, weiß sie nicht einmal, wer ich wirklich bin! Meine beruflichen Probleme langweilen sie zu Tode. Ich bin sicher, daß sie mich sofort wegen einer anderen Frau verlassen würde, wenn ich plötzlich aufhörte, Geld zu verdienen.« Diese Bemerkung einer meiner Patientinnen habe ich in verschiedenen Versionen auch von anderen weiblichen Homosexuellen gehört.

Für die betreffenden Personen sind solche Einsichten extrem schmerzhaft. In der Analyse treten sie erst zutage, sobald die Patientinnen zu ihrem Erstaunen entdecken, daß die Geschichte sich wiederholt. Sie bemerken dies nicht nur im Hinblick auf ihre verschiedenen Geliebten, sondern sehen auch, daß noch einmal ein Stück ihrer frühkindlichen Geschichte inszeniert wird: Wieder sind sie das kleine Mädchen, das ausschließlich zum Zwecke der Steigerung des Narzißmus und der emotionalen Sicherheit der Mutter seinen Verpflichtungen nachkommt. Die Tendenz, die Liebespartnerin auf ein Teilobjekt zu reduzieren, sie zu schikanieren und jede ihrer Bewegungen zu kontrollieren, kommt an Intensität nur der Furcht gleich, selbst zu einem Teilobjekt und magnetisch an die Partnerin fixiert zu werden. Patientinnen dieses Typus suchen für ihre Partnerin eine alles entscheidende und unersätzliche Rolle zu spielen. Das geht zuweilen so weit, daß sie zum Schaden ihrer eigenen Interessen oder ihrer Arbeit zahllose Dinge für die andere Frau tun. Hier hat sich das Rad dann so weit gedreht, daß die

Kindheitsbeziehung zur Mutter sich wiederholt. Das Ich verfolgt weiter seine Triebziele und hält seine zerbrechliche Identität aufrecht, indem es den Spuren seiner Kindheit folgt.

Ödipale Struktur und Abwehr des Ich

Als unbewußter Kern und strukturelles Modell der Persönlichkeit kann uns die ödipale Organisation als Ausgangspunkt für eine Zusammenfassung der Ergebnisse des vorliegenden Kapitels dienen. Wie wir gesehen haben, ist das homosexuelle Mädchen angesichts der ödipalen Situation regrediert und hat sein sexuelles Begehren in der Form einer dyadischen Beziehung zur Mutter neu strukturiert. Der Penis des Vaters symbolisiert für es nicht länger den Phallus, und es verkörpert seinerseits das phallische Objekt. Aufgrund einer unbewußten Identifizierung mit dem Vater, bei der es seinen gesamten Körper mit der Bedeutung des Penis besetzt, ist es in seinen Phantasien in der Lage, einer Frau sexuelle Befriedigung zu verschaffen. Eine Regression von einer phallisch-genitalen auf eine analerotische und analsadistische Ausdrucksform hat in seinen Charakterzügen Spuren hinterlassen. Oralerotische und oralsadistische Wünsche werden, weil sie Angst auslösen, durch die homosexuelle Beziehung und den Geschlechtsakt selbst weithin in Schach gehalten. Süchte und Zwänge wie etwa die Kleptomanie (Mc Dougall 1974; Schmideberg 1956) treten häufig als sekundäre Symptome auf, um mit diesen primitiven, verdrängten Antrieben fertig zu werden. Es kommt zu keiner Auflösung des ödipalen Konflikts. In bezug auf heterosexuelle Objekte hat eine narzißtische Kränkung zum vollständigen bewußten Rückzug vom Vater geführt. Was homosexuelle ödipale Wünsche angeht, so ist es der homosexuellen Frau nicht gelungen, sie in ihre Persönlichkeitsstruktur zu integrieren, denn ihre normale Auflösung hätte zur Identifizierung mit der genitalen Mutter geführt. Statt dessen wird die Urszene verleugnet und dann unter Ausschluß des Mannes und des Penis neu erfunden. Im Anschluß an Bion (1970) könnten wir sagen, daß diese Kinder den ödipalen Mythos zurückgewiesen und stattdessen einen privaten geschaffen haben. Die homosexuelle Lösung der Wünsche des Es und der Probleme der Objektbeziehungen findet ihr Gegenstück in der Struktur des Ich. Vom klinischen Standpunkt aus haben wir es hier mit einer unbewußten Organisation zu tun, die weder im klassischen Sinn neurotisch noch psychotisch ist. Es sind in ihr neurotische Abwehrmechanismen am Werk, aber sie sind nicht ausreichend organisiert, um die sexuelle Identität zu schützen. Darüber hinaus sind eine Reihe von psychotischen Abwehrmaßnahmen in die Homosexualität und die Aufrechterhaltung ihrer grundlegenden Illusionen eingegangen. Tatsächlich finden wir hier eine Zersplitterung des Abwehrschildes des Ich, wie sie Freud beschrieben hat (1940). Obwohl allen Formen sexueller Devianz dieselbe ödipale Struktur und dieselbe Ichstruktur zugrunde liegt, erscheint es mir als ungenau, diese Struktur als »pervers« zu bezeichnen, da sie nicht auf sexuelle Perversionen beschränkt ist. Die Spaltung im Abwehrvorgang und das unablässige Ausagieren zur Kompensation dessen, was in der psychischen Innenwelt fehlt, finden sich auch bei vielen schweren Charakterneurosen, bei Patienten mit Süchten und asozialen Symptomen ebenso wie bei psychosomatischen Patienten (Sperling 1968). Spezifischer ist für homosexuelle Frauen eine pathologische Introjektion der Vaterfigur und die Erotisierung der Abwehr von depressiven Ängsten und von Verfolgungsängsten, die aus diesen verzerrten Strukturen entstehen.

Spaltungsmechanismen spielen vor allem bei der Organisation des Ich eine bedeutsame Rolle. Es gibt dabei nicht nur eine Spaltung der Abwehrmechanismen, sondern auch eine der inneren Objektwelt (Gillespie 1956 a, 1956 b). Das Bild der Weiblichkeit wird aufgeteilt in das einer überaus idealisierten und in das einer vollständig kastrierten Frau. Einerseits wird sie so idealisiert, daß sie unerreichbar ist, und andererseits so kastriert, daß solche Frauen ihre Weiblichkeit mit allen zur Verfügung stehenden psychischen Mitteln verbergen müssen. Solange ein Spaltungsprozeß dieser Art aufrechterhalten werden kann – und er erfordert unablässige Projektionen und Verleugnungen der Realität –, kann das Ich seine Identität schützen. Eine stärkere Ausweitung der Tendenz zur Aufspaltung läßt sich in einer Neuverteilung der abgespaltenen Fragmente erkennen. Obwohl der Fehlschlag einer frühen Spaltung in Gut und Böse vermieden worden ist (die, wo sie nicht geheilt wird, zu einer psychotischen Lösung führt), gibt es dennoch eine besondere Spaltung in eine »gute« Sexualität und eine »böse«. Dies geschieht ähnlich wie das von Meltzer (1967) beschriebene *false splitting.* »Böse Teile« des eigenen Selbst werden zusammen mit den auf die internalisierte Mutter gerichteten bösen Gefühlen auf den Vater und später auf Männer im allgemeinen projiziert. Dies kann zu einer paranoiden Einstellung Männern gegenüber führen. Dadurch aber wird das »Gute« gesichert, das in den Phantasien einer Heilung und Wiedergutmachung des eigenen Selbst und der Partnerin ebenso steckt wie in der Hoffnung, verlorene Teile des eigenen Selbst wiederzuerlangen. Wenn jedoch das weibliche Objekt, das unbewußt so viel Haß und so viele »böse« Anteile des frühkindlichen Selbst enthält, in die gefährliche Nähe eines Zustands gerät, in dem es zum *bewußten* Auffangbecken des Hasses wird, kann die Angst vor der Partnerin über die erotisierte Abwehr triumphieren. Dies würde – außerhalb der analytischen Situation – zum Risiko psychotischer Episoden paranoider Art führen. An diesem Punkt verschmelzen die geliebte und die gehaßte Person miteinander. Dann ist nicht nur sexuelles Begehren, sondern jede Form von Begehren und der Lebenswille bedroht.

Mary Barnes (1973) beschrieb das Gefühl, daß ihr jede Triebregung verboten war: »›Richtig‹ war stets, was jemand anders von mir verlangte ... Da ich kein selbständiges Wesen war, mußte mein Begehren durch jemand anderen hindurch. Als wenn ich ein kleines Kind gewesen wäre, konnte ich nur befriedigt werden, indem ›Mutter‹ meine Bedürfnisse taxierte. Wie im Mutterleib erhielt ich Nahrung von ihr. Das Problem war nur, daß meine wirkliche Mutter gar nicht wollte, daß ich Nahrung erhielt. Sie hatte nie Milch in der Brust. Sie konnte es einfach nicht; denn sie haßte mich. Dennoch erzählte sie mir, daß sie mich lieb hatte und daß ich essen sollte ... Ich mußte verhungern, um meine Mutter zufriedenzustellen.« Mary Barnes hatte keinen Halt und Schutz gefunden, wie sie etwa die Aufnahme einer homosexuellen Beziehung gewährt hätten, während sie in die Tiefen ihrer gequälten Beziehung zu ihren inneren Objekten »eintauchte«.

Das harte prägenitale Über-Ich der Homosexuellen wird in seiner psychotischen Auflösung vervielfacht. Wenn ein Neurotiker um seine Sexualität kämpft und ein Psychotiker um sein Überleben, dann kann man von Homosexuellen (und allen Menschen, die dieser »dritten Struktur« unterliegen) sagen, daß sie zwischen diesen beiden Zielen eine Mitte einnehmen, in der ein psychischer Tod vermieden und nur die eigene sexuelle Identität verleugnet wird. Die unbewußte Identifizierung des homosexuellen Mädchens mit seinem Vater gibt ihm eine gesonderte Identität. Sie gestattet es ihm, all jene phantasierten Angriffe seiner intensiven Besitzansprüche auf die sexuelle Identität und das autonome Selbst seiner Partnerin wiedergutzumachen. Es handelt sich dabei selbstverständlich nicht um eine wirkliche Wiedergutmachung, sondern um etwas im Bereich dessen, was von Klein, Heimann und Money-Kyrle (1952) sowie von Winnicott (1935) als manische Abwehr bezeichnet wird. Dennoch stellt es eine mächtige und schützende Struktur innerhalb des Ich dar.

Es ist bereits auf die Phantasien über die Mutterbrust als böses und giftiges Objekt hingewiesen worden sowie darauf, daß der homosexuelle Akt, die Angst (wegen der eigenen Einverleibungswünsche) zerstört zu werden in Schach hält. In dem Ausmaß jedoch, in dem derartige Ängste das Bild beherrschen und dem Bewußtsein näher sind, gelangen wir eher zu einer psychotischen Charakterstruktur als zur Devianz. Dieselben grundlegenden Ängste können in anderen Formen von Zwangsverhalten zutage treten wie etwa im Alkoholismus, der Bulimie usw. Da der Vater symbolisch akute paranoide Ängste verkörpert und die Verfolgungsangst aus dem Kontakt mit ihm entsteht, gibt diese psychische Spaltung dem homosexuellen Mädchen die Chance, sein Ich vor einer Auflösung zu bewahren. Wenn sich solche Ängste aber auf das *Mutterbild* richten, besteht nur wenig Hoffnung auf eine zufriedenstellende homosexuelle Lösung. Ein homosexuelles Mädchen ist zugleich gezwungen, seine Ich-Identität an einer weiteren Front zu behaupten, indem es zu Männern Distanz hält. Denn jeder engere, affektive Kontakt mit ihnen würde es seinen internalisierten Penis verlieren lassen, also die Phantasie, um die herum seine Identität aufgebaut ist. In seinen erotischen Beziehungen ist es (und das ist sein Dilemma) unablässig und zwanghaft zu endlosen Wiederholungen getrieben. Neben der masochistischen Gefahr der Selbstaufgabe ist es durch eine mögliche Aufwallung seiner heftigen Ambivalenz gegenüber seinen Partnerinnen bedroht. Homosexuelle Beziehungen schwanken ständig zwischen zwei Polen: der Angst, die Partnerin zu verlieren, was zu einem katastrophalen Verlust der Selbstwertschätzung, zum Gefühl des Identitätsverlusts oder zu Selbstmordimpulsen führt, und der Entstehung grausamer und aggressiver Gefühle der Partnerin gegenüber, die zu einer unerträglichen Angst führen. Als Konsequenz einer übertriebenen Idealisierung der Partnerin enthalten homosexuelle Beziehungen in größerem Umfang als heterosexuelle eine verborgene Dimension des Neids. Trotz ihres Wiedergutmachungsaspekts bleibt die Situation von Homosexuellen unweigerlich prekär. Eine sexuelle Identität, welche die

Wirklichkeit der Sexualität verleugnet und das innere Gefühl maskiert, tot zu sein, kann nur um einen hohen Preis aufrechterhalten werden. Homosexuellen kommt ihre zerbrechliche Identität, die mit frustrierten libidinösen, sadistischen und narzißtischen Bedeutungen überladen ist, teuer zu stehen. Die Alternative dazu aber wäre der Tod des Ich.

Was kann die Psychoanalyse bei homosexuellen Frauen zu erreichen hoffen? Der Analytiker kann sich, was immer sein persönlicher Wunsch sein mag, nur der Aufgabe widmen, seine Patientinnen so weit wie möglich auf den Weg einer Entdeckung ihrer selbst zu bringen, der entweder dazu führt, daß sie ihre Homosexualität aufgeben, oder auch nicht. Wichtigstes Ziel ist es dabei, ihnen die verschiedenen Aspekte ihres inneren Dramas zu Bewußtsein zu bringen, das ihnen bisher ebenso entgangen ist wie die konfliktbeladene Rolle ihrer internalisierten Eltern und die mit ihnen zusammenhängenden intensiven Gefühle von Liebe und Haß. Sie werden dann in der Lage sein, ihre Auffassung von ihrem Platz und ihrer Rolle in der Familienkonstellation nachzuvollziehen. Nur auf diese Weise gelangen sie dahin, ihre eigenen Konflikte, ihre widersprüchlichen Ziele und komplizierten Abwehrstrukturen zu erkennen, die sie seit ihrer frühen Kindheit ausgebildet haben, um mit ihrer Verwirrung und mit ihrem seelischen Schmerz fertigzuwerden.

Unter anderem besteht der Ertrag einer Analyse in einer Transformation des Körperbilds. Während sich die Patientinnen zuvor als ungestalt, zerrüttet, schmutzig oder krank begriffen, sind sie nunmehr in der Lage, ihre körperliche Erscheinung richtiger einzuschätzen. Ältere hypochondrische Ängste werden schwächer und verschwinden oft ganz. Die Patientinnen »bewohnen« ihren Körper verläßlicher und gelangen zu einer neuen Einschätzung ihrer selbst und ihrer Fähigkeiten im Berufsleben und auf anderen Gebieten.

Bei vielen tritt eine ebenfalls sehr wichtige Veränderung des Gefühls ihrer sexuellen Identität ein. Trotz des Umstands, daß diese Patientinnen selten in die Analyse kommen, um heterosexuell zu werden, geben viele von ihnen ihre Homosexualität auf und werden Ehefrauen und Mütter. Andere zieht es nicht zur Heterosexualität. Trotz ihrer Gefahren bietet ihnen die Homosexualität eine gewisse Sicherheit. Auch die Überzeugung, die Homosexualität gewählt und bewußt akzeptiert zu haben, stellt in sich selbst einen positiven Faktor im Vergleich mit dem früheren Gefühl dar, daß es sich dabei um einen Zwang handelt. Diese Patientinnen sind daher häufig in der Lage, stabilere und weniger ambivalente Beziehungen zu ihren Eltern zu unterhalten und die Konflikte der Homosexualität besser durchzustehen.

IV. Der Hermaphrodit und die Masturbation

Hermaphroditos, das Kind von Aphrodite und Hermes, ein vollkommener Ephebe, begabt mit den Attributen seiner beiden göttlichen Eltern, sah sich eines Tages, als eine Nymphe sich in die Schönheit seines Körpers verliebte, in ein bisexuelles Wesen verwandelt. Obwohl Hermaphroditos sein grausames Schicksal verflucht haben mag, halten durchschnittliche eingeschlechtliche Menschen mit Nachdruck an der Phantasie der Bisexualität fest. Deren Illusion ist so alt wie die menschliche Geschichte und Kultur. Wenn wir an die Bedeutung der alten orientalischen Götter denken, an Platos Mythos vom Ursprung der Geschlechter oder (in größerer Nähe zu unserer eigenen Zeit) an Freuds *science fiction*, das weibliche Geschlecht mit einem kleinen Penis auszustatten (an gerade der Stelle, an der das Mädchen dachte, ein eigenes, verborgenes Organ an seinem Körper entdeckt zu haben), so sind wir geneigt zu glauben, daß wir es hier mit einer der *Urphantasien* des Menschen zu tun haben. Die Phantasie, sowohl Mann wie Frau zu sein, über die weiße und die schwarze Magie beider Geschlechter zu verfügen, sowohl Vater wie Mutter zu sein oder sich gar selbst gezeugt zu haben – wer würde sich nicht mit kindlichem Herzen danach sehnen?

Die prähistorische Wahrheit, die diesen Urphantasien zugeschrieben wird, ist weniger überzeugend als die Tatsache, daß ihre Spuren überall im Unbewußten der Menschheit zu entdecken sind und nostalgischen Wert sowie eine Wiedergutmachungsfunktion gegenüber den unvermeidlichen Wunden besitzen, welche die Realität dem menschlichen Narzißmus schlägt. Die Tatsache, daß es wirkliche Hermaphroditen bei Menschen so selten gibt und daß selbst die derart ausgestatteten Tiere (wie etwa Schnecken und Regenwürmer) eher niederen Ranges sind, schwächt keineswegs

die Kraft des Mythos oder die Faszination eingeschlechtlicher Menschen, die in ihrem narzißtischen und größenwahnsinnigen Begehren durch die Entdeckung verletzt werden, daß sie ihr Leben lang dazu verurteilt sind, nur die eine Hälfte der Sexualität verkörpern zu können.
Wenn die Idee der Bisexualität für die Psychoanalyse von Bedeutung ist, so liegt ihr Wert weder im Bereich der Biologie noch in der Vorstellung eines phylogenetischen Erbes, wie es Freud vorschlug. Es ist wohl wahrscheinlicher, daß die Bisexualität eine Wunscherfüllungsphantasie ist, ein Ideal, ein Traum (für manche vielleicht eine Schreckensvorstellung), auf jeden Fall aber das Produkt der Phantasie eines inzestuösen Kindes, das verwirrt ist angesichts der Urszene und vergebens seine göttliche Allmacht vor dem Sündenfall bewahren möchte. Unter einem bestimmten Gesichtspunkt ist der Rückgriff auf das bisexuelle Ideal ein Zurückweichen vor der Kastrationsangst, die ebensosehr mit verbotenen homosexuellen Wünschen wie mit einem verbotenen heterosexuellen Begehren zusammenhängt. Es ist zugleich ein Zurückweichen vor narzißtischen Kastrationsängsten, die durch das Gefühl mobilisiert werden, ausgeschlossen, hilflos und ohne Selbstachtung zu sein. Wie das ödipale Begehren und die phallische Kastrationsangst hat auch diese narzißtische Phantasie sehr viel ältere Wurzeln. Was bildet die Grundlage für die späteren bisexuellen Phantasien des Menschen? Um den Traum von der Bisexualität in seiner ganzen Tiefe (sei er nun ein Idealzustand oder verboten und gefährlich) verstehen zu können, müssen wir zurückgehen bis zu den Ursprüngen des Seelenlebens, zum heraufdämmernden Bewußtsein nicht der sexuellen Identität, sondern der subjektiven Identität – der Qualität des »Andersseins«. Ich möchte behaupten, daß das hermaphroditische Ideal seine Wurzeln in jener Illusion einer Verschmelzung hat, die das Kind mit der uranfänglichen Brust-Mutter verbindet. Die Suche nach einem Idealzustand, in dem es keinen Mangel gäbe, ist selbst schon ein Zeugnis der Tatsache, daß die Brust

bereits »verloren« ist, das heißt, daß sie bereits als das *Wesen eines Anderen* aufgefaßt wird. Obwohl die Illusion der Bisexualität in ihren verschiedenen Erscheinungsformen auf den Grundlagen des Geschlechtsunterschieds aufbaut, setzt sie bei dem Unterschied zwischen zwei Körpern an und bei dem ihm zugrundeliegenden Begehren, jeden Gedanken an eine Trennung von diesem Anderen zu annullieren. Es handelt sich dabei um ein stets gegenwärtiges Begehren, dessen Ziel es ist, das unmögliche Anderssein zu verleugnen und jedem Begehren ein Ende zu setzen.

Die Brust-Mutter und die Sexualität

Wenn wir den Weg zurückverfolgen, der von der sexuellen Identität zur subjektiven Identität führt, gelangen wir zu jenem mythischen Augenblick, in dem die Psyche eines Individuums entsteht und mit ihr die ersten Spuren eines Objekts und der erste Schatten eines Wunsches. Zu Beginn seines Lebens bilden die Mutter und er selbst für den Säugling eine Einheit. Nicht nur sein biologisches Überleben, sondern ebenso auch seine psychische Existenz hängen von ihr ab. Sie ist für ihn noch kein Objekt und doch schon weit mehr als dies: seine Umwelt, ein Mutter-Universum, dessen wesentlicher Teil er ist. Diese ursprüngliche Erfahrung, in der der Säugling nur ein kleiner Teil eines größeren Ganzen ist, bildet die früheste Identität eines Individuums (Lichtenstein 1961; Winnicott 1960). Das Kind ist dieses *Ganze,* das durch die Stärke seiner Mutter magisch gestärkt wird. In Wahrheit aber handelt es sich um ein Verhältnis absoluter Abhängigkeit, in dem das Kind ausschließlich das ist, was es für seine Mutter repräsentiert. Alles, was in ihm wächst, kann ohne sie weder zutage treten noch Form gewinnen. Seine Motilität, seine ersten affektiven Antriebe, seine Intelligenz, seine Sexualität werden in erster Linie von ihr gefördert oder unterdrückt. Über die Funktion ihrer Fürsorge hinaus weckt jede

Mutter entsprechend ihren eigenen Bedürfnissen und Wünschen bei ihrem Säugling Ansprüche, die sie allein zu erfüllen vermag (Lichtenstein 1961). Das Kind stellt also schon vor seiner Geburt, erst recht aber danach, ein besonderes Objekt zur Befriedigung der verschiedenen bewußten und unbewußten Ansprüche seiner Mutter dar. In der ersten sinnlichen Begegnung beider ist sowohl die Mutter wie das Kind ein Instrument zur Befriedigung des jeweils anderen (oder sollte dies sein). Die libidinöse Prägung der subjektiven Identität eines jeden Individuums hinterläßt unauslöschliche Spuren in seiner psychosexuellen und narzißtischen Entwicklung und Charakterstruktur. *Von Beginn des psychischen Lebens an ist also ein Teil der Identität jedes Subjekts das, was es für einen anderen darstellt,* und bleibt dies sein Leben lang. In bezug auf die sexuelle Identität haben zahlreiche Forschungen ergeben, daß sich die Einstellung der Mutter verändert, je nachdem, ob sie ein Mädchen oder einen Jungen hat (Stoller 1968). Sehr früh beeinflußt dies die künftige psychosexuelle Identität des Säuglings. Dies geht sogar so weit, daß es im Erwachsenenleben zu transsexuellen Interventionen kommen kann (Montgrain 1975), wenn unbewußte Probleme es der Mutter nicht gestatten, das biologische Geschlecht ihres Säuglings zu akzeptieren. Dennoch verlangt die Entdeckung des Geschlechtsunterschiedes und die Erkenntnis der Tatsache, daß die eigene sexuelle Identität nur in Beziehung zu der des anderen Geschlechts gefestigt werden kann, einen Verzicht auf narzißtische Wünsche und den Verlust einer Illusion – der schon im Verlust der Brust zu ahnen war. Was ist die Bedeutung dieses Verlusts?
Zur Erläuterung möchte ich darauf verweisen, daß ich das Wort »Brust« hier nicht zur Bezeichnung eines körperlichen Partialobjekts verwende, sondern als einen Begriff in dem Sinne, wie er von Melanie Klein ausgearbeitet worden ist. Er bezeichnet die Mutter in ihrer Gesamtheit, ihre Haut, ihre Stimme, ihren Geruch und ihr gesamtes Sein als Quelle der Befriedigung und Identität ebenso wie ihre wichtige Funk-

tion, dem Säugling die gesamte Skala seiner intensiven Gefühle von Liebe und Haß erträglich zu machen. Der Verlust der Brust als eines Teils seiner selbst bedeutet nicht den Vorgang der Entwöhnung und den Übergang zu fester Nahrung, sondern vielmehr die allmähliche und lebenswichtige Entdeckung des Säuglings, daß die Brust ihm weder gehört noch je gehören wird und in der Tat das Wesen des Anderen darstellt. Dieses Andere ist sogar in der Lage, seine wunderbare Substanz herzugeben oder zu verweigern. Das Kind wird von nun an diese Brust-Mutter wieder zu erlangen suchen und mit allen in seiner Macht stehenden Mitteln entdecken wollen, wie es sie wieder herbeibringen kann, um nicht nur seine Bedürfnisse zu befriedigen, sondern um die wunderbare Beziehung erneut zu durchleben, die es mit ihr unterhalten hatte. Gestärkt durch das Ich der Mutter, ist das Ich das Kindes zu dieser Zeit sehr mächtig. Doch eine längere Unterbrechung dieser Beziehung oder ein Versagen der Mutter als Schutzschild gegen überwältigende Reize irgendwelcher Art kann in diesem frühen Stadium zu besonderen Ängsten führen. Sie hängen nicht mit der Kastrationsangst der phallischen Phase oder mit der auf dieser Stufe typischen Angst vor Zerstückelung und Desintegration zusammen, sondern eher mit einer Angst, die man als Angst vor Vernichtung bezeichnen könnte. Das Kind läuft Gefahr, nicht nur sein Objekt, sondern seine gesamte Identität zu verlieren, und dieses Erlebnis eines psychischen Todes kann in manchen Fällen zum realen Tod führen (Kreisler, Fain und Soulé 1974).

Erträglich gemacht werden kann der Objektverlust nur durch einen schöpferischen psychischen Akt, die Introjektion des verlorenen Objekts in das Selbst, wo es zum Embryo eines »inneren« Objekts und schließlich zu einem Teil des Selbst wird. Auf diesem selben Weg wird auch die Fähigkeit erworben, sich von einem Objekt zu unterscheiden. Wenn der Säugling nicht in der Lage ist, mit dieser primären »Kastration« in der Weise fertigzuwerden, daß er das fehlende Objekt psychisch neu erschafft, dann kann der in der Vorgeschichte eines jeden Individuums unausweichliche Verlust nur auf den Weg der Wahnbildung oder des Todes führen. Da dieser uranfängliche Verlust eine wesentliche Vorbedingung für die Ausbildung einer persönlichen Identität darstellt, wird deutlich, daß jede Tendenz auf seiten des Subjekts, zu einer primitiven Undifferenziertheit zurückzukehren, ernsthafte Risiken entweder für die psychische Gesundheit des Subjekts (psychotische Zustände) oder für dessen Leben in sich birgt (Süchte, psychosomatische Krankheiten, Selbstmord). Doch die Rückkehr zu einem Zustand der Undifferenziertheit bleibt ein ständiger Wunsch aller Menschen. Bei Erwachsenen, die psychisch nicht allzu gestört sind, wird er im Schlaf narzißtisch und in ihren sexuellen Beziehungen libidinös besetzt. Die Bewältigung von Erfahrungen der Trennung und der Individuation führt zu komplexeren psychischen Strukturen und zu einem umfassenderen Genuß. Doch die im Vorgang der Introjektion und Identifizierung enthaltenen Verzichtleistungen wecken eine fortdauernde Sehnsucht nach einer Rückkehr in eine Welt, in der alles verschmolzen war und in der es einmal Schutz vor jeder Frustration gab.

Von Beginn des Prozesses der Trennung und Individuation an (Mahler 1970) und als Folge des Verlusts des Brust-Mutter-Universums und dessen Illusionen verfolgt das Triebleben des Säuglings ein doppeltes Ziel: Ein Teil seiner Libido sucht sein ganzes Leben hindurch die Trennung rückgängig zu machen und statt dessen eine vollständige körperliche Vereinigung mit dem Objekt herbeizuführen, die so wenig symbolisch wie nur möglich sein soll (Stone 1961), während eine andere Strömung in seinem Triebleben um jeden Preis versuchen wird, die Unabhängigkeit des Subjekts vom Objekt aufrechtzuerhalten, damit das Gefühl psychischer Lebendigkeit und Identität nicht wiederum vom Universum der Mutter verschlungen werden kann. Auf dieser Grundlage wird die frühe ödipale Struktur aufgebaut. Das komplexe Problem der Andersheit durchsetzt zunehmend die Schwierigkeiten, die mit dem Erwerb einer eigenen psychosexuellen Identität zusammenhängen. Dies gilt nicht nur im Hinblick auf die ödipale Situation, sondern auch unter dem Gesichtspunkt der narzißtischen Integrität. Auch hier wiederum muß der Mensch entdecken, daß er gerade das Wesen eines *Anderen* sucht und begehrt. Unausweichlich treten dabei die Intensität, der Schmerz und das Paradox der früheren Situation in seinem sexuellen Begehren zutage.

Um das eigene Geschlecht psychisch zu besitzen und ein Gefühl sexueller Identität zu erwerben, ist es notwendig, zunächst den eigenen Körper zu besitzen und ein Gefühl individueller Existenz zu haben. *Die Sexualität läuft sonst Gefahr, nur dazu verwendet zu werden, Risse im Gefühl der Identität zu reparieren* (vgl. Kapitel II und III). Dieses subjektive Identitätsgefühl unterliegt, wie wir wissen, zahlreichen Angriffen, die von einer vollständigen Vernichtung (der »primären« Kastration) und Desintegrationsängsten (der »prägenitalen« Kastration) zur Kastrationsangst der phallisch-ödipalen Konflikte reichen.

Es ist hier nicht meine Absicht, die verschiedenen Beeinträchtigungen des schöpferischen Prozesses der Identifizierung mit einem verlorenen Objekt und die Implikationen dieses Prozesses für die Sexualität Erwachsener zu erörtern. Dennoch möchte ich in Erinnerung rufen, daß die früheste Introjektion einer universalen Brust dazu führt, daß diese in ein »gutes« und ein »böses« Objekt gespalten wird und damit die Einheit und schließlich auch die Kontinuität des Seelenlebens des Säuglings garantiert. Diese allererste Spaltung ist insofern wesentlich, als sie es dem Säugling psychisch gestattet, eine schöpferische Beziehung zum Anderen aufrechtzuerhalten. Wird sie nur unzureichend vollzogen, unterliegt das Kind in seiner psychischen Struktur und in seiner wachsenden Beziehung zur Außenwelt schweren Störungen. Aus ihnen kann sich auch eine Gefahr für seine Entwicklung während der phallischen Phase insofern ergeben, als es dann unter Umständen nicht in der Lage ist, sich ohne Angst mit dem anderen Geschlecht zu identifizieren und Vertrauen in seine eigene Geschlechtsrolle und Identität zu entwickeln. Zugleich ergibt sich das Risiko eines *false splitting* (Meltzer 1967), bei dem die Repräsentation des Geschlechtsunterschieds so vorgenommen wird, daß das »böse« oder erniedrigte Objekt auf die eine Seite der sexuellen Demarkationslinie gerät, während das Objekt auf der anderen Seite idealisiert wird. Eine derartige Spaltung bezeugt eine mißlungene Integration der bisexuellen Antriebe, also des in vielerlei Formen auftretenden Begehrens, das sich auf beide Eltern richtet. Dies ist bei zahlreichen Homosexuellen beiderlei Geschlechts erkennbar, die phobisch das jeweils andere Geschlecht meiden. Die homosexuelle »Lösung« ist nicht das unmittelbare Ergebnis einer hermaphroditischen Illusion. *Narziß ist nicht Hermaphroditos.* »Ich mag keine Frauen! Auch keine Hermaphroditen! Ich brauche Wesen, die mir selbst gleichen«, seufzt Lautréamonts Maldoror.

Die mächtigste Beeinträchtigung auf dem Weg zur Integration der psychischen Bisexualität stellt die *orale Gier* dar. Die Gier nach der Mutterbrust ist das Rohmaterial der Liebe; doch zahlreiche Gefahren können die Entwicklung von Liebe und sexuellem Begehren beeinträchtigen. Nehmen wir zum Beispiel den vielfach erörteten Penisneid bei Mädchen. Der banale Wunsch eines kleinen Mädchens, einen eigenen Penis zu besitzen und ihn notfalls irgendjemandem wegzunehmen, um so zu werden wie sein Vater, wird umgewandelt in die Begierde nach erotischer Lust in einer sexuellen Beziehung durch den Penis. Wenn jedoch die Brust als Objekt sowie als grundlegende Repräsentation und Stütze der frühesten libidinösen Antriebe niemals internalisiert worden ist, wenn sie nicht zum *Signifikanten des Begehrens der Mutter* geworden ist (also des Begehrens, für den Säugling *die Brust zu sein*), dann kann der Penis einen destruktiven Neid auslösen, der jede Möglichkeit einer Liebesbeziehung blockiert und jedes Begehren ausschließt. Die Projektion einer derartigen triebhaften Gier macht aus dem Penis oder aus dem Mann selbst ein Verfolgungsobjekt des Mädchens und läßt dieses seinerseits zu einem ebenso gefährlichen Objekt für den Mann werden. Die orale Gier des kleinen Jungen, die Attribute der Mutter zu besitzen und ihr das wegzunehmen, was notwendig ist, um das Begehren des Vaters zu erregen, muß ebenfalls einer Umwandlung unterliegen. In deren Verlauf werden die neiderfüllten Wünsche in das Begehren umgewandelt, im Geschlechtsakt der Frau seinen Penis zu schenken. Dies bedeutet zugleich, daß er sich mit ihrer Lust identifiziert, den Penis zu empfangen.

Ich lasse die Frage des Penisneids bei Männern ebenso außer acht wie den ebenfalls bedeutsamen Wunsch der Frau, in die sexuellen Geheimnisse ihrer Mutter einzudringen. Diese Wünsche stellen den anderen Pol der sexuellen Identität dar und werden gewöhnlich durch eine sekundäre Identifizierung mit dem gleichgeschlechtlichen Elternteil besetzt. Mein Interesse ist hier vor allem auf *die Fähigkeit* konzentriert, *sich mit dem anderen Geschlecht zu identifizieren; denn darin liegt ein grundlegendes Element bei der Mobilisierung sexuellen Begehrens.* Dies schließt die Fähigkeit ein, von einem Anderen ohne Angst abhängig zu sein, weil es gerade der abhängige Teil der Persönlichkeit ist, der eine Anerkennung der eigenen Grenzen und Begrenzungen ebenso gestattet wie der des Anderen. Das bedeutet auch, die grundlegende Unfähigkeit des Menschen zu akzeptieren, allein sich selbst zu genügen, und die Anerkennung der Tatsache, daß die Menschen zur Befriedigung aller ihrer Bedürfnisse und ihres Begehrens auf einen Anderen angewiesen sind. Das eigene Bedürfnis nach den Bedürfnissen und dem Begehren eines Objekts anzuerkennen ist eine Grundvoraussetzung des Lebens. Jeder Versuch, diese Abhängigkeit zu leugnen, führt in die Richtung des Todes.

Das Drama der subjektiven Andersheit wird daher durch die Entdeckung der geschlechtlichen Andersheit und der verbotenen inzestuösen Wünsche verstärkt, zu denen es führt. Die Reihe schmerzhafter Schläge, welche die Realität dem allgewaltigen Narzißmus des kleinen Kindes zufügt, muß eine Kompensation finden. Das Kind entdeckt zahllose Fäden unterschiedlicher Farbe und Qualität, mit denen es die Löcher stopfen kann, welche die Außenwelt in das Gewebe seiner eigenen Identität gerissen hat. Sein Webmuster wird stets zwei Motiven folgen, von denen das eine sich auf all das bezieht, was ein Individuum von allen anderen *verschieden* macht, und das andere auf all das, was es anderen *gleichartig* macht. Ein Fehler in einer dieser beiden Dimensionen der Identität gefährdet das kontinuierliche Gefühl individueller oder sexueller Identität. Anders gesagt, jede Erkenntnis einer Identität ist zunächst und in erster Linie die Erkenntnis einer Verschiedenheit.

Dies bringt uns zum hermaphroditischen Ideal als unserem Ausgangspunkt zurück. Wir hatten gesehen, daß dieses auf dem älteren Ideal der Verschmolzenheit und auf der Illusion aufgebaut ist, mit der Brust-Mutter eins zu sein – ein wesentlicher Schritt bei der Konstitution der primären Identität auf dem Weg zur Erlangung einer wirklichen Identität. In den beiden Idealen finden wir denselben grundlegenden psychischen Vorgang: eine *Verleugnung der Verschiedenheit* bei dem Versuch, einen illusorischen Idealzustand aufrechtzuerhalten und Desintegrationsängste abzuwehren, sowie eine Integration der Verschiedenheit durch eine *Identifizierung* mit dem verlorenen Objekt und durch dessen *Introjektion;* also schöpferische Akte, vermittels deren das Subjekt zugleich zum Subjekt und zum Objekt wird, um ohne Angst vor Zerstörung den Raum zu überbrücken, der es vom Anderen trennt. Wenn diese psychische Erschaffung einer Innenwelt von Identifizierungen und Introjektionen, die viele Male hergestellt werden und ebenso oft wieder verloren gehen, scheitert, dann wird jedes sexuelle Begehren und jeder Wunsch nach narzißtischer Erfüllung und Vollendung Gefahr laufen, als eine Enteignung des Selbst oder des Anderen

erfahren zu werden. Das Subjekt wird dann in eine prekäre Objektwelt versetzt, in der es für beide Geschlechter nur eines, vielleicht gar für zwei Personen nur einen Körper gibt.
Wenn, wie ich dies vorschlage, der hermaphroditische Wunsch, dem anderen Geschlecht anzugehören und zugleich das eigene zu behalten, eine unbewußte und universale Sehnsucht darstellt, dann sollten wir bei Erwachsenen einige Anzeichen seines Vorhandenseins entdecken können, die nicht pathologisch sind (in dem Sinn, daß es für zwei Menschen nur ein Geschlecht oder einen Körper gibt). Wie wir gesehen haben, sind vom psychologischen Gesichtspunkt aus die Menschen von Grund auf »bisexuell«. Die Doppelgesichtigkeit der Identitätskonstruktion führt zu einer Identifizierung mit dem gleichgeschlechtlichen Elternteil, während das andere Geschlecht zum Objekt wird. Die genitale Sexualität allein kann diese tiefe bisexuelle Sehnsucht der Menschheit nicht absorbieren und befriedigen. Dies würde also die Frage aufwerfen, wo bisexuelle Wünsche eine sublimierte oder ersatzweise Befriedigung finden können. Zwar vermag ich auf diese Frage keine vollständige Antwort zu geben; jedoch kommen mir zwei beinahe universelle Ausdrucksformen der psychischen Bisexualität in den Sinn. Die eine tritt klinisch in den schöpferischen Akten und Vorgängen zutage, die es dem Menschen gestatten, durch eine Verschmelzung seiner vermeintlich maskulinen und femininen Wünsche magisch etwas herzustellen, das nur so und nicht anders zustande kommen kann. Zahlreiche Arbeitshemmungen sowie intellektuelle und künstlerische Blockaden sind in der unbewußten Weigerung begründet, bisexuelle Wünsche und Konflikte zu akzeptieren. Die zweite beinahe universelle Tätigkeit, die in besonderem Maße die hermaphroditische Illusion im erotischen Leben eines Individuums deutlich werden läßt, ist die *Masturbation.* Ich werde sie als eine schöpferische Tätigkeit des Seelenlebens erörtern, deren Ziel, abgesehen von seinen Wurzeln in der

Triebsphäre, narzißtischen Wünschen bisexueller Natur dient. Als solches ist sie von beträchtlicher psychischer Bedeutung.

Der Mensch und die Masturbation

Die Masturbation, die in der Kindheit normal und unter Erwachsenen, die auf sexuelle Beziehungen verzichten müssen, eine alltägliche Erscheinung ist, tritt auch relativ häufig bei Erwachsenen auf, die ein zufriedenstellendes Sexualleben unterhalten. Dennoch wird die Häufigkeit der Masturbation in der analytischen Literatur selten erörtert. Mein Interesse geht dahin, die Rolle der narzißtischen Erfüllung und der bisexuellen Illusionen bei der Masturbation aufzudecken. Ich möchte dabei hervorheben, daß es sich bei der Masturbation um einen »Prozeß« und nicht nur um eine Phantasie handelt. Die beiden Dimensionen von Phantasie und Handlung können voneinander getrennt werden und in der selben psychischen Struktur ein unterschiedliches Schicksal erleiden. Selbst wenn bei einer Masturbationsphantasie kein Szenarium vorhanden ist, in dem Charaktere beiderlei Geschlechts auftreten, selbst wenn in einer derartigen Phantasie keine Menschen vorkommen oder wenn es nicht einmal eine Phantasie gibt, schafft der masturbatorische Akt dennoch insofern eine bisexuelle Illusion, als er ein erotisches Spiel in einer Beziehung darstellt, an der zwei Elemente beteiligt sind. Denn die Hand (oder ihr Ersatz) spielt die Rolle des Geschlechts einer anderen Person. In der Phantasie kann dabei jedoch jede Repräsentation des anderen Geschlechts verdrängt worden sein. Dies geschieht vielleicht in der Weise, daß alle Rollen auf Personen beschränkt worden sind, die dasselbe Geschlecht haben wie das Subjekt, oder daß die sexuellen Repräsentationen auf Partialobjekte begrenzt worden sind, etwa auf Körperausscheidungen und auf Organe bzw. Körperöffnungen, die mit den Genitalien direkt nichts zu tun haben. In diesen Phantasien können auch nichtmenschliche Partner auftreten, etwa Tiere oder eine ganze Reihe von geheimnisvollen und unbelebten Objekten, die den sexuellen Tagträumen der Kindheit entstammen. Wie in der Welt der Träume, so ist auch in der autoerotischen Phantasiewelt alles möglich, vorausgesetzt, die Produkte der Phantasie entsprechen wie die Träume den primärprozeßhaften Anforderungen an die Darstellbarkeit und den Triebansprüchen. Durch Verdrängung, Verdichtung und Verschiebung können sich diese Phantasien in ihrem Mikrokosmos zu einem fiktiven Drama vereinen, das nicht nur dem Druck libidinöser Wünsche Befriedigung verleiht, sondern auch den strengen Verboten der internalisierten Objekte und den Ansprüchen der Außenwelt Rechnung trägt. Unter diesem Gesichtspunkt sind manche Masturbationsphantasien veritable Meisterwerke, obwohl sie vollkommen narzißtisch ausgerichtet sind. Wie die Träume erweisen sie sich als ungeheuer fruchtbar für die Psychoanalyse. (Man kann in der Tat sagen, daß es stets bedauerlich ist, wenn Masturbationsphantasien – aus welchen Gründen auch immer – im analytischen Diskurs eines Patienten fehlen.) Die Phantasien stellen sich als kompakte Dramen dar, in denen gewisse wesentliche Elemente unweigerlich fehlen, so daß ihre Bedeutung allein von ihrem manifesten Inhalt her niemals vollkommen verständlich sein kann.

Es wäre interessant, das Phänomen der Masturbation als die Realisierung eines bisexuellen Begehrens und eines unbewußten Wunsches zu untersuchen, der dem Körper und der Seele vom Beginn der psychischen Existenz eines Individuums an eingeschrieben ist. In den »Drei Abhandlungen zur Sexualtheorie« von 1905 bemerkt Freud, daß es drei Altersstufen der Masturbation gibt, von denen die erste in der frühen Kindheit auftritt. Freud vermutete bereits die verschiedenen Verbindungen zwischen der Masturbation und anderen autoerotischen Betätigungen ebenso wie die Beziehung der Masturbation zu den Imagines der Eltern und dem narzißtischen Selbstbild. Die Forschungsarbeiten von Spitz und dessen Mitarbeitern haben darüber hinaus den engen Zusammenhang zwischen der Masturbation und den frühesten Objektbeziehungen deutlich werden lassen.[1] In seinen Aufsätzen über die Autoerotik formulierte Spitz einige Hypothesen (1949, 1962) und zog im Hinblick auf die drei verschiedenen autoerotischen Verhaltensmuster, die während des ersten Lebensjahres zu beobachten sind, einige empirische Schlußfolgerungen. Bei diesen Verhaltensmustern handelt es sich um *Schaukelbewegungen* des Körpers, um *Spiele mit Fäkalien* und um *Manipulationen an den Genitalien.* Die Beobachtungen von Spitz konzentrierten sich auf drei Gruppen, bei denen jeweils andere Mutter-Kind-Beziehungen vorlagen: auf Säuglinge, die sich einer guten Beziehung zu einer fürsorglichen Mutter erfreuen konnten; auf Säuglinge, deren Beziehung zur Mutter unbeständig, also manchmal gut, manchmal auch wieder schlecht war; auf eine dritte Gruppe, bei der eine affektive Beziehung zur Mutter vollkommen fehlte, obwohl sie unter einer gleichbleibenden und angemessenen Fürsorge durch kompetente Erwachsene aufwuchs. Die Säuglinge der ersten Gruppe (bei denen die Beziehung zur Mutter gut war) zeigten insgesamt ein spontanes autoerotisches Verhalten in Form häufiger Manipulationen an den Genitalien. Bei der zweiten Gruppe (bei der die Beziehung zur Mutter unbeständig war) fehlte bei der Hälfte der untersuchten Säuglinge jedes autoerotische Spiel, während bei dem Rest Schaukelbewegungen und Spiele mit Fäkalien auftraten. Bei der dritten Gruppe (die kompetent, aber ohne affektive Bindungen versorgt wurde) fehlte bei allen untersuchten Kindern jede autoerotische Betätigung. (Wir sollten festhalten, daß diese Beobachtung Freuds Annahme widerspricht, daß autoerotische Betätigungen anfänglich durch die Körperpflege der Mutter herbeigeführt wer-

1 Vgl. in diesem Zusammenhang die Kapitel X, XI, XII, die sich mit psychosomatischen Phänomenen und einer mangelnden Besetzung der Körpergrenzen beschäftigen.

den. Die affektive Beziehung und unbewußte Einstellung der erwachsenen Pflegeperson zum Körper und zur Person des Säuglings scheinen für die libidinöse Besetzung, die ein Säugling an seinem eigenen Körper und dessen erogenen Zonen vornimmt, sehr viel wichtiger zu sein). Spitz schloß seine Untersuchung mit der Feststellung, daß autoerotische Betätigungen notwendig mit den Objektbeziehungen des ersten Lebensjahres zusammenhängen. Kommt es nicht auf der Grundlage positiver affektiver Einstellungen zu derartigen Beziehungen, so gibt es keine Autoerotik. Ist der Kontakt mit den ersten Objekten unbeständig, so wird ein Ersatz für das Spiel mit den Genitalien gefunden. Eine »normale« Beziehung zwischen Mutter und Säugling begünstigt die Entwicklung einer genitalen Autoerotik.

Spätere Untersuchungen haben diese Entdeckungen an Kindern im Kindergartenalter bestätigt (Miller 1969). Eine Untersuchung an weißen amerikanischen Kindern in New York, denen aufgrund ihrer sozioökonomischen Situation eine normale mütterliche Pflege versagt war, bewies, daß bei diesen Kindern Masturbationsspiele in überraschendem Ausmaß fehlten. Dies galt insbesondere im Vergleich mit anderen Kindern, die engeren Kontakt mit ihren Müttern hatten. Während diese zweite Gruppe von Kindern angesichts von angstauslösenden oder frustrierenden Situationen auf autoerotische Betätigungen zurückgriff, suchte die erste Gruppe der deprivierten Kinder ihre Erregung unmittelbar in Handlungen umzusetzen. Sie liebkosten oder attackierten Objekte oder Personen in ihrer Umgebung, als wären sie nicht in der Lage, durch den Rückgriff auf ihren eigenen Körper zu einem psychischen Gleichgewicht zu gelangen.

Untersuchungen an Kindern in israelischen Kibbuzim, wo die Kinder im Alter von sechs bis neun Monaten von ihren Eltern getrennt werden, ließen ebenfalls das Fehlen eines normalen Spiels an den Genitalien und später eine Verlängerung der prägenitalen autoerotischen Verhaltensweisen erkennen – Daumenlutschen oder Spiele mit Fäkalien, begleitet von Bettnässen und Inkontinenz bis zum Alter von sechs oder sieben Jahren. Die Form der Masturbation war zugleich verschieden; sie blieb stärker auf die Analsphäre konzentriert, und das Interesse richtete sich eher auf die Ausscheidungsfunktion als auf die Genitalien.

Eine »hinreichend gute« Mutterbeziehung in den frühesten Monaten scheint unerläßlich zu sein, um angemessene libidinöse Besetzungen des Körpers und der Genitalien sicherzustellen. Weitere Forschungen haben gezeigt, daß Kinder, die einen Mangel an genitaler Autoerotik aufweisen, eine stärkere Tendenz haben, sich zu kratzen, zu beißen oder ihren Kopf auf den Fußboden bzw. gegen das Bett zu schlagen. Als Folge derartiger Beobachtungen sollten wir uns die Frage vorlegen, ob solche *Autoaggressionen* nicht normalerweise in der frühkindlichen genitalen Masturbation enthalten sind. Wir könnten uns auch fragen, ob die Mutterbeziehung, die das spontane Spiel mit den Genitalien erleichtert, zugleich durch die Fähigkeit der Mutter charakterisiert ist, die aggressiven Angriffe ihres Säuglings mit Geduld und Verständnis entgegenzunehmen oder abzufangen. Winnicott (1973) betont die Bedeutung, die das mütterliche Objekt durch die Fähigkeit gewinnt, die phantasierten Angriffe des Säuglings zu »überleben«. Wenn der Säugling entdeckt, daß das Objekt trotz seiner Wutanfälle und Gewalttätigkeiten überlebt, so gestattet ihm dies, sich der Brust-Mutter kreativ zu bedienen.

Die kreative Rolle, welche autoerotische Betätigungen und die spätere genitale Masturbation erfüllen, wird in gewissem Ausmaß durch die Ereignisse der ersten Lebensmonate vorherbestimmt. Die Art der Masturbation und die Phantasien, die sie begleiten, sind durch die frühe Beziehung zur Mutterbrust getönt. Wenn die Mutter dazu in der Lage war, es zu gestatten, wird ein Teil der aggressiven Antriebe in die autoerotische Tätigkeit integriert. Dies schützt das Kind vor selbstzerstörerischen Tendenzen. Wenn der Säugling schon

vor einer durchgängigen seelischen Repräsentation der Brust-Mutter den Wunsch verspürt, mit der Brust körperlich eins zu sein, dann kann dies auch im Hinblick auf sein Verlangen nach sexueller Vereinigung gelten.
Die sehr frühzeitige Entdeckung der Rolle der Hand durch den Säugling sowie die Verbindung der Hand mit der zukünftigen Ausarbeitung von Phantasien verdient einen Augenblick des Nachdenkens. Die Hand ist dazu bestimmt, den ersten Bruch im Gefühl narzißtischer Integrität und Vollendung zu heilen, der durch das Fehlen der Brust hervorgerufen wird. Die Hand liebkost aber auch das Genitale, lange bevor der Säugling den Unterschied zwischen den Geschlechtern wahrnehmen kann. Später spielt sie die Rolle des Genitales eines Sexualpartners in einer imaginären Liebesbeziehung. Um dies zu erreichen, ist es selbstverständlich nötig, daß das Kind seine Phantasie der Urszene introjiziert (ein Bild, bei dem es sich um eine archaische Verschmelzung oder Zerstörung, um eine prägenitale frühkindliche oder um eine wirkliche genitale Sexualphantasie handelt). Unter diesem Gesichtspunkt hat die kindliche Masturbation der phallischen Phase sehr viel mit dem Garnrollenspiel kleiner Kinder gemein. Es handelt sich dabei um ein Spiel, bei dem das Kind den Schmerz über das Weggehen der Mutter in der Weise bewältigt, daß es das Auftauchen und Verschwinden eines Ersatzobjekts selbst herbeiführt, statt nur passives Opfer eines verlorenen Objekts zu sein. Damit nun aber diese Befreiungsbewegung von der Anwesenheit eines Objekts stattfinden kann, muß das Kind in der Lage sein, sich seine Mutter auch in deren Abwesenheit seelisch zu repräsentieren. Dies ist ein Anzeichen dafür, daß das Objekt bereits als Teil des Selbst aufgegeben ist und daß das innere Objekt der Zerstörung widerstanden hat, obwohl diese am äußeren Objekt sichtbar geworden ist. Der Säugling, der am Daumen lutscht oder mit seinem Genitale spielt, beginnt bereits, in seinem Inneren eine erste vage Repräsentation einer »guten Mutter« zu schaffen. Er legt damit den Grundstein für seine

spätere Fähigkeit, sich selbst gegenüber die Funktion der Mutter zu übernehmen. Dies verleiht ihm eine gewisse Unabhängigkeit von der Außenwelt, die mit der Zeit wächst, wenn sie nicht von denen beeinträchtigt wird, die für ihn sorgen. In ähnlicher Weise hat das Kind, das später mit Phantasien vom Bild der Eltern und ihrer sexuellen Beziehung (von der es sich ausgeschlossen weiß) masturbiert, dieses Bild introjiziert. Es kann also – wie der daumenlutschende Säugling, der seine Beziehung zur Mutter nachspielt oder der später das Garnrollenspiel spielt – die Rolle sowohl des Vaters wie der Mutter übernehmen. Der »Erfolg« der masturbatorischen Entdeckungen und Phantasien hängt größtenteils von der Art seiner Tagträume sowie von der Bedeutung ab, die es der sexuellen Beziehung der Eltern zumißt. Stellt es sich Eltern vor, die bei einem für beide befriedigenden Geschlechtsverkehr einander lieben? Oder handelt es sich dabei um eine Beziehung ohne Liebe, ja sogar ohne Geschlechtsorgane? Oder um eine prägenitale und sadistische Beziehung? Oder stellt es sich seine Eltern in einer narzißtisch vereinten Liebesbeziehung vor, von der es für immer ausgeschlossen bleibt, auf ewig dazu verdammt, ein kindlicher Zuschauer zu sein? (Vielleicht verdankt die von Masters und Johnson entwickelte Therapie der Sexologen manche ihrer Erfolge der Tatsache, daß ihr Ansatz in der Tat einem der verbreitetsten Wünsche und hoffnungslosesten Träume von Kindern entgegenkommt, daß ihnen die Eltern das Recht auf ein Sexualleben zugestehen und sie lehren, zu lieben und geliebt zu werden. Mutter und Vater führen in der Gestalt des Sexologen den Patienten freundlich und bereitwillig in alle Geheimnisse der Sexualität der Erwachsenen ein.)

Hinter dem inzestuösen Kind der ödipalen Phase verbirgt sich das gierige und geizige Kind der oralen und analen Phase. Auch die mit diesen Phasen in Verbindung stehenden Phantasien werden in die introjizierte Urszene integriert, die sich das Kind schafft. Auf diese Weise erlangen die verschie-

denen Zonen und Funktionen eine bisexuelle Bedeutung. Zonen und Funktionen, die dem Schema »Behälter/Inhalt« folgen, eignen sich besonders gut dazu, eine unbewußte bisexuelle Bedeutung anzunehmen.
Auf vielfältige Weise leugnet ein junger Onanist in seinen Phantasien, daß er offenbar von der Urszene ausgeschlossen worden ist und daß dies eine narzißtische Verletzung für ihn darstellt. Zugleich übt er eine magische Kontrolle über beide Elternteile aus, indem er sich abwechselnd an deren Stelle versetzt. Darüber hinaus sind im Szenarium der Onanie alle jeweils aktuellen Konflikte enthalten oder gelöst, darunter auch Phantasien von mißgünstigen Angriffen und narzißtischer Kränkung. Auf vielfältige Weise umfaßt das hermaphroditische Ideal, was ihm vorausgegangen ist, die Illusion eines Universums der Brust. Es enthält eine Leugnung des Geschlechtsunterschiedes und zugleich eine Leugnung der ersten Trennung von der Brust-Mutter, d. h. der ursprünglichen Verschiedenheit zweier Körper. Die Masturbation hat also beim Menschen letztlich ebensoviel mit seiner narzißtischen Integrität wie mit seiner Sexualität zu tun.
Was gewinnt nun das Kind durch seine erotische Erfindung? Wenn sich sein unbewußtes Begehren auf die am wenigsten abstrakte und am stärksten körperliche Weise auf ein Objekt richtet, werden ihm alle Übergangsobjekte als unzureichend erscheinen. Was auch immer die Rolle von Bedürfnissen bei der autoerotischen Befriedigung sein mag (ob nun beim Daumenlutschen oder beim Spiel mit den Genitalien), so ist doch offensichtlich, daß die Illusion nur eine vorübergehende Befriedigung verschafft. Darüber hinaus kann eine Handlung nur insofern befriedigend sein, als sie eine phantasierte Einheit mit einem Objekt vorstellt. Ein Kind, das am Daumen lutscht, möchte zweifellos gesäugt werden; vor allem aber sehnt es sich danach, die Freude wiederzuerlangen, mit der Brust-Mutter eins zu sein. Der Akt der Masturbation gewinnt dadurch psychisches Gewicht, daß er in Phantasien begründet ist. Nach der durch die Realität herbeigeführten

Abfolge von »Kastrationen« und der Unmöglichkeit, auf eine Verschmelzung gerichtete, narzißtische und sexuelle Wünsche zu befriedigen, triumphiert das Kind sowohl über seine Eltern wie über die Außenwelt. Die Situationen und phantasierten Handlungen, welche die Aufeinanderfolge erotischer Phantasien auslösen, gehen auf größenwahnsinnige Wünsche und vor allem auf die Partialtriebe zurück, die von den Eltern am stärksten mit Verboten belegt waren. Und welch größerer Triumph ließe sich denken, als das Theater der Onanie zu inszenieren und dabei die Eltern selbst als Hauptdarsteller zu verwenden – nur spärlich verkleidet als hochgeschätzte, berühmte oder religiöse Gestalten, die als Verführer und Initiatoren von verbotenen erotischen Beziehungen auftreten! Wenn die idealisierten Charaktere einer bewußten Erkenntnis allzu nahe kommen, können sie ebenso leicht zu Personen umgestaltet werden, die einer anderen Rasse oder Gesellschaftsschicht angehören als die Eltern. Die unweigerlich auftretenden aggressiven und sadomasochistischen Themen aus der archaischen Sexualität der frühen Kindheit werden mit der Befriedigung libidinöser Wünsche vermischt. Doch diese Phantasien haben den Vorzug, weder dem Kind selbst noch den Objekten seines Begehrens irgendeinen Schaden zuzufügen.

Jenseits des Ödipuskonflikts und der durch den Geschlechtsunterschied verursachten Ängste liegen die Besetzungen der präphallischen Bisexualität, die insgesamt unausweichlich mit der Urszene verbunden sind. Zu ihnen gehört insbesondere die Umwandlung des ursprünglichen Neids des kleinen Kindes in seiner Beziehung zum Universum der Brust. Die überreiche Ernte möglicher Masturbationsphantasien wird selbstverständlich zum größten Teil verdrängt. Doch diese Phantasien leben im Unbewußten weiter und werden dort zu einer Fundgrube für Traumelemente.

Die »Technik« der Masturbation unterliegt ihrerseits zahlreichen Variationen. Es sollte vielleicht darauf hingewiesen werden, daß die »wirkliche« Masturbation nur mit der Hand und mit sonst gar nichts ausgeführt wird. Wenn jedoch die Fähigkeit zu erotischer Phantasiebildung durch die unbewußten Ängste der Mutter weitgehend gehemmt ist (ein Ereignis in der psychosexuellen Entwicklung, das bis ins erste Lebensjahr zurückreicht) oder wenn dem Kind beim spontanen Gebrauch seiner Hand ungewöhnlich schwere körperliche Verbote auferlegt worden sind und die Hand mithin ihre Rolle nicht spielen kann, dann kann es gezwungen sein, andere Objekte zu erfinden, um die Hände als die ersten Ersatzobjekte und später als Genitalersatz der fehlenden Objekte seiner libidinösen Antriebe zu ersetzen. Die Hand, welche die Brust ersetzt, bevor sie zum Ersatz des anderen Geschlechts wird, wird zur Stütze der Phantasien für all jene Illusionen, die geschaffen werden, um seine verlorene Allmacht zu ersetzen. Zwischen dem narzißtischen Idealwesen, dem nichts fehlt, das ganz mit sich eins und bisexuell vollständig ist, und dem Wesen, das diese Illusionen verloren hat und folglich mit der Drohung des psychischen Todes konfrontiert ist, liegt der Raum einer anderen Welt der Phantasie. In ihr gibt es eine magische Hand. Sie ist Teil jener entlehnten Magie, die dazu verwendet werden kann, die Wirklichkeit zu erweitern und parallel dazu eine neue psychische Wirklichkeit in der Phantasie zu schaffen. Ähnliche Hervorbringungen können zu Träumen oder zu Schreckgespenstern werden, in neurotische, psychotische oder psychosomatische Symptome umgewandelt, zu sexuellen Perversionen oder Kunstwerken verarbeitet werden. Doch insgesamt legen sie Zeugnis ab von den immer wiederkehrenden Versuchen eines jeden Kindes, in den unvermeidlichen psychischen Konflikten, die es befallen, zu einer Art Selbstheilung zu gelangen.

Das Interesse an den Phänomenen der Masturbation, das sich in den frühen Schriften der Psychoanalyse artikulierte, blieb in erster Linie auf die frühkindliche Autoerotik beschränkt. Doch die Masturbation ist auch ein geläufiges Thema im Diskurs von Erwachsenen während der Analyse, obwohl sie selten spontan zur Sprache kommt. Unter klinischen Gesichtspunkten nimmt die Masturbation Erwachsener vielerlei Formen an, von den komplizierten Inszenierungen der Fetischisten oder Sadomasochisten bis hin zur banalen und sporadisch auftretenden Masturbation von Patienten, die ihre heterosexuellen Beziehungen für im allgemeinen zufriedenstellend halten. Die Masturbation kann auch als neurotisches Symptom auftreten, welches ein Patient gern los werden möchte, wenn sie als ein Zwang erfahren wird, der alle anderen sexuellen Beziehungen beherrscht – oder gar ersetzt. Solche zwanghafte Masturbation ist von ihrer libidinösen Ökonomie her den sexuellen Perversionen ähnlich. Dynamisch kann sie nur wenig mit der sporadischen Masturbation anderer Menschen gemein haben, die unter Entbehrungen oder an narzißtischen Kränkungen leiden.

Am anderen Ende der Skala klinischer Bilder finden wir eine gewisse Anzahl von Analysanden, bei denen die Masturbation, selbst als Kindheitserinnerung, ganz und gar nicht existent zu sein scheint. Der Kampf gegen die frühkindliche Masturbation ist hier so verzweifelt ausgetragen (und gewonnen) worden, daß diese tiefgreifende Umwandlungen erfahren hat. Während der Latenzzeit kämpfen Kinder häufig an zwei Fronten: gegen die Masturbation selbst und gegen die mit ihr in Verbindung stehenden Phantasien. Wenn es ihnen gelingt, die Masturbation streng und entschieden zu verdrängen, entstehen Ersatzhandlungen (vielleicht schließlich Zwangssymptome), die dann auf frühere analerotische und sadistische Konflikte aufgepropft werden.

Werden die Phantasien ins Unbewußte verbannt, können sie ihrerseits in Form von hysterischen Symptomen Ausdruck finden und damit bestimmte Funktionen des Ich blockieren, die unbewußt erotisiert worden sind (intellektuelle Hemmungen etc.). Unter diesem Gesichtspunkt haben Masturbation und Symptombildung insofern etwas gemein, als beide das Ergebnis eines langen Prozesses sind und einen Versuch darstellen, Lösungen angesichts miteinander in Konflikt liegender Ansprüche zu finden. Dennoch gibt es einen entscheidenden Unterschied zwischen beiden: ein Symptom wird unweigerlich als ichfremd erlebt, während die Masturbation stets vom bewußten »Ich« ausgeht und dessen Identitätsgefühl bestärkt. Selbst wenn sich jemand wegen seiner Masturbation schuldig fühlt, geht er dennoch davon aus, daß hier ein bewußter Wunsch und eine absichtsvolle Handlung vorliegen. Die Analyse der Phantasien und Techniken, welche die Masturbation begleiten, enthüllt häufig die frühkindlichen Wurzeln der autoerotischen Phantasien und gestattet uns, die frühkindlichen Sexualtheorien zu rekonstruieren, von denen wesentliche Fragmente dem Bewußtsein verlorengegangen sind (Miller 1969). Bevor jedoch eine derartige Erforschung der tiefsten Schichten der Psyche möglich wird, ist eine geduldige analytische Arbeit von vielen Monaten oder vielleicht sogar Jahren nötig.
Erwachsene, die sporadisch oder häufig onanieren, während sie sich im übrigen offenbar befriedigender heterosexueller Beziehungen erfreuen, haben in der analytischen Literatur und auf Kongressen wenig Beachtung gefunden. Die Bedeutung ihrer Masturbation ist bisher kaum erörtert worden. Dennoch tritt sie relativ häufig auf, wie jeder Analytiker in seiner alltäglichen klinischen Arbeit beobachten kann. Vor allem Patienten, deren sexuelle Beziehungen zu den stabilsten zählen, haben die größten Schwierigkeiten, über gelegentliche Masturbation zu sprechen – als spürten sie einen tiefen Widerspruch zwischen beiden Formen des Sexuallebens. Es kann in der Tat sehr wohl sein, daß die autoero-

tische und die heterosexuelle Betätigung in der psychischen Ökonomie unterschiedlichen Zwecken dienen. Während der Analyse läßt sich die Tatsache beobachten, daß Assoziationen dazu beinahe stets von schmerzhaften oder unangenehmen Affekten begleitet werden. Die Analysanden erzählen zumeist nur fragmentarisch von ihren Phantasien oder Techniken im Zusammenhang mit der Masturbation, als könnten sie es sich nur gestatten, derartige Informationen preiszugeben, wenn sie nicht von allzuviel Emotion begleitet sind. Bedeutsame Details werden auf diese Weise ausgeklammert oder in ihrer Wichtigkeit herabgesetzt und bleiben vielleicht für Monate oder Jahre der Analyse nicht zugänglich. Manche Patienten – und dies ist keine Seltenheit – geben zu, über längere Zeiträume hinweg die Onanie gemieden zu haben, obwohl sie die Versuchung spürten, sie zu praktizieren, weil sie nicht wünschten, in der Analyse darüber reden zu müssen! Diese extreme Schwierigkeit, über ihre Onanie zu reden, die bei vielen Analysanden auftritt, verdient um so mehr unsere Aufmerksamkeit, als eben diese Zurückhaltung häufig bei Patienten zu beobachten ist, die sich mit einer gewissen Geläufigkeit psychoanalytischer Theorien und Deutungen in bezug auf die Sexualität bedienen – also bei Analytikern in der Lehranalyse, bei Psychiatern, Lehrern und Psychologen. Dies scheint den Schluß nahezulegen, *daß die Masturbation weder als eine statthafte Ausdrucksform der Sexualität betrachtet wird noch mit anderen Manifestationen des Sexuallebens vergleichbar scheint.* Warum ist soviel Schmach an die Neigung des Menschen geknüpft, sich selbst Liebe zu machen und (wenn auch nur gelegentlich) zu erotischer Selbstgenügsamkeit Zuflucht zu nehmen?

Man könnte entgegnen, daß die Antwort vollkommen eindeutig sei: Die Masturbation, die seit der frühen Kindheit als öffentliche Handlung streng verboten sei, sei notwendig eine geheime Angelegenheit. Die sie begleitenden Phantasien seien stereotyp, kindisch, von prägenitalen Zügen und narzißtischen Illusionen durchdrungen. Dem wäre hinzuzufügen, daß sie sowohl aktive wie passive Wünsche enthalten, die häufig für den Rest der Persönlichkeit unannehmbar sind. Darüber hinaus waren diese Phantasien ursprünglich mit frühen inzestuösen homosexuellen und heterosexuellen Wünschen verbunden. *Vor allem aber fühlt sich jemand, der onaniert, unter die Anklage gestellt, sich scheinbar vom Zwang seiner Eingeschlechtlichkeit und von seiner Abhängigkeit von einem Anderen, der er bei allen sonstigen Äußerungen seines sexuellen Begehrens unterworfen ist, befreit zu haben.* Das Kind, das die Niederlage überwunden hat, welche durch die Entdeckung des Geschlechtsunterschiedes und das daran geknüpfte Verbot verursacht wurde, kämpft zugleich mit dem noch archaischeren Wunsch, von seinem fortdauernden unbewußten Verlangen nach dem Brust-Mutter-Universum befreit zu sein und ganz für sich selbst den magischen und narzißtischen geschlossenen Kreis schaffen zu können, in den keine andere Person einzudringen vermag.

Zu dieser ganzen Reihe von Phantasien, welche die auffälligen Schuldgefühle in bezug auf die Masturbation hervorrufen, tritt nun die Forderung des Analytikers, der Patient solle alles sagen, was ihm in den Sinn kommt! Geheime Phantasien einem Anderen schon deswegen zu enthüllen, bloß weil er Analytiker ist, läuft auf das Risiko eines irreparablen Bruchs hinaus. Eine solche implizite Forderung erweckt unausweichlich alle Vergeltungsdrohungen zu neuem Leben, welche die menschliche Phantasie von den angeblichen Gefahren der Masturbation sich ausgemalt und den Kindern vermittelt hat: den Verlust der eigenen Lebenssubstanz, der Intelligenz, Gesundheit, der Liebe Gottes etc. Soll dieser geheime Triumph, der so viele Verwünschungen überstanden hat, dem Patienten schließlich doch entrissen werden?

Es mag historische Gründe geben, die zur Zurückhaltung der Analytiker beigetragen haben, das Thema der Masturbation wenn schon nicht in ihren persönlichen Analysen, so zumindest in ihren Publikationen offener zu erörtern. Freud

selbst hatte eine zwiespältige Einstellung zu diesem Thema. Während der berühmten Onanie-Debatte von 1911/1912 (Nunberg und Federn 1979, 1981), die zu einem tieferen analytischen Verständnis dieses Phänomens beitragen sollte, schien Freud an der Idee festzuhalten, daß die Masturbation ein pathologisches Phänomen sei. Er hatte diese Ansicht schon 1893 vertreten, als er meinte, die Masturbation sei die Hauptursache jener mysteriösen Krankheit des 19. Jahrhunderts, die als Neurasthenie bezeichnet wurde. Fünf Jahre später war er noch immer von diesem Problem fasziniert und äußerte sich in einem Brief vom 22. 12. 1897 an seinen Freund Fliess: »Es ist mir die Einsicht aufgegangen, daß die Masturbation die einzige große Gewohnheit, die ›Ursucht‹ ist, als deren Ersatz und Ablösung erst die anderen Süchte nach Alkohol, Morphin, Tabak etc. ins Leben treten. Die Rolle dieser Sucht ist in der Hysterie ganz ungeheuer, vielleicht ist hier mein noch ausstehendes großes Hindernis ganz oder teilweise zu finden. Natürlich regt sich dabei der Zweifel, ob solche Sucht heilbar ist oder ob Analyse und Therapie hier Halt machen und sich begnügen müssen, eine Hysterie in eine Neurasthenie zu verwandeln« (Freud 1975: 205). (In bezug auf die Süchte scheint eine plausiblere Erklärung ihrer Ätiologie in einer pathologischen Entwicklung von Übergangsphänomenen und der Verwendung von Übergangsobjekten zu bestehen. Das heißt, das Suchtverhalten, darunter auch ein Teil der Ätiologie der zwanghaften Masturbation, stellt einen Versuch dar, das Mutter-Universum der frühen Kindheit zu ersetzen.)
Schließlich wird der schwere Druck, der auf jeder Thematisierung der Masturbation lastet, noch durch einen soziokulturellen Druck verstärkt, wenn auch diese Art von Zensur heute indirekter ausgeübt wird als früher. Ein französisches Konversationslexikon aus dem 19. Jahrhundert teilt uns eindringlich mit, »daß sich bekanntlich insbesondere die Kinder beiderlei Geschlechts diesem Laster hingeben, das damit die Zukunft der Gesellschaft schon im Ansatz zerstört. Denn

schließlich sind sie es, die einmal das Werk der Gesellschaft fortführen sollen. Ein solches Laster hat mithin unheilvollen Einfluß auf den Einzelnen wie auf die Gattung. [...] Wieviele Kinder sind nicht schon an der Masturbation zugrunde gegangen? Andere sind anfällig geworden für zahlreiche Krankheiten, insbesondere für Schwindsucht und für mannigfache Störungen des Nervensystems. Auch die Verdauungsfunktion wird bei Individuen, welche die geschlechtliche Lust mißbrauchen, alsbald geschädigt. [...] Ein Onanist sieht seine Stärke rasch verfallen, seine gesunde Hautfarbe verblassen. Er verliert an Gewicht, und wenn er noch jung ist, bleibt sein Organismus für immer auf dieser Entwicklungsstufe stehen. Um seine eingefallenen Augen legen sich Schatten, und seine Haut wird farblos. Die Kranken werden faul; ihr Gang ist gebückt, und sie fallen leicht in Ohnmacht. Ihre Muskelkraft schwindet mehr und mehr, und ihr Gang wird unsicher. Kaum dem Jugendalter entwachsen, ist der Rumpf schon gebeugt. [...] Eine derartige Person ähnelt weniger einem Lebewesen als einem Toten. Sie ist wenig mehr als eine Bestie, ein Anblick, der einen mit Schrecken erfüllt, wenn man bedenkt, daß diese unglückliche Kreatur einmal zur menschlichen Rasse gehörte« *(Larousse, X)*.

Die Kastrationsängste, die durch die repressive Sexualmoral des 19. Jahrhunderts mobilisiert wurden, sind im Unbewußten der Menschen noch wirksam. Dieses beredte Stück viktorianischer Prosa verweist auf das Schicksal, das alle diejenigen erwartet, die durch die Masturbation die narzißtischen Wunden zu heilen hoffen, von denen die menschliche Gattung befallen ist: die geeignete Strafe für alle diejenigen, die an der Illusion des Hermaphroditismus festhalten – des Privilegs der Götter und Regenwürmer.

V. Schöpfertum und sexuelle Devianz

Unter dynamischem Gesichtspunkt ist nur die Beziehung zwischen Perversion und Sublimierung häufig ungeklärt erschienen. Beide Begriffe werden verwendet, um Handlungen zu bezeichnen, bei denen sexuelle Partialtriebe von ihrem ursprünglichen Triebziel oder Objekt abgelenkt werden. Meine klinischen Beobachtungen haben mich veranlaßt, Überlegungen zu den innovativen und kreativen Aspekten der perversen Sexualität anzustellen, und ich habe mir die Frage gestellt, worin deren Erfindungen sich von den eigentlichen künstlerischen Schöpfungen unterscheiden.

Häufig stoßen wir darauf, daß Menschen, die sexuelle Neubildungen einführen, nicht nur ihre sexuellen Beziehungen nach einem exzentrischen Muster umformen, das nur ihnen eigen ist, sondern auch viel Zeit darauf verwenden, Texte zu schreiben, Zeichnungen zu verfertigen oder Fotos aufzunehmen, in deren Zentrum ihre bevorzugten erotischen Objekte, Inszenierungen oder Verhaltensweisen stehen. Diese Betätigungen werden zu einem wichtigen Teil ihres sexuellen Rituals. Zwei meiner Analysanden verbrachten jede Woche viele Stunden damit, Geschichten, Briefe und Skizzen zu schreiben, die eine fetischistische Szene zum Gegenstand hatten, welche in naher Zukunft gespielt werden sollte. Ein exhibitionistischer Patient ging schon ungefähr eine Woche, bevor das Ereignis stattfinden sollte, einen Weg entlang und fotografierte die Stellen, an denen er sich zu exhibieren plante. Eine homosexuelle Patientin schrieb immer neue Versionen eines erotischen Bühnenstücks, in dem ein Paar zum Geschlechtsverkehr gezwungen wurde, und suchte dann tatsächlich Leute, mit denen sie diese Szenen in Bars und Clubs spielte, die ihrem Verlangen entsprachen. Warum wurden diese unterschiedlichen und leidenschaftlich besetzten Aktivitäten nicht von Grund auf »sublimiert«? In welchem Ausmaß unterscheiden sich derartige Schöpfungen von denen eines Schriftstellers, bildenden Künstlers, Fotografen oder Filmemachers? Hiermit hängt die Frage nach einer möglichen Unterscheidung zwischen *pornographischen* und *erotischen* Kunstwerken zusammen. Vielleicht könnte man sagen, daß ein Bild, Objekt oder Szenarium um so eher unter die Kategorie der Pornographie fällt, je umstandsloser es eine orgastische Lösung zum Ziel hat. Erotika sind in beinah allen Zivilisationen und Kulturen akzeptiert worden, während Pornographie eher verachtet wird. Mir scheint ein wichtiges Unterscheidungsmerkmal zwischen beiden in dem Raum an Phantasie zu bestehen, den der Künstler dem Publikum beläßt. Wenn Erotika als Kunst beurteilt werden, sollten sie die Phantasie des Betrachters stimulieren, während pornographische Werke der Einbildungskraft so gut wie nichts übrig lassen. Darin liegt ihr Mangel an künstlerischem Wert. Mir scheint, daß fetischistische, voyeuristische und andere Szenarien eher pornographisch als in einem künstlerischen Sinne erotisch sind. Dies wirft einiges Licht auf die psychische Ökonomie derer, die sexuelle Perversionen erfinden. In ihnen herrscht ein beachtlicher Mangel an Phantasie und an Freiheit der Einbildungskraft vor. Sie haben eine Tendenz zur Stereotypie und halten an ihren zentralen Themen und Details über Jahrzehnte hinweg fest, als dürften sie es sich nicht gestatten, irgendeine andere Phantasie zu haben. Die analytische Erforschung solcher Erfindungen legt den Schluß nahe, daß ihre Urheber das Gefühl haben, eine Veränderung oder Ausweitung ihres Rituals bringe nicht nur die Gefahr einer Kastration mit sich, sondern könne eine Bedrohung ihrer Identität darstellen. Vielleicht beruht der Erfolg vieler pornographischer Filme, Objekte und Bilder zu einem großen Teil auf der Tatsache, daß sie zu »erlaubten« Phantasien führen, die ein erotisches Begehren bei Menschen auslösen, welche sonst nicht über die Freiheit verfügten, ihre eigenen Erotika zu phantasieren, und die sich daher auf gesellschaftlich bereitgestellte Onanievorlagen verlassen.

Betrachten wir kurz die Begriffe »Sublimierung« und »Perversion«, wie sie Freud in den »Drei Abhandlungen zur Sexualtheorie« (1905 b) darstellt. Ich bin zu der Auffassung gelangt, daß beide Begriffe in derselben Weise definiert werden. In beiden Fällen werden Handlungen bestimmt, bei denen sexuelle Partialtriebe von ihren ursprünglichen Triebzielen abgelenkt und auf andere Objekte gerichtet werden. In beiden sind sowohl aggressive wie auch libidinöse Komponenten enthalten. Zweifellos sind die generell anerkannten Kriterien zur Unterscheidung von Perversionen und künstlerischen oder intellektuellen Schöpfungen so weit vertraut, daß eine ausführlichere Erörterung beider Begriffe überflüssig ist: die sogenannte »sublimierte« Tätigkeit wird im Hinblick auf ihre Ziele als »desexualisiert« beschrieben, und es wird ihr ein gesellschaftlich anerkannter Wert zugesprochen. Ein solches Kriterium ist recht eindeutig auf die sexuelle Devianz nicht anwendbar, da sie weder im Hinblick auf längerfristige Triebziele desexualisiert ist noch irgendeinen gesellschaftlichen Wert besitzt. Im Gegenteil, der Mann auf der Straße verleiht dem Begriff »pervers« gewöhnlich einen pejorativen Sinn. Hoffen wir, daß dies nicht auch bei denen der Fall ist, die sich für Analytiker halten; denn ein Analytiker hat ausreichend Gelegenheit, an sich selbst und bei seinen Analysanden die Beobachtung zu machen, daß in jedem Menschen ein polymorph-perverses Kind steckt. Darüber hinaus steckt in ihnen auch ein polymorpher Zusammenhang kreativer Talente. Doch die meisten Menschen sind sich ihres potentiell perversen Wesens ebensowenig bewußt wie ihres Potentials an Kreativität. Das erstere bleibt gewöhnlich in ihren Charakterzügen und in ihrer Art verborgen, Beziehungen zu anderen Menschen aufzunehmen. Das zweite bleibt sehr oft auf die Welt der Träume beschränkt. Beide sind auf jenen »anderen Schauplatz« verbannt, als den Freud das Unbewußte bezeichnete. Wenn perverse und sublimierende Tätigkeiten bewußt und manifest werden, wird ihr gemeinsamer primitiver Ursprung sogleich erkannt: dies gilt z. B.

für die Verbindungen zwischen Voyeur und bildendem Künstler, Sadomasochisten und Chirurgen, Exhibitionisten und Schauspieler, Fetischisten und Philosophen. Doch Leute mit gesundem Menschenverstand werden protestieren und behaupten, die Unterschiede seien gewiß größer und bedeutsamer als die angeblichen Ähnlichkeiten. Aber es ist das Schicksal der Psychoanalyse, dem gesunden Menschenverstand den Rücken zu kehren, um ungewöhnliche Fragen zu stellen und hinter dem üblicherweise angenommenen Sinn nach einer anderen Bedeutung zu suchen. So könnten wir uns auch fragen, welche (mit der Zeit sublimierten) potentiell perversen Wünsche hinter der Entscheidung liegen, Analytiker zu werden. Denn ein Analytiker ist der bohrenden Frage nach seiner Berufswahl und -praxis nicht weniger enthoben als irgendein anderer Intellektueller oder Künstler. (Das Verlangen zu *wissen* anstelle des Wunsches, voyeuristisch zu *sehen;* zu *begreifen* anstelle des Wunsches *zuzugreifen;* etwas *wiedergutzumachen* anstelle des Wunsches, *Schuldgefühle* zu beschwichtigen – dies mögen einige der dabei beteiligten Momente sein.)
Bevor wir das gut erforschte Gebiet der prägenitalen Verbindungen zwischen sexuellen Perversionen und Sublimierungen verlassen, müssen wir uns noch eine weitere Frage stellen: Was genau verstehen wir vom psychoanalytischen Standpunkt aus unter einer »Perversion«? Der Terminus impliziert, daß es eine verfügbare Definition dessen gibt, was als »normale« Sexualität bezeichnet werden kann. Was könnte ein derartiger Begriff umfassen? Ließe er sich für irgendein gegebenes Zeitalter oder für irgendeine Kultur zufriedenstellend definieren? Die Frage ist zu umfassend, um in diesem Kapitel behandelt zu werden.[1] Ich werde mich hier darauf beschränken, meine Leser daran zu erinnern, daß Freud bereits vor siebzig Jahren darauf aufmerksam gemacht hat, daß die Grenze zwischen der »normalen« und »perver-

1 Vgl. zu einer detaillierten Erörterung der »Normalität« Kapitel XIII.

sen« Sexualität undeutlich ist und daß zahlreiche sexuelle Praktiken, die gewöhnlich als pervers beschrieben werden – Voyeurismus, Fetischismus, Exhibitionismus sowie das Interesse an einer Vielzahl von Körperzonen, die sekundär, »erogen« geworden sind –, zeitweise eine wichtige Rolle in normalen heterosexuellen Liebesbeziehungen spielen können.

Dennoch ist häufig beobachtet worden (obwohl dies durchaus nicht immer stimmt), daß perversen Sexualbeziehungen die Dimension der Liebe fehlt. Neben dieser fehlenden Liebe besteht das wohl beeindruckendste Merkmal der perversen Sexualität darin, daß die Individuen das Gefühl haben, nicht anders zu können. Sie haben nicht den Eindruck, die besondere Form ihrer Perversion freiwillig gewählt zu haben. Ihre unbewußte Wahl ist ein Versuch der *Selbstheilung*, ein Versuch, mit der ungeheuren Angst fertigzuwerden, die ihr inneres Bild der sexuellen Beziehung in ihnen geweckt hat; ein Modell, das ihnen von ihren früheren Objekten nahegelegt wurde und das häufig nicht nur restriktiv, sondern ohne Zusammenhang ist.

Ihre erotische Entdeckung wird sowohl unter libidinösen wie unter narzißtischem Gesichtspunkt zu einem wesentlichen Bestandteil ihres psychischen Gleichgewichts. Doch ihr erotischer Ausdruck ist so verengt und an so viele Bedingungen geknüpft, daß sie sich jeden Augenblick in ihrem Identitätsgefühl und in ihrer narzißtischen Ökonomie bedroht fühlen müssen. Der unvermeidliche Zwang, der den sexuellen Perversionen anhaftet, ist eine Erscheinungsweise ihrer dynamischen Konflikte. Betrachten wir etwa den Homosexuellen und seine fieberhafte Jagd nach Partnern. Homosexueller zu sein, ist häufig eine Lebensform, praktisch ein Beruf. (Und es ist in der Tat gerade dieser Aspekt der Homosexualität, der von manchen Patienten als schmerzhaft und symptomatisch erlebt wird, die eine Psychoanalyse beginnen.) Andere Formen sexueller Devianz wie etwa die fetischistischen, sadomasochistischen oder transvestitischen

Inszenierungen besitzen denselben Charakter eines übermächtigen Drangs, ein zwanghaftes Verhaltensmuster, das häufig seit der Kindheit besteht. Die Analysanden beschreiben oft, wie ihre erotischen Phantasien und Vorbereitungen ihr waches Leben, zuweilen während mehrerer Stunden des Tages, in einem solchen Ausmaß beanspruchen, daß der vorgebliche Grund für den Beginn einer Therapie oft in *Arbeitshemmungen* gesucht wird. Die Stunden ritualistischer Vorbereitungen, die Zeit der dem Schreiben gewidmeten Tagträume, die komplizierte geographische Planung der Voyeure und Exhibitionisten, die der Suche nach homosexuellen Partnern geopferten Nächte – all dies kann wenig Raum für Arbeit oder Muße lassen und (in manchen Fällen) *ein nur geringes Verlangen, dem erotischen Königreich zu entfliehen*, in welchem das betreffende Individuum herrscht. Ohne libidinöse Besetzung wird jedermann und alles, was außerhalb der endlos wiederholten Inszenierungen existiert, als langweilig, nutzlos oder gar unverständlich erlebt.
Wir sollten an diesem Punkt darauf hinweisen, daß ein intensives und ausschließliches Interesse dieser Art auch charakteristisch für Intellektuelle und Künstler ist. Ein entscheidender Unterschied besteht jedoch bei ihren Produktionen in der Rolle, welche die *Öffentlichkeit* spielt. Das »Publikum« des Perversen bleibt, obwohl es für dessen Phantasieleben ebenso bedeutsam ist wie die Öffentlichkeit für den Künstler, auf ein Minimum beschränkt – sehr oft auf das eigene Bild im Spiegel. Dennoch darf man sagen, daß sowohl ein kreativ Tätiger wie der Verfasser perverser Szenarien eine bestimmte Form von narzißtischer Belohnung für ihre Bemühungen suchen. Und beide haben es mit inneren Objekten zu tun, welche sie durch ihre verschiedenen Hervorbringungen zu beeinflussen oder zu beschwichtigen hoffen. Doch offensichtlich ist das intensive Engagement eines Künstlers in seiner Liebesaffäre mit der Öffentlichkeit keine orgastische Ekstase, während das Handeln des Perversen stets als letztes Ziel die Auslösung eines Orgasmus anstrebt –

entweder bei sich selbst oder bei seinem Partner. Wie bereits bemerkt wurde, ist für Perverse die Lust ihrer Partner häufig wichtiger als ihre eigene orgastische Lust; gerade darin enthüllen sie ihre Nähe zum Künstler! Auch wer kreativ tätig ist, ob auf künstlerischem oder wissenschaftlichem Gebiet, sucht Vergnügen, Erregung oder Interesse zu wecken und seinen Partner – die Öffentlichkeit – zu beeinflussen und zu ergreifen. Wie jemand, der sexuell innovativ tätig ist, wünscht er, anderen seine Erfindungen aufdrängen zu können. Er hofft, die Öffentlichkeit mit *seinen persönlichen Visionen* zu inspirieren, sie mit seiner *Illusion der Realität* zu durchdringen. Er handelt dabei ganz ebenso wie der neosexuelle Erfinder, der entsprechend seiner persönlichen Vision oder Illusion des Geschlechtsakts einem anderen sexuelle Lust verschaffen will. Dennoch spielen beide Betätigungen eine verschiedene Rolle in der psychischen Ökonomie. Bei der Umwandlung einer Triebregung in sublimiertes Handeln wird ein Künstler nicht nur von der Forderung nach orgastischer Endlust befreit, sondern er wird auch frei in bezug auf die Form und den Inhalt seiner Erfindungen. Die fundamentalen Themen weisen gewöhnlich eine gewisse Kontinuität auf – das ist in der Tat ein besonderes Kennzeichen der überragenden, kreativen Persönlichkeit. (Einen Picasso kann man im Museum mit einem Blick vom anderen Ende des Saals aus erkennen, so stark ist der persönliche Eindruck, den der Meister in seinem Werk hinterlassen hat.) Obwohl eine künstlerische Produktion das Kennzeichen der Persönlichkeit ihres Schöpfers trägt, ist sie frei von den zwanghaften Elementen, die perversen Hervorbringungen eigen sind, und ihre Themen sind nie ganz mit denen vorheriger Produktionen identisch. Der Erfinder eines perversen sexuellen Szenariums sucht immer wieder diesselbe Aufführung zu wiederholen. In diesem Sinn könnten wir seine Tätigkeit als »operationale« Sexualität bezeichnen, ähnlich dem von Psychosomatikern beschriebenen »operationalen Denken«. Perverse Sexualszenen werden ein für allemal geschaffen und

erweisen sich im Hinblick auf ihren phantasierten Inhalt oder ihre Ausdrucksform als wenig modifizierbar.
Ich möchte an diesem Punkt einem möglichen Mißverständnis entgegentreten. Die Gegenüberstellung von Perversion und künstlerischer Schöpfung könnte zu dem falschen Eindruck führen, daß beide nicht in demselben Individuum nebeneinander bestehen könnten. Dies ist insofern falsch, als verschiedene Teile einer Persönlichkeit unterschiedlich organisiert sein können. Viele Analysanden weisen eine manifest abweichende Sexualität auf und stellen auf anderen Gebieten des Lebens ihre Fähigkeit zu wirklich schöpferischer Tätigkeit unter Beweis. In der Geschichte unserer Kultur gibt es hierfür viele berühmte Beispiele. Doch es gilt nicht der Umkehrschluß, daß die Tatsache, daß jemand in seinem Liebesleben Homosexueller, Fetischist, Sadomasochist oder Voyeur ist, ihm besondere schöpferische Begabungen verliehe. Es wäre im Gegenteil richtiger zu sagen, daß manche der begabten Personen *trotz* ihrer gestörten Sexualität und ihrer Devianz zu authentischer kreativer Arbeit in der Lage sind. Häufig üben die besonderen Probleme, die zu einer perversen Lösung seelischer Konflikte geführt und damit einen anderen Zugang zu sexueller Erfüllung blockiert haben, denselben restriktiven und hemmenden Einfluß auch auf das übrige Leben eines Menschen aus – auf seine alltäglichen Sozialbeziehungen oder seine allgemeine Fähigkeit zur Sublimierung. Ob nun ein neosexuell Perverser schöpferische Fähigkeiten besitzt oder nicht – seine erotischen Erfindungen weisen eine einzigartige Phantasiearmut auf. Die Kraft der Beharrung, die dieses rigide Muster in Schach hält, kommt derjenigen gleich, welche die Rigidität und Nachdrücklichkeit neurotischer Symptome aufrechterhält – ein ökonomischer Faktor, der Freuds Überzeugung entspricht, daß Perversionen und Neurosen eine gemeinsame Grundlage haben. Obwohl es eine gewisse Wahrheit besitzt, hat sich das berühmte Diktum: »Die Neurose ist sozusagen das Negativ der Perversion« (Freud 1905 b, 5: 65) mit dem Fort-

gang der klinischen und theoretischen Untersuchungen als unangemessene Beschreibung der unbewußten Struktur hinter der perversen Sexualität erwiesen.
Abgesehen von einigen nachträglichen Anmerkungen hat sich Freud nie wieder mit den »Drei Abhandlungen zur Sexualtheorie« (1905 b) befaßt, während er seine Theorie der Persönlichkeitsentwicklung in den folgenden dreißig Jahren kontinuierlich weiterentwickelte. In der Sprache der zweiten Topik ließ sich die Auffassung vertreten, daß ihre Über-Ich-Struktur es den Perversen nur in einem ungemein beschränkten Rahmen gestattet, Sexualbeziehungen aufzunehmen. Wie bei der Neurose handelt es sich auch hier um eine Erscheinung an der Oberfläche, die wenig Einblick in die ihr zugrundeliegende Struktur erlaubt. Die klinische Arbeit läßt deutlich werden, daß diese Patienten die genitale Heterosexualität als gefährlich und verboten erleben oder sie vielleicht sogar gegenbesetzt haben. Die phobische Besetzung von Menschen des anderen Geschlechts, die sowohl bei männlichen wie bei weiblichen Homosexuellen zu beobachten ist, geht ebensosehr auf massive Verbote von seiten der Eltern zurück wie auf ödipale Kastrationsangst.
Untersuchungen an homosexuellen Erwachsenen beiderlei Geschlechts kommen zu dem Schluß, daß in den von der Familie vermittelten kulturellen Wertvorstellungen alles, was zur Entmutigung heterosexueller Interessen beiträgt, zur Stärkung homosexueller Besetzungen führt. Die analytische Arbeit enthüllt ähnliche Tabus in den unbewußten sexuellen Konflikten von Eltern anderer Personen mit einer Neigung zu sexuellen Abweichungen. So können sich etwa Patienten, die Fetischisten sind, daran erinnern, daß ihre Eltern während ihrer Kindheit Spiele toleriert haben, die manifest erotisch und zwanghaft waren. Zahlreiche Transvestiten erinnern sich an die Komplizenschaft ihrer Mutter, wenn es darum ging, Unterwäsche zu stehlen. Ein Kind, das dazu ausersehen ist, die ödipalen Verbote zu umgehen, sucht häufig nach einer Lösung der sexuellen und narzißtischen

Probleme seiner Eltern. Seine psychische Identität entspricht weithin deren bewußten und unbewußten Besonderheiten. In dieser Hinsicht könnten wir sagen, *daß die Entstehung einer sexuellen Perversion einen Triumph über die sexuellen Antriebe darstellt.* Als solche zeigt sie strukturelle Ähnlichkeit mit den Umwandlungen der Sublimierung. Doch es ist wahrscheinlich, daß perverse Bildungen schon sehr viel früher im Leben erworben werden. Dies trägt ohne Zweifel zu ihrem zwanghaften und relativ dauerhaften Charakter bei. Die den Sublimierungen zugrundeliegende psychische Ökonomie macht dagegen eine unbegrenzte Verschiebung und Vielgestaltigkeit möglich. Ich möchte die Auffassung vertreten, daß die »perverse Schöpfung« als Reaktion auf ödipale Belastungen und als scheinbare »Lösung« aus deren Sackgasse zugleich eine Lösung für die Konflikte und Probleme der Identität und des Andersseins darstellt. Sie kann weder einfach im Lichte ödipaler Kastrationsangst noch als Reservoir fortbestehender prägenitaler Antriebe aufgefaßt werden. Perversionen machen deutlich, daß ihre Urheber sich ihrer Sexualität bedienen, um mit tiefer sitzenden narzißtischen Gefahren fertig zu werden.

Das homosexuelle Dilemma bietet einen guten Einblick in die dynamischen und ökonomische Faktoren, die zur Aufrechterhaltung der perversen Sexualität dienen. Im Zusammenhang einer Untersuchung der unbewußten Bedeutung der weiblichen Homosexualität (McDougall 1964, 1974) und der aus der analytischen Arbeit mit männlichen Homosexuellen gewonnenen Erfahrung gelangte ich zu wichtigen Erkenntnissen über die unbewußte Rolle sexueller Beziehungen in der psychischen Ökonomie von Homosexuellen sowie zu einem tieferen Verständnis der ödipalen Struktur dieser Patienten. Die Bedeutung homosexueller Handlungen bei der Aufrechterhaltung von Identitätsgefühl und Selbstwertschätzung wird bei ihnen nur aufgewogen durch die extreme Ambivalenz und Gewalttätigkeit, die (zuweilen sogar bewußt) ihre Beziehungen zu Objekten durchdringen.

Diese Faktoren sind auch in vielen heterosexuellen Beziehungen vorhanden, aber die narzißtischen Verletzungen, die zu einer homosexuellen Objektwahl geführt haben, sind so stark, daß die an den Partner gerichtete unbewußte Forderung nach Wiedergutmachung homosexuellen Beziehungen einen zwanghafteren und destruktiveren Aspekt verleiht.
Die »Familienportraits« die von diesen Patienten (gleich ob sie nun männlich oder weiblich sind) gezeichnet werden, ähneln sich auf merkwürdige Weise. (Dies wurde bereits in den vorhergehenden Kapiteln beschrieben.) Das Bild der Mutter beherrscht in jeder Richtung die Szene. Es wird hochgradig idealisiert und bleibt konfliktfrei, da der abgespaltene Haß zumeist auf den Vater projiziert wird. Dessen Bild wird mit negativen Qualitäten der einen oder anderen Art versehen. In den Assoziationen während der Analyse erscheint der Vater als abwesend, kalt, stupide, brutal, von niederer Abstammung usw. Dieses Bild des Vaters nimmt in der inneren Objektwelt nur geringen psychischen Raum ein. Seine Darstellung genügt nicht der normalen symbolischen Rolle des Vaters in der ödipalen Struktur. Sein symbolischer phallischer Wert ist so weit reduziert, daß sein Bild weder als Identifikationsobjekt des Sohnes noch als Objekt des Begehrens der Tochter geeignet ist. Das Modell der Urszene, das sich aus diesem Bild ergibt, stellt eine unerreichbare, ideale Mutter und einen verachteten oder entfernten Vater dar. Die ödipale Struktur, zu der diese Bilder in der psychischen Welt des Kindes führen, ist unter soziokulturellen Gesichtspunkten offensichtlich verzerrt. Kompliziert wird die Situation weiterhin durch den Umstand, daß die Bilder brutal und unrealistisch aufgespalten sind: Hinter dem bewußt herabgesetzten oder fehlenden Vater verbirgt sich das unbewußte Bild eines männlichen Wesens mit einem idealen und unangreifbaren Phallus. (Diese Rolle wird häufig dem Großvater mütterlicherseits oder Gott zugeschrieben, einer unbestreitbar phallischen Figur.) Das verehrte Bild der Mutter verbirgt seinerseits dunkle Aspekte – eine primitive, zerstörerische

Imago, geschaffen aus den Phantasien von einer »analen« Mutter, die ihr Kind kontrolliert, aufzehrt und erdrückt, oder einer »oralen« Mutter, die ihr Kind aussaugt, erstickt und verschlingt. Männliche und weibliche Homosexuelle suchen unbewußt Schutz vor diesen schreckenerregenden prägenitalen und archaischen Elternimagines, indem sie eine »phallische Barriere« gegen sie errichten. Bei Mädchen geschieht dies durch *Identifizierung mit einem idealisierten Phallus* und bei Jungen durch *unablässige Suche nach einem idealen Phallus in der Objektwahl.* Beide schaffen sich ein äußeres narzißtisches Objekt, welches an die Stelle der beschädigten Imago des Vaters tritt, und versuchen auf diese Weise, einen grundlegenden *symbolischen Mangel* ihrer inneren psychischen Welt wiedergutzumachen. Das ebenfalls nach außen projizierte Ichideal führt zu einem unablässigen psychischen Ausbluten des Selbstbilds, welches durch magische sexuelle Handlungen geheilt werden soll.
Die Versuche, dem lückenhaften Modell der Sexualität, das auf der Grundlage einer verzerrten ödipalen Struktur entsteht, einen Sinn zu verleihen, sowie die Störungen in der libidinösen und narzißtischen Ökonomie sind in den Kapiteln I und II an Beispielen nicht-homosexueller Abweichungen erörtert worden. Die Untersuchung einer fetischistischen Perversion diente als Illustration der Tatsache, daß die Sexualität hier stets den Wunsch einschließt, eine äußere Repräsentation des idealisierten (und unbewußt schreckenerregenden) Phallus zu erlangen, zu bewahren oder zu kontrollieren. Das fetischistische Objekt wird durch Aufspaltung, Projektion und Verschiebung geschaffen, um ein symbolisches Versagen wiedergutzumachen und das drohende unbewußte Phantasiebild abzuwehren. Die verdrängte Gewalttätigkeit der meisten homosexuellen Patienten, auf die oben schon hingewiesen wurde (vgl. Kapitel III), tritt auch bei nicht-homosexuellen Abweichungen auf. In allen Fällen stellt das Liebesspiel eine unbewußte Inszenierung des Kastrationsdramas dar. Das Szenarium und die Art, in der es

ausagiert wird, sollen den Bruch in der inneren psychischen Welt an gerade dem Punkt heilen, an dem der Kastrationskomplex mit der symbolischen Bedeutung des Phallus (als Symbol des Begehrens, der Fruchtbarkeit und der Komplementarität) bei beiden Geschlechtern gescheitert ist. Ihre Sexualspiele erfüllen daher nicht dieselbe Funktion wie die *jeux amoureux* der Liebe, da ihr primäres Ziel in der Beherrschung von Kastrations- und Zerstückelungsängsten und nur sekundär in der Erfüllung eines sexuellen Begehrens liegt. Wie in anderer Hinsicht scheint auch hier der Fetischismus das Paradigma aller Perversionen abzugeben.

Die besonderen Merkmale der Homosexualität und des Fetischismus scheinen mir heute auch auf alle organisierten nicht-homosexuellen Abweichungen anwendbar zu sein und deren Abgrenzung von neurotischen und psychotischen Charakterstrukturen zu gestatten. Ich möchte nicht behaupten, daß es sich dabei um streng umrissene Kategorien handelt oder daß eine neurotische, psychotische und perverse Symptomatologie nicht bei ein und demselben Individuum auftreten kann. Man muß vielmehr davon ausgehen, daß die meisten Persönlichkeiten aus einer Mischung von neurotischen und psychotischen Abwehrmechanismen in Verbindung mit sublimierenden und perversen Lösungen psychischer Konflikte zu unterschiedlichen Zeiten entstehen. Das Ich kann sich auf vielfältige Weise gegen die Gefahren schützen, die seine Integrität bedrohen. Doch im Hinblick auf besondere sexuelle Verhaltensweisen möchte ich die Auffassung vertreten, daß eine perverse Charakterstruktur sowohl aus neurotischer wie aus psychotischer Abwehr zusammengesetzt ist. Die bekannte »Ichspaltung im Abwehrvorgang« wurde von Freud zuerst in Verbindung mit der Perversion entdeckt. Obwohl ich diesen Aspekt der Frage hier nicht behandelt habe, sollte doch bedacht werden, daß die Wahl der Perversion in der Struktur des Unbewußten eine große Bedeutung besitzt. Die Unterschiede zwischen homosexuellen und nicht-homosexuellen Perversionen oder zwischen weiblichen und männlichen Erscheinungsformen perverser Erfindungen sind überaus bedeutsam. Doch mein Ziel ist es gegenwärtig, spezifische Elemente zu skizzieren, die allen perversen Charakterstrukturen zugrundeliegen könnten, und zu einem besseren Verständnis der kreativen Funktion der gesamten perversen Sexualität innerhalb der psychischen Ökonomie zu gelangen. Ich werde kurz auf einige Aspekte der ödipalen Konstellation eingehen, um eine Verbindung zwischen ihr und der Rolle von Übergangsphänomenen herzustellen. Danach werde ich auf die innovative Dimension von Perversionen zu sprechen kommen.

Die ödipale Struktur ist von beeindruckender Homogenität: ein mythisches Paar wie die Eltern des kleinen Jesus – eine idealisierte, jungfräuliche und asexuelle Mutter sowie ein abwesender und ungreifbarer Vater, nebelhaft wie der Heilige Geist. Hinter diesem vorgeblichen Portraits entdecken wir jeweils ihr unbewußtes Gegenstück: eine Imago der Mutter, die von ihrem Kind als lebensgefährlich empfunden wird, und eine Imago des Vaters, die mit einem idealen, aber todbringenden Phallus begabt ist. Getrennt vom bewußten Bild des Vaters ist der Phallus daher nicht in der Lage, seine normative symbolische Funktion zu übernehmen, nämlich als der wesentliche Signifikant zum Verständnis und zur Strukturierung der sexuellen und sozialen Realität und mithin zum Erwerb der eigenen sexuellen Identität und zum Verständnis der eigenen Stellung als Mitglied einer gegebenen Gesellschaft zu dienen. Statt der inneren Bestätigung des eigenen narzißtischen, sexuellen und sozialen Werts findet eine fieberhafte und ängstliche Suche nach irgendeiner Bestätigung in der Außenwelt statt. Diese unablässige Bemühung zeugt von der Schwere des symbolischen Scheiterns, das nach seiner Intensität bei den einzelnen Individuen verschieden groß sein mag und sich über die sexuelle Ebene hinaus auf das Gebiet der subjektiven Identität ausbreiten kann. Jede sexuelle Aktivität wird also zu einer immerwährenden

Suche nach Selbstbestätigung auf diesen verschiedenen Ebenen und wird tendenziell zur Abwehr jener überwältigenden Panik oder Depression eingesetzt, die mit der Drohung narzißtischer Schmerzen oder Verluste entstehen. Die Grundlage dieses symbolischen Scheiterns liegt jedoch noch vor der ödipalen Krise und den mit ihr zusammenhängenden Problemen des Geschlechtsunterschieds. Sie führt uns unweigerlich zurück zu dem frühen Scheitern am Problem der Trennung zwischen dem eigenen Körper und einem anderen sowie zu jenem frühesten Mangel, aus dem das Gefühl des Andersseins erwächst sowie die beginnende Fähigkeit, diesen Mangel psychisch zu repräsentieren. Hier entstehen die ersten Illusionen, die den leeren Raum ausfüllen sollen, der durch die (wie immer nebelhafte) Erkenntnis der Abwesenheit des anderen entsteht. Winnicott hat diese psychische Aktivität des menschlichen Säuglings als *primäre Kreativität* bezeichnet (1951, 1973). Sie bildet das Rohmaterial, aus dem *Illusion* und *psychische Realität* hergestellt werden. Im Hinblick auf die Schaffung von Übergangsobjekten betont Winnicott, daß deren primäre Bedeutung unter dem Gesichtspunkt psychischer Funktionen nicht darin besteht, daß dieses Objekt den Platz eines anderen Objekts (der Mutter oder der Brust) einnimmt, sondern daß es, statt das ursprüngliche, körperliche Objekt zu sein, nur ein Ding-Objekt ist, dessen Bedeutung vollständig durch das Kind selbst erschaffen worden ist. Offensichtlich muß das Kind, um in der Lage zu sein, ein derartiges Objekt zu erschaffen, eine Mutter besitzen, die es ihm erlauben kann, einen Ersatz für sie zu erfinden. Ein Kind, dem es nicht ermöglicht wurde, eigene psychische Erfindungen zu machen, um die Abwesenheit seiner Mutter oder andere, normalerweise auftretende Momente ihres Versagens zu ertragen, läuft Gefahr, mit den Versagungen der ödipalen Situation und der Schaffung einer psychischen Abwehr gegen sie unverhältnismäßig schwer fertigzuwerden.

Wie Übergangsobjekte sind auch perverse Objekte mit symbolischer Magie besetzt, obwohl es sich bei ihnen nur um »Übergangs«symbole handelt und wir eine mögliche Ähnlichkeit zwischen ihnen in Frage stellen könnten. Nehmen wir etwa die Objekte des Fetischismus. Der Fetisch stellt wie das Übergangsobjekt einen konkreten Gegenstand dar. Auch er zieht besonderen Wert aus dem Umstand, daß er *nicht* das konkrete körperliche Objekt ist, sondern eine *Schöpfung des Subjekts* ähnlich dem ersten »Nicht-Ich«-Besitz des Kindes, und im perversen Szenarium kann sogar der Partner einen unbelebten »Nicht-Ich«-Besitz darstellen. Das Übergangsobjekt ist jedoch auf keinen Fall pervers und besitzt kaum je die Möglichkeit, zum Fetisch zu werden. Übergangsphänomene, ob es sich nun um Objekte oder Tätigkeiten handelt, sind ein normales Stadium im kindlichen Reifungsprozeß und zeigen die wachsende Fähigkeit eines Kindes an, ein Objekt zu internalisieren und dessen Beziehung zur Außenwelt zu symbolisieren. Ein fetischistisches Objekt dagegen zeigt ein Scheitern der Symbolisierung und insbesondere die Unfähigkeit an, im Bereich der erwachsenen Sexualität den Geschlechtsunterschied symbolisch wiederzugeben und auf die damit zusammenhängenden Allmachtswünsche zu verzichten. Übergangsobjekt und Fetisch gehören deutlich in zwei voneinander getrennte Perioden des Reifungsprozesses. Beide haben aber ihre symbolische Konstruktion und ihre Wiedergutmachungsfunktion miteinander gemein, und beide hängen eng mit dem Bild der Mutter sowie mit dessen Fehlen oder fehlenden Eigenschaften zusammen. Wahrscheinlich ähnelt die Mutter, die ihrem Kind nicht gestatten kann, Übergangsobjekte oder -aktivitäten zu entdecken und zu besetzen (weil sie selbst schwach ist und psychisch ihr Kind dringend »braucht«, vielleicht gar ersatzweise als Übergangsobjekt ihrer eigenen kindlichen Identität), jener Mutter, die wegen ihrer eigenen inneren Probleme eine perverse Lösung des ödipalen Dilemmas erleichtert (da diese Schwierigkeiten eng mit ihren eigenen ungelösten ödipalen Konflikten zusammenhängen). Das Kind, das sich weigert, seine inzestuöse Bindung aufzugeben, ist nicht in der Lage, eine sekundäre Identifizierung mit einem Objekt desselben Geschlechts vorzunehmen. Statt dessen findet es sich dazu verurteilt, endlos nach einer narzißtischen Wiedergutmachung seiner beschädigten sexuellen Identität zu suchen.

In diesem Zusammenhang möchte ich aus Chasseguet-Smirgels (1971: 102 f.) Aufsatz über die Hierarchie der schöpferischen Handlungen zitieren: »Eine privilegierte Schöpfertätigkeit erlaubt dem Individuum narzißtische Wiedergutmachung ohne die Notwendigkeit einer Intervention von außen. Tatsächlich gelingt es vielen Patienten, die aufgrund einer zu geringen narzißtischen Zufuhr in der frühen Kindheit erkrankt sind, ihr narzißtisches Defizit *selbständig* durch schöpferische Tätigkeit auszugleichen. Unter diesem Gesichtspunkt ist Kreativität Selbstschöpfung, denn der schöpferische Akt bezieht die Intensität seines Antriebs aus dem Verlangen des Subjekts, *mit eigenen Mitteln* die Schäden wiedergutzumachen, die von anderen hinterlassen worden sind.« Diese Vorstellungen stimmen mit meiner eigenen *Auffassung von der devianten Sexualität als einer schöpferischen Anstrengung* überein, *mit wichtigen Schäden fertigzuwerden, die aus der frühen Beziehung zur Mutter stammen.*

Ich möchte die narzißtischen Aspekte der psychischen Struktur nicht weiter ausführen, die zur perversen Sexualität führen können, da diese narzißtischen Verletzungen für die Pathologie von Perversionen nicht spezifisch sind. Zahllose andere Formen von Symptomen des Ausagierens (wie etwa Süchte, verbrecherische Handlungen, Charakterneurosen) gehen auf eine ähnliche psychische Ökonomie zurück. Ich werde mich daher hier darauf beschränken, den kreativen Aspekt der perversen Sexualität in seinem besonderen psychischen Funktionszusammenhang darzustellen.

Wenn Perverse aufgrund ihrer psychischen Struktur gegen den Einbruch psychotischer Ängste durch eine solide Abwehr gewappnet sind, so bleibt diese Abwehr doch in sich brüchig, insofern sie nur durch eine Aufhebung der assoziativen Verbindungen zwischen psychischen Repräsentationen und der Außenwelt konstruiert werden konnte. Der Zugriff auf die Realität bleibt bei diesen Personen dürftig. Schwach entwickelt ist zumindest auch ihre Fähigkeit zur Realitätsprüfung im Hinblick auf die menschliche Sexualität. Um die Lücke auszufüllen, die durch die Auslassung des Phallus als Symbol der sexuellen Vereinigung für beide Geschlechter entstanden ist, und als Reaktion auf die Kastrationsangst sieht das Subjekt sich von Kindheit an gezwungen, andere Bezugspunkte und Symbole zu schaffen, ein neues Wissen zu erfinden und bei Illusionen Zuflucht zu suchen.

Ich hoffe, die Natur dieses illusorischen *Wissens* und die Phantasien genügend deutlich gemacht zu haben, auf denen das perverse Szenarium aufgebaut ist und auf die sich der Glaube und das Geheimnis der Perversen gründen. Sie gestatten es ihm, die Lösung seiner sexuellen Probleme als ein kostbares Stück esoterischer Weisheit zu behandeln, sie vielleicht gar zum »wahren« Geheimnis der Sexualität zu erklären. Die Normalität, so sagt der Perverse, ist die Kastration des Eros. Von einem bestimmten Gesichtspunkt aus stimmt dies; denn die Perversion ist ein Triumph über die ödipale Situation ebenso wie über die genitale Sexualität. Letztere ist ihrer Definition nach stets vom Anderen und von dessen Begehren abhängig. Selbst wo ein »perverses Paar« existiert, bleibt die Perversion das »System D« der menschlichen Sexualität, der Gipfel der Selbstgenügsamkeit und Unabhängigkeit von anderen. Dies führt zur Einsamkeit und zu dem Bedürfnis, aus der Sexualität ein verzweifeltes Spiel zu machen. Denn das ist der Preis, den ein Kind zur Aufrechterhaltung seiner Illusion zahlen muß, das wahre Objekt des Begehrens der Mutter zu sein, das Recht zu haben, den Vater zu kastrieren und ein idiosynkratisches Sexualverhalten zu erfinden.

In der Analyse treten die Depressionen, die hinter dieser fieberhaften erotischen Aktivität liegen, rasch zutage und geben dem Affektausdruck eine Tönung, die an die »manische Abwehr« im Sinne von Klein erinnert. Im Verlauf einer Rekonstruktion ihrer eigenen Geschichte und ihres Verhältnisses zu ihrer psychischen Innenwelt stoßen diese Analysanden häufig auf Erinnerungen an böse Enttäuschungen, die sie in bezug auf das erleben mußten, was sie ihren Müttern wirklich bedeuten. Ein Kind, das keine andere Identifikationshilfe für die Entwicklung von Selbstgefühl und Selbstwertschätzung zu finden vermag, kann in der Lage sein, seine zerstörten Illusionen durch erotische Erfindungen erneut aufzubauen – und zugleich die Risse im Gewebe seiner Identität zu flicken. (»Wenn ich nicht das einzige Objekt des Begehrens meiner Mutter bin, wer bin ich dann und für wen?« Und schließlich: »Wer bin ich?«) Unter diesem Gesichtspunkt können ein perverses Szenarium und dessen Inszenierung ebensosehr eine sexuelle Wahrheit maskieren wie die Wut, die Demütigung und die zerstörerischen Impulse enthalten, die durch die Entdeckung des »Verrats« der Eltern mobilisiert werden. Dennoch muß daran erinnert werden, daß inzestuöse Sehnsüchte und die Unwahrscheinlichkeit ihrer Verwirklichung ein wesentlicher Teil des menschlichen Schicksals sind und keine hinreichende Erklärung für die Wahl der perversen Sexualorganisation darstellen.

Das Gewicht bedeutsamer Ereignisse im Leben sowie bestimmter entscheidender Bemerkungen von seiten der Eltern wird oft erst im Verlauf einer Analyse verständlich. Dies gestattet dann weitere Rückschlüsse auf das dringende Bedürfnis des Kindes, sich neue Identifizierungen zu schaffen, um den Zusammenbruch seines inzestuösen Traums zu kompensieren. Zuweilen geht der letzte Anstoß von der Geburt eines Geschwisters aus, von einer erneuten Heirat eines Elternteils oder wiederum von wegwerfenden Bemerkungen der Eltern über die sexuellen Interessen oder Eigenarten des Kindes. Manche Eltern üben auch eine kastrierende Wirkung auf ihre heranwachsenden Kinder aus, indem sie sich benehmen, als hätten sie überhaupt keine sexuellen Antriebe, Interessen oder Gefühle. Verbreitete Beispiele hierfür bieten jene Eltern, die über das zunehmende Schamgefühl ihrer Kinder während der Pubertät sowie über ihren Wunsch lachen, im Bad oder im Schlafzimmer allein zu sein, wenn sie unbekleidet sind. Hierher gehören auch jene Eltern, die sich ihren Kindern nackt zeigen, als wäre es undenkbar, daß dies ein erotisches Verlangen bei den Kindern mobilisieren kann. Durch ihre zur Schau getragene Verleugnung ihrer sexuellen Triebe und insbesondere ihr damit einhergehendes hochgradig verführerisches Verhalten mit engem Körperkontakt schaffen solche Eltern ein psychisches Bild von sich, das gerade durch seine Ambiguität perverse sexuelle Erfindungen erleichtert.

Die französische Romanschriftstellerin Violette Leduc gibt in ihrem autobiographischen Roman *Thérèse et Isabelle* (1966) eine klassische Darstellung davon, wie sie infolge eines traumatischen Ereignisses in ihrer Familie homosexuell wurde. Sie lebte als uneheliches Kind allein mit ihrer Mutter, als sie eines Tages erfuhr, daß ihre Mutter einen Mann kennengelernt hatte, den sie heiraten wollte. Sie selbst sollte auf ein Internat geschickt werden. Dort wurde sie von ihrer Freundin Isabelle verführt. Der folgende Auszug bringt die Gefühle des jungen Mädchens deutlich zum Ausdruck:

»Mutter heiratet also wieder! Wie lange sollen wir nun voneinander getrennt sein? Wenn ich an all die Jahre denke, in denen ich ihr den Mond vom Himmel geholt hatte, durch Stacheldrahtzäune gestiegen bin und Kartoffeln vom Feld gestohlen habe ... Ich hab ihr immer gesagt, ich sei ihr kleiner Verlobter, und sie hat dann gelächelt ... Nun werde ich nie mehr ihr Mann, nie der Fabrikarbeiter, der Geld nach Hause bringt. Das Fräulein heiratet! Sie hat alles hingeschmissen. Jetzt hat sie, was sie braucht. Sie ist eine verheiratete Frau ... Ein Mann ist zwischen uns getreten. Aber wir waren uns doch selbst genug! In ihrem Bett hatte ich es immer warm. Sie nannte mich ihren kleinen Bettler und sagte:

Komm in meine Arme ... Aber jetzt ist Monsieur dort. Sie will eine Tochter *und* einen Mann. Ich habe eine gierige Mutter ... doch sie hat schon einen anderen ... Ich gehöre jetzt zu Isabelle, nicht mehr zu meiner Mutter.«
Das an seine Mutter fixierte Kind unternimmt also eine entschlossene Anstrengung, um sich mit Hilfe einer sexuellen Erfindung aus seinen erotischen und inzestuösen Bindungen zu befreien. Die Beziehungen, Szenarien und grundlegenden Symbole, die seinem Handeln Bedeutung verleihen, sind natürlich im wesentlichen lange vor der Adoleszenz festgelegt und oft schon als bewußte Phantasien während der Latenzzeit ausgebildet. Verneinung, Verleugnung und Verschiebung kommen dem Kind zu Hilfe, wenn es nicht mehr an der Fiktion festhalten kann, sein Vater sei kastriert und es selbst das einzige phallische Objekt der Mutter. Doch es ist noch immer nicht in der Lage, die wirklichen Objekte ihres Begehrens zu entdecken. Da ihm weder der Vater noch irgendein anderer Mann als Sexualpartner der Mutter bekanntgeworden ist, träumt das Kind niemals davon, sich an den Vater zu wenden oder einen Vaterersatz zu suchen, mit dem es sich identifizieren könnte bzw. (im Falle des Mädchens) einen Mann als Sexualobjekt zu wählen. Darüber hinaus stimmt der Ausschluß des Vaters (zu dem oft unbewußte Konflikte beider Eltern beigetragen haben) mit kindlichen Wünschen überein, die an dem Mythos eines ineffektiven, herabgesetzten oder nutzlosen Vaters festhalten wollen, sowie an dem einer Mutter, deren einziger Wunsch es ist, durch die Existenz ihres Kindes vervollständigt zu werden. Damit werden die ödipalen Konflikte eher umgangen als gelöst. Komplizenschaft der Mutter und Versagen des Vaters sind die grundlegenden Elemente, auf denen die innere Objektwelt des Kindes aufgebaut ist und aus denen ein abweichendes Sexualmodell geschaffen wird. Ähnliche Imagines sind zwar von einer Reihe von Analytikern beobachtet und beschrieben worden, doch der Rolle des Kindes bei der sexuellen Erfindung wurde dabei weniger Aufmerksamkeit ge-

schenkt. Eine der vielen ungelösten Fragen in diesem Zusammenhang führt zu der wichtigen Überlegung, wie an einem privaten sexuellen Mythos festgehalten werden kann, obwohl dieser hochgradig illusorisch ist, und warum diese Entwicklung nicht zur Psychose führt.

Freud hat vor vielen Jahren darauf hingewiesen, daß der Sexualtrieb des Menschen nicht von Geburt an auf ein bestimmtes Objekt gerichtet ist. Das Begehren muß seine Objekte zunächst entdecken und in gewisser Hinsicht erst erschaffen. Die auf diese Weise hergestellten Bindungen zwischen Trieb und Objekt erweisen sich unter ökonomischem Gesichtspunkt als extrem haltbar. Scheinen die Objekte des Begehrens von jenen weit entfernt, die in der Gesellschaft, zu der ein Individuum gehört, anerkannt werden, dann können wir die Struktur dieser abweichenden Szenarien und die psychischen Mechanismen, die ihnen zugrunde liegen, mit der Konstruktion von Träumen vergleichen. So bezahlte ein Patient eine Prostituierte dafür, daß sie eine bestimmte Art von hochhackigen Schuhen trug. Mit ihnen mußte sie auf seinem Penis herumtrampeln, während sie ihn zugleich beschimpfte. Der Patient beobachtete diese Szene in einem Spiegel, bis seine wachsende Erregung zur Ejakulation führte. Ein anderer Patient trug eine schwarze Schürze, die seine Genitalien verbarg, sein Gesäß aber unbedeckt ließ. Vor einem Spiegel peitschte er sich selbst aus. Der Anblick der Peitschenhiebe führte bei ihm zu einer Lustempfindung (ohne Ejakulation), die er als außerordentlich bezeichnete. Ein homosexueller Patient leckte den Anus und die Exkremente seines Partners, um zum Orgasmus zu gelangen.

Solche erotischen Spiele gehen auf komplizierte und esoterische Szenarien zurück, stellen jedoch (wie die Träume) theatralische Inszenierungen dar, bei denen bestimmte Elemente, die für ein Verständnis der Handlung wichtig sind, fehlen. Wir haben es selbstverständlich mit einem *manifesten Inhalt* zu tun, der mit den Mitteln des primärprozeßhaften Denkens konstruiert ist. Verdichtung, Verschiebung und symbolische Äquivalenz sind die dabei beteiligten psychischen Elemente. Dem Hauptdarsteller ist sein Werk, zu dem er den Schlüssel verloren hat, ein sexuelles Rätsel. Entschlossen versucht er, sich und andere davon zu überzeugen, daß er den Schlüssel zur Sexualität der Erwachsenen besitzt. Seinem geheimen Wissen will er durch seine erotischen Erfindungen sowie durch einen »Beweis« Geltung verschaffen, der häufig zur zwanghaften Forderung nach einem Orgasmus wird. Aber der *latente Inhalt* entgeht ihm weiterhin. Was soll seine sexuelle Inszenierung beweisen oder erreichen? Woher stammen die ungewöhnlichen Objekte, Körperzonen und Triebziele, die es einem Uneingeweihten so unwahrscheinlich erscheinen lassen, daß sie ein erotisches Begehren zu stimulieren vermögen? Diese neuen Urszenen, deren Autor ein Perverser ist, verdienen unsere gesamte Aufmerksamkeit. Obwohl die Darsteller, die Kulissen und die Gegenstände auf der Bühne so unendlich vielgestaltig sind wie die menschliche Phantasie, bleibt ihr Thema unveränderlich. Wie ich bereits in den vorhergehenden Kapiteln gezeigt habe, befaßt sich die Handlung im wesentlichen mit dem Drama der Kastration. Dieses Thema wird als ein erregendes Spiel vorgeführt, dessen Manuskript und Charaktere vom Autor und Regisseur sorgfältig kontrolliert werden. Sie sind so angelegt, daß die in der Handlung steckende Angst verborgen bleibt.

Auf verschiedene »klassische« Szenarien von Perversionen ist bereits in Kapitel II eingegangen worden: auf den Sadomasochisten, der (zuweilen seinen eigenen Genitalien oder denen seines Partners) Schmerz zuzufügen sucht oder Leiden ertragen will, um die Kastration spielerisch zu bewältigen; auf den Fetischisten, der die angebliche Kastration zu Schlägen auf den Hintern reduziert oder zu schmerzhaften Fesselungen, bei denen die Spuren auf der Haut zu symbolischen Kastrationsäquivalenten werden, die jedoch rasch wieder verschwinden; auf die Verkleidung des Transvestiten, der spielerisch sein Genitale verschwinden läßt, um es zu beschützen, während er im spielerischen Versuch, die Identität der Mutter zu übernehmen, in deren Kleider schlüpft; schließlich auf das Drama der unablässigen Suche des Homosexuellen nach einem Penis, den er sich oral oder anal einverleiben will, um die Phantasie zu beschwichtigen, selbst kastriert zu sein, während er zugleich seinen Partner kastrieren bzw. die Kastration an ihm wiedergutmachen möchte.

Doch es gibt andere »Kastrationen« als die der phallisch-ödipalen Konstellation, nämlich Ängste vor einer Kastration durch Desintegration, die ein Teil der affektiven Erfahrung des Säuglings sind. Auch sie müssen häufig in einem Manuskript festgehalten und in einer magisch-erotischen Szene dargestellt werden. Wenn das vergangene Trauma in der archaischen Sexualität der frühen Kindheit liegt, richtet sich die Drohung, die es zu bewältigen gilt, nicht auf die Geschlechtsorgane, sondern auf den gesamten Körper. In einem Aufsatz über einen Fall von perversem Masochismus beschreibt Michel de M'Uzan (1972) die folgende Szene: »Zwischen der Matratze und den Sprungfedern schon fast erstickend wohnte ein Patient dem Geschlechtsverkehr seiner Frau mit einem anderen Mann bei. Von diesem wurde zunächst verlangt, den Patienten zu schlagen, der seinerseits Hände und Füße des Mannes zu küssen und dann etwas von dessen Exkrementen zu essen hatte.« In diesem Szenarium, das von dem Patienten geschrieben und inszeniert wurde, enthüllt sich uns das Bedürfnis, mit prägenitalen Traumen und primitiven Phantasien fertigzuwerden, wie sie ein Kleinkind in der frühen Beziehung zu seiner Mutter erleben mag, in der die Atmung, die Haut, die Exkremente und der gesamte Körper sinnlich erlebt werden. Wenn wir das von diesem Patienten inszenierte archaische Drama in Worte zu übersetzen versuchen, können wir wohl davon ausgehen, daß er sich zunächst der Züchtigung durch eine Vaterfigur unterwirft und dann am Geschlechtsverkehr der Eltern teilnehmen darf, während er selbst im Körper seiner Mutter

verborgen ist. Obwohl er nicht sehen kann, was geschieht, kann er doch mit kinästhetischen und auditiven Empfindungen an der Urszene teilnehmen – und zugleich als Zeremonienmeister und Regisseur die ganze Inszenierung kontrollieren!
Obwohl es deutliche Unterschiede in der Reichweite der Regression zwischen diesem Szenarium und anderen bisher vorgestellten gibt, können wir dennoch feststellen, daß die Handlung sich um dasselbe Thema dreht und dieselbe Botschaft übermittelt: *Die Kastration, auf welcher Stufe auch immer, ist harmlos und stellt das Mittel dar, zu einer gefahrlosen erotischen Erregung zu gelangen.* Mit Hilfe eines erotischen Theaters wird also jemand mit seiner überwältigenden Angst fertig. Er handelt dabei wie das Kind mit der Garnrolle, welches das »Fort-Da-Spiel« spielt, um durch eine eigene Inszenierung das Trauma der Trennung zu überwinden und dessen gefährliche Elemente selbsttätig zu kontrollieren. Durch massive Verleugnung der Kastrations- und Desintegrationsängste sowie der Realitäten der Urszene bzw. durch Verneinung der archaischen aggressiven Antriebe kann der sexuelle Erfinder an der unbewußten Phantasie festhalten, daß die Geschlechtsorgane seiner Eltern nicht aufeinander bezogen sind und daß er keineswegs aus ihrer sexuellen Beziehung ausgeschlossen ist. Das Kind hat, mit anderen Worten, den in seiner soziobiologischen Struktur verankerten Mythos in eine private sexuelle Mythologie umgewandelt, welche den vorherrschenden kulturellen Normen zuwiderläuft. Von diesem Punkt aus entwickelt sich sein psychosexuelles Leben in Übereinstimmung mit diesem neuen Modell der Sexualität, auch wenn es intellektuell anerkennt, daß es eine fingierte Urszene inszeniert. Offensichtlich muß der Erfinder dieser Fiktion in einem unablässigen Kampf mit der äußeren Realität stehen. Die Erkenntnis, daß »eins und eins zwei sind«, ist an sich noch keine grundlegende intellektuelle Errungenschaft. Wer aber trotz des Beweises des Gegenteils mit einem anderen numerischen

System rechnet, stößt auf Schritt und Tritt auf Schwierigkeiten. Immer wieder muß er persönliche Anpassungsleistungen erbringen. Die falsche Arithmetik der Perversion bleibt nicht überall allein auf die Sexualität beschränkt. Sie kann die Auffassung aller menschlichen Beziehungen durchdringen und mit dem Risiko einhergehen, momentane psychotische Verwirrung auszulösen.

Wie können wir nun diese neue Form von Sexualität dynamisch und entwicklungsgeschichtlich verstehen? Wie läßt sich das Bild eines toten phallischen Vaters in der inneren Objektwelt ebenso erhalten wie das einer keine Grenzen anerkennenden und nichts begehrenden Mutter? Und wie kann man an der Verleugnung der Urszene und ihrer Bedeutung für die Kastrationsangst auf allen Entwicklungsstufen festhalten? Welche psychischen Mechanismen ermöglichen dies, und wo liegen ihre Fixierungsstellen?

Um zu einem genaueren Vergleich zwischen der »perversen« und der »neurotischen« Lösung menschlicher Konflikte und psychischer Schmerzen zu gelangen, möchte ich noch einmal auf Freuds Auffassung jener Phantasien eingehen, die sich in einem kleinen Kind entwickeln, das versucht, mit der inakzeptablen Realität des Geschlechtsunterschieds und seiner subjektiven Andersheit fertig zu werden:

1. Zunächst glaubt das Kind, daß es nur ein Geschlechtsorgan gibt – den Penis. Es besitzt also eine vereinfachte Theorie der Eingeschlechtlichkeit.

2. Früher oder später macht es dann die unvermeidliche Entdeckung, daß Frauen keinen Penis haben. Daraufhin wendet sich das Kind gegen seine eigenen Wahrnehmungen. Es sagt sich: »Da war ein Penis. Ich hab ihn selbst gesehen.« Die *Verleugnung* obsiegt. Dies stellt eine drastische Form einer »Verneinung durch Wort und Tat« dar.

3. Mit der Entwicklung des Ich wird die Außenwelt immer unerbittlicher. Dadurch wird es zunehmend schwerer, an der einfachen Lösung einer Verleugnung festzuhalten. Das Kind beginnt, sich *imaginäre Ereignisse* vorzustellen, um auf logi-

sche Weise mit dem Problem des Geschlechtsunterschieds fertig zu werden. Die *Verneinung in der Phantasie* nimmt den Platz der Verleugnung ein (»Mutter ist vom Vater kastriert worden«; »ihr Penis ist in ihr drin« etc.). Gegenüber der Verleugnung stellt dies einen weiteren Fortschritt in Richtung einer psychischen Verarbeitung dar.

4. Die zunehmende Akzeptierung des Geschlechtsunterschieds und das wachsende Verständnis für die Schranke zwischen den Generationen führen *Kinder beiderlei Geschlechts dazu, das beunruhigende Genitale der Mutter mit einer Gegenbesetzung zu versehen.* Das weibliche Geschlechtsorgan wird als abstoßend, gefährlich, häßlich oder uninteressant besetzt, und die Weiblichkeit wird mit allem Nachteiligen gleichgestellt. Auf die eine oder andere Weise hört das offene Genitale der Mutter auf, ein Objekt des Interesses und der Faszination zu sein. Zu diesem Zeitpunkt scheint das Kind seine ödipale Krise »gelöst« zu haben. Häufiger jedoch hat es einfach nur global seine gesamten infantilen Sexualtheorien und Phantasien verdrängt und damit den Grundstock für spätere neurotische Entwicklungen gelegt.

5. Die Kindheitsphase, die aus der vorigen entsteht, wird als Latenz bezeichnet. Gekennzeichnet ist sie durch eine libidinöse Regression und den Zusammenschluß zu Gruppen Gleichaltriger, in denen die Jugendlichen beiderlei Geschlechts eine homosexuelle Verstärkung gegen die Welt der Erwachsenen suchen. Diese Verstärkung durch die Gruppe fehlt vor allem bei denjenigen Jugendlichen, die später zu einer homosexuellen oder auf andere Weise abweichenden Lösung ihrer ödipalen Konflikte und prägenitalen Kastrationsängste gelangen. In diesem Stadium sind solche Kinder häufig einsame kleine Wesen, denen bereits bewußt ist, daß sie »anders als die andern« sind.

6. In der besten aller möglichen Welten wird der Ödipuskonflikt »aufgelöst« – obwohl diese Vorstellung vielleicht zur *psychoanalytischen* Mythologie gehört! Ein Kind, das zu

dieser Transformation gelangt, muß *akzeptieren*, daß das, was es sich so sehr wünscht, niemals eintreten wird. *Es muß zugeben, daß das Geheimnis des sexuellen Begehrens gerade durch den Umstand bezeichnet wird, daß seine Mutter keinen Penis besitzt.* Weiter muß es akzeptieren, daß *das einzige Privileg seines Vaters und dessen Penis darin besteht, das Geschlechtsorgan der Mutter zu vervollständigen, und daß eben darin ihr Begehren liegt.* Kurz gesagt, das Kind muß für immer auf seine frühesten erotischen Begierden und seine narzißtischen magischen Wünsche verzichten. Kein Wunder, daß nur wenige dies ohne psychische Verwirrung erreichen! Auf jeden Fall führt dieser Schritt zu einer *sekundären Identifizierung,* die bei den meisten »normalen Neurotikern« vorliegt, wenn auch auf Kosten uneingelöster Sehnsüchte, die im Unbewußten weiterbestehen.

Ein Kind, dem diese grundlegende Neuorganisierung seiner sexuellen Identität, die durch die »Lösung« der ödipalen Krise herbeigeführt wird, nicht gelingt, kann sich gezwungen sehen, ein abweichendes Sexualverhalten zu erfinden, um das ödipale Problem mit seiner unangreifbaren Wahrheit zu umgehen. (Und, so kann man hinzufügen, gerade diese Wahrheit wurde von denen, die es großgezogen haben, gewiß niemals eindeutig formuliert.) Ein solches Kind bleibt zwischen dem, was ich als zweites und drittes Stadium des Freudschen Entwicklungsschemas beschrieben habe, stehen. Nachdem es seine eigenen Wahrnehmungen vernichtet hat, sieht das Kind sich gezwungen, eine *neue Realität* zu schaffen, welche die Leerstelle ausfüllt, die durch die Verleugnung seiner Sinneswahrnehmung entstanden ist. Die Differenz zwischen einer neurotischen Lösung und einer perversen Illusion liegt genau an dieser Stelle. Obwohl Reaktionsbildungen, phobische Gegenbesetzungen und andere neurotische Abwehrarbeit zur Verarbeitung schmerzhafter Konflikte in der Phantasie sowohl in der neurotischen wie in der perversen Symptomatologie beitragen, sind bei der letzteren die neurotischen Aspekte auf eine grundlegende *Verleugnung* der sexuellen Realität gegründet und werden daher nicht zu neurotischen Symptomen.

Freuds Konzept der Verleugnung umfaßt bei näherer Betrachtung zwei Arten von Abwehr, auf die bereits hingewiesen worden ist: zum einen die Verneinung oder Verleugnung der Realität *durch Wort und Tat* und zum andern die Verneinung oder Verleugnung der Realität durch eine *Konstruktion der Phantasie.* Ich habe bereits in Kapitel I darauf hingewiesen, daß der Begriff *disavowal,* der in der *Standard Edition* zur Übersetzung von »Verleugnung« gewählt wurde, eine »Verneinung *[denial]* durch Wort und Tat« nahelegt.

Mir scheint jedoch, daß der Begriff *denial* sinnvollerweise der »Verneinung in der Phantasie« vorbehalten bleiben sollte, um an einer von Anna Freud (1936) getroffenen Unterscheidung festzuhalten. Ein Kind, das nach der Wahrnehmung eines weiblichen Genitales erklären kann, es habe einen Penis *gesehen,* unterscheidet nicht eindeutig zwischen seiner inneren und äußeren Realität. Es bedient sich einer weit radikaleren und primitiveren Art von Abwehr als ein Kind, das zugibt, daß da kein Penis war, das Dilemma aber seelisch zu verarbeiten sucht und zu dem Schluß gelangt, daß der Penis später noch wachsen werde. Dieses Kind ist bereit, *über eine affektiv verstörende Situation nachzudenken.*

Diese Fähigkeit, schmerzhafte Affekte und schreckenauslösende Vorstellungen zu ertragen und zu verarbeiten, zeugt von einer wichtigen inneren Veränderung, die für die spätere psychosexuelle Entwicklung eines Kindes sowie für dessen Gefühl sexueller Identität von grundlegender Bedeutung sein wird. Selbst wenn sich seine Phantasien in verdrängter Form als Knotenpunkt späterer neurotischer Symptome erhalten haben, hat es dennoch seine Beziehung zur äußeren Realität geschützt und eine gewisse Unabhängigkeit von ihr gewonnen. »Realität« könnte in der Tat mit der Anerkennung des Genitales der Mutter und der Existenz einer Vagina gleichgesetzt werden, wie Lewin (1948) bereits vor vielen

Jahren zutreffend bemerkte. Er wies darauf hin, daß die Vorstellung, »an nichts zu denken«, sich häufig auf verdrängte Gedanken an das weibliche Genitale bezieht. Dieser Auffassung möchte ich hinzufügen, daß das »Nichts«, über das ein Kind so erstaunt ist und das solche Angst in ihm mobilisiert, aus zwei Gründen wirksam wird: Es vermittelt ihm nicht nur die beunruhigende Erkenntnis des Geschlechtsunterschieds, sondern auch die diesem Unterschied zugrunde liegende *Bedeutung*. Mit der Entdeckung, daß die Mutter keinen Penis besitzt, haben Kinder beiderlei Geschlechts das sexuelle Geheimnis ihrer Eltern gelüftet. Jenseits der üblichen und tatsächlich unvermeidlichen Kastrationsphantasien – in denen die Kastration als etwas vorgestellt wird, das kleine Jungen bedroht oder an kleinen Mädchen bereits vollzogen worden ist –, enthüllt diese Entdeckung dem Kind den Ort, an dem ein konkreter Penis seine wahre phallische Funktion erfüllt. Sexuelles Wissen, das bis zu einem gewissen Umfang durch Sinneswahrnehmungen und intuitive Schlußfolgerungen erworben wurde, wird nun durch einen von außen kommenden und unwiderlegbaren Beweis bestätigt. Der Ort der Sexualität der Mutter liefert unvermeidlich die Bestätigung der Rolle des Penis des Vaters. Zum Verbot inzestuöser Wünsche tritt nun eine narzißtische Kränkung, die auf die Erkenntnis folgt, nicht nur von der sexuellen Beziehung der Eltern ausgeschlossen zu sein, sondern nie und nimmer das begehrte Sexualobjekt eines der beiden Elternteile gewesen zu sein. Doch die Kinder, mit denen sich das vorliegende Kapitel beschäftigt, wollen mit dieser unwillkommenen Erkenntnis nichts zu tun haben. Sie entscheiden sich statt dessen dafür, den Geschlechtsunterschied zu verneinen, einen Penis zu halluzinieren und schließlich irgendeinen unbelebten Gegenstand als Quelle ihres Begehrens an die Stelle des Penis zu versetzen oder auf vielfältige andere Weise eine neue sexuelle Ordnung zu schaffen. Die Erfindung versetzt das Kind mit einem Schlag in die Lage, das Inzesttabu, die Kastrationsangst und die narzißtische Kränkung zu umgehen. Sie stellt einen vollständigen Sieg dar, den es jedoch mit dem Verzicht auf gewisse Bindungen an die Außenwelt und mit dem Verlust eines Teils der psychischen Identität teuer bezahlen muß. Der Penis des Vaters verliert seine symbolische und strukturierende Funktion für die Persönlichkeit. Zugleich werden wichtige Teile des Wissens ausgelöscht. Die innere Verarbeitung und komplizierte Abwehrarbeit, die zu neurotischen Bildungen führt, ist für die Integrität eines Individuums insgesamt weniger schädlich. Wie jedoch bereits gezeigt wurde, können beide Formen der psychischen Bewältigung bei einem Individuum durchaus nebeneinander bestehen.

Zwei Träume zweier verschiedener Analysanden veranschaulichen die unterschiedliche Bewältigung der Kastrationsangst und der narzißtischen Verletzung. Ein Patient hatte eine komplizierte Form von Fetischismus, die ihn in die Lage versetzte, ein eingeschränktes, wenn auch angstbetontes Sexualleben zu führen, während der andere an einer schweren Form von Impotenz litt, die auf neurotische Ängste zurückging. Beide berichteten ihren Traum am selben Tag; denn beide Träume waren durch einen Tagesrest ausgelöst worden, der zu Affekten in der Übertragung geführt hatte. Am Tag zuvor hatten die beiden Analysanden bemerkt, daß eine Tür in meiner Wohnung, die gewöhnlich verschlossen war, weit offen stand. Durch die geöffnete Tür konnten beide beobachten, daß Klempner an meiner Zentralheizung arbeiteten.

Der Fetischist sagte: »Ich träumte, daß ich neben einer Frau lag, und daß von mir verlangt wurde, ihre Beine anzuschauen. Ich starrte sie eine ganze Weile an, konnte aber nicht feststellen, was ich antworten sollte. Es schien sich um ein logisches Problem zu handeln. Schließlich gab ich zu, daß ich die Antwort wohl nie finden würde, weil ich in Mathematik nicht gut gewesen bin.« In seinen Assoziationen zu diesem Traum erwähnte der Patient die geöffnete Tür, fügte aber hinzu, daß ihm ganz und gar nicht klar sei, was die

Arbeiter in meiner Wohnung gemacht hätten. Daraufhin erinnerte er sich daran, während seiner einsamen Kindheit stundenlang in erotische Tagträume verfallen zu sein.
Der zweite Traum, der ebenfalls von seinem Träumer mit dem Blick durch die offene Tür am Vortag in Verbindung gebracht wurde, lautete folgendermaßen: »Ich versuche, in eine Frau einzudringen, aber etwas hindert mich, und ich werde ganz schlaff. Plötzlich befinde ich mich in Ihrer Wohnung. Man sagt mir, daß ich einen bestimmten Gang nicht entlang gehen darf, weil an ihm die Privatzimmer Ihres Mannes liegen. Dann finde ich mich in ihren Garten versetzt. Dort sind überall ungewöhnliche Tiere, und ein Mann erklärt mir, es seien halb Katzen, halb Schlangen. Sie erheben sich vom Boden, bewegen sich über Kreuz und fliegen überall herum. Der Mann fragt mich, ob ich Angst hätte, von ihnen berührt zu werden. Ich sage nein. Doch ich wüßte zu gern, wie sie es fertig bringen, sich in der Luft zu halten.«
Ich überlasse es meinen Lesern, ihre eigenen freien Assoziationen zu den zahlreichen metaphorischen Bedeutungen zu entwickeln, die dieser Traum enthält. Offensichtlich findet hier ein verdrängtes, aber blühendes Phantasieleben einen bildhaften Ausdruck. Die vielen symbolischen und assoziativen Verknüpfungen beschreiben unter anderem die Fragen eines kleinen Kindes nach dem Geschlechtsverkehr der Eltern, nach dem Penis des Vaters und nach dem Inneren des Körpers der Mutter. Beim ersten der beiden Träumer dagegen sind solche Phantasiebildungen bereits im Ansatz erstickt worden. Zurückgeblieben ist der bloße Eindruck der Bedeutungslosigkeit sowie eine Armut an psychischen Repräsentationen, die nach einer Wiedergutmachungsleistung verlangt. Der Traum bringt den Patienten zur Erinnerung an die einsamen Spiele seiner Kindheit zurück. An der Stelle, wo eine Verneinung in der Phantasie und eine Ausarbeitung dazu hätten beitragen können, mit dem *undenkbaren* Schrecken fertig zu werden, der durch seine Wahrnehmung sowie durch das, was man ihm gesagt hatte, ausgelöst wor-

den war, erfand er ein neues System. Sein Wissen von der menschlichen Sexualität wurde durch keine symbolische Bedeutung gestützt, die es ihm verständlich hätte erscheinen lassen. Stattdessen war da eine Leerstelle, eine unerkennbare Wirklichkeit, eine Frage, auf die er keine Antwort finden konnte. Der kleine Junge, der nicht in der Lage war, die notwendigen »mathematischen Ableitungen« vorzunehmen, mußte für sich selbst eine künstliche, fetischistische Erklärung des Rätsels der Sexualität entwickeln. Es war ihm nur gelungen, die äußere Realität zu verleugnen und sich dadurch gegen seelischen Schmerz zu schützen. Er hatte die Phantasie und den Mut, sie durch eine neue Logik und eine sexuelle Neuschöpfung zu ersetzen. Doch es handelte sich dabei um einen »verrückten« Mut, der auf einem begrenzten Gebiet der monumentalen Herausforderung entsprach, die ein Psychotiker der äußeren Realität der Menschen entgegenschleudert. Der Psychotiker, dem es mehr darum geht, seine psychische Existenz als seine Sexualität zu schützen, erfindet eine Identität, sein eigenes Denk- und Kommunikationssystem; er übersieht oder mißversteht die meisten Erkennungszeichen und Symbole, die ihm von seiner soziokulturellen Umwelt zur Verfügung gestellt werden.
Wir stehen hier am Punkt der größten Annäherung perverser und psychotischer Charakterstrukturen, wo die Verleugnung zur Abschaffung der psychischen Repräsentation oder doch zumindest zur Zerstörung der Bedeutungen führt, die Wahrnehmungen und Worten zukommen. Es handelt sich dabei um eine *innerpsychische Verwerfung*, die sich aus der Unfähigkeit des Ich ergibt, eine Erkenntnis anzunehmen und durchzuarbeiten, die für es selbst schmerzhaft ist und seinen Zusammenhalt bedroht. Folglich werden die entsprechenden Repräsentationen aus dem Bereich des Ich und seiner Urteilsfähigkeit entfernt. Es handelt sich hier um den Begriff der Verwerfung, den Freud als grundlegenden Mechanismus der Psychose angenommen hat. Bei seinem Versuch, die Krankheit Schrebers zu verstehen, gelangte Freud zu dem

Schluß, daß das, was aus der psychischen Innenwelt »entfernt« worden war, in wahnhafter Form von außen wiederkehrt. Bion (1967, 1970) hat dieses Phänomen mit dem Begriff »k-minus« beschrieben, und Lacan (1956) hat dafür den Begriff »forclusion« gebraucht. Während sie den Zugang zur Wahrheit blockieren, gestatten diese Mechanismen den Psychotikern, einen Teil dessen, was sie verloren haben, in Form von Halluzinationen oder Wahngebilden wiederzuerlangen. Bei perversen Charakterstrukturen finden wir einen ähnlichen psychischen Mechanismus. Um perverse Sexualtheorien und -handlungen zu entwerfen, die für ihren Erfinder »wirklicher« scheinen als die gewöhnlichen sexuellen Annahmen und Handlungen, muß ein Teil der psychischen Wahrheit weggeschlagen werden, und es muß (wie Bion formuliert) eine »nackte« Repräsentation übrigbleiben, deren Bedeutungsfunktion in der Ordnung der Dinge verloren gegangen ist. Im Gegenzug muß der sexuelle Erfinder aus der Außenwelt etwas wiedererlangen, was er aus seinem Bewußtsein verworfen hat, wenn er für seine Sexualität eine Ausdrucksmöglichkeit bewahren will. Es handelt sich dabei selbstverständlich um eine sehr viel begrenztere Aufgabe als es die ist, die psychotischen Denkprozessen zugrunde liegt, da sie in erster Linie den Zerfall der psychischen Wahrheit über die Sexualität betrifft und nicht eine umfassende, instabile Repräsentation der eigenen Identität sowie des Platzes, den sie in den Augen anderer einnimmt. Anstelle des Wahns wird eine Illusion geschaffen, die es ermöglicht, aus den übriggebliebenen Bruchstücken eine Art Sexualbeziehung aufzubauen. Diese Illusion wird nicht als eine künstliche Lösung eines verwirrenden und schmerzhaften Problems erlebt. Häufiger wird sie als von außen auferlegte Notwendigkeit erfahren, wie ja auch die Wahnvorstellungen des psychotischen Denkens und der psychotischen Sprache dem Ich erscheinen, als stellten sie die Wirklichkeit dar. Die Irrealität der perversen Sexualtheorie bleibt auf einen begrenzten Sektor beschränkt. Die wahnhafte Qualität der psychotischen Sexualtheorie (der Beeinflussungswahn, die psychotische »Homosexualität« Schrebers etc.) wird in der devianten Sexualtheorie und -praxis auf partielle oder unbelebte Objekte beschränkt. Solche »Beeinflussungsapparate« im Miniaturformat, die eine Zirkulation wie auch eine rigorose Kontrolle des Begehrens erlauben, stellen vielleicht eine Art »Fokalpsychose« dar, aber sie bieten dem betreffenden Individuum eine Garantie für die Kontinuität seines sexuellen Begehrens und für die Unversehrtheit seiner persönlichen Identität. Ebenso wichtig ist, daß diese partiellen oder unbelebten Objekte die destruktiven Wünsche des Subjekts gegenüber den Objekten seines Begehrens in Schach halten. Niemand wird kastriert oder getötet.

Ich habe sehr viel mehr über das Begehren gesagt als über die Gewalttätigkeiten und Aggressionen, die in sexuelle Abweichungen eingewoben sind. Dieser Aspekt verlangt eine Erläuterung in einem gesonderten Kapitel, vor allem, weil die Fähigkeit sexueller Neuschöpfungen, *Haß und Gewalttätigkeit durch Erotisierung dieser Affekte unter Kontrolle zu halten und auf harmlose Weise abzuführen, die perversen Charakterstrukturen von den psychotischen trennt* (vgl. McDougall 1980). Die psychotischen Elemente, die der abweichenden Sexualität zugrunde liegen, können in Sexualbeziehungen auf zwei verschiedene Weisen zum Ausdruck gelangen. Zum einen kann die Sexualität von der Phantasie begleitet sein, an dem Partner eine eingebildete Kastration oder andere Angriffe *wiedergutzumachen;* dies würde einem *depressiven* Muster entsprechen. Zum anderen kann die Phantasie das Bedürfnis enthüllen, den *Partner erotisch zu kontrollieren und zu beherrschen*, um *sich selbst* vor Angriffen zu schützen; dies würde einem paranoiden Muster entsprechen. Der Orgasmus des Partners wird dann als Äquivalent seiner Kastration angesehen, und das Subjekt entgeht auf diese Weise der Gefahr, zum Objekt und Opfer gemacht, von seinem sexuellen Begehren manipuliert und »beeinflußt« zu werden.

Bemerkenswert ist, daß diese beiden grundlegenden Phantasien auch im künstlerischen Handeln enthalten sind. In der Beziehung eines Künstlers zu seinem Publikum steckt der Wunsch, den Anderen zu *dominieren*, um eigene Ängste und Erregungen auf ihn zu projizieren und damit zu bekämpfen. Ebenso steckt darin die Phantasie, am Anderen etwas wiedergutzumachen – die auf das Publikum projiziert wird –, um eigene Schuldgefühle zu beschwichtigen.

Es wurde bereits darauf hingewiesen, daß perverse Sexualszenen häufig wie Träume gedeutet werden können. Dies führt uns nach einem recht langen Umweg zu den innovativen und kreativen Aspekten der Perversionen. Wichtig ist dabei, daß gerade die nichtsexuellen Elemente deren kreative Dimension offenbaren und sehr viel Zeit und Raum bei der Planung und dem Erträumen des Szenariums beanspruchen. Es handelt sich dabei um alle jene Faktoren, die den Raum zwischen dem Begehren des Subjekts und dem Ergebnis ausfüllen, das dem Unternehmen schließlich ein Ende setzt. Bei bestimmten Perversen, etwa fetischistischen und voyeuristischen Patienten, entdeckt man, daß dieser Zeitraum mehrere Wochen umfassen kann, während der Ort, die Requisiten und das Projekt immer wieder gründlich bedacht, im Detail geplant und beschrieben werden. Ähnliches findet bei manchen Homosexuellen statt, die auf der Suche nach einer Vielzahl von Partnern stundenlang »herumkreuzen«, häufig mit der illusionären Vorstellung, einen sagenhaft »perfekten« Körper oder Penis bzw. eine vollkommene Person zu finden. Bei all diesen Formen der Erotik wird das Ergebnis häufig als enttäuschend, bedrückend oder gar unangenehm empfunden – *denn es ist das Ende einer Illusion.* Das verzweifelte Spiel ist vorbei – bis zum nächsten Mal. Dagegen läßt sich selbstverständlich einwenden, daß die Abfolge von Illusion und Desillusionierung sowie die unablässige Wiederkehr des Begehrens bei normalen Heterosexuellen ebenfalls auftreten. Richtig ist, daß die Illusion in jeder Liebe eine entscheidende Rolle spielt, und der sexuelle Genuß zieht unausweichlich das Gefühl nach sich, daß etwas Wunderbares banal endet. Bei sexuell abweichendem Verhalten spielen Illusionen insgesamt eine größere Rolle, und die Drohung eines narzißtischen Verlusts ist weit gefährlicher. Ein Patient drückte dies bei der Beschreibung seiner nächtlichen Suche nach homosexuellen Partnern in einfachen Worten aus: »Das einzige, was mich interessiert, ist ihre Ejakulation; denn das ist der Höhepunkt meiner Lust. Ich löse sie aus und habe sie unter Kontrolle. Anschließend gehe ich nach Hause und onaniere. Sehr oft aber vermeide ich das, weil es ein Ende meines Begehrens darstellt. Dann bleibt nichts mehr, wofür es sich zu leben lohnt, und auch ich bin dann nichts. Ich existiere kaum noch.«

Ich komme schließlich zu der Frage, mit der dieses Kapitel begann: Der Entwurf eines perversen Szenariums ist eine schöpferische Handlung, doch ihm fehlt etwas, um als künstlerische Hervorbringung gelten zu können. Obwohl eine Antwort einfach erscheinen mag, gibt es zahlreiche analytische Fragen, die gestellt werden müssen, um zu einem psychologischen Verständnis zu gelangen. Warum wird ein derartiges Szenarium nicht in eine genuin künstlerische Leistung umgewandelt, die frei wäre von seiner zwanghaften Qualität, seiner statischen Rigidität und seinem orgastischen Schluß – und die es diesen verschiedenen Faktoren gestatten würde, in der psychischen Ökonomie unterschiedlich besetzt zu werden? In welcher dynamischen Hinsicht unterscheidet sich eine perverse Erfindung von dem, was zu einer künstlerischen oder intellektuellen Produktion führt? Diese Frage wird zunehmend schwieriger, wenn wir uns überlegen, daß häufig beide Arten der Produktion in ein und demselben Individuum nebeneinander existieren. Die schöpferische Persönlichkeit (oder der schöpferische Teil der Persönlichkeit) besitzt eine besondere Art von innerer Mobilität. Alles, was die Aufmerksamkeit des Subjekts auf sich zieht, wird dynamisch bedeutsam – bis zu dem Punkt, daß ein derartiges Interesse weniger sensiblen Betrachtern oft als naiv erscheint. Wenn alles, was eine schöpferische Persönlichkeit umgibt, ihre Aufmerksamkeit zu erregen vermag, so daß sie es mit neuen Augen sieht, mit offenen Ohren hört, und sie alles, was anderen offensichtlich und banal zu sein scheint, in Frage stellt, so liegt dies zum Teil daran, daß jeder Gegenstand – auch der Banalste – produktiv wird, weil er (in einer Schaukelbewegung zwischen Primär- und Sekundärprozeß) mit einer Unmenge anderer Darstellungen, Eindrücke, Wahrnehmungen und Reflexionen in Verbindung gebracht wird. Hierin liegt deutlich ein Gegensatz zu der Unveränderlichkeit perverser Erfindungen.

Ferner stellen schöpferische Geister das Konventionelle in Frage, verknüpfen weit voneinander entfernte Vorstellungen und phantasieren waghalsig etwas, das nicht existiert. In dieser Hinsicht sind die erotischen Schöpfungen der perversen Sexualität den künstlerischen Hervorbringungen ähnlich; denn auch sie konfrontieren ungewöhnliche Elemente miteinander, stellen die akzeptierte Ordnung in Frage und wagen es, etwas zu erfinden, was es bisher nicht gab. Auch dieser Vorgang folgt den Gesetzen des Primärprozesses und infiltriert das Denken des Sekundärprozesses. In der Folge kristallisieren sich diese verschiedenen Dimensionen wie beim schöpferischen Akt in einer Handlung, die sich vor einem besonderen Publikum Ausdruck verschafft. Wie das Fieber, von dem sich eine künstlerische Aktivität nährt, kam auch die abweichende Sexualität in ihren Anfängen unter Druck zustande. Ihre immer erneute Produktion vermittelt eine ebensolche intensive narzißtische Lust und Befriedigung wie das Handeln des Künstlers. An diesem Punkt sollte darauf hingewiesen werden, daß die *Lust am Schaffen* bei weitem die der Kontemplation des geschaffenen Objekts überschreitet. Für ein wirklich kreatives Individuum ist die Produktion stets wichtiger als das Produkt. (Picasso wird der Satz zugeschrieben, es zähle allein das Werk, das noch nicht vollendet sei.) Die Analogie zur abweichenden Sexualität ist offensichtlich. Diese wurzelt in der Analerotik der frühen

Kindheit. In diesem Stadium seines Lebens empfindet das kleine Kind ein ungeheures Vergnügen an den Ausscheidungsvorgängen, in denen seine ersten sichtbaren Schöpfungen zutage treten – die Produkte seines eigenen Körpers. Doch diese sind zweitrangig gegenüber dem Vergnügen, das es an der Produktion selbst entwickelt. Die Produkte an sich werden nur insofern zu Gegenständen eines besonderen Interesses, *als seine Mutter ihnen eine besondere Bedeutung verleiht.* Sie ist im wesentlichen die »Öffentlichkeit«, die diesen Partialobjekten zunächst ihre *Bedeutungsfunktion als Mittel des Austauschs gibt.* Dieser Aspekt ist wichtig für unsere gegenwärtige Frage nach der Unterscheidung zwischen perverser und künstlerischer Tätigkeit. Offensichtlich müssen zahlreiche Transformationen stattfinden, damit die Lust an körperlichen Ausscheidungen schließlich zum Vergnügen an kreativer Tätigkeit werden kann. Eines der ersten Hindernisse auf diesem Weg besteht darin, daß die Lust an der Produktivität verboten wird, weil sie im Unbewußten eng mit der analsadistischen und analerotischen Sexualität ebenso wie mit prägenitalen Liebesphantasien inzestuöser Art zusammenhängt. Es ist schwer, eine infantile Liebe zu akzeptieren, die mit destruktiven Antrieben verbunden ist. Wenn die allermeisten Menschen weder künstlerische noch sexuelle Neuschöpfungen hervorbringen, so liegt dies zum Teil daran, daß derartige Antriebe stark gegenbesetzt sind. Die meisten Menschen sind weder bereit, jene Grenzüberschreitungen hinzunehmen, die bei jeder innovativen Produktion vorkommen, noch die Angst, welche derartige Produktionen begleitet.

Wie ein Künstler oder Intellektueller hat auch ein Perverser den Mut, mit seinen Schöpfungen über das bereits Existierende hinauszugehen. Er kann mit der dabei häufig entstehenden intensiven Angst fertig werden. Doch seine Ziele und sein Verhältnis zu den Objekten, mit denen er umgeht, sind anders geartet. Für wen ist sein Produkt bestimmt? In gewisser Hinsicht für niemanden, was zweifellos nicht für sublimiertes Schöpfertum gilt. Wir haben bereits darauf hingewiesen, daß die Lust am Produzieren wichtiger ist als die zweifellos ebenso vorhandene Lust an einer Betrachtung der Produkte. Doch es sollte ebenfalls festgehalten werden, daß zur Lust am Produkt eine entscheidende Dimension hinzutritt, nämlich daß ein *Künstler seine Produkte der Betrachtung und dem Urteil der Öffentlichkeit überantwortet.* (Fehlt dieses ebenso narzißtische wie libidinöse Ziel, dann haben wir es weder mit einer künstlerischen noch mit einer intellektuellen *Berufung* zu tun.) Die ängstliche Erwartung eines Echos von seiten der Öffentlichkeit hängt im Unbewußten mit dem Bedürfnis zusammen, eine Bestätigung dafür zu erhalten, daß die Produktion – die unbewußt als verbotene erotische und aggressive Handlung erfahren wird – in Wahrheit eine gebilligte und bewunderte Tätigkeit darstellt. Darüber hinaus läuft das Produkt stets Gefahr, als anales oder phallisches Partialobjekt betrachtet zu werden, das nicht öffentlich dargeboten werden sollte. Dem entspricht auf seiten des Künstlers das Bedürfnis, eine Bestätigung dafür zu erhalten, daß sein Geschenk akzeptabel, erwünscht und wertvoll ist sowie für die betreffende Öffentlichkeit eine Quelle des Vergnügens darstellt. Die affektive Anteilnahme eines jeden Künstlers oder Intellektuellen an seiner Öffentlichkeit – seine Ver*öffentlich*ung – stellt einen der wichtigsten Unterschiede zu perversen Produktionen dar. Die Phantasie von der Öffentlichkeit stellt (wie ich in Kapitel I zu zeigen versucht habe) ein wesentliches Element jeden perversen Szenariums dar und trägt zu dessen erotischer Wirkung bei, bleibt jedoch auf eine geheime Beziehung beschränkt, im Grunde auf ein analerotisches und analsadistisches Verhältnis zwischen Mutter und Kind in der unbewußten Innenwelt. Ihr Ziel besteht darin, die dritte Dimension eines »Zuschauers« gerade durch eine Herausforderung zurückzuerobern, die dem Individuum dessen sexuelle *Identität* bestätigt, während eine wirkliche »Veröffentlichung« die narzißtische Bestätigung eines sexuellen und subjektiven

Werts in den Augen anderer anstrebt. Wenn der Weg, dem ein Mensch mit sexuell abweichendem Verhalten folgt, sorgfältig so angelegt wird, daß eine Überschneidung mit den Wegen anderer vermieden wird, dann ist diese einsame Route zum Teil deshalb so »gewählt« worden, damit das Individuum im Vollzug seiner Sexualität niemals auf einen Anderen trifft, der seine frühesten sexuellen Ziele und Objekte sowie deren symbolische Bedeutung mit einem Verbot belegen könnte. Da das Subjekt aufgrund dieses Umwegs auf eine wichtige Bestätigung seiner eigenen Identität verzichtet, ist es gezwungen, sein erotisches Theater sorgfältig zu inszenieren und immer wieder aufzuführen. Ein Perverser (oder der perverse Teil einer Persönlichkeit) besitzt ein noch größeres Bedürfnis als ein Künstler (oder der künstlerische bzw. kreative Teil einer Persönlichkeit), seine Innovationen narzißtisch bestätigt und als gültig erklärt zu sehen. Denn die Dynamik der perversen Sexualität hängt enger mit Angst als mit einem Begehren zusammen. Das soll nun nicht heißen, daß die Grenzüberschreitungen, die bei einem Kunstwerk oder bei einer wissenschaftlichen Entdeckung auftreten, keinerlei Ängste mobilisieren. Doch *diese kreativen Tätigkeiten werden der Beurteilung durch den Anderen dargeboten, während das Werk der Perversion nur insgeheim einer unsichtbaren Öffentlichkeit vorgeführt wird, deren Rolle nicht darin besteht, es zu beurteilen, sondern hinters Licht geführt zu werden.* Als frühreifes, kindliches Unternehmen ist das Werk des Perversen auf brillante Weise beinahe zu erfolgreich gewesen. Von da aus hat sich die Lava der frühkindlichen Sexualität und Megalomanie in eine Form ergossen, in der sie erstarrt ist. In dieser Form muß sie magisch auf alle narzißtischen Verletzungen sowie auf jedes entstehende Begehren reagieren – eine Geste des Trotzes und auch der Verzweiflung, die für alle Zeit versteinert ist.

Abschließend können wir sagen, daß Perverse wie Künstler *meisterhaft eine Illusion beherrschen,* doch mit einem wesentlichen Unterschied. Die Kunst ist die Illusion einer

Wirklichkeit. Es handelt sich bei ihr um eine Illusion, die der Künstler für sich selbst und andere *in der Hoffnung* erschafft, sie daran teilhaben zu lassen und *ihnen diese Illusion als solche glaubhaft zu machen*. Ein perverses Szenarium dagegen mit seiner besonderen Handlung ist eine *Illusion, die sich ihres Schöpfers bemächtigt hat*, die dieser aber dann für den Rest seines Lebens anderen in der Hoffnung aufzudrängen sucht, daß sie diese Illusion *als Realität* akzeptieren.

VI. Der Anti-Analysand in der Analyse

Im folgenden Kapitel möchte ich das Porträt eines bestimmten Typus von Analysanden entwerfen, der heutzutage in der Praxis immer häufiger auftritt. Ich hoffe, einige Merkmale herauszuarbeiten, die von anderen Analytikern als Charakteristika einer besonderen klinischen »Familie« wiedererkannt werden können. Der Patient, an den ich denke, scheint recht motiviert, eine Analyse zu beginnen. Voll guter Absichten paßt er sich der analytischen *Situation* an – nicht jedoch dem *Prozeß* der Analyse. Scheinbar mühelos akzeptiert er die formalen Aspekte des analytischen Protokolls. Er erscheint regelmäßig und rechtzeitig zu den Sitzungen, füllt das Schweigen der Analysestunde mit klaren und kontinuierlichen Assoziationen, zahlt das Honorar am Ende des Monats – und das ist auch alles! Wer ihm über einige Wochen hinweg zugehört hat, dem wird klar, daß weder im Kontext seiner Assoziationen noch zwischen ihm selbst und dem Analytiker irgend etwas geschieht. Im Hinblick auf die aktuellen Vorgänge in der Analyse werden keine Übertragungsgefühle zum Ausdruck gebracht. In bezug auf die Vergangenheit ist sein Vorrat an Kindheitserinnerungen gleichbleibend, ohne Beziehung zur Gegenwart und affektlos. Ein solcher Patient erzählt mit Vorliebe Ereignisse seines Alltagslebens, wobei er zwar seinen Ärger, aber kaum eine Spur von Angst oder Depression zum Ausdruck bringt. Anderen gegenüber legt er nur wenig Zärtlichkeit an den Tag, und man gewinnt häufig den Eindruck, daß Liebe für ihn »nur ein Wort« ist. Er sucht selten bei sich selbst nach Gründen, die zu seinen Konflikten mit anderen beitragen, doch er ist weit davon entfernt, glücklich zu sein, und mit seinem Leben vollständig unzufrieden. Trotz seiner Gewissenhaftigkeit und Beharrlichkeit (ebenso wie der des Analytikers) kommt die Analyse nicht recht in Gang.

Es wird dem Leser vielleicht aufgefallen sein, daß dieser Patient nach der gegebenen Beschreibung keineswegs jenen Menschen ähnelt, für die eine klassische Analyse eine Kontraindikation darstellt. Er zählt also nicht zu jenen Patienten, welche die durch die normalerweise geforderte Disziplin verursachten Frustrationen der Analyse nicht ertragen können, die bei dem ersten Erwachen von Übertragungsgefühlen die Flucht ergreifen, die ihre Konflikte auf eine für sie selbst oder andere verhängnisvolle Weise ausagieren oder die den Kontakt zur Realität verlieren und zu psychotischen Phantasien Zuflucht nehmen. Auf das psychische Gleichgewicht derartiger Patienten hat das Erlebnis der Analyse eine überwältigende Wirkung. Man muß sehr darauf achten, mit ihnen nicht allzu rasch eine umfassende Analyse zu beginnen. Die Patienten, die ich hier zu beschreiben versuche, erscheinen von der Wirkung der Analyse nicht beeindruckt, betrachten sie nicht als frustrierend, verlieren nicht für einen Augenblick ihren sicheren Zugriff auf die Realität und agieren weder in der Analyse noch außerhalb (wenn man nicht ihre gesamte Lebensführung als ein unablässiges Ausagieren betrachten will). Schließlich sollte darauf verwiesen werden, daß diese Analysanden in keinem nennenswerten Ausmaß jene besondere Form des Ausagierens an den Tag legen, die sich in psychosomatischen Erkrankungen zeigt. Daß nicht zum Ausdruck gelangende emotionale Konflikte nicht somatisiert werden, ist deshalb von besonderem Interesse, weil diese Patienten zahlreiche Merkmale der sogenannten »psychosomatischen« Patienten aufweisen. Dies gilt insbesondere für das Phänomen, das Marty und de M'Uzan (1963) als »operationales Denken« beschrieben haben. Ich werde auf diesen Punkt später zurückkommen.

Es scheint verlockend, die Patienten, die den Gegenstand dieser Untersuchung bilden, als »Roboter-Analysanden« zu bezeichnen. Ich werde sie in der Tat zuweilen so nennen, da sie den Eindruck vermitteln, sich wie Automaten durch eine Welt von Menschen und Dingen zu bewegen, und da ihre

Gedanken vorprogrammiert zu sein scheinen. Bei vielen betrifft dies auch die Art, in der sie sich einer von Klischees durchsetzten Robotersprache bedienen. Doch der Ausdruck »Roboter« unterstellt Passivität und ist daher etwas irreführend. Wenn ich statt dessen den Ausdruck »Anti-Analysanden« wähle, dann tue ich dies in der Hoffnung, etwas von dem Eindruck jener Kraft zu übermitteln, die in dem Begriff der Anti-Materie steckt. also von einer massiven Gewalt, die nur durch ihre negative Auswirkung deutlich wird, durch ihren Widerstand gegen die Funktionen von Kohäsion und Bindung. In der psychischen Ökonomie schwächt eine derartige Kraft die Ausbildung aller kreativen Verbindungen, die es einer psychoanalytischen Behandlung gestatten, zu einer (wie Strachey das 1934 nannte) »mutativen« Erfahrung zu werden. In gewisser Hinsicht befinden sich diese Patienten in einer »Anti-Analyse«, die ein großes Maß an angestrengter und unablässiger Tätigkeit erfordert, deren Auswirkungen jedoch nur am Mangel einer psychischen Veränderung erkennbar sind: Bei ihnen wird die negative Kraft einer Wendung gegen jede Bindung deutlich, die zugleich alles das versteinern läßt, was von der inneren psychischen Realität abgespalten, verworfen oder auf anderer Weise abgewiesen worden ist. Diese Patienten sprechen nicht unverständlich oder verdreht. Sie sprechen von Menschen und Dingen, selten aber von der *Beziehung zwischen Menschen oder zwischen Dingen.* Hört man ihren Assoziationen während der Analyse zu, so ist hinter der manifesten Kommunikation eine lebenswichtige latente Mitteilung nicht klar zu entdecken. Wir erhalten auch keinen Hinweis darauf, wer wir sind oder was wir in unterschiedlichen Augenblikken während einer Sitzung für diese Patienten darstellen. Wir bemerken auch keine wechselseitige Durchdringung von primär- und sekundärprozeßhaftem Denken oder jene wechselseitige Vermischung von Traumbildern, Phantasien und bewußtem Denken, welche so häufig den Weg zu einem intuitiven Verständnis dessen eröffnet, was der Patient sich mitzuteilen bemüht. Das unbewußte Drama seines Inneren enthüllt sich einfach nie. Wir bemerken allmählich, daß bestimmte Gedankenglieder, die normalerweise dem Diskurs in der Analyse Tiefe und Bedeutung verleihen, fehlen. Es kann sich dabei um Verbindungsstücke zwischen vergangenen und gegenwärtigen Ereignissen handeln, um Vermittlungen im Inhalt der Assoziationen oder um affektive Bindungen zu anderen, die für den Patienten eine libidinöse oder narzißtische Bedeutung besitzen. Vor allem aber gibt es kaum Anzeichen einer Übertragungsbindung an den Analytiker oder an das Unternehmen der Analyse. Die grundlegende Neigung des Menschen zu Objektbeziehungen, die der Übertragungsbeziehung ihre blinde Triebqualität verleiht (und die das Leben selbst zu einem lohnenden Abenteuer macht), ist das, was bei diesen Patienten wohl am allerdeutlichsten fehlt. Was also beobachten wir bei ihnen? Konrad Lorenz, ein ausgezeichneter wissenschaftlicher Beobachter, bemerkte einmal, die schwierigsten und oft wichtigsten Beobachtungen seien jene, bei denen man feststellt, daß ein Objekt *fehlt*, eine Handlung *nicht erfolgt* bzw. ein erwartetes Ereignis ausbleibt. Auch bei der Psychoanalyse, die ja eine beobachtende Wissenschaft ist, ist es unbedingt erforderlich und häufig schwierig zu »sehen«, was im Geschehen der Analyse oder in den Mitteilungen eines Patienten fehlt. Den französischen Psychoanalytikern Marty und de M'Uzan (1963) verdanken wir eine Reihe von Beobachtungen, die durchaus mit denen von Lorenz zu vergleichen sind und die zur Entdeckung einer fehlenden Dimension in den wörtlichen Mitteilungen von Patienten mit psychosomatischen Erkrankungen während eines Interviews geführt haben. Wie bei diesen Patienten neigt der Sprachstil der Anti-Analysanden dazu, flach, arm an Nuancen und Metaphern zu sein. Bei beiden tritt in bezug auf die Inhalte eine offensichtliche Phantasiearmut und die Schwierigkeit zutage, andere Menschen zu verstehen. Zur Beschränktheit der Inhalte des Denkens und der Qualität der Mitteilungen tritt ein bemerkenswerter Mangel an Affekten. Durch die Verarmung der Mitteilungen sowohl von Ideen wie von Emotionen wird das Gebiet analytischer Beobachtungen notwendig stark eingeschränkt. Da nun aber ein Analytiker ein geschulter Beobachter seiner eigenen Gedanken und Emotionen ist, wird er rasch seine eigenen Affekte in der Gegenübertragung bemerken und mit ihrer Hilfe besser zu verstehen suchen, was in der Analyse geschieht. Aufgrund von Beobachtungen meiner Gefühle in der Gegenübertragung (soweit sie mir bewußt sind) wurde ich auf das hier zu beschreibende klinische Bild aufmerksam. Ich gelangte dadurch zu bestimmten theoretischen Schlußfolgerungen in bezug auf die seelische Struktur und Funktionsweise dieser Patienten.

Obwohl sie interessant sind und sich von normalen Neurotikern unterscheiden, machen uns diese Analysanden bei der Ausübung unseres Berufs nicht sehr viel Freude. Sie erzeugen in uns nicht nur ein Gefühl der Hilflosigkeit, sondern darüber hinaus ein Schuldgefühl! Sie stellen so etwas wie eine Herausforderung dar. Schließlich scheint es unstatthaft, einen kooperationsbereiten Patienten für nicht analysierbar zu halten, der regelmäßig Monat für Monat zu den Sitzungen erscheint, der die Grundregel, alles zu sagen, was ihm während der Sitzung in den Sinn kommt, so gut er kann, befolgt und der hartnäckig an der Auffassung festhält, daß die Analyse für ihn eine wichtige Erfahrung darstellt, die er unbedingt machen möchte! Wenn wir nicht wie er gegen Selbstkritik gefeit sein wollen, können wir den Eindruck kaum vermeiden, daß mit unserer Arbeit in der Analyse etwas nicht stimmt. Bevor wir ihn für seine Unfähigkeit verantwortlich machen, einen Nutzen aus dem zu ziehen, was wir ihm anbieten, müssen wir zunächst einmal unsere Entscheidung in Frage stellen, ihn zur Analyse zuzulassen. Hatten wir Unrecht damit, ihn für analysierbar zu halten und zu akzeptieren? Besteht nicht sein Symptom darin, daß er weiterhin in Analyse ist? Diese und andere beunruhigende Fragen müssen wir uns notwendig stellen.

Mit fortschreitender Zeit bedrängen mich Fragen nach der Gegenübertragung, die zu den bereits erwähnten Problemen hinzutreten. Der Patient auf meiner Couch bietet mir heute eine Reihe von Assoziationen, die sich in nichts von jenen unterscheiden, die er während seiner ersten Analysestunden vor etwa vier Jahren vorbrachte! Habe ich einen Widerstand dagegen, die Bedeutung hinter dem zu erfassen, was er berichtet? Über Jahre hinweg habe ich in meinen Seminaren für junge Analytiker zu den Phänomenen von Übertragung und Gegenübertragung immer wieder die Auffassung vertreten, daß sich alles, was ein Analysand sagt, auf die Situation in der Analyse oder die Verhältnisse in ihr bezieht, daß kein Gedanke und keine Phantasie je vollkommen grundlos auftreten. Wenn ich trotz meines Bemühens und meiner verschiedenen Versuche, etwas mitzuteilen, was im Verlauf dieser Analyse zu einer Veränderung geführt hätte, nicht dazu in der Lage gewesen bin, bin ich dann phantasielos gewesen? Hätte ich mehr Deutungen des zunehmend archaischen Materials nach der Art von Melanie Klein geben und dabei seine ständige Weigerung übersehen sollen, irgend eine Deutung als bemerkenswert zu akzeptieren? Hätte ich nach der Art von Wilhelm Reich aggressiver vorgehen und seinen Charakterpanzer mit Macht angreifen sollen? Wenn ich darüber nachdenke, so habe ich während der vier Jahre zahlreiche Hypothesen entwickelt, viele neue Anläufe unternommen und Deutungen nach dem Muster von Melanie Klein, Wilhelm Reich, Donald W. Winnicott und Jacques Lacan ebenso gegeben wie Deutungen nach meinem eigenen Ansatz – ohne daß all dies irgend einen Erfolg gehabt hätte. Ich habe aus Erfahrung gelernt, daß Bemerkungen über das Gefühl der Leere und Unzufriedenheit (denn der Analysand ist in einer solchen Situation ebenso unglücklich wie der Analytiker) oder ein Bericht über eigene Phantasien, die mit dem endlosen Tatsachenbericht des Patienten in Verbindung stehen mögen, diesen nur zu dem Schluß führen können, *sein Analytiker habe Probleme.* »Ich sage doch alles, was mir in den Sinn kommt, und Sie sind immer noch nicht zufrieden. Was soll ich Ihnen denn *noch* sagen?« Soll ich von mir aus das Protokoll der Analyse durchbrechen? Soll ich ihn bitten, im Sitzen weiter zu reden und mir in die Augen zu sehen? Soll ich ihn einladen, ein Glas mit mir zu trinken? Soll ich ihn aufrütteln? Selbst wenn mein Analysand keine Spur einer bewußten Phantasie erkennen läßt, so wird mir doch klar, daß mir allerlei merkwürdige Ideen vorschweben, daß ich meinerseits agieren und irgendetwas, ganz gleich was, verändern möchte, um aus dem eingefahrenen Gleis herauszukommen. Doch folgte ich diesen Ideen, würde ich meinerseits zu einer *Anti-Analytikerin.* Das genau festgelegte Protokoll, das einen Patienten vor meiner eigenen Gewaltsamkeit ihm gegenüber schützt, hält mich in der Rolle der Analytikerin. Ich widerstehe also der Versuchung, auf die analytische Beziehung zu verzichten. Wie aber soll es weitergehen? Gleichzeitig muß ich der Versuchung widerstehen, einzuschlafen!

An diesem Punkt will ich gestehen, daß ich die meisten der vorausgehenden Bemerkungen kürzlich während einer Sitzung mit Herrn X. zu Papier gebracht habe. Er ist ein typischer Roboter-Analysand. Meine Arbeit mit diesem Patienten ist nach meiner Auffassung vollständig und spektakulär gescheitert. Er ist mit dieser fruchtlosen Partnerschaft ebenso unzufrieden wie ich. Herr X., ein Architekt von 44 Jahren, verheiratet, zwei Kinder, entstammt einem Milieu, in dem die Analyse hohe Reputation genießt und in dem zahlreiche Freunde und sogar Familienmitglieder sich einer Kur unterzogen haben. Gerade auch diese Details sind typisch für Anti-Analysanden und keineswegs das besondere Problem von Herrn X. Anfangs kam X. viermal die Woche. Nach zwei Jahren offenkundigen Stillstands reduzierte ich seine Analyse auf drei, später auf zwei Sitzungen pro Woche. X. ließ sich nicht täuschen. Er sagte mir, daß er sehr wohl wisse, daß seine Analyse keinen Fortschritt mache. Diese Meinung wurde weiterhin durch die Tatsache bestätigt, daß er von einem Freund erfuhr, eine Analyse dauere vier Jahre – und wir waren bereits im fünften! Er fragte sich, ob ich seinen Fall verpfuscht hätte. Bei dieser Gelegenheit sagte ich ihm, daß auch ich mir diese Frage gestellt hätte, und schlug ihm den Wechsel zu einem anderen Analytiker vor. Doch Herr X. wollte davon nichts wissen. Er leugnete kategorisch, sich durch meine Intervention zurückgesetzt zu fühlen, und verlangte, die beiden zuvor gestrichenen Analysestunden zusätzlich wieder aufzunehmen. Er schien sich auf eine weitere Belagerung von vier Jahren einrichten zu wollen, als litte nicht auch er unter dem Gefühl der Stagnation. Ich wollte und konnte in bezug auf eine Fortsetzung der Analyse nicht optimistisch sein. Die Gegenübertragung hätte für mich nützlich sein sollen und die Grundlage weiterer Deutungen abgeben müssen. In diesem Fall konnte ich solche Erwartungen nicht aufrechterhalten. Obwohl meine affektiven Reaktionen mir wertvolle Einsichten in das Seelenleben von Patienten wie Herrn X. vermittelt haben, führte dies zu keiner bedeutsamen Veränderung.

Wahllos könnte ich irgend eine der Sitzungen mit Herrn X. herausgreifen, um die durch seine Assoziationen entstehende Atmosphäre darzustellen. Am Tag, an dem diese Zeilen geschrieben wurden, beschwerte er sich wie so oft in der Vergangenheit darüber, daß seine Kinder unbegreiflicherweise immer wieder von ihm verlangten, stets mit ihm zusammen zu sein. Selbstverständlich liebte er sie, doch was genug war, war genug! Ohne Übergang beschrieb er dann eine Art Küchenschrank, den er für sein Landhaus gebaut hatte. Er beschwerte sich heftig darüber, daß seine Frau sich nicht für diesen Schrank interessierte. Nach zwanzig Minuten verlor ich wie seine Frau das Interesse daran. Der einzige Unterschied dabei war, daß ich mich dafür schuldig fühlte. Doch ich wußte vorab, daß X. einen Küchenschrank niemals als Symbol akzeptieren würde. Die Wahl eines Themas hatte für ihn keinerlei Bedeutung. Ich hätte selbstverständlich darauf hinweisen können, daß er herauszufinden versuchte, ob

ich an seinem Küchenschrank stärker interessiert sei als seine Frau. Er hätte mir dann gewiß geantwortet: »Meinen Sie?« und hätte mir weiter von den Abmessungen des Schranks erzählt. Ich weigerte mich, die analytische Maske wohlwollender Neutralität abzulegen, und zog mich narzißtisch zurück. Sonst hätte ich vielleicht gesagt: »Sie und Ihr Küchenschrank, Sie langweilen mich zu Tode!« Ganz in meine eigenen Gedanken und Phantasien versunken wurde mir plötzlich klar, daß ich nicht mehr zuhörte.
Was ging in Herrn X. vor, daß er so hartnäckig an dieser Nicht-Analyse festhielt, die wir miteinander betrieben? Und *warum* geschah niemals etwas zwischen uns, was diese mühevolle Partnerschaft in eine konstruktive Analyse verwandelt hätte?
Bevor ich diese Fragen zu beantworten versuche, sollte ich zunächst darauf eingehen, aus welchen Gründen ich X. als Patienten akzeptiert hatte. An Patienten hatte ich keinen Mangel. Tatsächlich mußte er beinahe ein Jahr warten, bevor die Analyse begann. Diese Verzögerung nahm er bereitwillig hin, obwohl er beträchtliche Enttäuschung darüber äußerte, nicht sofort beginnen zu können. X. war von einem älteren Kollegen an mich verwiesen worden, der seine Familie gut kannte und X. nach einem Gespräch für »gut analysierbar« hielt. Doch diese Empfehlung allein vermittelte mir noch nicht das Gefühl, ihn nehmen zu müssen. Tatsächlich hatte auch ich ein Interview mit X. durchgeführt und war nach Abwägung der Gründe, die er für seinen Wunsch nach einer Analyse vorbrachte, überzeugt, daß es sich bei ihm um einen ausgezeichneten »Fall« handele. Wie andere ähnliche Patienten war er intelligent, stellte seine Kenntnis psychoanalytischer Vorstellungen unter Beweis und kannte verschiedene Leute (darunter seine eigene Frau), von denen er glaubte, sie hätten von der Analyse beträchtlich profitiert. Unter den verschiedenen Gründen, die er dafür vorbrachte, eine Analyse machen zu wollen, war in erster Linie der Umstand, daß seine Frau die Frage einer Scheidung aufgeworfen hatte, der

er sich heftig widersetzte. Viele Monate später erzählte er mir, er sei gegen eine Scheidung als solche, weil sie mit seinen moralischen Standards nicht übereinstimme. »Normale« Leute ließen sich nicht scheiden, so sei das eben. Die Tatsache, daß seine Frau vielleicht in der Ehe unglücklich gewesen sei oder daß er selbst sich emotional an sie gebunden fühlen könnte, spielte bei seiner Art, dieses Problem anzugehen, keine Rolle. Während seines Erstinterviews stand er der Forderung seiner Frau jedoch einsichtsvoller gegenüber. Er vertraute mir an, daß alle seine Beziehungen, insbesondere aber die zu seiner Frau, ihm unbefriedigend erschienen. Er ging sogar soweit, sich zu fragen, ob nicht etwas in seinem eigenen Charakter seine Frau dazu gebracht haben mochte, ihn verlassen zu wollen. Er sagte dies, um mir eine (nach seiner Meinung) gute »analytische« Erklärung für das Unerklärliche zu geben. Das hieß keineswegs, daß er es glaubte oder sich dazu bereit fand, einer derartigen Vorstellung nachzugehen. Im folgenden bot X. dann (wie andere vor ihm) eine Reihe neurotischer Symptome an: einige Phobien, einige berufliche Hemmungen und ein gelegentlich wiederkehrendes sexuelles Symptom. Bestürzt stellte ich fest, daß diese Symptome ihn nicht im geringsten interessierten. Er sprach dann weiter vom frühen Tod seines Bruders, als er selbst zehn war, von seinem schwachen, schürzenjägerischen Vater sowie von seiner frommen und strengen Mutter – also von vielversprechenden inneren Objekten, wie man sie bei einem »guten Neurotiker« erwarten darf. Er suchte nicht nur nach Selbsterkenntnis, sondern war davon überzeugt, daß die Analyse ihm helfen könne, sie zu finden. Er war bereit, diesem Ziel Zeit und Geld zu opfern. Was konnte ich also mehr wollen? Leider wußte ich nicht, daß Herr X. in seinem Leben noch nie bei einem Examen durchgefallen war – und daß es also wenig wahrscheinlich war, daß er beim Erstinterview mit seiner Analytikerin durchfallen würde. Ich bin versucht zu sagen, daß X. mich »an der Nase herumführte«. Zwar tat er dies, doch würde eine solche Formulierung ihm eine böse Absicht unterstellen, die er nicht hatte. Pflichtgemäß enthüllte er alles, was er mir meinte zeigen zu sollen, um seine Forderung nach einer Analyse gerechtfertigt erscheinen zu lassen. Im Grunde seines Herzens glaubte er, seine Frau sei an allem schuld, was zwischen ihnen nicht stimmte, und soweit sie nicht zur Verantwortung gezogen werden konnte, sei die Welt im allgemeinen schuld. Dies waren Glaubensartikel, die weder in Frage gestellt noch modifiziert werden konnten. Sie bildeten einen integralen Bestandteil seines Charakters und waren zur Aufrechterhaltung seiner Identität wesentlich.

Patienten wie Herr X. haben insgesamt einige grundlegende Erklärungsmuster für ihre Probleme und für ihre Unzufriedenheit mit dem Leben entwickelt. War für Herrn X. die Ursache seines Unbehagens die Existenz seiner Frau, seiner Kinder und Kollegen, so stammte für Frau O., eine jüngere Professorin in ihren Dreißigern (verheiratet, zwei kleine Töchter), alles Elend aus der Tatsache, daß sie eine Frau war. Das folgende Fragment ihrer Analyse stammt aus einer Sitzung im dritten Jahr unserer Arbeit: »Sie sagen, daß ich nie von meiner Kindheit spreche. Nun gut, ich bin in L. geboren, wie mein um zwei Jahre jüngerer Vetter. Wir lebten dort bis zum Tod meiner Mutter. Mein Vater zog, was nur normal war, meinen Vetter vor. Meine Mutter versuchte, keinerlei Vorliebe an den Tag zu legen, aber selbstverständlich war sie ziemlich enttäuscht, eine Tochter zu haben. Doch das habe ich Ihnen schon alles erzählt.« »Ja, Sie haben nie gesagt, wie schmerzhaft das für Sie gewesen sein muß.« »Ganz und gar nicht! Das waren die glücklichsten Jahre meines Lebens.« »Es war vielleicht nicht einfach für Sie, daß beide Eltern den Jungen vorzogen. Haben Sie sich gefragt, warum?« »Natürlich hätte ich es vorgezogen, ein Junge zu sein – wer täte das nicht?« Nachdem ich diese Frage mit Frau O. von jedem denkbaren Blickpunkt aus besprochen hatte, versuchte ich, eine neue Phantasie aus ihr hervorzulocken. Ich erzählte ihr, daß manche Männer Frauen wegen ihrer Fähigkeit beneiden,

Kinder zu bekommen oder ihren Vater sexuell zu reizen. »Die müssen verrückt sein!« entgegnete Frau O. heftig. Wieder einmal unterstellte sie, daß meine unablässigen Versuche, eine Bedeutung hinter ihrem Schmerz und ihrer Wut darüber zu entdecken, daß sie eine Frau sei, offensichtlich nur bedeuteten, daß ich Probleme hätte, da ihre Position die einzig vernünftige sei.

In gewisser Hinsicht hatte sie recht, daß dies mein Problem ihr gegenüber war. Denn ich konnte mich deutlich daran erinnern, daß einer meiner Hauptgründe dafür, sie für die Analyse zu akzeptieren, darin bestand, daß sie bitter geweint hatte, als ich ihr sagte, daß ich nach allem, was sie mir mitgeteilt hatte, den Eindruck gewonnen hätte, es sei ein Problem für sie, eine Frau zu sein. Unter Tränen äußerte sie, ihr »fehle jede Weiblichkeit«. Mir war dabei entgangen, daß sie überzeugt war, ich würde das Dilemma, eine Frau zu sein, ganz ebenso sehen. Meine Bemühungen, nach einer Erklärung für ihre extreme Verbitterung zu suchen, verärgerten sie nur. Wenn ich nicht den Mut hatte, ihr zu sagen, daß sie auch nach einer Analyse weiterhin eine Frau sein würde, so vor allem deshalb, weil ich wirklich glaubte, daß sie ihre Schmerzen verstehen und zu einer produktiven Lösung gelangen wollte. Statt dessen wollte sie mich von dem schweren Unrecht überzeugen, das sie mit ihrer Geburt erlitten hatte, und an ihrer vereinfachten Lösung festhalten. Zweifellos hatte sie in bezug auf ihre Sexualität und ihre Weiblichkeit durch verletzende Worte ihrer Eltern gelitten, doch die neurotischen Symptome, zu denen dies geführt hatte, interessierten sie nicht. Ihre vollständige Frigidität sowie eine schwere Phobie vor Berührungen (selbst durch ihren Mann und ihre Kinder) schienen ihr nicht weiter untersuchungsbedürftig. »So ist das eben, und damit basta!« Später vertraute sie mir an, daß ihr therapeutisches Ziel darin bestand, »tausend Analysestunden« absolviert zu haben. Diese Zahl war ihr von einem befreundeten Analytiker als gerade richtig genannt worden.

Im folgenden möchte ich einige klinische Merkmale meiner Anti-Analysanden zusammenstellen:

– Patienten dieses Typus weisen eine Reihe von Problemen auf, die im Hinblick auf ihre Eignung für die Analyse unter normalen psychoanalytischen Gesichtspunkten als überzeugend und akzeptabel erscheinen. Ihre roboterartige Charakterstruktur versetzt sie in die Lage, für dieses Vorhaben von vornherein richtig »programmiert« zu sein.

– Hat die Analyse (deren Bedingungen sie ohne weitere Umstände akzeptieren) erst einmal angefangen, so beginnen sie mit einem detaillierten und verständlichen Bericht, doch die Sprache, deren sie sich dabei bedienen, überrascht aufgrund ihres Mangels an Bildhaftigkeit und Affektivität. Trotz einer mehr als durchschnittlichen Intelligenz legen diese Patienten eine Banalität des Denkens an den Tag, die einer mentalen Retardierung sehr ähnlich ist. Die Affektlosigkeit ihrer Objektbeziehungen erinnert an Kinder, die einen frühen Objektverlust erlitten haben. Wo ein Verlust tatsächlich stattgefunden hat, wird er emotionslos erinnert und wie eine unvermeidbare Ungerechtigkeit behandelt. Derartige Ereignisse werden weder in der Übertragung noch einmal durchlebt, noch besteht ein Interesse daran, den Verlust zu untersuchen.

– Ihre neurotischen Probleme erwecken ebensowenig wie die anderer irgendeine Art von Neugier in ihnen.

– Von einigen erstarrten Erinnerungen abgesehen, leben sie ganz in der Gegenwart. Wie Journalisten scheinen sie in den Ereignissen des jeweiligen Tages aufzugehen. Obwohl ihre Vergangenheit oder Gegenwart mit traumatischen Ereignissen angefüllt ist, scheinen sie sie zu entkräften und zu banalisieren.

– Ihre emotionalen Bindungen an die Menschen, die ihnen in ihrem Leben wichtig sind, sind flach und ohne Wärme. Dennoch äußern sie häufig Unzufriedenheit, zuweilen gesteigert zu beträchtlicher Wut, über ihre engsten Freunde und Familienangehörigen oder über das menschliche Schicksal im allgemeinen. Dennoch halten diese Patienten an stabilen Objektbeziehungen fest und suchen sich auf keinerlei Weise von den Objekten ihres Zorns oder Grolls zu trennen.

– Auch die Übertragung vermittelt das Gefühl affektiver Leere. Selbst die der nächsten Umgebung gegenüber so bereitwillig geäußerte Aggressivität wird in der Analyse unterdrückt. Der Analytiker kann den Eindruck gewinnen, für den Analysanden eher ein *Zustand oder eine Voraussetzung denn ein psychisches Objekt zu sein.* Ich möchte dies als »operationale« Übertragung bezeichnen. Sie ähnelt in gar keiner Weise dem Übertragungswiderstand, den Bouvet (1967) als Merkmal zwanghafter Patienten festgestellt hat. Ein Anti-Analysand hält sich nicht auf optimaler, sicherer Distanz zum Analytiker wie ein Zwangsneurotiker. Er scheint statt dessen zu leugnen, daß zwischen beiden irgendeine Distanz existiert und daß der Analytiker eine eigene psychische Realität besitzt. Diese Art, den Analytiker wahrzunehmen, wiederholt sich bei Menschen des alltäglichen Umgangs. Daher kann sie als eine Art »Übertragung« eines habitualisierten Beziehungsmusters gelten, aber ihre Wurzeln in der frühkindlichen Vergangenheit sind schwer auszumachen, da auch die Welt der inneren Objekte irgendwie von aller Libido entleert ist.

Im Verlauf der Analyse sind keine massiven Verdrängungen zu erkennen, die sich ja auch in Träumen, Symptomen und Sublimierungen sowie in der Übertragung Ausdruck verschafft hätten. Die wenigen Träume zeugen jedoch von primitiven psychischen Konflikten. Ein Abgrund scheint den Anti-Analysanden von seinen Trieben zu trennen. Man gewinnt den Eindruck, daß er auch zu *sich selbst* und nicht nur zu den inneren bzw. äußeren Objekten keinen Kontakt hat. Unablässig scheint er eine Situation zu wiederholen, in der er als kleines Kind dringend eine Leere zwischen sich und anderen herstellen mußte, um die psychische Existenz dieser anderen zu leugnen und um damit einen unerträglichen seelischen Schmerz zu besänftigen. Die Distanz zwischen Subjekt und Objekt wird auf Null gebracht, *ohne daß dabei das Objekt, von dem jede Besetzung abgezogen wird, in seinen geliebten oder gehaßten Aspekten zurückgewonnen wurde.* Wo das Objekt entweder als Teil des eigenen Ich oder als dessen Gegenstand seinen Platz hätte finden sollen, da ist eine Leerstelle. Patienten dieses Typus verlieren sich daher nicht im Kontakt mit anderen oder verwechseln sich gar psychotisch mit Teilen von ihnen. Richtiger wäre es zu sagen, daß die anderen irgendwo in ihnen verlorengegangen sind. Sie sind wie Kinder, die nie die Spiele mit der Garnrolle oder das Versteckspiel gelernt haben, die Freud zu so tiefgreifenden Reflexionen veranlaßten. Mit ihrer Weigerung, anderen eine psychische Realität zuzugestehen, und mit ihrer Zurückweisung des Traumas einer Trennung verzichten sie auf viele Aspekte der Identifizierung, weil die anderen zu einer exakten Kopie ihrer selbst geworden sind. Statt deren psychische Realität kennenlernen zu wollen, bieten sie ihnen ihre eigene an. Zweifellos finden gerade aus diesem Grund die Deutungen und Eingriffe des Analytikers bei ihnen nur geringes Interesse und haben wenig Wirkung. Wenn diese Patienten sich plötzlich des Unterschieds zwischen sich selbst und den anderen bewußt werden (gleich, ob es sich dabei um ernsthafte Meinungsverschiedenheiten oder um bloße Geschmacksfragen handelt), reagieren sie leicht mit übertriebener Feindseligkeit. Meist jedoch bedroht sie keine Andersartigkeit, da sie deren Einfluß nicht wahrhaben wollen.

Da diese Phänomene auch in der Übertragung auftreten und die gesonderte psychische Realität des Analytikers konsequent verleugnet wird, werden in diesen psychischen Raum nur wenige Affekte projiziert. Vermutungen oder Befürchtungen über das, was der Analytiker über sie denkt, beschäftigen diese Analysanden nicht übermäßig und bringen sie nicht dazu, sich vor Kritik zu fürchten, Zustimmung zu suchen, ihre Wünsche und Beziehungen oder gar ihre Symptome in Frage zu stellen. Wenn der Analytiker darauf besteht, verschiedene Aspekte der Assoziationen, Gedanken und Gefühle eines Patienten zu *analysieren* oder flüchtige Momente der Übertragung zu deuten – wenn also der Analytiker sich als ein *Anderer* erweist, indem er im Diskurs des Analysanden nach einer Bedeutung sucht –, dann fühlen sich diese Patienten leicht verfolgt, wenn sie nicht zu dem Schluß gelangen, der Analytiker sei etwas gestört.

Wie wird nun diese psychische Struktur zusammengehalten? Eine derartige Verleugnung grundlegender Aspekte der Außenwelt könnte die Gefahr psychotischer Symptome nahelegen. Eine Verleugnung des Unterschieds zwischen sich und anderen ähnelt eher einer radikalen Abweisung all dessen, was ein Individuum bedroht, als einer Phantasiekonstruktion, die einfach aus dem Bewußtsein verdrängt worden ist. Auf diese Weise wird eine sterile Leere zwischen dem Subjekt und anderen geschaffen, über die keine bedrohlichen Gefühle oder Vorstellungen in das Individuum eindringen können. Doch die Verleugnung der Realität bildet einen der grundlegenden Mechanismen, welche die menschliche Psyche seit frühester Kindheit strukturieren. In begrenztem Umfang ist dieser Mechanismus weiterhin in jedem Menschen wirksam. Wichtig ist dabei, wie derartige Ausblendungen aus der Sphäre des Psychischen kompensiert oder wiedergutgemacht werden. Die Verneinung der Realität ist auf der Ebene der phallischen Phase und der Verneinung des Geschlechtsunterschiedes einfacher zu verfolgen als auf dieser grundlegenden Ebene, in der es um den Unterschied zwischen einem menschlichen Wesen und einem anderen geht. In den vorhergehenden Kapiteln habe ich nacheinander die Schicksale dargestellt, zu denen eine Verleugnung der Urszene sowie die Versuche führen können, mit all jenen Ängsten fertig zu werden, welche – wie die der Neurosen, Perversionen und Sublimierungen – unter den Begriff des Kastrationskomplexes fallen und bei denen es sich um unterschiedliche Formen handelt, die durch Verneinungen oder

Verdrängungen verlorenen psychischen Inhalte wiederzuerlangen. Die Abwehrmechanismen, die ich hier zu skizzieren suche, sind jedoch umfassender und entsprechen dem, was Freud als Verwerfung bezeichnete. Diese kann zweifellos als eine prototypische Form der Kastrationsangst betrachtet werden, die um archaische Trennungs-, Desintegrations- und Todesängste zentriert ist und den komplexeren Problemen der sexuellen Identität, der ödipalen Rivalität und der verbotenen sexuellen Wünsche zugrunde liegt. Diese prototypische Angst betrifft den Beginn des psychischen Lebens und den Anfang einer subjektiven Identität.

Angesichts eines wohl überwältigenden psychischen Traumas in der frühen Kindheit sind unsere Roboter-Analysanden nicht in der Lage gewesen, die durch die Abwesenheit des Anderen entstandene Lücke mit lebhaften inneren Objektphantasien oder Identifizierungen (zur Aufrechterhaltung einer Ich-Identität und Autonomie), mit verbotenen, zur Verdrängung bestimmten Phantasien (den Kernen einer zukünftigen Neurose) oder mit der Schaffung eines Wahnsystems zur Kompensierung einer gewaltsamen »Verwerfung« auszufüllen (wie sie Freud im Falle Schreber dargestellt hat). Weder Verdrängung noch pathologische projektive Identifizierung herrschen im Abwehrsystem vor. Statt dessen scheinen diese Patienten eine Art von verstärkter Betonmauer konstruiert zu haben, um die ursprüngliche Trennung zu verdecken, auf der die menschliche Subjektivität gründet – eine undurchsichtige Struktur, die einen freien Austausch sowohl in der innerpsychischen Realität wie zwischen dieser und der Außenwelt behindert. Sie nähert sich dem, was Winnicott als Konstruktion eines *falschen Selbst* bezeichnet hat, mit der der Versuch gemacht wird, eine sensible innere Identität aufrechtzuerhalten, die keine Bewegung zu unternehmen wagt, während eine äußere Schicht sich allen Ansprüchen der Außenwelt anpassen soll. Die von mir beschriebenen Patienten leben ihre Existenz in der Welt der anderen, indem sie eine Reihe strenger Verhaltensregeln in einem unveränderlichen System befolgen. Dieses System scheint von jedem inneren Objektbezug sowohl nach Art des Über-Ich wie des Ich-Ideals losgelöst und gibt eine Dimension dessen wieder, was Abraham als »Sphinkter-Moral« bezeichnete. Bei der Lösung von Problemen scheinen diese Analysanden die »Regeln« zu kennen, ohne das ihnen zugrunde liegende »Gesetz« zu verstehen. Sie neigen mithin dazu, ihre eigenen Gesetze zu entwerfen, während sie zugleich sorgfältig darauf achten, die Regeln nicht zu durchbrechen, die zu Sanktionen führen könnten.

Als Beispiel hierfür sei auf Frau O. verwiesen, von der bereits die Rede war. Sie glaubte, daß alle Männer die Frauen und alle Autofahrer die Fußgänger verachten. Eines Tages kam sie triumphierend zur Analyse, denn sie hatte gerade zwei Fliegen mit einer Klappe geschlagen: Wenige Minuten zuvor wollte sie gerade eine kaum befahrene Straße überqueren, als ein Mann in einem Sportwagen ganz knapp an ihr vorbeifuhr. Ohne auch nur einen Augenblick nachzudenken, schwang sie ihren Regenschirm wie einen rächenden Phallus und brachte dem kleinen roten Auto über dessen gesamte Länge hinweg eine tiefe Schramme bei. Der Fahrer sprang wütend von seinem Sitz auf und drohte, die Polizei zu holen. Frau O. verschwand in panischer Angst und war doch froh darüber, daß wenigstens einmal Recht geschehen war.

Nichts an diesen idiosynkratischen inneren Regeln darf je in Frage gestellt werden. Denn wenn dies geschieht, droht das gesamte System in eine Leere und den Schrecken über den drohenden Identitätsverlust auseinanderzufallen. Die Charakterzüge, die eine Person dazu bringen, die psychische Realität anderer auszulöschen, machen es ihr auch schwer, die eigene zu erfassen. Dies kann regelrechte Denkschwierigkeiten nach sich ziehen. Den betreffenden Personen fehlen die notwendigen Voraussetzungen, um ihre mißliche Lage so aufzufassen, wie dies Bion (1963, 1970) im Begriff der Alpha-Funktionen getan hat. Solche Patienten haben Schwierigkeiten, ein Problem wie die Frage der Andersheit und all dessen, was sie impliziert, zu erfassen und zu durchdenken. Obwohl dies zu einer beträchtlichen Irritation anderer, insbesondere derjenigen führt, die direkt ihr inneres Gleichgewichtssystem bedrohen, sind sie sich insgesamt *nicht der Tatsache bewußt, daß sie selbst leiden*, psychisch anfällig und einsam sind. Folglich können sie weder über derartige Probleme nachdenken noch darüber sprechen. Auch mit fortschreitenden Jahren läßt der aufgestaute Druck nicht nach. Um die beginnende Gefahr deutlicher werden zu lassen, die darin besteht, zum eigenen psychischen Schmerz keinen Zugang zu haben, möchte ich mich eines entsprechenden Bildes aus einem anderen Gebiet bedienen.

Es gibt eine seltene somatische Erkrankung, bei der diejenigen, die von ihr befallen sind, unter der *Unfähigkeit zu leiden* leiden; aus physiologischen Gründen sind sie nicht in der Lage, Schmerzempfindungen zu registrieren und wahrzunehmen. Es handelt sich bei ihrem Leiden um eine potentiell sehr schwere Erkrankung, denn sie gefährdet das physische Überleben – solange natürlich die von ihr befallenen nicht *bestimmte Grundregeln* lernen, die sie aufs Genaueste befolgen müssen, da diese Regeln die normalen biologischen Alarmsignale ersetzen. Wenn sie etwa bemerken, daß sie aus einer Wunde bluten, müssen sie diese Wunde sofort abbinden. Wenn sie sich zufällig ihre Hand verbrennen oder durch ein scharfes Instrument verletzen, müssen sie sich daran erinnern, ihre Hand zurückzuziehen oder das verletzende Instrument sofort zu entfernen und die Wunden, die es verursacht hat, zu behandeln. Ständig müssen sie vor derartigen körperlichen Gefahren auf der Hut sein, da sie über kein eingebautes Warnsystem verfügen und aus diesem Grund sorgfältig eine Reihe von Regeln beachten müssen, die anderen Menschen unverständlich erscheinen würden. Sie laufen sonst Gefahr, ohne Vorwarnung zu verbrennen oder zu verbluten. Um überleben zu können, müssen sie lernen, wie ein *Automat* zu handeln. Aufgrund ihrer Erkrankung scheinen sie dem körperlichen Leiden anderer Menschen gegenüber ohne Mitleid zu sein und sie vielleicht gar zu verleugnen. Unsere Roboter-Analysanden haben ihr Seelenleben in gleicher Weise isoliert. Die Analyse hat nur eine geringe Chance, auf ihre undurchdringliche Schutzschicht einzuwirken, da die betreffenden Personen spüren, daß ihr Seelenleben in Gefahr geraten könnte, wenn irgendeine der Regeln verändert würde, von denen ihr Gefühlsleben, ihre Objektbeziehungen und ihre gesamte Lebenseinstellung beherrscht werden. Wie die Personen, die von der eben erwähnten körperlichen Krankheit befallen sind, machen diese Patienten den Eindruck, sich einer ausgezeichneten Gesundheit zu erfreuen. Ihre scheinbare Normalität kann ein Gefahrensignal sein – ein Problem, mit dem ich mich ausführlicher im Schlußkapitel dieses Buches beschäftigen werde. Von inneren Wunden befallen, deren Schmerz sie nicht empfinden, laufen sie Gefahr, daß ihre psychischen Verwundungen unbemerkt weiterwirken.

Die Konstruktion eines so todsicheren psychischen Systems verleiht dem Ich die Stärke eines computergesteuerten Roboters, der zum unbesiegbaren Wächter des Seelenlebens des Subjekts wird – doch um den Preis von dessen innerem Tod. Ein lebendiger Kontakt mit anderen muß vermieden werden; sie müssen durch das System von Verleugnungen und Zurückweisungen, das wir oben untersucht haben, zurückgehalten werden, als brächte jeder Andere den Tod. Das Dilemma eines Analytikers mit solchen Anti-Analysanden läuft auf folgendes hinaus: Er muß sich nicht nur darüber klarwerden, daß seine bloße Gegenwart, seine Andersheit, ja schon der Grund, dessentwegen der Patient ihm zunächst gegenübertritt, als gefährlich empfunden wird. Er muß zugleich akzeptieren, daß er mit den lebensfeindlichen Kräften im Inneren seines Patienten kämpft, die darauf abzielen, jede Bewegung auf Null zu bringen, die bestimmte Triebregungen zu erwecken oder Hoffnungen neu zu beleben vermag – also alles, was das Individuum in eine libidinöse Beziehung

versetzen könnte. Freuds Konzept des *Todestriebs* findet hier seinen Ort. Aber können wir uns Menschen vorstellen, deren einziges Mittel zum Überleben darin besteht, sich der Kräfte zu bedienen, die schließlich zum Tode führen?
An diesem Punkt möchte ich mich der Frage nach einer psychosomatischen Erkrankung bei Patienten dieses Typus zuwenden. Klinisch weisen sie viele Ähnlichkeiten mit den schwerkranken Patienten auf, die von Marty, de M'Uzan und David (1963) untersucht worden sind. In ihrem Buch *L'investigation psychosomatique* verweisen diese Autoren auf folgende Merkmale: eine detachierte Art von Objektbeziehungen; auffällige Armut im sprachlichen Ausdruck; Interesse an Dingen und Ereignissen eher als an Personen; Fehlen neurotischer Symptome; Gebärden anstelle eines emotionalen Ausdrucks sprachlicher Natur; bemerkenswerter Mangel an Aggressivität, selbst wenn die Umstände sie zu erfordern scheinen; Klima allgemeiner Trägheit, das von seiten des Analytikers dezidiertes Eingreifen erfordert, wenn Stillstand vermieden werden soll. Weitere Untersuchungen von Fain und David (1963) verweisen auf das verarmte Phantasie- und Traumleben psychosomatischer Patienten.
Wir beobachten bei unseren Anti-Analysanden eine ähnliche Art, sich auf andere zu beziehen, dieselbe Verarmung des sprachlichen Ausdrucks, dasselbe Fehlen emotionaler Reaktionen sowie einen ähnlichen Mangel an bewußtem Phantasie- und Traumleben. Über die eben erwähnten Texte hinaus möchte ich darauf hinweisen, daß das gesamte Bild der Anti-Analysanden einen bemerkenswerten Mangel unbewußter (verdrängter) Phantasien aufweist, die ein Individuum um sein potentielles psychisches Kapital bringen, mit dem es sich (durch die Bildung von Sublimierungen oder auch von neurotischen und psychotischen Symptomen) gegen die unvermeidlichen Frustrationen und gelegentlichen Katastrophen des Lebens schützen kann, während sie es zugleich in die Lage versetzen, den Kontakt mit anderen aufrechtzuerhalten.

Die Roboter-Analysanden unterscheiden sich von den psychosomatischen Patienten im wesentlichen in dreierlei Hinsicht. Sie leiden nicht an manifesten psychosomatischen Erkrankungen.[1] In der Interviewsituation weisen sie nicht die für psychosomatische Erkrankungen typische Trägheit auf. Sie zeigen keinen auffallenden Mangel an Aggressivität und drücken im Gegenteil ihre Aggressionen in einer häufig eher als unangemessen zu bezeichnenden Art und Weise aus. Auf diese Unterschiede möchte ich etwas näher eingehen.

Das Problem der »Somatisierung« psychischer Konflikte ist überaus komplex. Bei einer Unterhaltung über meine Anti-Analysanden mit einem Kollegen, der viele Jahre hindurch in der französischen psychosomatischen Forschung eine wichtige Rolle spielte, beschrieb ich ihre Charakterzüge und Beziehungsmuster im einzelnen. »Zweifellos handelt es sich um typische psychosomatische Patienten«, entgegnete mein Kollege. Ich bestand darauf, daß die in Frage kommenden Patienten keine ausgeprägte Neigung zu psychosomatischen Beschwerden hätten. »Warten Sie nur. Sie werden sie schon bekommen!« erwiderte er. Obwohl ich bereit bin zu glauben, daß diese Analysanden durchaus psychosomatisch erkranken können, stellt dies für mich ebensowenig eine Erklärungshypothese dar, wie es ihren gegenwärtigen Status und den Ablauf ihres Seelenlebens definiert. Wenn ich mich einer etwas groben Analogie bedienen darf, so würde ich sagen, daß ich zu definieren versuche, was für eine Art Tier ein Hund ist. Wenn man mir sagte, ein Hund sei ein Tier, welches Flöhe hat, könnte ich protestierend erwidern, mein Hund habe keine. Obwohl ich sicher sein kann, daß er mit der Zeit welche bekommt, sagt mir dies doch nicht, was ein Hund ist. Was ist ein »psychosomatischer Patient«? Wenn

1 Seit der Abfassung dieses Kapitels habe ich beobachtet, daß viele dieser Patienten intermittierend an verschiedenen allergischen Zuständen litten, die möglicherweise durch ähnliche Faktoren in ihrer psychischen Struktur ausgelöst worden sind.

ein Architekt, der gegenwärtig etwa 40 Jahre alt ist, einen Herzinfarkt hätte oder im Alter von 65 Jahren an Bluthochdruck litte, wäre er dann psychosomatisch krank? Und zu welchem Zeitpunkt könnte man das von ihm sagen? Vielleicht sterben wir langfristig alle aus psychosomatischen Gründen. Und kurzfristig ist ein scheinbar »normales« Individuum, der Mann auf der Straße, der nicht im Traum daran denken würde, eine Analyse zu beginnen, psychosomatischen Gefährdungen stärker ausgesetzt als ein Neurotiker.

Die Trägheit, welche die psychosomatischen Patienten in ihren Erstinterviews an den Tag legen, ist auf gar keinen Fall für die Anti-Analysanden bei ihrem ersten Kontakt mit dem Analytiker charakteristisch. Sie vertreten im Gegenteil ihre Sache als zukünftige Patienten besonders aktiv. Die Schwerfälligkeit tritt jedoch später im Verlauf der Analyse auf und ist besonders erkennbar an der fehlenden Reaktion auf Deutungsversuche oder auf die Aufforderung, Situationen zu phantasieren, die mit Alltagskonflikten in Verbindung gebracht werden können oder ihnen zugrunde liegen. Angesichts des auffälligen Mangels an Phantasien bei meinen Patienten bin ich oft darauf verfallen, meine eigenen Einfälle anzubieten, die sich auf Details von Familienbeziehungen und Kindheitsereignisse stützen, von welchen ein Analysand im Verlauf seiner Analyse berichtet hat. Solche Initiativen können, wenn sie nicht von vornherein als absurd zurückgewiesen werden, zu einem kurzen Aufblühen von Bildern und Tagträumen führen, die jedoch rasch wieder verschwinden. Es ist, als versuchte man einen kaputten Wecker wieder in Gang zu setzen, indem man ihn schüttelt. Er tickt dann wohl eine Weile, steht aber rasch wieder still. Es wäre eine Illusion zu meinen, man habe ihn repariert. Obwohl die Analysanden keinerlei Trägheit aufweisen und nicht den Wunsch äußern, die Analyse abzubrechen, wird ein *Analytiker* in dieser Situation leicht entmutigt und schließlich selbst träge. Seine wiederholten Anstrengungen, etwas zu deuten, zu identifizieren, in Frage zu stellen oder erneut aufzugreifen, um die Analyse in Gang zu setzen, können letzten Endes (und nicht ohne Grund) dazu führen, daß der Patient sich verfolgt fühlt. Obwohl dieses Gefühl, kritisiert oder auf andere Weise vom Analytiker angegriffen zu werden, für kurze Zeit neues Material zutage fördern kann, werden die so gewonnenen Einsichten nur allzu leicht verwischt und später verleugnet. Ein Analytiker, dem es gelungen ist, kurze Zeit hindurch als der Andere wahrgenommen zu werden, der über eine andere seelische Wirklichkeit und einen anderen seelischen Raum verfügt, wird schließlich seiner Andersheit entkleidet und wieder von der psychischen Welt des Patienten absorbiert.

Eine der Sitzungen mit Frau O. bietet ein schönes Beispiel dafür. Während der gesamten Sitzung hatte sie sich (wie schon während der vergangenen drei Jahre) über die Ungerechtigkeiten erregt, die Frauen zugefügt werden. Schließlich war sie in Tränen ausgebrochen (was bei ihr ungewöhnlich war). Ich legte ihr die Deutung nahe, daß die Tatsache, eine Frau zu sein, von ihr als eine unbestimmte Bedrohung empfunden wurde und vielleicht auf den schmerzhaften und bedrückenden Phantasien beruhte, die noch zutage treten sollten. »Was für ein Unsinn! Ich nehme Ihnen das nicht ab. Das ist nicht mein persönliches Problem – es gilt für alle Frauen«, antwortete sie. In jener Nacht jedoch hatte sie einen Alptraum, bei dem sie eine Theateraufführung beobachtete. Auf der Bühne sah sie zwei »kolossale Frauen«, die ein junges Mädchen festhielten und es zwangen, ein großes Ei ohne Schale zu verschlucken. Das Ei tropfte, war ekelhaft und blutbefleckt. Dieser abstoßende Gegenstand war zugleich eine blutige Damenbinde. In ihrem Traum bemerkte Frau O. einer nicht identifizierten und unsichtbaren Person gegenüber, das junge Mädchen werde binnen kurzem seine Tage haben. Von den vielen möglichen Interpretationen eines solchen Traumes wurden bestimmte Themen allein durch den manifesten Trauminhalt nahegelegt: Die überwältigenden weiblichen Gestalten konnten einen Kastrationsangriff auf das junge Mädchen vornehmen, damit sie richtig blute und zur Frau werde. Dies wäre eine mütterliche Kastration der oral-sadistischen und archaischen Art, eine »Zwangsernährung«. Zugleich wird der Zugang zur erwachsenen weiblichen Sexualität als eine brutale und ekelhafte anale Einverleibung dargestellt. Es gibt in der furchterregenden Dreiergruppe einen Hinweis auf eine teleskopierte Urszene. Schließlich darf man wohl annehmen, daß auf einer Ebene der unbekannte Zuhörer, dem Frau O. den Schrecken erklärt, der die Bühne beherrscht, die Analytikerin ist, die sie so intensiv von der miserablen Lage der Frauen zu überzeugen versucht hat. Dies alles und sehr viel mehr ist möglicherweise in die verdichtete Traumszene eingeschrieben. Frau O. hatte zu diesem merkwürdigen Traum keinerlei Assoziationen. Ich schlug ihr daher mit äußerster Vorsicht vor, daß er vielleicht darstelle, als wie schmerzhaft sie den Beginn ihrer ersten Periode und mithin ihres Lebens als Frau erfahren habe. »Ich erinnere mich an nichts dergleichen. Sie bringen mich nicht dazu, das zu *schlucken*!« entgegnete Frau O. mit Bestimmtheit. Ich brachte dann die einzige Deutung vor, von der ich glaubte, daß sie sie akzeptieren könnte, nämlich daß die überwältigenden Frauen im Traum mich selbst und meine analytischen Deutungen darstellten, meine Versuche, sie viele Gedanken und Gefühle, die sie nicht für wahr hielt, »schlucken« (reintrojizieren) zu lassen. Für mich gab es keinen Zweifel, daß Frau O. vielleicht seit früher Kindheit sehr darunter gelitten hatte, ein Mädchen zu sein und vielleicht viele andere unangenehme Vorstellungen »schlucken« zu müssen, daß sie aber diesen Schmerz weder noch einmal erleben, noch gar über ihn nachdenken wollte. Nach ihren Regeln stellte die Rede von den Schwierigkeiten, eine Frau zu sein, einfach einen Kommentar zu universell anerkannten Tatsachen dar. Welches Recht hatte ich, ihr meine analytischen »Einsichten« die Kehle hinab zu würgen? Frau O. erwog mit einigem Interesse die Vorstellung, daß sie das Gefühl hätte, ich drückte ihr meine Deutungen wie die gewalttätigen Frauen im Traum die Kehle hinunter, verwarf diese Vorstellung dann jedoch als unannehmbar.

Die Abwehrstruktur dieser Analysanden gehorcht dem Ziel, ihre gestörten Affekte unzugänglich zu lassen und die Lähmung von Teilen ihres Innenlebens aufrechtzuerhalten. Ihre gehemmten Wünsche sollen bleiben, wo sie sind. Da sie eine definitive Antwort auf ihre seelischen Schmerzen gefunden zu haben meinen, wollen sie nicht unnötig leiden. Das Lebenszentrum alles dessen, was (zum Guten oder zum Bösen) im Austausch mit anderen geschehen mag, haben sie entfernt. Übriggeblieben ist nur eine schmerzunempfindliche äußere Schale. Die Außenwelt ist für sie bevölkert nur mit Leuten, die genau definierte Funktionen erfüllen. Jedes Objekt erscheint ihnen als notfalls austauschbar.

Was geht nun in einem Analytiker vor, der zum hilflosen Zeugen derart lähmender Vorgänge wird? Er leidet selbstverständlich darunter, in bezug auf seine analytischen Aufgaben machtlos zu sein; doch die Tatsache, daß ein Patient aufgrund seiner psychischen Struktur eine konstruktive und kreative Arbeit mit ihm verhindert, scheint keine ausreichende Erklärung für die besonders schmerzhaften Gefühle zu sein, welche diese Patienten bei der Mehrzahl von Analytikern wachrufen. Schließlich sind viele Analysanden nicht in der Lage, etwas aus ihrer Analyse zu machen. Ferner sind wir gewohnt, unsere Patienten vor unseren eigenen therapeutischen Ambitionen zu schützen, von denen wir aus Erfahrung wissen, daß sie der Analyse eher schaden als nutzen können. Unser Kummer mit den Anti-Analysanden geht über die Frage eines professionellen Scheiterns und einer narzißtischen Kränkung hinaus. Unsere Deutungen treiben nicht nur die Analyse nicht voran, sondern fallen in ein Faß ohne Boden. Dies läßt uns ohne Echo und bedroht uns in unserer Identität als Analytiker. Doch auch mit diesem Problem sind wir vertraut. Viele Patienten setzen der Analyse und den Bemühungen des Analytikers über lange Zeiträume hinweg mächtige Widerstände entgegen. Bei den Patienten, über die ich hier rede, treten vermutlich noch spezifischere Ursachen hinzu. Obwohl sie unsere Versuche, uns mit ihrem geheimnisvollen Rätsel und ihren überwältigenden psychischen Schmerzen zu identifizieren, rigoros zurückweisen oder entwerten, hindert uns dies nicht daran, uns introjektiv sowohl mit ihrem Ich wie mit ihren inneren Objekten zu identifizieren. Da die Arbeit eines Analytikers stets darauf abzielt, sowohl die eigene psychische Realität wie die seiner Patienten zu beobachten und zu verstehen, ist er verpflichtet, die Liebe, den Haß, die Wut, die Schmerzen und andere damit zusammenhängende Emotionen, die hinter den Worten liegen, vor allem im Rahmen seiner Gegenübertragung zu erfassen, wenn jene wichtigen Affekte von ihren ursprünglichen Objekten und Repräsentationen losgelöst erscheinen. In Kapitel VII bezeichne ich diese Art der Übermittlung von Erfahrungen während der Analyse als »primitive Kommunikation«, um anzudeuten, daß die Funktion des Analytikers in dieser Hinsicht dem Umgang der Mutter mit einem der Sprache noch nicht mächtigen Kind ähnelt. Einem Roboter-Analysanden gegenüber, der ohne Kontakt zu seinem eigenen Leiden ist, wird ein Analytiker früher oder später seine Beobachtung äußern, daß der Patient sich von seinen affektiven und triebhaften Wurzeln abschneidet. Doch bei diesen besonderen Patienten bleiben derartige Deutungen unbeachtet. Hilflos muß ein Analytiker beobachten, wie sein Analysand psychisch verblutet und sich einer unbekannten Ursache wegen vernichten läßt. Diese ungleiche Auseinandersetzung mit einer tödlichen Macht führt dazu, daß die Gegenübertragung von intensiven Angstgefühlen und dem Wunsch durchdrungen wird, sich selbst zu schützen. Der Analytiker ist also in einer derartigen Situation versucht, achselzuckend zu sagen, er habe sein Bestes gegeben, und alles weitere sei nun Sache des Patienten. Doch ob wir es nun wollen oder nicht, es ist auch unsere Sache. Denn das Rätsel des Patienten erfordert nicht nur unser Ver-

ständnis, sondern seine tödliche Kraft muß auch irgendwo in jedem von uns existieren.
Als einziges Mittel zum besseren Verständnis der psychischen Realität dieser Patienten sind wir also weniger auf theoretische Informationen aus anderen Gebieten verwiesen denn auf unser legitimes Arbeitsverfahren – die in unserer Gegenübertragung zutage tretenden Affekte von Schmerz und Sorge.
Angesichts des Eindrucks unendlicher Verlassenheit und unerträglichen Schmerzes, den diese Analysanden unwillkürlich vermitteln (bemerkenswert ist, daß einige, jedoch keineswegs alle von ihnen einen oder beide Elternteile früh verloren haben), mußte ich an die von Spitz und Bowlby untersuchten Kinder denken, die entweder durch Tod, Aussetzung oder Hospitalisierung in sehr frühem Alter den Kontakt zu einem oder beiden Elternteilen verloren hatten. Bowlby und seine Mitarbeiter haben einige Beobachtungen wiederkehrender Verhaltensmuster dieser traumatisierten Kinder aufgezeichnet. Nach einer Phase, in der sie vor allem Protest und Wut an den Tag legen, werden diese Kinder depressiv und ziehen sich für eine unterschiedlich lange Zeit in sich selbst zurück. Wenn diese Zeit der Ablösung vorüber ist, scheinen sie das geliebte Objekt, das sie im Stich gelassen hat, vollständig *vergessen* zu haben. In den schwersten Fällen besetzen die Kinder von da ab ausschließlich unbelebte Objekte. Mithin zählen für sie dann nur Menschen, die ihnen bestimmte *Sachen* geben. Leider hat Bowlby, der das Verhalten dieser Kinder so sensibel beschreibt, die intrapsychischen Prozesse nicht untersucht, die während der Ausbildung von Objektbeziehungen ablaufen. Sein Modell der »Anhänglichkeit«, das Ergebnis minutiöser Beobachtungen, gibt nur geringen Einblick in die hier vorliegende libidinöse Ökonomie. Selbstverständlich können kleine Kinder wegen ihrer psychischen Unreife eine Trauerarbeit nur schwer (wenn überhaupt) leisten. Ihr dringendes *Bedürfnis nach einem Objekt* gestattet es ihnen nicht, ein Objekt während dessen

Abwesenheit zu introjizieren und sich dieses Objekt, das sonst ständig verschwinden oder ganz verlorengehen würde, innerlich erreichbar zu halten. Statt dessen tritt eine massive Verleugnung und Verschiebung auf, die unausweichlich zu einer Verzerrung des Identifikationsprozesses führen muß. Zu der Gefahr, daß die gut entwickelten, lebendigen Objekte insgesamt aus der Innenwelt ausgeschlossen bleiben, tritt die weitere Gefahr, daß alle aggressiven Antriebe gegen die eigene Identität gewendet werden und einen potentiell destruktiven Prozeß in Gang setzen. Zugleich verarmt die innere Objektwelt in dem Maße, in dem die äußeren Objektbeziehungen und deren affektive Bindungen unterbrochen werden. Dies führt zu einer weiteren Verringerung der Vorstellungswelt und des Phantasielebens. Die Anti-Analysanden sind diesen hilflosen und verwaisten Kindern ähnlich. Wie diese scheinen sie ihre inneren Objekte (die guten wie die bösen) mumifiziert zu haben und sich in erster Linie den sachbezogenen und konkreten Aspekten des Umgangs mit anderen zu widmen. Von »außen« kommende Erfahrungen, darunter auch die der Analyse, finden in ihrer inneren Welt keinen symbolischen Ort und verlieren folgerichtig schnell an affektiver Bedeutung.

Ich gelange nunmehr zum dritten Gebiet, auf dem sich die Anti-Analysanden von den typischen psychosomatischen Patienten unterscheiden: das Fehlen von Aggressivität. In dieser Hinsicht sind die Anti-Analysanden eher wie die hilflosen und verwaisten Kinder während der ersten Phase, in der sie innere Distanz zu gewinnen suchen. Die Roboter-Analysanden verfügen über ein beträchtliches Maß an Feindseligkeit, welches auf andere projiziert werden kann (und im allgemeinen projiziert wird). Sie stellen damit eine stabile, wenn auch mürrische Beziehung her. Die große Gereiztheit, die so oft gegenüber wichtigen Personen im Leben der Patienten zum Ausdruck gebracht wird, zeigt, daß die Anderen (zumindest in gewissem Umfang) als seelische *Behälter*, wenn nicht gar gelegentlich als Mülleimer betrachtet werden.

Dies erinnert an die Funktion der von Meltzer (1967) beschriebenen »toiletbreast«, obwohl diese Patienten nicht in der Lage zu sein scheinen, die Analyse wie eine »Brust« zu betrachten. Ihre tiefe und in gewisser Hinsicht positive Bindung an die Objekte ihres Hasses ist unbewußt. Die im Bewußtsein vorherrschende Verärgerung hält an einer affektiven Bindung an die Objekte fest, und dies mag einer der Gründe dafür sein, warum diese Patienten bestrebt zu sein scheinen, über ihre Umgebung chronisch verärgert zu sein. Es ist wichtig, darauf hinzuweisen, daß dieses immer wiederkehrende Gefühl, schlecht behandelt zu werden, sowie die ständig wiederholte Feindseligkeit leicht fälschlich als Ausdruck *psychischen Leidens* aufgefaßt werden können. Richtiger ließe sich diese Art der Beziehung zur Welt als ein Bollwerk gegen Selbstzerstörung sowie als Schutz gegen eine beängstigende Leere und gegen den Schatten des psychischen Todes auffassen. Möglicherweise dient der Deckmantel der Aggressivität sogar als Schutz gegen eine psychosomatische Erkrankung.

Wie dem auch sei – die unablässige Tätigkeit dieser Analysanden im Dienste ihrer negativen Gefühle enthält zahlreiche Hinweise darauf, daß es sich hier um eine magische, wenn auch schwach strukturierte Abwehr einer nur wenig ausgearbeiteten Depression handelt, die von einem frühen psychischen Trauma herrührt und deren sich das Subjekt nicht bewußt ist. Der frühe Bruch zwischen dem Subjekt und den ihm wesentlichen Objekten scheint nicht nur die Fähigkeit zu deren libidinöser Besetzung zerstört zu haben, sondern gleichzeitig auch das Verlangen, mehr zu wissen, in Erfahrung zu bringen oder in Frage zu stellen. *Dies ist der Tod der Neugier.* Das geschädigte Kind will nicht mehr wissen, was in ihm selbst oder im Inneren anderer geschieht. Der »dunkle Kontinent« der Frau erscheint ihm nicht mehr bevölkert mit legendären Monstern oder Fabelwesen, und die *Leidenschaft der Erkenntnis,* die ihre früheste Quelle im Wunsch des kleinen Kindes findet, sich zu verstecken bzw.

den Körper der Mutter mit dessen gesamtem Inhalt in Besitz zu nehmen, wird stark beeinträchtigt. Das Märchenbuch jener Phantasien, die allem gelten, was ein menschliches Wesen mit einem anderen verbindet, wird ein für allemal geschlossen. An seine Stelle treten bestimmte Verhaltensregeln und eine operationale Beziehung zur Außenwelt.

Zwei theoretische Ansätze sind nach meiner Auffassung diesen Vorgängen im Seelenleben angemessen. Die gewaltsame Abspaltung einer inneren Objektwelt von den triebhaften Grundlagen der Gefühle, deren Schäden wir bei diesen Patienten gesehen haben, erinnert an das, was Bion (1963) als »Minus-K-Phänomen« sowie als »Kastration des Ich« oder als »Kastration des Sinns« bezeichnet hat. Die Repräsentationen sind durchaus vorhanden, sie sind unentstellt, aber ihrer Bedeutung beraubt und können mithin nicht als Elemente begrifflichen Denkens verwendet werden. Ein anderer Ansatz gegenüber einem ähnlichen Phänomen ist der, den Lacan (1956) seinem Konzept der »Verwerfung« zugrundelegt. Lacan folgt damit einer Auffassung Freuds, derzufolge die in Frage stehenden psychischen Ereignisse (anders als bei der Verdrängung) behandelt werden, als hätten sie niemals existiert. Derartige Ereignisse oder Repräsentationen werden also von ihrem Ort in der Kette der Symbolisierungen ausgeschlossen. Freud meinte, daß dieser Abwehrmechanismus bei psychotischen Charakterstrukturen vorherrsche, und die Arbeiten von Bion und Lacan bestätigen diese Auffassung.

Unsere Anti-Analysanden sind jedoch nicht psychotisch. Ihre Verleugnung einer psychischen Eigenständigkeit wird nicht durch Wahnbildungen kompensiert. Statt dessen bleiben diese Patienten (wenn davon überhaupt die Rede sein kann) exzessiv an die Außenwelt gebunden, allerdings unter der Voraussetzung, daß die affektiven Bindungen an andere abgeschnitten bleiben und daß die wechselseitige Durchdringung von Vorstellungen einer starken Kontrolle unterliegt. Durch diese Maßnahme können die Patienten hoffen, sich

gegen unerträgliche Verletzungen von seiten anderer zu schützen, und zwar um den Preis, jede Bindung durchzuschneiden, die sie in den Bereich ihres Begehrens und in den Umkreis der Wünsche, Ängste und Ablehnungen anderer Menschen hineinziehen könnte. In der Analyse kommt es notwendig zu keinerlei Übertragung.
Doch die Wut und Gereiztheit sowie die immer erneute Suche nach fiktiven Feinden, die für den Verrat und das Verlassenwerden durch die frühesten Objekte verantwortlich gemacht werden können, bleiben weiterhin bestehen. Der Analytiker wird seinerseits zu einem fiktiven Feind, der abgewehrt werden muß. Tun wir Recht daran, diese kostbare Wut zu entziffern und in ihre Bestandteile zu zerlegen? Eine Antwort auf diese Frage fällt deshalb schwer, weil die Analysanden in der Mehrzahl der Fälle uns nicht die Gelegenheit dazu bieten. Die Aufhebung einer libidinösen Besetzung, ja sogar ein lebhafter Unwille gegenüber dem Analytiker sowie das immer wiederkehrende Scheitern von Versuchen, im tiefen Unbefriedigtsein des Patienten eine Bedeutung zu finden, führen zu einer kalten und sterilen Atmosphäre zwischen den beiden an der Analyse beteiligten Partnern, welche schließlich das dringende Verlangen des Analytikers zum Erlöschen bringt, mehr wissen zu wollen. Es ist in der Tat traurig, feststellen zu müssen, daß der Analytiker Gefahr läuft, den psychischen Schmerzen des Patienten gegenüber ebenso indifferent zu werden wie dieser selbst.
Vielleicht hat dieses tragische Ergebnis für die Patienten insofern eine dynamische Bedeutung, als sie implizit um die Erlaubnis bitten können, ihre wütende Bindung an die Außenwelt zu schützen. Die Verfolgungsobjekte enthalten einen Teil ihrer selbst und sind daher ein lebendiges Gefäß ihrer personalen Identität. Was nun das unerkannte Leiden angeht – bitten sie uns nicht, es im Zaume zu halten, ohne darauf zu reagieren, und es, soweit wir uns mit ihm identifizieren, für uns zu behalten? Gelingt ihnen damit nicht ein Stück ihrer Analyse?

Doch diese einfache Erklärung ist nicht befriedigend, denn offensichtlich klammern sich diese Analysanden überaus heftig und stärker als viele der ›normalen Neurotiker‹ trotz der offensichtlichen Stagnation an *ihre* Analyse. Manchmal hatte ich den Eindruck, daß sie sich an die Analyse klammern wie ein Ertrinkender an eine Schwimmweste, auch wenn er nicht mehr glaubt, das Ufer zu erreichen. Ich würde vermuten, daß diese Patienten an der Hoffnung festhalten, daß irgendwo in ihnen ein verborgenes Universum liegt, ein unbewußtes Seelenleben sowie eine andere Art, mit sich selbst und anderen denkend und fühlend umzugehen. Auch wenn diese Patienten selbst nicht daran glauben, wissen sie, daß ihr Analytiker es glaubt, und halten damit an dieser schwachen Spur einer Hoffnung fest.

VII. Gegenübertragung und primitive Kommunikation

Manche Patienten berichten oder rekonstruieren während der Analyse traumatische Ereignisse, die in ihrer Kindheit eingetreten sind. Aber sollen wir dieses Material anders als die übrigen Assoziationen von Patienten behandeln? Wenn dies notwendig wäre, worin bestünden dann die Unterschiede? Seit Freuds Entdeckung, daß die traumatischen Verführungen seiner hysterischen Patientinnen sich als Phantasien erwiesen, die auf frühkindliche Sexualwünsche zurückgingen, hat sich die Psychoanalyse sehr gehütet, Phantasien mit Wirklichkeit zu verwechseln. Dennoch gibt es zahlreiche »wirklich eingetretene« Ereignisse, die traumatische Spuren bei unseren Patienten hinterlassen haben – etwa der frühe Tod des Vaters, eine psychotisch gewordene Mutter oder eine durch Krankheit beeinträchtigte Kindheit. Selbst wenn diese Ereignisse in der Reichweite des Bewußtseins liegen, konfrontieren sie uns wegen des je verschiedenen Gebrauchs, den Patienten von ihnen machen, unweigerlich mit besonderen Problemen. Dies gilt zumal für das oft von Patienten vorgebrachte Argument, bei diesem Material gebe es nichts zu analysieren, da diese Ereignisse »wirklich geschehen« seien. Sie sind jedoch zu einem Teil der psychischen Wirklichkeit eines Patienten geworden und verdienen von daher besondere Aufmerksamkeit.
Die Aufdeckung traumatischer Ereignisse aus noch früheren Zeiten, die vor dem Erwerb *sprachlicher* Kommunikationsfähigkeit liegen, ist insofern weit komplizierter, als wir die traumatische Dimension nur durch den unbewußten Druck wahrnehmen können, der sich im Wesen und in der Sprache des Analysanden niederschlägt und damit schließlich (wenn überhaupt) nur in den *Reaktionen unserer Gegenübertragung* zu fassen ist.

Bevor wir fortfahren, ist es nötig, festzulegen, was ein psychisches Trauma konstituiert, da offensichtlich Ereignisse, die bei dem einen Patienten schädliche Auswirkungen gehabt haben können, einen anderen unversehrt gelassen haben. Die Bewertung »traumatischer« Folgeerscheinungen wird weiter durch die Notwendigkeit kompliziert, eine Unterscheidung zwischen ihnen und jenen universalen »Traumen« zu treffen, die zum Wesen der menschlichen Psyche gehören, nämlich die dramatische Trennung des eigenen Selbst von dem des Anderen, die traumatischen Implikationen, Verbote und Frustrationen, die mit der Erkenntnis des Geschlechtsunterschieds einhergehen, sowie schließlich die unerbittliche Realität des Todes. Die Menschen müssen mit jedem dieser Traumen fertig werden, oder sie werden psychisch krank. Ich behaupte nun, daß ein katastrophales Ereignis insoweit als traumatisch betrachtet werden kann, als es eine Auseinandersetzung mit diesen unvermeidlichen Katastrophen, welche die psychische Realität des Menschen strukturieren, beeinträchtigt oder verhindert.

Bevor wir uns dem Problem des *frühen* psychischen Traumas bei erwachsenen Patienten zuwenden, mag es für die Zwecke des vorliegenden Kapitels von Nutzen sein, kurz auf die Bedeutung katastrophaler Ereignisse für die Analyse einzugehen, die nach dem Erwerb der Sprache und der Fähigkeit zu verbalem Denken eingetreten sind. Derartige Ereignisse werden, wenn sie im Verlauf der Analyse berichtet werden, häufig als unerschütterliche Tatsachen statt als Gedanken und freie Assoziationen präsentiert, die psychologisch exploriert werden können. Als solche stellen sie einen Widerstand für den weiteren Verlauf der Analyse dar.

Dies war der Fall bei einem Patienten, dessen Mutter am Steuer ihres Wagens bei einem Verkehrsunfall ums Leben kam, als er erst sechs Jahre alt war. Der Vater, der sich dem kleinen Jungen gegenüber warmherzig und aufmerksam zeigte, wurde darüber hinaus als leicht alkoholisiert und zuweilen unverantwortlich dargestellt. In den ersten Monaten seiner Analyse führte der Analysand seine neurotischen Charakterprobleme insgesamt auf den frühen Tod seiner Mutter zurück, den er damit zu einem Alibi machte, welches zum Widerstand gegen weitere Fragen wurde. Später enthüllten seine Phantasien, daß es sich bei dem Unfall in Wirklichkeit um einen Selbstmord handelte. Nach Auffassung des verwaisten Kindes hatten das Alkoholproblem seines Vaters und dessen Unverantwortlichkeit (die unbewußt eine Art sadistischer Urszene darstellten) seine Mutter zu diesem Akt der Verzweiflung getrieben. Der Vater war daher für den Verlust seiner Mutter verantwortlich. Während des weiteren Verlaufs der Analyse trat jedoch noch eine weitere Phantasie zutage. Ihr zufolge war der Analysand selbst für das Verbrechen verantwortlich. Er wollte den Platz seiner Mutter bei seinem Vater einnehmen und als einziger dessen Wärme und sinnliche Nähe genießen. Durch magisches Denken glaubte er den Tod seiner Mutter verursacht zu haben. Welche Tatsachen ihrem Unfalltod auch zugrunde gelegen haben mochten, die einzige Realität, der sich unsere analytische Arbeit zuzuwenden hatte, war sein Seelenleben, also eine Kindheitsphantasie, die auf einem verdrängten homosexuellen Verlangen und einem verdrängten Todeswunsch gegenüber der Mutter beruhte. Diese unbewußten Wünsche spielten im Seelenleben und in der Libidoökonomie des Patienten eine große Rolle. Ein äußeres Ereignis war zufällig zum Komplizen im Phantasieleben des kleinen Jungen geworden, und zwar zu einem Zeitpunkt, an dem er bereits mit homosexuellen und heterosexuellen ödipalen Wünschen kämpfte. Es setzte ihn einer doppelt traumatischen Erfahrung aus, welche die Lösung seines ödipalen Konflikts schwieriger gestaltete, als dies gewöhnlich der Fall ist. Im Verlauf der Analyse wurde es möglich, das tragische Ereignis so zu deuten, *als handele es sich bei ihm um eine Projektion*, das Ergebnis eines sich in Allmachtsphantasien ergehenden kindlichen Denkens. Von da an konnten die Trauerarbeit und die Identifizierungsprozesse, die durch die verdrängten infantilen Phantasien des Patienten blockiert waren, erneut beginnen. Statt des unablässigen Gefühls, wie ein Scharlatan zu leben, innerlich abgestorben zu sein und vor Entsetzen angesichts jedes phantasierten Wunsches zu erstarren, war der Patient nunmehr in der Lage, eine innere Welt voll lebendiger Ereignisse und Objekte aufzubauen und der Welt der anderen in angemessenerer Weise gegenüberzutreten.

Obwohl es wichtig ist, zwischen realen und phantasierten Ereignissen zu unterscheiden, ist es insgesamt doch richtig, daß die Psychoanalyse zur Änderung der Auswirkungen katastrophaler Ereignisse nichts beitragen kann, wenn diese nicht zugleich als Ergebnisse von Allmachtsphantasien erfahren werden können. Nur dann kann ein Analysand diese Ereignisse wirklich als integralen Bestandteil seines *psychischen Kapitals* beherrschen, als einen Schatz, mit dem nur er allein fruchtbringend arbeiten kann. Es kann, mit anderen Worten, niemand für die Tragödien oder Traumen verantwortlich gemacht werden, welche die Objekte der Außenwelt im Seelenleben eines Kindes hinterlassen haben. Doch jedes Individuum ist allein für seine *inneren Objekte und für seine innere Welt* verantwortlich. Es kommt darauf an, herauszufinden, welchen Gebrauch es von diesem inneren Kapital an Schmerz und Verlust macht.

Unter diesem Gesichtspunkt fungieren traumatische Ereignisse häufig als Deckerinnerungen und können als solche viel wertvolles analytisches Material zutage treten lassen. Neurotische Symptome können im allgemeinen als durch Worte und Einstellungen der Eltern verursacht aufgefaßt werden, genauer: durch die *Deutung*, welche das Kind den stummen und verbalen Äußerungen seiner Eltern verleiht. Wie im eben zitierten Fall können sie auch durch die Deutung und psychische Bearbeitung traumatischer Ereignisse entstehen. Das davon herrührende Material wird letzten Endes vom Analytiker auf eine zwar kompliziertere, aber nicht grundlegend andere Art behandelt als dasjenige aus neurotischen intrapsychischen Konflikten. Unter dem Gesichtspunkt der Gegenübertragung muß er sich nur vor der Gefahr einer Verwirrung des Patienten hüten, da das tragische Ereignis oder der lähmende Unfall tatsächlich stattgefunden haben.

Wie steht es nun aber mit traumatischen Ereignissen, die vor dem Erwerb des sprachlichen Denkens und der Kommunikation durch die symbolische Verwendung des Sprechens eingetreten sind? In den ersten Lebensjahren kommuniziert das Kind mit Hilfe von Zeichen, vor allem von Schreien und Gebärden, statt durch die Sprache. Und es kann in der Tat nur insofern davon die Rede sein, daß es vermittels dieser Zeichen *kommuniziert*, als sie von einem Anderen verstanden werden, der sie als Mitteilungen behandelt. Unter diesem Gesichtspunkt ist *die früheste Wirklichkeit eines Säuglings das Unbewußte seiner Mutter*. Die Spuren dieser frühen Beziehung sind nicht im Vorbewußten eingeschrieben wie jene Elemente, die zu einem Teil der Kette sprachlicher Symbolisierungen geworden sind. Sie nehmen eine andere psychische Stellung ein als die in Form *verdrängter* Phantasien erhalten gebliebenen Repräsentationen. Mithin haben sie nur wenig Gelegenheit, in neurotischen Symptomen partiell zum Ausdruck zu gelangen. Die traumatischen Erscheinungen der frühen Kindheit haben mit der Urverdrängung zu tun. Der Säugling, der bereits durch seinen lateinischen Namen »infans« als ein nicht sprechendes Wesen gekennzeichnet ist, kann, wenn er seelischem Schmerz ausgesetzt wird, sein narzißtisches Gleichgewicht nur durch eine primitive Abwehr wiedererlangen, also durch Projektion und Introjektion, durch Aufspaltung, Halluzination und Verwerfung. Diese Mechanismen erreichen ihre Wirksamkeit nur durch die Versuche der Mutter, den Säugling zu verstehen und sich introjektiv mit ihm zu identifizieren. Bemerkenswert ist, daß auf dieser vorsymbolischen Stufe seelisches Leiden von körperlichem Leiden nicht zu unterscheiden ist. Dies wird an den Mitteilungen von Psychotikern ebenso deutlich wie bei vie-

len psychosomatischen Erkrankungen. Wenn ein Kind, das schon sprechen kann, die Äußerungen seiner Eltern auf seine Weise *deutet*, dann nimmt ein Säugling sozusagen eine *Simultanübersetzung* der bewußten und unbewußten Botschaften seiner Eltern vor. Da die Fähigkeit, die Affekte anderer Menschen zu erfassen, dem Erwerb der Sprache vorausgeht, *reagiert* ein Säugling notwendigerweise auf die Emotionen seiner Mutter sowie auf die ihr unbewußt bleibende Art, sie ihm zu übermitteln. Die Fähigkeit der Mutter, die Bedürfnisse des Säuglings zu erfassen und auf sie zu reagieren, hängt von ihrer Bereitschaft ab, seinen Schreien und Bewegungen *eine Bedeutung zu verleihen*. Dadurch wird es ihm schließlich möglich, diese Bedeutung zu introjizieren und ein Verhältnis zu seinen eigenen Bedürfnissen zu gewinnen. Außerhalb dessen, was es für seine Mutter repräsentiert, besitzt ein Baby keine psychische Existenz. Sie verleiht ihm nicht nur biologische und psychologische Kontinuität, sondern ist auch sein *Denkapparat* (Bion 1970).
Dieser Exkurs über die Mutter-Kind-Beziehung soll zwei Hauptthemen dieses Kapitels erläutern, nämlich unsere Methode bei jenen Analysanden, die durch einen Zusammenbruch der Kommunikation mit der Mutter im Säuglingsalter gekennzeichnet sind, sowie die Art und Weise, in der sich ein derartiger Zusammenbruch während der Analyse bemerkbar machen kann. Es obliegt in solchen Fällen dem Analytiker, der sich in die Position der Mutter versetzt findet, die unartikulierten, dem Säuglingsalter entstammenden Botschaften seines Patienten zu entziffern oder ihnen eine Bedeutung zu verleihen. Selbstverständlich ist diese primitive Form von Kommunikation und diese archaische Bindung in der Beziehung zwischen Analytiker und Analysand immer vorhanden. Wir könnten sie als ursprüngliche oder *grundlegende Übertragung* bezeichnen. Doch diese Dimension verdient keine besondere Beachtung, solange die analytischen Assoziationen frei zutage treten und offensichtlich das Ziel haben, dem Analytiker Gedanken und Gefühlszustände mitzutei-

len. Dieser hört dann einer manifesten Kommunikation zu, die seinem analytischen Ohr zahlreiche latente Bedeutungen offenbart. Die Patienten jedoch, an die ich hier denke, bedienen sich der Rede in einer Art und Weise, die mit der Sprache der freien Assoziationen wenig gemein hat. Hört ein Analytiker ihnen zu, so kann er den Eindruck haben, es handele sich um eine auf allen Ebenen bedeutungslose Kommunikation. Oder er bemerkt, daß er von Affekten überschwemmt wird, die mit dem Inhalt der Kommunikation des Patienten direkt nichts zu tun zu haben scheinen. Die Frage ist, wie derartige Affekte der Gegenübertragung zu verstehen und zu verwenden sind. Ich hoffe zeigen zu können, daß die Analysanden, von denen hier die Rede ist, die Sprache häufig als eine *Handlung* statt als symbolisches Mittel zur Kommunikation von Ideen oder Affekten benutzen. In derartigen Augenblicken, die dem Analytiker und dem Patienten in gleicher Weise unbekannt sind, enthüllt der letztere die Auswirkungen eines katastrophalen Zusammenbruchs der Kommunikation, welcher zu einem Zeitpunkt eintrat, als er unfähig war, etwas Erlebtes psychisch aufzunehmen oder durchzuarbeiten. Spuren eines derartigen frühen Zusammenbruchs finden sich entweder in somatischen Phänomenen, die als eine archaische Form des Denkens angesehen werden können, oder sie äußern sich als Leerstellen und fehlender Zusammenhang in den Gedanken und Gefühlen des Patienten in bezug auf das, was mit ihm geschieht oder ihn betrifft. Diese Erfahrungen können sich in der Sprache niederschlagen oder symbolischen Ausdruck finden, aber Versuche, sie zu deuten, brechen plötzlich ab. Man kann bei derartigen Patienten entdecken, daß jedes Gefühl oder jeder flüchtige Gedanke, der die ursprüngliche Katastrophe wieder herbeizuführen droht, sofort mit solcher Macht unterdrückt oder vom Bewußtsein ferngehalten wird, daß der Betreffende an schweren Störungen seines Denkvermögens leidet oder wie ein Roboter zu funktionieren scheint. Er ist nicht in der Lage, den unbewußten Spuren der Katastrophe psychisch genügend Zeit und Raum zu lassen, um dem Bewußtsein zugänglich zu werden. Häufig stürzt er sich, sobald die entstehenden Gedanken oder Gefühle abgewiesen sind, in irgendeine Form des Handelns, um die Wiederkehr der unangenehmen Phänomene abzuwehren und die durch das abgewiesene Material entstandene Leerstelle zu verdekken. Ökonomisch garantiert ein derartiges Handeln eine gewisse Spannungsabfuhr und kann von daher als ein »Symptomhandeln« bezeichnet werden. Auf diese Weise kann das Sprechen selbst zu einer Symptom*handlung* und damit zu einer »Anti-Kommunikation« werden. Der Analytiker kann auf diese Weise negativ erfassen, was zuvor als ein nicht ausdrückbares Drama vorhanden war. Das hinter solchem Symptomhandeln verschwindende Material kann häufig (etwa in Träumen) zu symbolischem Ausdruck gelangen; es bringt dann aber weder Assoziationen in Gang, noch mobilisiert es Affekte.

Das folgende ist ein Beispiel eines derartigen Traums bei einem Patienten, dessen Probleme vermuten ließen, daß sein Seelenleben in vielerlei Hinsicht verödet und in bezug auf seine Symbolisierungsfähigkeit zerstört war:

»Ich träumte, daß ich wieder an dem Ort war, wo ich geboren bin. Es handelt sich dabei um ein kleines Dorf, doch in meinem Traum war es ungeheuer groß – und leer. Es war keine Menschenseele zu sehen. Leere Häuser, verlassene Straßen. Selbst die Bäume waren tot . . . Plötzlich wachte ich auf. Der Traum ging noch weiter, aber ich kann mich nicht mehr erinnern, wie. Und alles nur wegen meiner Frau! Wir hatten zu jener Zeit eine heftige Auseinandersetzung über irgendeine dumme Angelegenheit. Und auch daran kann ich mich nicht erinnern.«

Keinerlei Assoziationen folgten auf diesen Traum, und das Interesse des Patienten an ihm schien in dem Augenblick zu schwinden, als er ihn erzählt hatte. Das Thema des Traums, welches beim Analytiker ein Gefühl der Öde und des Unheimlichen hinterließ, löste beim Analysanden keine derartigen Gefühle aus. Im Gegenteil, seine Auseinandersetzung mit seiner Frau (ein häufig wiederkehrendes Thema bei diesem Patienten) erfüllte ihn weiterhin mit Wut, obwohl er vergessen hatte, worum es bei dieser Auseinandersetzung ging. Die Intensität seines Interesses an ihr stand in deutlichem Gegensatz zur Leblosigkeit des Traums und der in ihm geäußerten Stimmung. Eine unbewußte Verbindung zwischen dem »vergessenen« Teil des Traums und dem ebenfalls »vergessenen« Grund seiner Auseinandersetzung bietet eindeutig einen Schlüssel zur Dynamik der psychischen Situation des Patienten. Wir hatten bereits entdeckt, daß er sich nur »voll und ganz lebendig« fühlte, wenn er in Feindseligkeiten mit seiner Umwelt verstrickt war. Auseinandersetzungen waren für ihn eine Form der »manischen Abwehr« todesstarrer oder depressiver innerer Erfahrungen, von denen die letzteren weder in seinem Denken noch in seinen Gefühlen, sondern nur im Traum Gestalt gewinnen konnten. Nach meiner (und des Patienten) Meinung gab es kaum einen Zweifel, daß er in seiner frühen Kindheit eine psychische Katastrophe in bezug auf die Menschen, die ihm nahe standen, erlebt haben mußte. Doch es gab keine Erinnerungsspuren, und die Überreste, die aus den Quellen im Unbewußten hätten stammen können, führten zu keinen weiteren Assoziationen. Sie schienen nur im Handeln Ausdruck zu suchen. Die verdrängten Elemente, aus denen sich die frühkindliche Vergangenheit hätte rekonstruieren lassen, waren hier nicht vorhanden. Die »Katastrophe« hatte die Fähigkeit des Patienten betroffen, über sich selbst nachzudenken und schmerzhafte Affekte zu ertragen. Sie konnte mithin nur aus seinen Handlungen erschlossen werden, die wiederum nicht in mitteilbare Gedanken zu übersetzen waren.

Für manche Analysanden wird während der Analyse *das Sprechen selbst zu einem Handeln*. Statt Vorstellungen, Gefühle und freie Assoziationen mitzuteilen, scheinen diese Patienten bestrebt zu sein, den Analytiker etwas *spüren* zu lassen oder ihn so weit zu bringen, daß er etwas *tut*. Dieses

»etwas« läßt sich nicht benennen, und die Patienten sind sich dieses ihres Ziels in keiner Weise bewußt. Häufig stellen sie ihrem Analytiker Fragen oder äußern: »Nun gut, nachdem ich ihnen all dies erzählt habe, wäre es da nicht an der Zeit, daß Sie auch mal etwas sagen? Können Sie mir nicht sagen, was in meinem Leben nicht stimmt?« Oder sie äußern: »Wie soll ich denn wissen, daß überhaupt jemand da ist, wenn Sie nichts sagen? Ich könnte genau so gut gegen eine Wand reden!« Offensichtlich sind alle Patienten dazu in der Lage, derartige Gefühle auszudrücken, doch die gewöhnlichen Neurotiker akzeptieren, daß es von besonderer Bedeutung ist, wenn sie sich in dieser Weise an den Analytiker wenden. Sie versuchen, mit ihm zu kooperieren, wenn er Gefühle deutet, die solche Bemerkungen ausgelöst haben. Wenn sie Glück haben, können sie erkennen, daß ein kindlicher Teil in ihnen nach Sicherheit verlangt oder sich durch die Strenge der analytischen Regeln frustriert fühlt. Aufgrund dieser Einsicht können sie zu einem umfassenderen Verständnis ihrer persönlichen Lebensgeschichte und ihrer vergessenen Vergangenheit gelangen. Doch die Patienten, an die ich hier denke, sind nicht in der Lage, eine ausreichende Distanz zu wahren, um diese Phänomene bei sich selbst zu beobachten. Sie sind daher unfähig, die ihrer Übertragung zugrunde liegende Bedeutung zu überprüfen. Ständig sind sie wütend oder deprimiert über die Analyse und zugleich verzweifelt darüber, daß sie stagniert. Die Forderung, der Analytiker solle deuten, ist in einem Kontext, in dem es offensichtlich kein zu deutendes Material gibt, ein Anzeichen dafür, daß sich der Analysand in einer inneren Auseinandersetzung befindet, die nicht zum Ausdruck gelangen kann und statt dessen zu innerer Unruhe führt. Die wiederum veranlaßt ihn, den Analytiker um ein Zeichen seiner Existenz zu bitten, um die Welle der Emotionen zu unterdrücken oder die Analyse zu beenden. Später wird deutlich, daß der Patient in solchen Augenblicken von Gefühlen der Wut oder Angst in einem derartigen Ausmaß überschwemmt wird, daß er unfähig wird, im gegebenen Kontext *weiterzudenken.* In seiner Not ist er nicht mehr sicher, daß ihn auf seinem schwierigen Weg durch die Analyse ein lebendiger Mensch zuhörend begleitet.

Der Analytiker, der sich immer wieder in Frage gestellt und zum Handeln gedrängt sieht, ist zugleich, wann immer er zu deuten versucht, blockiert. Das heißt, er wird sich bewußt, *daß er seiner Aufgabe als Analytiker nicht mehr angemessen gerecht wird.* Er erhält in der Tat *primitive Mitteilungen* in eben der Weise, in der ein Säugling durch heftige Körperbewegungen oder Schreie etwas mitteilt.

Unter diesen Voraussetzungen gelange ich zu zwei Thesen:

– Es ist in diesen Fällen zulässig, auf das Vorhandensein von Folgeerscheinungen früher psychischer Traumen zu schließen, die in der Analyse einer besonderen Behandlung bedürfen.

– Diese »Decksprache«, die von Botschaften durchsetzt ist, die nie verbal ausgearbeitet worden sind, kann zunächst nur durch die Affekte der Gegenübertragung erfaßt werden.

Um besser illustrieren zu können, worum es mir geht, möchte ich auf einen klinischen Fall zurückgreifen. Dieses Fragment einer Analyse, welches schon mehr als fünfzehn Jahre alt ist, ist kein hervorstechendes Beispiel für das in Frage stehende Problem, doch es handelt sich dabei um den einzigen Fall, in dem ich mir seinerzeit längere Notizen machte. Nötig geworden war dies, weil ich nicht verstand, was zwischen meiner Patientin und mir vorging. Seit jener Zeit habe ich häufig derartige verdeckte Mitteilungen richtig aufgefaßt und einen besseren Kontakt mit einer archaischen Dimension der psychischen Struktur von Patienten herstellen können. Gelernt habe ich dies vor allem von der Analysandin, von der nun die Rede sein soll.

Annabelle Borne war 44 Jahre alt und hatte bereits 11 Jahre Analyse hinter sich, als sie von einem männlichen Kollegen zu mir geschickt wurde. Nach einem einzigen Interview mit

diesem Kollegen hatte sie ihn um die Adresse einer Analytikerin gebeten. In unserem Erstinterview erzählte sie mir, daß sie bereits bei drei Analytikern war. Die erste Analyse war auf ihren eigenen Wunsch beendet worden, als die Analytikerin während des dritten Jahres der Analyse schwanger wurde, was für sie selbst unerträglich war. Weitere fünf Jahre hindurch setzte sie daraufhin die Analyse bei einem Mann fort. Dies war nach ihrer Auffassung eine wertvolle Erfahrung für sie, da sie zum ersten Male in ihrem Leben in der Lage war, nach vielen Jahren leidvollen Alleinseins eine sexuelle Beziehung aufzunehmen und im Alter von 40 Jahren einen Mann zu heiraten, mit dem sie viele intellektuelle Interessen teilte. Obwohl sie nicht frigide war, war sie an der sexuellen Seite ihrer Beziehung nicht interessiert. Teils wegen dieses Mangels an sexuellem Interesse, teils aber auch wegen des Gefühls, in allen Beziehungen unzufrieden zu sein, andere Menschen nicht zu verstehen und selbst in einer Außenseiterposition von ihnen schlecht behandelt zu werden, beschloß sie, die Analyse bei einem dritten Analytiker fortzusetzen. Dieser riet ihr nach drei Jahren, die Kur abzubrechen, denn sie sei »nicht analysierbar«.
Vielleicht weil ich mich über diese eindeutige Diagnose überrascht zeigte (die mir von dem betreffenden Kollegen auf Betreiben Annabelle Bornes unter Hinweis auf die Möglichkeit einer anderen Form von Therapie schriftlich mitgeteilt wurde), wünschte die Patientin die Analyse fortzusetzen. Das Leben erschien ihr so hart, und die bisherige Analyse hatte ihr bereits sehr geholfen. Während unseres zweiten Zusammentreffens berichtete sie mir, was sie ursprünglich bewogen hatte, eine Therapie zu machen. Sie fühlte sich nicht wirklich »lebendig« und hatte mit Personen des eigenen Geschlechts wenig und mit Männern gar keinen Kontakt. Im Alter von neun Jahren war sie von einem sechs Jahre älteren Bruder vergewaltigt worden. Viele Jahre über glaubte sie, daß dieses Ereignis sie für immer geschädigt habe und für die meisten der Schmerzen ihres Lebens verantwortlich sei.

Mittlerweile meinte sie nicht mehr, darin eine zufriedenstellende Erklärung für ihre Schwierigkeiten sehen zu können, doch sie war überzeugt, daß die Antwort auf ihre Probleme – obwohl sie nicht sehen konnte, warum – in ihr selbst zu suchen sei. Sie fügte hinzu, daß sie wenig Hoffnung habe, einen Analytiker zu finden, der ihr gefallen würde. Sie hatte Dr. X, der sie an mich überwiesen hatte, nicht gemocht und fand auch an mir keinen großen Gefallen. Dennoch hatte sie beschlossen, mich trotz ihres Mißtrauens darum zu bitten, mit ihr eine Analyse zu machen. Ich dagegen fand sie sympathisch. Ihre Vorgeschichte sowie ihre Offenheit interessierten mich. Einige Monate später begannen wir mit der Analyse, die vier Jahre dauerte.

Das erste Jahr unserer gemeinsamen Arbeit war für uns beide schwierig. Nichts an mir paßte meiner Patientin. Mein Schweigen und noch mehr meine Deutungen brachten sie zur Verzweiflung. Mein Behandlungszimmer, meine Kleidung, meine Möbel, meine Blumen lösten bei ihr immer wieder Kritik aus. Außerhalb der Analyse schienen alle Menschen ihrer Umgebung es im Umgang mit ihr an Takt, Rücksichtnahme und Verständnis fehlen zu lassen. Auch im Kindergarten, den ihr kleiner Sohn besuchte, ging niemand so auf sie ein, wie sie es erwartete. Vergebens suchten wir nach Aufklärung über diese endlosen Wiederholungen sowohl in der Analyse wie außerhalb. Deutungen, die sich an einem Tag als fruchtbar erwiesen, stellten sich am nächsten Tag als fruchtlos heraus und führten zu einer Flut von verunglimpfenden Bemerkungen von seiten meiner unglücklichen Analysandin. Sie meinte, ich stünde ihren leidvollen Erfahrungen indifferent gegenüber oder sei jedenfalls unfähig, sie zu verstehen und ihr zu helfen. Als ich ihr eines Tages sagte, daß sie mich als eine verhängnisvolle und schreckliche Mutter betrachtete, die ihrem Kind weder zu einem Verständnis des Lebens verhelfen wollte noch konnte, antwortete sie, ich sei genau wie einer von Harlowes Stoffaffen. Sie bezog sich dabei auf Harlowes berühmte Experimente mit kleinen Rhesusaffen, die ersatzweise von einem Muttertier aus Stoff großgezogen worden waren. (Bemerkenswert an diesen Affen war übrigens ihre Unfähigkeit, mit anderen Affen Kontakt aufzunehmen und ihre Wut angemessen auszudrücken.)

Annabelle warf mir einen lächerlichen Optimismus angesichts meiner nachhaltigen Bemühungen vor, ihr Leiden zu verstehen. Auch ich selbst gewann allmählich den Eindruck, daß ich als Analytikerin in bezug auf den Nutzen, den sie von der Analyse hatte, nicht mehr wert sei als ein Stoffaffe. Einige Tage später wurde diese pessimistische Meinung zur Gewißheit.

Annabelle Borne drückte ihre Unzufriedenheit und Gereiztheit über die Analyse in einem weiteren Bild aus. Sie hatte kurz zuvor über die Experimente von Konrad Lorenz mit Enten gelesen, die während der ersten Tage ihres Lebens ihre Mutter verloren hatten. Zeigte man ihnen einen alten Stiefel, so folgten sie ihm ebenso bereitwillig und erwiesen diesem grotesken Muttterersatz gegenüber dieselbe Anhänglichkeit, die sie gegenüber ihrer wirklichen Mutter gezeigt haben würden. Ich war also ein alter Stiefel – und sie war vermutlich die verlassene kleine Ente. Als ich sagte, sie warte wohl darauf, daß ich für sie zu einer *wirklichen* Mutter werde, antwortete sie: »Ganz und gar nicht! Ich habe nie von irgend jemandem etwas erwartet. Aber Sie sind schlimmer als Nichts! Diese Analyse macht keinerlei Fortschritte ... Wenn überhaupt, so wachsen meine Probleme ... Die Analyse kostet soviel Geld, daß meine gesamte Familie Ihretwegen leiden muß. Sonst könnten wir lange Sommerferien verbringen. Doch ich komme weiter hierher, ganz gleich wie schlecht das Wetter ist ... Es ist unmöglich, in diesem ekelhaften Quartier Latin einen Parkplatz zu finden. Ich hab genug von Analytikern ... von Ihnen ... Ihren blonden Haaren, Ihrem Arbeitszimmer und Ihren Blumen!« Bis zum Ende der Sitzung schimpfte Annabelle weiter. Als sie sich anschickte zu gehen, warf sie einen müden Blick auf einen

Blumenstrauß, der auf meinem Schreibtisch stand, und stieß eine letzte wütende Bemerkung aus: »Leute, die Blumen mögen, sollten Blumenhändler und nicht Analytiker werden!«

Diese Sitzung unterschied sich in nichts grundlegend von vielen, die ihr vorausgegangen waren. Doch jetzt fühlte ich mich entmutigt und deprimiert. Bisher hatte der Negativismus meiner Patientin mich trotz aller Anstrengungen immer wieder veranlaßt, die Wirksamkeit einer klassischen analytischen Methode bei einer Analysandin in Frage zu stellen, der es so sehr an der Bereitschaft fehlte, irgendetwas von sich selbst einzusehen. Aber sie litt ganz offensichtlich, und so war ich bereit, weiterzumachen in der Hoffnung, daß wir eines Tages wirklich das Objekt ihrer ungeheuren Wut und Frustration entdecken würden. Doch nun schien mir, daß die geringe therapeutische Verbindung, die zwischen uns existierte, entgültig zerfallen war. Sie war eindeutig nicht mehr gewillt, die Analyse fortzusetzen. Warum also sollte ich sie zu einem so fruchtlosen Unterfangen ermutigen? Je länger ich darüber nachdachte, desto mehr war ich überzeugt, daß sie recht hatte, obwohl mir bewußt war, daß ich ein Gefühl des Unbehagens unterdrückte und mich einfach vor einer unangenehmen Aufgabe davonstahl und eine Patientin mit ihrer Qual allein ließ. Um dieses Unbehagen loszuwerden, beschloß ich, mir Notizen über diese Sitzung zu machen und ein Resümee unserer gemeinsamen Arbeit während des vergangenen Jahres zu ziehen. Ich betrachtete dies als einen letzten Versuch, mir mehr Klarheit über ihre unfaßbare psychische Welt zu verschaffen.

Ihre Eltern waren, wie sie sie darstellte, ein typisches Paar der Mittelschicht; der Vater vielfach bewundert, aber beruflich sehr stark in Anspruch genommen; die Mutter etwas konturenlos und etwas narzißtisch, mit künstlerischen Neigungen. Daneben jener Bruder, der sie vergewaltigte, als sie neun war. Sie hatte ihrer Mutter nie davon zu berichten gewagt, weil er ihr Lieblingskind war. Auch ihrem Vater konnte sie es nicht erzählen, weil sie sich wegen dieses Vorfalls allzu schuldig fühlte. Während ihrer mehrjährigen Analyse war sie zu der Auffassung gelangt, daß sie die Vergewaltigung als einen Inzest mit dem Vater erlebt hatte. Denn obwohl die Vergewaltigung traumatisierend gewirkt hatte, stellte sie auch die Erfüllung eines frühkindlichen ödipalen Verlangens dar. In ihren früheren Analysen hatte sie mehrfach Deutungen erhalten, welche im Penisneid den Grund für ihre Bitterkeit und Unzufriedenheit im Leben suchten. Häufig hatte sie sich über die Vorliebe ihrer Mutter für den älteren Bruder beklagt sowie darüber, daß er es im Vergleich mit ihrem »schweren« Leben leicht gehabt habe. Darüber hinaus brachte sie wenig Material vor, das eine weitere Deutung des Neids auf ihren Bruder oder auf dessen Penis gerechtfertigt hätte. Ihre Assoziationen kehrten immer wieder zu dem Gefühl zurück, ihre Mutter sei begabter, weiblicher und werde vom Vater mehr geliebt, sie selbst könne sich niemals mit ihr messen. Sie hatte eine gelegentlich wiederkehrende Deckerinnerung in bezug auf ihre Mutter, die in die Zeit zurückging, als sie vier oder fünf Jahre alt war. Deutlich sah sie dabei die Brüste ihrer Mutter, aus denen ein »grüner Saft« floß. Diese phantasierte Erinnerung erfüllte sie mit Angst. Meine Versuche, den grünen Saft (Saft des Lebens oder des Todes?) mit anderen Assoziationen in Verbindung zu bringen, also etwa mit ihrer Einstellung zur Analyse bzw. allem, was sie von ihrer Mutter sowie von mir als ihrer analytischen Mutter erhoffte oder befürchtete, hatten zu nichts geführt. Meine Versuche, die ihren manifesten Gedanken und Gefühlen zugrunde liegende Bedeutung aufzudecken, wurden als Weigerung zurückgewiesen, mich mit den Ungerechtigkeiten zu beschäftigen, unter denen sie täglich zu leiden hatte.

Neben der lebhaften Deckerinnerung gab es nur wenige andere Hinweise auf eine Phantasietätigkeit oder Träume. Meinen Deutungen war es nicht gelungen, das Wechselspiel von Primär- und Sekundärprozessen in Gang zu setzen, das ein

Kennzeichen einer gutgehenden Analyse ist. Mit allen Versuchen, in der Übertragung einen Sinn zu entdecken, wurde kurzer Prozeß gemacht. Ich zweifelte kaum daran, daß sie mich als eine schlimme, beinahe tote Mutter erlebte und daß ich wie ihre gesamte Umgebung, welche sie so schlecht behandelte, den Platz des beneideten Bruders einnahm, der vom grünen Saft mütterlicher Liebe genährt wurde – um den sich Annabelle so eindeutig betrogen fühlte. Doch die Arbeit eines ganzen Jahres hatte mir gezeigt, daß Annabelle von all dem nichts hören wollte. Sie klammerte sich vielmehr daran, wütend zu sein, schlecht behandelt zu werden und beweisen zu wollen, daß dem auf keinerlei Weise abzuhelfen sei.

Nachdem ich also die Fakten zusammengetragen und über die vielen quälenden Fragen nachgedacht hatte, welche diese Analyse mir aufgab, gelangte ich (nicht ohne schmerzhafte Schuldgefühle) zu der Entscheidung, Annabelle zu sagen, daß sie wohl mit ihrem Wunsch, die Analyse bei mir zu beenden, recht hatte. Schließlich, so sagte ich mir, war ich nicht der erste Analytiker, der sie für »nicht analysierbar« hielt.

Pünktlich wie immer kam Annabelle zur Analyse. Sie hatte einen beinahe fröhlichen Ausdruck in ihrem Gesicht und begann unmittelbar, nachdem sie auf der Couch Platz genommen hatte, zu sprechen.

»Ich erinnere mich überhaupt nicht an die Sitzung von gestern – ich weiß nur, daß sie *gut* war. Ich habe anschließend eine Menge erledigt.«

Ich hörte mich antworten: »Sie erinnern sich an rein gar nichts in bezug auf die Sitzung gestern?«

»An absolut nichts!«

»Warum haben Sie dann den Eindruck, daß es eine ›gute‹ Sitzung war?«

»Nun, ich erinnere mich, daß ich, gleich nachdem ich aufgebrochen bin, auf der Treppe ein Lied summte. Ich fühle mich verflixt selten so glücklich!«

Da mir mein *deprimiertes Gefühl* nach dieser Sitzung sehr

wohl noch bewußt war, fragte ich sie, ob sie sich an das Lied erinnern könne, das sie auf der Treppe gesummt habe.
»Warten Sie ... oh ja, es war das Kinderlied ›Auprès de ma blonde, qu'il fait bon, fait bon ... dormir‹« (Wie gut es ist, bei meiner Blonden zu schlafen).
Wegen ihrer wütenden Beschimpfungen vom Vortag, die in deutlichem Gegensatz zu ihrer anschließenden euphorischen Stimmung standen, wegen ihrer gereizten Bemerkungen über mein blondes Haar, die ebenfalls im Gegensatz zur Enthüllung eines libidinösen Wunsches in ihrem Lied standen, und wegen anderer Ungereimtheiten entschied ich mich, ihr zu sagen, daß ich mich sehr genau an die vorige Sitzung erinnerte. Sie hatte ihre Wut, Enttäuschung und Gereiztheit über die Analyse und mich überaus deutlich zum Ausdruck gebracht. Es konnte nicht andeutungsweise die Rede davon sein, daß es »gut« wäre, bei einer blonden Analytikerin zu schlafen. Annabelle war durch diese Erinnerung an das Material der vorigen Sitzung sehr beeindruckt und begann sich zu fragen, was all diese Gegensätze wohl bedeuten könnten. Dem Affekt meiner eigenen Gegenübertragung vom Vortag folgend schlug ich vor, daß sie vielleicht deshalb so erleichtert davon ging, weil sie hoffte, *ich* sei nun statt ihrer enttäuscht, gereizt und wütend.
»Merkwürdig, ich glaube, Sie haben recht. Ich habe oft gedacht, daß ich Sie gern weinen sehen würde.«
»Wären es denn *Ihre* Tränen, die ich weinen soll?«
Während der restlichen Sitzung beschäftigte sich Annabelle ganz im Gegensatz zu ihrer üblichen Verachtung oder Unzufriedenheit mit der Analyse sehr ausführlich mit dieser Phantasie. Zugleich wurde mir klar, daß sie kaum einmal depressive Gefühlszustände zum Ausdruck brachte. Zum ersten Mal fiel mir beim Nachdenken über sie auf, daß ich trotz der bösartigen Inhalte dessen, was sie während der Analyse sagte, den Eindruck hatte, daß vieles von dem, was sie sagte, affektleer war. Hinter ihrer offenkundigen Wut verbarg sich vielleicht eine unausdrückbare Traurigkeit.

In der folgenden Nacht hatte sie einen Traum: »Auf einem Karren wurde ich zu einer Polizeiwache gebracht. Ein großes Plakat verkündete ›Frau Mond wegen Mordes gesucht.‹ Man rollt mich über einen langen Korridor, wie in einem Krankenhaus. Ich bin sehr klein, und aus dem Leiterwagen ist ein Kinderbettchen geworden. Während man mich weiter den Gang entlang schiebt, schmeiße ich wütend Verbandswatte in kleinen Stücken auf den Fußboden.«
Nach den Assoziationen, die sie zu diesem Traum hatte, stand »Frau Mond« für die Analytikerin, »die Licht in das Dunkel bringen soll«. Dann fiel ihr ein, daß dieser Traumname zugleich ein Anagramm des Namens ihrer Mutter sei. Die Watte erinnerte sie an etwas, was ihr aus ihrer Kindheit berichtet worden war. Sie hatte als Baby »niemals geschrien«. Ihre Mutter, die oft für längere Zeit abwesend war, pflegte dem Kind Stücke von Verbandswatte in sein Bettchen zu legen, an denen es bis zur Rückkehr der Mutter heftig saugte. »Aber wo war sie?« rief Annabelle weinend aus. »Ich habe niemals eine Mutter gehabt!« sagte sie schluchzend. Das kleine »Kind, das niemals weinte«, mußte danach viele Monate hindurch während der Analyse weinen.

»Überleben ist einfach. Das Schwierige ist erst, zu leben.«
Annabelle Borne

Ich lasse alle assoziativen Verbindungen beiseite, alle vergessenen Vorstellungen und Phantasien, die es uns gestatteten, in Annabelle Borne das kleine, verlassene Kind zu entdekken, welches nach einer Katastrophe seine allmächtige, aber abwesende Mutter sucht. Was sie finden konnte, war nur der Ersatz durch eine Stoffmutter mit Brüsten aus Watte, eine Mutter, für die offenbar kein wirkliches Übergangsobjekt je geschaffen worden war. Jede Introjektion einer liebenden, fürsorglichen Mutter oder jede Identifizierung mit ihr hörten an diesem Punkt auf. Dadurch war Annabelle jeder Möglichkeit beraubt, Zugang zu ihren eigenen Bedürfnissen zu finden oder in irgendeiner Weise sich selbst gegenüber eine mütterliche Rolle einzunehmen. Wie im Verlauf der Analyse erhob sie auch anderen Menschen gegenüber magische, größenwahnsinnige Ansprüche, behandelte sie zugleich wie Stoffaffen und bestrafte sie entsprechend. In Augenblicken innerer Anspannung konnte sie ihre Qual weder beherrschen noch psychisch verarbeiten.

Die nächsten drei Jahre wurden mit der Untersuchung dieses Dilemmas und jener Momente verbracht, in welchen das einsame, wuterfüllte Baby die Gesamtheit ihrer psychischen Innenwelt beanspruchte. Es kam dabei darauf an, dieses traumatisierte Kind in Berührung mit Annabelle Borne, der Erwachsenen, zu bringen.

Obwohl mir diese beiden Sitzungen beträchtlichen Einblick in die Art und Weise verschafften, wie meine Patientin über sich selbst und ihre Beziehung zur Welt dachte (oder wie sie sich vielmehr daran *hinderte*, über sich selbst und ihre Teilnahme an inneren oder äußeren Objekten nachzudenken), fand sie durch unsere analytische Arbeit keine unmittelbare Erleichterung. Später war sie in der Lage, mir zu sagen, daß die beiden Jahre, die auf diese Phase der Analyse folgten, sie mehr als je zuvor hatten leiden lassen. Dennoch führte die Durcharbeitung dieser psychischen Schmerzen bei ihr zu einer grundlegenden Veränderung, die sie selbst als ihre »Wiedergeburt« bezeichnete. Ich muß wohl hinzufügen, daß nicht nur sie litt. Meine eigene Gegenübertragung wurde aufs Äußerste strapaziert, doch ich konnte damit fertigwerden. Immer wieder mußte ich achtgeben auf ihre Tendenz, entstehende Gedanken oder Gefühlszustände, deren sie sich bewußt wurde, zu zerstören. Sie versuchte häufig, sie los zu werden, indem sie statt dessen (unbewußt) mich diese Gefühle fühlen ließ. Ich war in keiner Weise frei von Erbitterung, wenn sie systematisch den Sinn jeder Deutung herabsetzte oder vernichtete, die ihr versteinertes Gefühl von Wut und unverstandener Einsamkeit hätte ändern können. Durch die Analyse meiner eigenen Verwirrung begriff ich, daß Annabelle sich durch jede Entdeckung und jede neue Wendung in ihrer Analyse *erniedrigt* fühlte. Ich wurde dadurch entschädigt, daß ich mich auf ihrem schwierigen Weg nicht mehr desorientiert fühlte. Obwohl meine Worte häufig ihren Zorn erregten, wußte ich, daß sie sie hören mußte. Denn ohne daß mir dies klar geworden war, hatte meine eher ruhige und abwartende Einstellung während des ersten Jahres unserer gemeinsamen Arbeit nur die ursprünglich in ihr vorhandene Imago einer verschwindenden, unerreichbaren und zugleich verfolgenden Mutter reproduziert. Annabelle konnte mich also gar nicht wie eine konkrete Person behandeln. Sie räumte mir nur so viel Individuiertheit ein, wie dies ein unersättlicher Säugling getan hätte. Sie konnte sich nicht vorstellen, daß ich eigene Gedanken oder Wünsche hatte, die sie nicht zu kontrollieren vermochte. Ebensowenig war sie zu akzeptieren bereit, daß ich mich mit irgend einer anderen Person oder Sache beschäftigte, ohne sofort das Gefühl zu haben, daß dies für sie schädlich sein würde. Die sorgfältige Aufarbeitung ihrer inneren Auseinandersetzungen gestattete es uns, ihre häufig wiederkehrenden projektiven Identifizierungen zu analysieren sowie die Hemmungen deutlich werden zu lassen, welche diese Identifizierungen ihrer leidvollen Existenz immer wieder auferlegten. Statt sich aller schädlichen Gedanken oder depressiven Gefühle, die ihr während der Sitzungen bewußt wurden, unmittelbar zu entledigen, versuchte sie nun, an ihnen festzuhalten und die durch sie in ihr hervorgerufenen, nicht ausgedrückten (und zuweilen nicht ausdrückbaren) Phantasien und Affekte in Worte zu fassen. In dreijähriger geduldiger Arbeit gelang es uns, das verödete Leben des Säuglings Annabelle psychisch zu (re-) konstruieren. Die Analytikerin, die nur einen alten Stiefel darstellte, welchem sie unwillig, aber gezwungenermaßen folgen mußte, die Stoffaffen-Analytikerin mit Wattebrüsten, welche sie als Nahrungsquelle zu akzeptieren gezwungen war, veränderte sich allmählich zu einem *Übertragungsobjekt*, dessen Existenz anerkannt wurde und dem gegenüber infantile Bedürfnisse und primitive Wünsche zum Ausdruck gebracht werden konnten. Jeder Gegenstand in meinem Warteraum oder Behandlungszimmer, das kleinste Anzeichen der Existenz anderer Menschen in meinem Leben (insbesondere anderer Analysanden), jede Veränderung meiner Kleidung oder Möbel, meine Blumen – dies alles führte zu Wutausbrüchen, die für Annabelle nicht nur schmerzhaft zu sein schienen, sondern die sie nicht unter Kontrolle zu bringen oder zu reflektieren vermochte. Wir brauchten zahlreiche Sitzungen, um die Quellen des Hasses und der Verzweiflung auszuloten, die unter ihren früheren Provokationen lagen. »Sie können sich nicht vorstellen, wie sehr ich Sie hasse und beneide, wie sehr ich Sie in Stücke reißen und leiden lassen möchte.«

Obwohl meine Existenz als unabhängige Person mit eigenen Bedürfnissen, Wünschen und Rechten, welche nicht notwendig mit den ihren übereinstimmten, ihr immer wieder Anlaß zu neuem Schmerz bot und obwohl die Idealisierung, die sie mit mir vornahm, stets von neuem eine narzißtische Verletzung für sie darstellte, war ich nunmehr wenigstens Teil ihres analytischen Erlebens geworden und nicht einfach mehr ein Gefäß für all das, was ihr allein zu schwer geworden war, eine mumifizierte Maske all jener Objekte, an denen sie in der Vergangenheit gescheitert war. Wir gelangten zu der Einsicht, daß sie sich von mir wie von allen Menschen ihrer Umgebung ständig verfolgt gefühlt hatte, daß aber weder ihr noch mir dies bewußt geworden war. Sie hatte sozusagen eine derart vollständige Verzweiflung erreicht, daß sie praktisch schmerzlos geworden war.

Das wichtigste Konfliktmaterial auf dieser Stufe der Analyse läßt sich in all dem zusammenfassen, was unter Melanie Kleins Begriff des *Neids* fällt. Statt in den Verstrickungen der Eifersucht oder in dem Konflikt gefangen zu sein, die Konkurrenten um die Liebe ihres Vaters oder ihrer Mutter zu besiegen, suchte sie nach einer vollständigen *Zerstörung* eines jeden Objekts, welches einem anderen gehörte. Im

Lichte dieses Konzepts gewann ihre sexuell traumatisierende Beziehung zu ihrem Bruder eine neue Bedeutung. Durch die inzestuöse Vergewaltigung besaß sie das Liebesobjekt ihrer Mutter – und sie besaß es in ihrer Phantasie, *um es zu zerstören*. Sie hatte sich in ihren Illusionen eine Lösung geschaffen, die nicht psychotisch, sondern erotisch war. Von daher konnte sie das Gefühl haben, über das traumatische Ereignis zu triumphieren. In der Analyse war sie zum ersten Mal in der Lage, die Elemente ihrer erotischen Vorstellungswelt zu enthüllen, und dies erlaubte uns schließlich, diese in ihrer Bedeutung zu analysieren. In ihrer Kindheit wie im Erwachsenenalter drehten sich ihre Masturbationsphantasien ausschließlich um ihren Bruder. Sie stellte sich vor, daß er unbeweglich an einer Wand stehen mußte, während verschiedene Arten von »Foltern« an seinem Penis ausgeführt wurden, die ihn in ihrer Phantasie orgastisch befriedigten und sie selbst hochgradig erregten. In ihrer Phantasiewelt konnte sie also die sexuellen Reaktionen ihres Bruders kontrollieren. Unter dem Vorwand, ihm Lust zu verschaffen, wurde sein Bild zugleich vor ihrem destruktiven Haß geschützt. Wie bei vielen sexuellen Abweichungen diente auch hier das Sexualspiel mehreren widersprüchlichen Zielen: Sie konnte in ihm ihre inzestuösen Wünsche zugleich darstellen und verleugnen. Darüber hinaus war sie in der Lage, aktiv zu beherrschen, was sie passiv erlebt hatte. Denn sie war jetzt sowohl Autorin wie Schauspielerin im Film ihrer Phantasie und nicht mehr das Opfer einer Vergewaltigung, welche sie als Kastration erfahren hatte. Jetzt war sie die allmächtige Kastrantin. Die in ihren erotischen Phantasien enthaltenen Verleugnungen gestatteten es ihr, über die Urszene zu triumphieren (indem sie eine neue erfand) und sich mit ihrer Einbildungskraft an der Beziehung zwischen Mutter und Sohn zu rächen. Doch dies bot ihr keine angemessene Lösung ihrer ödipalen Konflikte und führte bei ihr zu einem beschädigten Bild des eigenen Körpers und der Sexualität. Ein Teil von ihr hatte niemals die Realität ihrer Weiblichkeit angenommen. Als zum Beispiel ihre heranwachsenden Klassenkameradinnen darüber redeten, daß sie wohl bald ihre erste Periode bekommen würden, machte sie sich in Gedanken über sie lustig. »Denn ich war überzeugt, daß mir das nie passieren würde. Ich war in meinen Phantasien irgendwie anders als alle anderen Mädchen. Als ich schließlich das Blut meiner ersten Menstruation entdeckte, habe ich es nicht erkannt. Ich dachte, es sei etwas, was mit der Masturbation zusammenhing. Zwei Monate lang habe ich niemandem etwas davon gesagt.«

Für ihre Sexualphantasien und die Vorstellung, ihren Bruder an dessen Penis zu foltern, ist ein »Penisneid« offenbar keine ausreichende Erklärung. Die destruktiven Elemente ihrer Phantasien gingen weit über die traumatische Erfahrung hinaus auf primitive Wurzeln zurück, die weniger mit der Entdeckung des Geschlechtsunterschiedes als vielmehr mit einer archaischeren Form von Sexualität zu tun hatten. In ihnen trat die Bedeutung des grünen Safts aus den unerreichbaren Brüsten der Mutter zutage. Das manifeste »Spiel« der Kastration ihres Bruders, welches durch Erotisierung ichsynton geworden war, verbarg die tiefer liegende Phantasie, die Brust-Mutter zu kontrollieren und zu zerstören, um selbst in den Besitz des magischen grünen Safts zu gelangen. Vater und Bruder wurden symbolisch als phallische Ergänzungen der allmächtigen Mutter repräsentiert und schließlich regressiv als Inhalt ihrer Brüste phantasiert.

Ohne Sexualität, ohne Saft und ohne etwas vom Leben zu wissen, lebte Annabelle Borne in einer unausgearbeiteten Form von Depression, die nur schlecht durch ihre besondere Art, sich auf andere zu beziehen, kompensiert wurde; denn dabei handelte es sich eher um ein Ausagieren als um einen symbolischen Austausch, also eher um einen bloßen Kontakt als um eine Kommunikation, immerhin aber um eine Beziehung.

In dem Bemühen, mir die Schwierigkeiten ihrer Existenz und die unüberwindbaren Probleme ihres Alltags darzustellen, sprach Annabelle häufig von der »Härte« des Lebens. Dieses Wort tauchte bei ihr immer wieder auf. Sie verwendete es in bezug auf alle Partialobjekte ... die steinerne Brust der Mutter, den gefährlichen Penis des Bruders und den strengen Terminkalender der Analytikerin. »Mir ist klar geworden, daß ich mich nie auch nur eine einzige Minute weder in meinem Körper noch in Gegenwart anderer wohlgefühlt habe. Es ist so schwer, sich wohl zu fühlen, so hart, die einfachsten Dinge zu tun. Essen, spazierengehen, zur Toilette gehen, sich lieben – alles ist so schwer und kompliziert. Warum kenne ich nicht das Geheimnis? Warum verraten Sie es mir nicht, Sie hartherzige, bösartige Kreatur!« Das Bild der Analytikerin als idealisierter Brust-Mutter hatte trotz der »harten« Schläge drei Jahre lang überlebt, welche die leidende Analysandin ihm als jenes Kind versetzte, das in Annabelles Seele den größten Raum einnahm. Ohne Zweifel existierte ich mittlerweile für sie als getrennte Person und auch als Analytikerin, so daß sie sich meiner »bedienen« konnte, um die verschiedenen Aspekte der in ihr tobenden Auseinandersetzungen zu verstehen (Winnicott 1973). Doch sie weigerte sich, dem idealisierten, harten, allmächtigen Wesen näher zu treten, das angeblich das Geheimnis des Lebens und *ihres* Lebens besaß. Geduldig mußte ich auf eine Möglichkeit warten, diese Idealisierung zu deuten. Schließlich ergab sich die Möglichkeit zu einer Intervention, weil ich selbst gereizt war, daß wir in dieser Frage keinen Fortschritt machten. »Warum sind Sie so hart? Warum sagen Sie mir nicht, *wie* ich zu leben habe? Sie machen sich über mich lustig und erwarten, daß ich alles allein entdecke.« Ich entgegnete, daß sie mich nach einem Geheimnis frage, zu dem allein sie selbst den Schlüssel besitze, daß ich weder die Antwort wisse noch mir erklären könne, warum sie den Lebenssaft daran hindere, ihre Adern zu durchlaufen. Ich sagte ihr, daß ich begreife, wie sehr sie leide, aber durch meine eigene Unfähigkeit entmutigt sei, besser zu deuten, was sie durchmache. »Ich weiß, daß Sie harte und schreckliche Empfin-

dungen mitzuteilen versuchen«, sagte ich, »und es ist mein Fehler, diese Botschaft irgendwie nicht zu begreifen. Beide machen wir eine schwere Zeit durch, und ich habe das Gefühl, Sie hängen zu lassen.« Auf diese Intervention reagierte sie unerwartet und stürmisch – mit einem Freudenausbruch. Konnte es denn möglich sein, daß eine *Analytikerin* etwas nicht verstand, sondern entmutigt und verwirrt war? Daß Analytiker nicht *allwissend* sind, war Annabelle in fünfzehn Jahren Analyse nicht in den Sinn gekommen. Ich konnte ihr schließlich zeigen, daß sie den Glauben an ein fetischisiertes, magisches »Wissen« brauchte, um sich davon zu überzeugen, daß sie am Ende ihrer Analyse auch in dessen Besitz gelangen könnte. Ihre Entdeckung, daß niemand mit dieser unglaublichen Fähigkeit begabt ist, führte zur letzten Phase ihrer Analyse bei mir. Die Untersuchung ihrer idealisierenden Projektionen ließ sie über deren Verlust trauern und auf ihre Allmachtsansprüche verzichten, jede Frustration zu vermeiden und ohne Anstrengung über jede »harte« innere oder äußere Realität zu triumphieren.
Annabelle war schließlich in der Lage, sich um das verwirrte und verzweifelte Kind in sich zu kümmern und nach anderen Lösungen zu suchen als jener Destruktivität, in die sie sich angesichts ihrer Gier und Mißgunst geflüchtet hatte. Statt destruktiv zu sein, wurde sie auf eine Art und Weise konstruktiv, die nur sie allein zu entdecken vermochte. Zum ersten Mal in ihrem Leben begann sie sich um ihren Körper, ihre Gesundheit, ihre äußere Erscheinung, ihr Liebesleben und ihre Arbeit zu kümmern. All dies hatte sie bisher vernachlässigt, als wäre jedes Wachstum und jede Veränderung unmöglich. Voller Scheu gestand sie mir diese Entwicklung. In einer unserer letzten Sitzungen sagte sie mir bezeichnenderweise, daß sie im Frühling Blumen gesät hatte, ohne aus Furcht davor, daß sie nicht wachsen würden, irgend jemandem etwas davon zu sagen. Zu ihrem Erstaunen waren sie jedoch gut gediehen.
Einige Jahre später schickte Annabelle mir ein sehr schönes

Buch, das sie über jene Kunst geschrieben hatte, der sie sich nunmehr widmete. In ihrer handschriftlichen Widmung verwies sie darauf, daß sie der Psychoanalyse die Entdeckung verdanke, daß *das Leben etwas Schöpferisches* sei.

Primitive Kommunikation

Ich bezeichne diese Art analytischen Diskurs als primitive Kommunikation, um ihre positiven Aspekte hervorzuheben, da wir uns im allgemeinen eher ihrer negativen Auswirkungen bewußt sind. Patienten, die uns vielerlei erzählen, um nichts zu sagen und (auch vor sich selbst) nicht zu enthüllen, was ihrer Kommunikation zugrunde liegt, oder Patienten, die nur sprechen, um den Analytiker auf Distanz zu halten, setzen selbstverständlich der Analyse starke Widerstände entgegen. Ihnen kann sogar durchaus bewußt sein, daß diese Art der Kommunikation mit dem Analytiker (und häufig mit ihrer gesamten Umgebung) eine Abwehr darstellt und dem ausweicht, was sie in Wirklichkeit gern sagen würden. Soweit jedoch der Analytiker auf die Worte des Patienten reagiert, findet dennoch eine Kommunikation statt. Diese latente Kommunikation ist keine eigentlich symbolische und kann nicht mit den verdrängten Gedanken verglichen werden, die normalerweise den Assoziationen von Neurotikern in der Analyse zugrunde liegen. Wir finden hier vielmehr Wörter anstelle von Handlungen – als Waffe, Tarnung, verzweifelter Hilferuf, Wutschrei oder als sonst ein intensiver Gefühlsausbruch, dessen sich die Patienten kaum bewußt sind. Diese Gefühlszustände haben zuweilen keinerlei Beziehung zu dem, was die Patienten gerade berichten.
Dieses Material wirft für die Analyse eine Reihe von Fragen auf. Zu untersuchen wäre die Funktion einer derartigen »Kommunikation« im Vergleich mit den freien Assoziationen, die neurotische Patienten in ihren Monologen auf unsere Veranlassung hin vorbringen. Man könnte sich auch

fragen, warum manche Patienten stärker dazu neigen, die Sprache in dieser Weise zu verwenden, und was sich im Hinblick auf eine traumatische Kindheit und ihre Folgen für die Strukturen des Ich und der Abwehr aus derartigen sprachlichen »Symptomen« erschließen läßt. Obwohl ich kurz auf diese Fragen eingehen möchte, gilt mein Hauptinteresse dem Problem, wie der Analytiker diese Art analytischer Mitteilung erfaßt und wie er sich ihrer im analytischen Prozeß am besten bedient. Dieser hängt in hohem Maße von sprachlicher Kommunikation und insbesondere von freien Assoziationen ab, die es uns gestatten, die wechselseitige Durchdringung von Primär- und Sekundärprozeß zu untersuchen. Die »Grundregel« beruht darauf, daß Gedanken und Gefühle sprachlich ausgedrückt werden. Dies geschieht in der Hoffnung, daß der Analysand in der Lage ist, seinen Vorstellungen, Phantasien und Gefühlszuständen auf eine Art und Weise Ausdruck zu verschaffen, die er sich sprachlich normalerweise nicht gestatten würde. Durch die wechselseitige Durchdringung des bewußten und unbewußten Wissens, das er von sich hat, wird die Analyse vorangetrieben. Die Aufforderung, »alles zu sagen« (zusammen mit der in ihr unterstellten gegenteiligen Aufforderung, »nichts zu tun«) bahnt nicht nur Übertragungsaffekten einen Weg, sondern setzt den Analysanden auch in die Lage, seine eigenen Worte zu hören und damit seine Gedanken und Gefühle auf vollkommen neue Weise kennenzulernen. Doch diese Erwartung wird fragwürdig bei Menschen, welche sich der Sprache so bedienen, daß sich deren wesentliche Funktion ändert. Dies gilt insbesondere für die Analyse, die von Sprache und Kommunikation weitgehend abhängig ist.

Welche Ziele verfolgt die von mir so genannte primitive Kommunikation, und worin unterscheidet sie sich hauptsächlich von anderen Arten verbaler Kommunikation? Welche Rolle spielt sie in der Ökonomie des Seelenlebens? Mit welchem System innerer Objektbeziehungen hängt sie zusammen?

Obwohl die Wirksamkeit von *Worten* in der Kommunikation von Gedanken und Gefühlen sehr viel begrenzter ist, als wir gern zugeben, besteht das wichtigste Ziel des verbalen Austauschs zwischen Erwachsenen in dem Wunsch, denjenigen, an die man sich wendet, Informationen zu vermitteln. »Etwas kommunizieren« bedeutet, dem lateinischen *communicare* entsprechend, etwas mit anderen zu teilen, anderen mitzuteilen. Dies verweist auf die zugrundeliegende etymologische und affektive Bedeutung. Alle Menschen bedienen sich der sprachlichen Kommunikation in bestimmten Situationen buchstäblich, um einen Kontakt aufrechtzuerhalten, um eine Gemeinsamkeit mit einer anderen Person herzustellen oder gar ein Teil von ihr zu sein. (Manche Menschen verbringen einen großen Teil ihrer Zeit mit dieser Form verbaler Kommunikation.) Diese vitale Bindung an einen Anderen kann in ihrer Bedeutung die symbolische Funktion überlagern, welche in dem Verlangen besteht, andere über etwas zu *informieren*. Statt also etwas zu *sagen*, kann die verbale Kommunikation in die Nähe von Geschrei, Ausrufen, Weinen oder Knurren rücken. Sie stellt dann nicht nur ein Mittel dar, mit einem anderen Menschen in engem Kontakt zu bleiben, sondern dient zugleich dem Ziel, auf direktem Weg Gefühle darzustellen und Emotionen abzuführen, die bei einem anderen Reaktionen hervorrufen sollen.
Da sie auf die üblichen Konventionen des verbalen Austauschs verzichtet, ist die Analyse in besonderem Maße dazu in der Lage, ungewöhnliche Züge der Verbalisierung zu enthüllen, die in Alltagsgesprächen unbemerkt bleiben würden (Rosen 1967). Die Strenge des analytischen Verfahrens hebt derartige Unterschiede besonders hervor. An den Assoziationen von Annabelle Borne während der Analyse war bemerkenswert, daß ihre Worte ein kommunikatives Ziel teilweise verloren hatten. Ihre Art von Verbalisierung behinderte die freie Assoziation von Vorstellungen. Der Umstand, daß wir schließlich in der Lage waren, gemeinsam die tiefe Kluft aufzudecken zwischen dem, was sie *sagte*, und dem, was sie

empfand, zwischen dem Inhalt ihrer Mitteilungen und den sie begleitenden Affekten, gestattete es ihr schließlich, zu einem für uns beide sinnvollen Diskurs zu gelangen, in dem sie zahlreiche verschüttete Gefühle wiederentdeckte. Gleichzeitig konnten wir verstehen, daß sie mit dem, was sie sagte, oft hauptsächlich die Absicht verband, bei der *Analytikerin* Gefühle auszulösen, ohne zu wissen, warum dies so wichtig war oder was diese Gefühle für sie bedeuteten. Ihr Bedürfnis, bei anderen bestimmte Gefühlszustände herbeizuführen, hing in der Tat mit einem frühen Trauma zusammen, mit dessen intensiven Emotionen sie nicht hatte fertig werden und angesichts dessen sie nicht einmal hatte um Hilfe bitten können. Statt ihre emotionalen Schmerzen unter Kontrolle zu halten und seelisch zu verarbeiten, hatte sie jeden Gedanken an deren Existenz oder Bedeutung ausgelöscht. Ereignisse der Vergangenheit und affektive Erlebnisse waren einfach vom Bewußtsein abgewiesen worden, als hätten sie niemals existiert. Zum ersten Mal konnten viele dieser Gefühlszustände nun psychisch dargestellt werden. Eine Kommunikation wie die der Annabelle Borne unterscheidet sich auch dann wesentlich von den Assoziationen gewöhnlicher Neurotiker, wenn diese das Ziel verfolgen, bei ihrem Analytiker bestimmte Gefühle auszulösen. Bei Neurotikern enthüllt der Versuch, Gedanken und Phantasien freien Lauf zu lassen, hinter der manifesten Kommunikation ein latentes Thema, dem der Analytiker »zuhört«. Die sich selbst unbekannte Person teilt eine andere Geschichte mit und enthüllt sich als Schauspieler auf einer Bühne, der seine Rolle, die ihm früher einmal bewußt war, vergessen hat. Bei Patienten, die sich der Sprache bedienen, um in ihre Zuhörer einzudringen und sie zu Reaktionen zu provozieren, finden sich solche vergessenen Rollen und geheimen Szenen natürlich immer. In der Analyse beeinträchtigen sie jedoch das Ziel, die ihnen zugrundeliegende latente Bedeutung freizulegen und die verdrängten Vorstellungen und Erinnerungen zu erfassen. Statt dessen fühlt sich der Analytiker nur allzu leicht verwirrt und

von Affekten überrannt, die seine Arbeitsfähigkeit behindern – *wenn er nicht auf sie achtgibt.*
Die Gefühle von Depression und Frustration, die Annabelle Borne in mir auslöste, hatten mit den im Material ihrer Analyse enthaltenen verdrängten Vorstellungen nur wenig zu tun. Das Hauptziel ihrer Worte ließe sich am besten als Versuch beschreiben, gerade durch den Akt des Sprechens aufgestaute und schmerzhafte Spannungen abzuführen, deren Inhalte und Ursachen ihr unbekannt waren. Ihr geheimes Ziel, dessen sie sich allmählich bewußt wurde, bestand weniger darin, einen Schmerz, der im Medium der Sprache noch nicht ausgedrückt oder durchdacht werden konnte, *mir mitzuteilen*, als ihn *mit mir zu teilen*. Sie hatte eher den Anspruch *gehört als verstanden* zu werden, ein Bedürfnis nach Kommunion eher als nach Kommunikation. In den folgenden Monaten waren wir in der Lage, die Augenblicke genau zu bestimmen, in denen sich eine derartige Kommunikation aufdrängte. Bei der geringsten Andeutung eines schmerzhaften Gedankens oder Gefühls konnte Annabelle dessen psychische Darstellung unmittelbar verhindern. Als Folge davon war sie sich der Existenz einer derartigen Vorstellung oder eines solchen Affekts nicht wirklich bewußt. Doch die Trümmer dieser psychischen Zerstörung führten dazu, daß sich ihre Wahrnehmung anderer, vor allem ihrer Art, sie zu empfinden und mit ihnen zu kommunizieren, änderte. Dasselbe geschah mit der Übertragung in der Analyse.
Selbstverständlich waren die verschiedenen Themen, mit denen Annabelle Borne die grundlegende Leere ausfüllte, welche an die Stelle all dessen getreten war, was sie aus ihrem Bewußtsein ausgeschlossen hatte, in sich weder ohne Bedeutung noch ohne Bezug zu verdrängtem Material. So lauerte etwa hinter den Verfolgungsideen und -vorstellungen das Problem des *Neids*. Doch es war so lange einer Deutung nicht zugänglich, wie die abgewiesenen Gefühle der Depression, des Verlassenseins und der Entbehrungen – zugleich mit dem notwendig sie begleitenden Gefühl eines intensiven

Hasses – jeden psychischen Ausdruck, also auch jede verbale Darstellung blockiert fanden. In gewisser Hinsicht waren viele Bemerkungen und Beobachtungen Annabelles für sie ohne Interesse. Es war ihr kaum bewußt, daß sie möglicherweise Auswirkungen auf die Analytikerin, ihre Freunde, ihre Familie oder irgendwelche anderen Menschen haben könnten, mit denen sie kommunizierte. Der unbewußte Vorteil, den sie davon hatte, bestand im Schutz ihrer inneren Objektwelt vor jenen Zerstörungen, die sich aus ihrer mißgünstigen Wut und narzißtischen Starre ergaben. Zugleich gestattete ihr dies, trotz des unablässigen Gefühls, in allen ihren Objektbeziehungen unzufrieden zu sein, einen Kontakt zur äußeren Objektwelt aufrechtzuerhalten. Vielleicht gar stärkte dieser aggressive Kontakt das Gefühl ihrer Identität. Doch all dies wurde nur um einen hohen Preis erreicht. Sie fühlte sich nicht nur von der »Härte« ihrer gesamten Existenz überwältigt, sondern litt tatsächlich an einer Beeinträchtigung ihrer *Denkfähigkeit* im Hinblick auf die Ursachen ihres seelischen Leidens. Durch ihre abwehrende, fast brutale Ausschaltung des Bewußtseins affektiver Schmerzen war ihr der Zugang zu ihren grundlegenden *Bedürfnissen* (und nicht nur zur Erfüllung ihrer Wünsche) weithin verstellt. Zu Beginn unserer Arbeit in der Analyse war sie sich außer dem Verlangen, sich »wohlzufühlen«, kaum eines anderen eigenen Wunsches bewußt. Ebensowenig wußte sie, was sie von anderen verlangte und erwartete.

Erfahrungen dieser Art werfen die Frage nach der Rolle äußerer Objekte im Seelenleben auf. Implizit wird in ihnen nach einem Anderen gerufen, der einen unausdrückbaren Appell richtig auffassen soll. Dem liegt der Anspruch zugrunde, allein über Zeichen verstanden zu werden, ohne sich der normalen sprachlichen Kanäle bedienen zu müssen. Ein *infans*, also ein Säugling, der noch nicht sprechen kann, muß seine Bedürfnisse in dieser Weise mitteilen, da ihm keine anderen Mittel der Kommunikation zu Gebote stehen. Sobald er in der Lage ist, *Fragen* zu stellen, ist dies für ihn kein vitales Bedürfnis mehr, doch bis zu dieser Zeit ist er vollkommen davon abhängig, wie seine Mutter seine Schreie und Gebärden deutet. In dem Maße, in dem man von einem Säugling sagen kann, daß er einen Anderen wahrnimmt, der auf seine Schreie reagiert, kann man auf dieser primitiven Stufe von »Kommunikation« sprechen. Der Säugling hat bis zu diesem Punkt bereits ein gewisses psychisches Wachstum im Hinblick auf ein Objekt hinter sich. Er hält den Anderen nicht mehr für einen halluzinierten Teil seiner selbst (was mit einer psychotischen Form von Objektbeziehung gleichgesetzt werden könnte). Statt dessen hält er den anderen für *allmächtig* und glaubt, daß er positiv auf die übermittelten Zeichen reagiert, weil er dem Säugling eine Befriedigung verschaffen will, oder negativ, weil er ihn leiden lassen will. Das heißt, diese Beziehung steht im Bann des primärprozeßhaften Denkens: Wenn sich gute oder böse Dinge ereignen, werden sie in beiden Fällen dem allgewaltigen Willen eines allmächtigen Anderen zugerechnet. Dieser Andere versteht und reagiert, wie er will! (Diese Art des Denkens herrscht bei narzißtischen Charakterstörungen vor.) In bezug auf die projizierte Idealisierung und Erwartungshaltung der Außenwelt neigen wir manchmal dazu, wie Bion (1970) gezeigt hat, die Tatsache zu übersehen, daß es trotz der Befriedigung, welche die symbolische Kommunikation Erwachsenen schließlich verschafft, im Unbewußten jedes Menschen immer wieder eine narzißtische Verletzung darstellt, zum Sprechen *gezwungen* zu sein, um sich verständlich zu machen und Wünsche erfüllt zu bekommen. Für manche Menschen sind Verschmelzung und Vereinigung, nicht Individuation und Kommunikation die einzig authentischen Mittel, sich auf andere zu beziehen. (Eine Patientin, die ihre Individuation als Unglück betrachtete, äußerte, daß es für sie wertlos sei, wenn ihr Mann ihr einen Wunsch erfülle, um den sie ihn habe *bitten* müssen. Dies war für sie ein Beweis, daß er sie nicht liebe.)

Vereinigung und Verschmelzung, diese archaische Form von Liebe, welche das Recht des Säuglings ist, wird implizit noch von manchem Erwachsenen erwartet. Jede Trennungsdrohung und jede Erinnerung an subjektive Unterschiede, die sich darin ausdrücken, daß eigene Wünsche verbalisiert werden müssen, kann nur eine Strafe oder Zurückweisung bedeuten. Wir haben es hier mit dem *infans* im Erwachsenen zu tun, welches die Rolle sprachlicher Kommunikation als symbolisches Mittel, die eigenen Wünsche kenntlich zu machen, niemals wirklich verstanden hat. Zweifellos handelt es sich dabei um jene Säuglinge, denen nicht aufmerksam genug »zugehört« wurde und deren Bedürfnisse von denen unzureichend »gedeutet« wurden, welche sie großgezogen haben. Aufgrund eigener klinischer Erfahrungen mit Patienten, die auf dramatische Weise unfähig sind, sich auszudrücken, glaube ich, daß ihre Kindheit durch widerspruchsvolle Beziehungen zu den frühesten Objekten gekennzeichnet ist und daß bei ihnen die unvermeidlichen Frustrationen der Entwicklung des Menschen nicht durch ausreichende Gratifikationen erträglich gemacht wurden. Sie erreichten das höchste Ziel der Individuierung und subjektiven Identität nicht lustvoll, sondern erleben es vielmehr als Zurückweisung und Kränkung. Wie Annabelle glauben sie, daß eigene Wünsche kaum weder angemessen mitzuteilen seien, noch auf eine Antwort hoffen dürften.

Der Anspruch, ohne Worte verstanden zu werden, verweist darüber hinaus auf den Schrecken angesichts von Enttäuschungen oder Zurückweisungen. Sie werden nicht nur als narzißtische Kränkung, sondern als unerträglicher Schmerz erfahren, der weder kontrolliert noch psychisch verarbeitet werden kann und Menschen zu zerstören vermag. Die unvermeidbaren Strukturen des menschlichen Lebens – die Individuation, der Geschlechtsunterschied, die Unmöglichkeit magischer Wunscherfüllung, die Unausweichlichkeit des Todes – haben für diese Patienten keinerlei Bedeutung gewonnen. Die Individuation, die zu personaler Identität

und Privatheit führt; der Geschlechtsunterschied, der sexuelles Begehren zur Folge hat; die Wiederentdeckung magischer Wunscherfüllungen in der Kreativität; die Hinnahme selbst des Todes als des unvermeidlichen Endes, das dem Leben eine wesentliche Bedeutung verleiht – dies alles kann bei derartigen Patienten fehlen. Das Leben läuft für sie Gefahr, »bedeutungslos« und »hart« zu sein. Andere Menschen betrachten sie nur als Vehikel einer *Externalisierung* des inneren Dramas, das sie schmerzlich durchleben. Darin besteht in der Tat für sie das System ihres *Überlebens*. Zumindest halten sie an einem Kontakt mit anderen fest und teilen etwas mit. Viele Menschen, die sich in dieser Weise auf andere beziehen, fühlen sich dazu gedrängt, sie zu manipulieren (obwohl sie sich dessen nicht bewußt sind), um die Katastrophen herbeizuführen, die sie bereits antizipieren. In ihren Beziehungen suchen sie daher oft die Unvermeidlichkeit vorab feststehender Schlußfolgerungen über sich selbst zu beweisen. Auch dies ist ein Weg, die eigene Qual »mitzuteilen« und das Gefühl äußerster Ohnmacht angesichts überwältigender Mächte zu bekämpfen. Theoretisch kann ein derartiges System zwischenmenschlicher Beziehungen auf vielerlei Weise ausgedrückt werden: als Verfolgungsangst und projektive Identifizierung (Klein, Grinberg); als Bedürfnis des Subjekts, andere als Behälter zu verwenden (Bion); als die dringende Notwendigkeit, verlorene Teile des eigenen Ich, die »Objekte des Selbst« wiederzugewinnen (Kohut); als Tendenz, die unabhängige Existenz anderer aufgrund pathologischer Formen von Objektbeziehung zu verleugnen (Kernberg); als Begriff eines falschen Selbst (Winnicott) und schließlich als Verwendung der anderen als »Übergangsobjekte« (Modell).
Ohne Zugang zu wichtigen Teilen ihrer selbst vermögen diese Patienten nur schwer zu akzeptieren, daß auch andere unter Angst, Depressionen, Frustrationen und Gereiztheiten leiden können. Dadurch wird der Kampf gegen archaische Phantasien und Emotionen bei ihnen verstärkt durch den

Kampf gegen die äußere Wirklichkeit und den Schmerz anderer. Wie Säuglinge, die allzu frühzeitig gezwungen werden, selbständig zu sein, müssen sie sich gegen innere und äußere psychische Konfliktherde und Ursachen des Leidens behaupten. Sich selbst unbekannt, arbeiten sie nach einem Modell menschlicher Beziehungen, in dem eine eigenständige Identität heftig verleugnet werden muß, da eine Abwesenheit von Objekten und eine Differenziertheit zwischen ihnen nicht durch eine stabile innere Objektwelt kompensiert worden ist. Daher ist bei diesen Patienten das Gefühl ihrer eigenen Identität nicht verläßlich. Mithin können sie nur schwer erfassen, was andere ihnen mitzuteilen versuchen, und ihre Annahmen über die Motive ihrer Mitmenschen gehen nur allzu leicht fehl. Eine Individuierung wird zurückgewiesen, und wir finden statt dessen eine unablässige Externalisierung von Konflikten, um alles an seinem Platz zu halten und eine illusionäre Kontrolle über die Reaktionen anderer auszuüben. Menschen dieses Typus sind jene von Ferenczi beschriebenen »gewitzten Säuglinge«, die ihre gesamte Umwelt mit frühkindlichen Mitteln kontrollieren. Selbstverständlich schlummert in jedem von uns solch ein herrschsüchtiger Säugling, doch gewöhnlich tritt er nur in der allmächtigen Welt der Träume auf. Neurotische Patienten entdecken mit Erstaunen dieses größenwahnsinnige Kind in sich. Andere entdecken (wie Annabelle), daß sie ihr ganzes Leben hindurch versucht haben, diesem fordernden Säugling seine Rechte zu verschaffen, allen voran das Recht, gehört zu werden und mit anderen sinnvoll zu kommunizieren. Obwohl dem erwachsenen Ich dessen Existenz nicht bewußt ist, schreit dieses wütende und verzweifelte Kind danach, atmen zu dürfen. Nur so kann es hoffen, sich in artikulierteren Formen auszudrücken.

Der Analytiker sieht sich bei der primitiven Kommunikation einem Diskurs konfrontiert, der sinnlos bleibt, wenn er durchweg als normale Vermittlung neurotischer Vorstellungen und Affekte in freien Assoziationen behandelt wird.

Vergeblich wird er nach verdrängten, zum Bewußtsein strebenden Vorstellungen suchen. Er wird sich klar machen müssen, daß er einen Teil der Persönlichkeit beobachtet, der von primitiven Abwehrmechanismen beherrscht wird, also von Verleugnung, Aufspaltung und Verwerfung, die insgesamt dazu dienen, aus der Kette der Symbolisierungen alle die psychischen Ereignisse auszuschließen, die seelische Schmerzen hervorrufen können. Wir müssen uns fragen, in welchem Ausmaß es möglich ist, die Grenzen der Urverdrängung zu überschreiten und die grundlegenden Schichten der Persönlichkeitsstruktur zu erforschen. Dürfen wir hoffen, etwas zu »hören«, was nie so formuliert worden ist, wie es als Teil vorbewußter Vorstellungen erscheinen könnte, was niemals in Gedanken gefaßt und mithin in einer der Erinnerung und symbolischen Verarbeitung zugänglichen Form aufbewahrt wurde? Hier müssen die Grenzen der Psychoanalyse in Frage gestellt werden.
Soweit jedoch Teile der Erfahrung oder des Erlebens aus dem Psychischen abgewiesen und in die Außenwelt projiziert werden, drücken sie sich entweder im Verhalten aus oder werden immer wieder als primitiver Austausch inszeniert. In besonderen Situationen und Augenblicken können wir die Signale des Leidens »hören«. Wir wissen dann, daß es sich dabei um Anzeichen großer Schmerzen handelt, die von dem betreffenden Individuum noch nicht voll als persönliches Leiden erkannt werden können. Es fühlt sich blockiert, beeinträchtigt, gelähmt und (wie diese Anzeichen erkennen lassen) mit aller Welt verfeindet. Dies ist die grundlegende Botschaft.

Die Rolle der Gegenübertragung

Wie faßt nun ein Analytiker diese Botschaft auf? Zunächst einmal wird er rasch durch einen besonderen *Wortgebrauch* alarmiert. Im Fall der Annabelle Borne stimmten der sprach-

liche Inhalt und die ihn begleitenden Affekte auf bemerkenswerte Weise nicht überein, so daß zahlreiche Gefühle von Wut und Unzufriedenheit eine nicht zum Ausdruck gelangende Depression verbargen. Bei anderen Patienten, die ein ähnliches Drama durchleben, sind wir als Zuhörer einem endlosen Monolog konfrontiert, dessen Worte sowohl für den Analysanden wie für den Analytiker ohne jeden Widerhall zu sein scheinen. Wieder andere Patienten bedienen sich der Worte auf eine Weise, die uns verwirrt, das heißt, es fehlen bei ihnen die üblichen assoziativen Verbindungsglieder der Alltagssprache und der geläufigen analytischen Kommunikation. Rosen spricht von geringfügigen Störungen in der Codierung von Denkprozessen, die während der Analyse auftreten, und weist ferner darauf hin, daß der Analytiker sich die latenten Inhalte gelegentlich über nichtsprachliche Medien bewußt machen muß – über Signalsysteme wie Gebärden, Körperhaltung, Gesichtsausdruck, Intonation, Bildzeichen etc. Ich glaube, daß wir häufig auf derartig unterschwellige Botschaften eingestellt sind, lange bevor wir verbalisieren können, was wir verstanden haben. Modell (1973) meint, daß das Erfassen von Affekten dem Spracherwerb vorausgeht. Aufgrund eigener Erfahrungen mit sehr kleinen Kindern (die häufig in bemerkenswerter Weise auf die Gefühlszustände derer reagieren, die für sie sorgen) sowie aufgrund von Folgerungen aus eigenen analytischen Beobachtungen würde ich noch weitergehen und behaupten, daß die Übermittlung von Affekten zweifellos früher stattfindet als die symbolische Kommunikation. Modells Beobachtung, daß ein affektfreier analytischer Diskurs ein Anzeichen dafür ist, daß die Analyse zum Stillstand gekommen ist, scheint mir für weitere Untersuchungen über das Wesen der Kommunikation von großer Bedeutung zu sein.
In bezug auf die »primitive Kommunikation« ist ferner anzumerken, daß wirklich »freie Assoziationen« mit all den Einschränkungen und Filtersystemen (welche sie normalerweise begleiten) hier fehlen. Es gibt keinen Einfall, also

buchstäblich kein plötzliches Auftauchen oder Durchbrechen eines Gedankens, einer Phantasie oder eines Bildes aus einer tieferliegenden, bisher unbekannten Schicht. Eine wechselseitige Durchdringung von Primär- und Sekundärprozeß, welche das Kennzeichen analytischer Fortschritte ist, findet nicht statt; statt dessen bleibt der Monolog des Analysanden nichtssagend. Obwohl er wie eine »leere« Mitteilung erscheint, hinterläßt er häufig beim Analytiker ein Gefühl der »Fülle«, ein frustrierendes Gefühl, auf das er achtgeben muß. In seinem Wunsch, mit dem Analytiker durch seine Verbalisierung engstens »verbunden« zu sein, geht der Analysand darüber hinweg, daß der Analytiker insbesondere dann auf den Inhalt dessen, was er sagt, emotinal reagiert, wenn es sich dabei um depressive, aggressive oder angstauslösende Bemerkungen handelt. Er stellt auch nicht seine Annahme in Frage, daß der Analytiker durch die Verbindung, die der Strom der Worte zwischen ihnen schafft, selbst dann zufriedengestellt wird, wenn sein Monolog ihn etwa zum Ziel einer Schmährede macht oder wenn sein konfuser Diskurs Verständnisschwierigkeiten außer acht läßt. In ihrem Bemühen, sozusagen ins Denken des Analytikers eingeschaltet zu bleiben, bitten ihn diese Patienten um Hilfe und stoßen ihn zugleich vor den Kopf. Sie stehen, so könnte man sagen, unter dem Bann einer Verdichtung – nicht des Denkens, sondern der Ziele. Sie suchen Liebe und Aufmerksamkeit zu erlangen, um sicher zu sein, gehört und nicht fallengelassen zu werden, ja überhaupt zu existieren, und müssen zugleich den Anderen für all das Böse und die Härten bestrafen, die sie durchmachen. Ihr Zustand kann als Forderung an eine idealisierte Brust, an die Funktionen der Mutter aufgefaßt werden, wie sie ein Säugling erlebte – wenn er es ausdrücken könnte.

Wenn diese Patienten nicht über das sprechen, was sie wirklich bewegt – ihre widersprüchliche Suche, ihr Leiden am Leben, ihre Schwierigkeit, sich verstanden oder wirklich lebendig zu fühlen –, so liegt das daran, daß *sie dies nicht wissen*. Da sie sich der Wirkung ihrer Worte nicht bewußt sind, ist ihnen auch nicht klar, daß sie im Seelenleben anderer einen bestimmten Raum einnehmen. Sie betrachten andere zwar als lebendig und existent, meinen aber, daß sie keine weitere Beachtung verdienen, während sie selbst als Objekte ihrer Leiden schreiend ihr Recht einklagen, ebenfalls lebendig zu werden, wobei sie unterstellen, daß die Welt ihnen dies schuldig sei. Für viele Patienten ist die Entdeckung dieses Dilemmas die erste Erfahrung, die sie in der Analyse machen. Zum ersten Mal können sie als Analysanden bewußt zwischen sich und dem Anderen unterscheiden sowie anerkennen, daß beide in ihrer individuellen und psychischen Realität je für sich existieren. Menschen ohne klare Repräsentation ihres eigenen Inneren und ihrer Identität neigen dazu, sich auf andere in der Weise zu beziehen, daß sie auch *deren* psychische Wirklichkeit umgehen, das heißt, sie nehmen nur wahr, was ihrer eigenen vorgefaßten Meinung über den Anderen und über die Welt im allgemeinen entspricht, während sie Wahrnehmungen, die nicht zu ihren bereits vorhandenen Vorstellungen passen, abweisen.

Diese Art, sich auf andere zu beziehen, hat deutliche Auswirkungen auf die Übertragung. Ein großer Teil der Macht, welche die Übertragung besitzt, stammt aus dem Zusammenspiel zwischen dem phantasierten und projizierten Bild des Analytikers einerseits und seiner tatsächlichen Erscheinung andererseits. Als Phantasieobjekt wird er zur Zielscheibe aller mit den ursprünglich inneren Objekten in Verbindung stehenden Besetzungen, während seine konkreten persönlichen Qualitäten dem Analysanden weithin unbekannt bleiben. Patienten, die sich im Rahmen der in diesem Kapitel beschriebenen Art von Beziehung bewegen, halten nur eine minimale Distanz zwischen dem phantasierten und dem wirklichen Analytiker, so daß Projektionen in der Übertragung von ihnen nur selten als solche bemerkt werden. Keinen der beiden Partner in der Analyse sehen sie mit einer klar umrissenen Identität. Diese Art von analytischer Beziehung könnte unter den Begriff einer idealisierten narzißtischen Übertragung gefaßt werden, wie sie bei Kohut beschrieben wurde. Sie könnte aber auch als Versuch aufgefaßt werden, die je gesonderte Existenz der beiden Partner durch ihre Verschmelzung zu verleugnen bzw. eine pathologische Form archaischer Objektbeziehungen herzustellen, wie sie Kernberg vorschwebt.

Die Patienten neigen dazu, sich an einem Modell menschlicher Beziehungen zu orientieren, welches am primärprozeßhaften Denken festhält. Alles Gute oder Böse, das ihnen widerfährt, geht für sie auf die Wünsche bzw. den guten oder bösen Willen anderer zurück. Wichtige Ereignisse des eigenen Lebens werden kaum daraufhin befragt, wie weit sie persönlich daran beteiligt waren. Wenn es ihnen während der Analyse nicht gut geht, dann glauben sie mit einiger Wahrscheinlichkeit, der Analytiker sei indifferent, weil er tief in seinem Inneren *seine Analysanden leiden lassen will.* Wenn sich diese Analysanden ihrer eigenen projizierten aggressiven und destruktiven Wünsche bewußt werden, so ist es mehr als wahrscheinlich, daß sie diese Gefühle unterdrükken und die damit verbundenen Vorstellungen rasch aus ihrem Bewußtsein entfernen. So wissen sie häufig nicht, daß sie wütend, verängstigt oder unglücklich sind.

Wie bereits betont, haben wir es hier nicht mit Mechanismen der Verdrängung oder Isolierung, sondern mit denen einer Verwerfung aus dem Seelenleben, einer Aufspaltung und projektiven Identifizierung zu tun. Als Folge davon richten sich die Ängste, denen diese Patienten konfrontiert sind, stärker auf das Festhalten an der eigenen Identität als auf die Sexualität und eine Erfüllung ihres Begehrens. Eine »psychotische« Angst, die durch die Furcht vor Desintegration und Entdifferenzierung ausgelöst wird, nimmt einen größeren Raum ein als die »neurotische« Angst in Verbindung mit dem klassischen Begriff des Kastrationskomplexes. Wenn die letztere zu sexuellen Symptomen und Arbeitsstörungen führt, wird bei der ersteren die gesamte Struktur der Bezie-

hungen zu anderen gestört. Es ergibt sich eine Tendenz, andere als Teile des eigenen Selbst oder anstelle von Übergangsobjekten zu benutzen, die eine beschützende Rolle spielen und feindselige Antriebe abfangen sollen. In der Analyse führt dies leicht zu einer Art von Übertragung, auf die Stone (1961) in seiner klassischen Arbeit verwiesen hat. Gemeint ist jener Übertragungsaffekt, dem es mehr um das Anderssein und die Furcht vor (bzw. dem Wunsch nach) Vereinigung geht als um die für neurotische Charakterstrukturen typischen Übertragungen.
Die Symptome, die sich im analytischen Diskurs daraus ergeben, können eine ganze Reihe von psychischen Störungen zum Ausdruck bringen. In gewisser Hinsicht können die oben beschriebenen »Anzeichen« einer nicht formulierten, aber doch vorhandenen Kommunikation als minimale Elemente psychotischen Denkens und psychotischer Ausdrucksformen angesehen werden. Dennoch liegt weder eine Denkstörung noch der bei psychotischer Verbalisierung eindeutig vorhandene surrealistische Wortgebrauch vor. Annabelle Borne hatte sich keine persönliche Grammatik geschaffen und brachte auch Signifikanten und Signifikate nicht durcheinander. Doch ähnlich wie Psychotiker hatte sie nur eine schwach entwickelte Vorstellung von sich selbst und ihren Beziehungen zu anderen, deren Grenzen nicht eindeutig umrissen waren. Dies deutete darauf hin, daß sie keine frühe Strukturierung eines verläßlichen Selbstbildes und mithin auch nur ein unklares Bild von anderen besaß. Beziehungen dieser Art können zu einer Form von persönlichem Esperanto führen, dessen kommunikative Ziele psychotisch getönt sein mögen. Der idiosynkratische Sprachgebrauch, der im Alltagsleben unbemerkt bleiben kann, da er die Regeln der Syntax und Symbolisierung beachtet, sucht, ähnlich wie psychotische Kommunikationsformen, die ursprüngliche Einheit von Mutter und Kind wiederherzustellen und trotz der besonderen Art der Kommunikation verstanden zu werden. Der Unterschied zur Psychose, so wird man sagen

dürfen, besteht darin, daß Patienten wie Annabelle Borne Worte zwar nicht primärprozeßhaft verwenden, aber in ihrer Art, sich auf andere zu beziehen, dem Modell des Primärprozesses folgen, also eine totale Abhängigkeit vom allmächtigen Willen des Anderen erleben. Die Sprache tritt für sie mithin in den Dienst dieser Art von Beziehungen. Möglicherweise wird dadurch eine psychotische Desorganisation verhindert, denn diese Patienten haben den Kontakt zur Außenwelt nicht verloren. Sie leben weder in Tagträumen, noch nehmen sie Dinge wahr, die nur in ihrer Innenwelt existieren. Sie benutzen vielmehr andere je nach ihrer Lebenslage dazu, von ihnen zu nehmen, was sie selbst verlangen, und sie einstecken zu lassen, was sie selbst loswerden wollen. Dennoch kann man wohl sagen, daß diese Patienten die Bedeutung »erschaffen«, welche andere für sie haben, ohne sich allzu sehr um die konkrete Wirklichkeit des Anderen zu kümmern, dem sie sich zugleich unterwerfen und an dem sie entsprechend leiden. Beziehungen dieser Art sind keineswegs selten; aber Menschen, die sich dieses Beziehungsmusters bedienen, suchen relativ selten Hilfe bei der Psychoanalyse.

Meine These lautet, daß wir jedes Mal dann, wenn wir diese Art von Beziehung und Kommunikation in der Analyse wiederfinden, auf Anzeichen frühen psychischen Leidens stoßen, die wahrscheinlich auf jene Zeit zurückverweisen, in der das kleine Kind mit seinen vitalen Bedürfnissen und Konflikten vermittels der ihm zur Verfügung stehenden »Sprache« so umgeht, daß es seine Mutter als einen untergeordneten Teil seiner selbst zu behandeln sucht. Diese Patienten sind während der Analyse wie im Alltagsleben sozusagen »außer sich«. Sie behandeln daher den Analytiker wie andere Menschen als sich frei in der Außenwelt bewegende Teile ihrer selbst, die natürlich ihrer Kontrolle unterliegen sollten.

Dies führt offensichtlich zu Phänomenen der Gegenübertragung, die von denen verschieden sind, welche normalerweise bei neurotischen Analysanden auftreten. Da diese über die vertrauten neurotischen Formen der Abwehr psychischer Schmerzen und Konflikte verfügen, wird der Analytiker für sie zu einer Projektionsfigur von Objekten ihrer inneren Auseinandersetzungen. Sie introjizieren eine Darstellung des Analytikers, der damit zum Objekt ihres Ich wird, obwohl er von den eigentlichen Bewohnern ihres inneren Universums verschieden ist. Der Analytiker wird sozusagen zu einem Einwanderer mit befristetem Visum, der verbotene Wünsche, idealisierte Darstellungen, Drohungen, Ängste und Wut auf sich zieht, die mit den ursprünglichen Objekten in Verbindung stehen. Die einzigartige Stellung des Analytikers in dieser psychischen Welt verleiht der Übertragungsbeziehung beträchtliche Macht. Wie bereits gezeigt wurde, gestattet sie es dem Patienten, die Distanz zu entdecken und zu ermessen, welche den Analytiker als imaginäre Person von seiner konkreten, je individuellen Erscheinung trennt. Gerade aus der Distanz zwischen diesen beiden Wahrnehmungsweisen des Analytikers erwachsen die fruchtbarsten Deutungen und Rekonstruktionen. Störungen durch die Gegenübertragung stammen, wo sie auftreten, in erster Linie aus ungelösten persönlichen Problemen des Analytikers – und es geschieht nicht selten, daß ein »guter neurotischer Analysand« sich ihrer bewußt wird, auf sie aufmerksam macht und dabei deutlich sieht, daß es sich hier nicht um seine eigenen Projektionen handelt!

Doch in den Fällen, wo die Unterscheidung zwischen Projektion und konkreter Beobachtung in der Übertragung verwischt wird, nimmt der Analytiker mit einiger Wahrscheinlichkeit die Übertragung des Patienten anders wahr. Was gesagt werden soll, bleibt dann in einer »Pseudokommunikation« verborgen, die weniger danach trachtet, den Analytiker von Gefühlen und Gedanken zu informieren (ihm also buchstäblich eine Form zu übermitteln), als vielmehr schmerzhafte innerpsychische Konflikte loszuwerden und Reaktionen beim Analytiker hervorzurufen. Es erscheint nun fraglich, wie der Analytiker diese »Sprache« am besten erfassen und deuten kann. Anfangs »hört« er weder eine Botschaft, noch wird er sich ihrer emotionalen Bedeutung unmittelbar bewußt. Es fällt schwer, festzustellen, was fehlt, vor allem da die Abweisung von Bewußtseinsinhalten im Unbewußten keine Spuren hinterlassen hat und keinerlei neue Wirklichkeit (wie bei psychotischen Patienten) anstelle der konkreten Realität erfunden wird. Allmählich werden beim Analytiker Affekte mobilisiert und aufgestaut. Während die Affekte des Analysanden abnehmen oder verzerrt werden, wird der Analytiker buchstäblich »affektgeladen«. Die Assoziationen des Patienten haben eine durchdringende Wirkung, die bei den üblichen neurotischen Übertragungen und analytischen Monologen fehlt. Was aus der Welt der psychischen Repräsentationen ausgeschlossen oder verworfen wurde, ist nicht als latente Kommunikation zu »hören«. Es handelt sich um eine Unterwanderung durch Emotionen, die zwar die Keime künftiger Deutungen enthält, die aber der Analytiker zunächst einmal verstehen muß, bevor er formulieren kann, warum der Diskurs des Patienten ihn in dieser Weise affiziert. Ich stimme mit Giovacchini (1977) darin überein, daß man ein komplexes Problem allzu leichtfertig beiseite schiebt, wenn man Patienten mit Wahnbildungen deshalb als nicht analysierbar betrachtet, weil die Fähigkeit zur Selbstbeobachtung bei ihnen unzureichend ausgebildet ist. Bei den Patienten, die ich hier beschreibe, hat der Analytiker zunächst einmal das Gefühl, irgendwann im Verlauf der Analyse *aufgehört zu haben, als Analytiker tätig zu sein.*

Obwohl die Analogie nicht allzu weit getrieben werden kann, befindet sich der Analytiker in solchen Augenblicken in der Situation einer Mutter, die zu verstehen sucht, warum ihr Säugling aus Wut oder vor Schmerzen schreit. Ein Säugling kann auf dieser Entwicklungsstufe über das hinaus, was seine Mutter für ihn darstellt, keinerlei Identität haben. Sie muß die Zeichen, die er übermittelt, *interpretieren* und ihnen einen Sinn verleihen, das heißt sie in Kommunikation übersetzen. In Bions Terminologie muß sie die Rolle des Denkapparates ihres Kindes spielen, bis dieses selbst denken kann. Ein Analytiker verfolgt natürlich bescheidenere Ziele, als zum Denkapparat seines Patienten zu werden! Seine Aufgabe besteht nicht darin, den Analysanden zu lehren, wie er die Welt wahrnehmen und auf sie reagieren muß. Er darf höchstens hoffen, seinem Patienten zu der Entdeckung zu verhelfen, wer er selbst ist – und für wen. Um dies aber tun zu können, muß er die Andeutungen des Leidens zu entziffern in der Lage sein, die hinter den wütenden oder konfusen Assoziationen liegen.

Vermutlich hatten die Patienten, von denen hier die Rede ist, Mütter, die unfähig waren, ihren Kleinkindern »zuzuhören« und ihrer primitiven Kommunikation eine Bedeutung zu verleihen. Vielleicht reagierten diese Mütter ihrerseits mit Unwillen und Zurückweisung auf die unformulierten Ansprüche ihres Säuglings, als handele es sich dabei um einen persönlichen Angriff auf sie selbst oder um eine narzißtische Beeinträchtigung ihrer eigenen Rolle. Sie hätten dann ihre Aufgabe als »Übersetzer« nicht erfüllt und ihrem Säugling nicht beigebracht, seine Bedürfnisse auszudrücken, sein Begehren zu entdecken und schließlich selbst *denken* zu können. Dies nämlich setzt eine Mutter voraus, die ihrem Kind das *Recht auf eigene Gedanken* auch dann einräumt, wenn diese mit ihren eigenen nicht übereinstimmen. Auch darin liegt ein Keim zur Entstehung von Kommunikationsstörungen.

Ein Analytiker, der sich diesem psychischen Rätsel konfrontiert sieht, wird sich durch den Versuch seines Analysanden »manipuliert« fühlen, sich vor psychischem Schmerz zu schützen. Er wird es von da an vermeiden, zu dessen Spielzeug zu werden. Denn der Analysand legt im voraus die Szenen so fest, daß kaum etwas dem Zufall überlassen bleibt und die ausgewählten Schauspieler ihren Rollen entsprechend handeln müssen. Traumatische Empfindungen und Gedanken werden unter Kontrolle gebracht, indem sie un-

mittelbar aus der Psyche des Subjekts entfernt und im Versuch einer narzißtischen Entschädigung und magischen Erfüllung in der Außenwelt dargestellt werden.
Der Analytiker muß sich auf die Schwierigkeit seines Patienten einstellen, über sich selbst nachzudenken. Da sein Denken blockiert ist, fällt es ihm schwer, sich die abgewiesenen Vorstellungen und unterdrückten Affekte wieder zu vergegenwärtigen, die dann als archaische Phantasien sprachlich wieder ausgedrückt und gemeinsam mit den sie begleitenden Gefühlen in der Analyse unter Kontrolle gebracht und durchgearbeitet werden können. Die Belastbarkeit der Beziehung zwischen Analytiker und Analysand garantiert, daß derartig mächtige Affekte ohne Gefahren oder Schäden für einen von beiden durchlebt und ausgedrückt werden können. Das ist es wohl, was Winnicott meint, wenn er schreibt, daß »wahrscheinlich die Zuverlässigkeit des Analytikers der wichtigste Faktor sein [wird] – oder wichtiger als die Deutungen –, weil der Patient eine derartige Zuverlässigkeit in der Versorgung durch die Mutter im Säuglingsalter nicht erlebt hat, und wenn der Patient sich solche Zuverlässigkeit zunutze machen soll, muß er sie zum ersten Mal im Verhalten des Analytikers finden« (Winnicott 1960, dt. 1974:48 f.).
Was der Urverdrängung unterlag, kann wahrscheinlich nicht anders als mit Hilfe der hier beschriebenen »Zeichen« mitgeteilt werden, welche die Gegenübertragung registriert. Auf vielfältige, kaum bemerkbare Weise kann deutlich werden, daß die Tätigkeit des Analytikers in solchen Augenblicken unzulänglich ist. Er kann sich manipuliert fühlen und auf die Sitzungen gelangweilt oder gereizt reagieren, sich bei aggressiven Deutungen ertappen, trotzig schweigen oder sich in Gedanken verlieren, die keinerlei Beziehung zu den Assoziationen des Patienten haben. Trotz der bekannten Gefahren der Gegenübertragung möchte ich hier unterstellen, daß diese »Anzeichen« bei einem Analytiker mehr sind als die einmalige Widerspiegelung seiner eigenen inneren Gemüts-

verfassung oder seiner unbewußten Reaktionen auf den Monolog des Patienten und daß wir es hier nicht mit einer verdrängten, sondern mit einer primitiven Kommunikation zu tun haben, die nicht in der üblichen Weise zu entschlüsseln ist. Wenn er in solchen Augenblicken weiter nach einem verdrängten Inhalt sucht, Deutungen gibt, als handele es sich um neurotisches Material, aggressiv antwortet oder sich schweigend abwendet, dann agiert der Analytiker. Er blokkiert dann den weiteren Verlauf der Analyse durch den *Widerstand seiner Gegenübertragung*. Wie alle anderen Menschen haben auch wir Analytiker Schwierigkeiten, etwas zu hören oder wahrzunehmen, was nicht zu unserem vorgängig vorhandenen Code paßt. Unsere eigenen unaufgelösten Übertragungsgefühle spielen hier eine Rolle, da die Speicherung unseres analytischen Wissens durch Übertragungsaffekte erreicht wurde, von ihnen durchsetzt bleibt und somit leicht zu einer eigenen Art von Widerstand führt, der es uns erschwert, alles zu »hören«, was übermittelt wird. Wir neigen dazu, uns über einen Patienten zu ärgern, dessen Fortschritte nicht mit unseren Erwartungen übereinstimmen oder der auf unsere Bemühungen, ihn zu verstehen, in einer Weise reagiert, als handele es sich dabei um feindselige Angriffe. Zusätzlich zu unseren persönlichen Schwächen stellen uns diese Probleme vor eine schwierige Aufgabe.
Annabelle Bornes Analyse war aufgrund meiner eigenen Unfähigkeit zum Stillstand gekommen, die Bedeutung der Erwartungen meiner Gegenübertragung zu erfassen und zu untersuchen – bis ich ihr sagte, sie bemühe sich nicht so sehr, ihre Vorstellungen und Gefühle mitzuteilen, als mich vielmehr traurig und hilflos werden zu lassen. Sobald sie dazu in der Lage war, sozusagen ihre eigenen Tränen zurückzunehmen und als eigene anzuerkennen, konnten wir dem gelähmten, unglücklichen Kind, welches in ihr gefangen war, gemeinsam zuhören. Von da ab konnten wir diesem Kind erlauben, zu wachsen und sich zum ersten Mal selbst auszudrücken.

Normalerweise hören wir unseren Analysanden mit jener frei flottierenden Aufmerksamkeit zu, die wir ähnlich auch von ihnen verlangen. Sie ließe sich besser als eine frei flottierende Theoretisierung beschreiben. Auffällig ist nun, daß bei den hier in Rede stehenden Patienten unsere verschiedenen Theorien über das Flottieren des Patienten sowie über die Art seiner analytischen Bindung an uns nur schwer anzuwenden sind. Denn es dauert bei ihnen sehr viel länger, bis sich dieses Flottieren einstellt. Verantwortlich ist dafür teilweise die besondere Art der Kommunikation bei diesen Analysanden und teilweise die schwierige Rolle, die sie uns implizit abverlangen. Die Haltung eines »erwartungsvollen Schweigens«, die für den Neurotiker Hoffnung bedeutet und ihm einen psychischen Raum eröffnet, in dem ein lange begrabenes Begehren wieder hervortreten darf, bietet Patienten wie Annabelle wenig mehr als Trostlosigkeit und Tod. Ihr Bedürfnis, durch die Augen anderer hindurch ihre eigene Existenz zu spüren und sich wirklich lebendig zu fühlen, dominiert weithin alle anderen Wünsche und durchdringt fast den gesamten Raum ihres Begehrens. Die unklaren Grenzen zwischen Analytiker und Patient gefährden die Analyse der Beziehung zwischen beiden und erschweren die Trauer um verlorene Objekte. Es ist unmöglich, den Verlust eines Objekts zu betrauern, das man nie besessen hat oder dessen Existenz niemals wirklich als von der eigenen verschieden oder als integraler Bestandteil der eigenen Innenwelt anerkannt worden ist. Auf diesem Treibsand bieten »Übertragungs«-Deutungen keine Hilfe und bergen in der Tat das Risiko in sich, die Mißverständnisse und gegenseitigen Verzerrungen der ersten Kommunikationen zwischen Mutter und Kind fortzusetzen. Statt einen von seinen Möglichkeiten her lebendigen Raum für Gefühle und Gedanken zu schaffen oder weitere Assoziationen und Erinnerungen hervorzurufen, durch die eine neue Art von Erfahrung zutage treten könnte, enthalten das Schweigen oder die sogenannte »gute analytische Deutung« das Risiko, sich auf das

Schweigen des Unbewußten, den psychischen Tod und das Nichts hin zu öffnen.
Dennoch bleibt alles, was durch die Kraft der Urverdrängung unterdrückt worden ist, potentiell wirkungsmächtig und tatsächlich aktuell, da es unausweichlich in die Außenwelt versetzt wird. Alles, was zum Schweigen gebracht worden ist, wird zu einer Botschaft im Handeln, und diese redende Handlungsmitteilung kann in der analytischen Situation Platz greifen und sich durch Zeichen sowie durch einen geheimen Code Ausdruck verschaffen. Dem Analytiker ist es dann zuweilen möglich, seinem Patienten in der Weise zu helfen, daß der psychische Blutsturz, der durch kontinuierliches Ausagieren und direkte Spannungsabfuhr, durch Schmerz und Verwirrung entstand, gestoppt wird. Die Handlungssymptome können dann sprachlich ausgedrückt werden, und der Patient kann sich auf das Abenteuer seiner Analyse einlassen. Im nächsten Kapitel untersuchen wir die Rolle der Ökonomie des Narzißmus bei derartigen Persönlichkeitsstrukturen.

VIII. Narziß auf der Suche nach einem Spiegelbild

Über eine Quelle gebeugt, an der er seinen Durst stillen wollte, entdeckte Narziß zum ersten Mal im Leben sein eigenes Spiegelbild auf dem Wasser. Seine Schönheit war dem Mythos zufolge so groß, daß er sich in es verliebte. Unfähig, sich von dieser illusionären Liebe zu lösen, starb er und hinterließ eine Blume sowie eine Nymphe, die in ihn verliebte Echo. Wir dürfen uns dennoch fragen, ob dieses bezaubernde Bild nicht so lange erwartet und erdürstet war, daß Narziß, hätte er sich von der Spiegelung abgewandt, nicht nur die Illusion seiner Verliebtheit, sondern geradezu seine Existenz zu verlieren fürchten mußte.
Handelte es sich wirklich um eine Liebeserfahrung? Die Faszination von sich selbst, die beim Menschen immer wieder auftritt, besitzt, wie Freud richtig gezeigt hat (1914), eine Dimension der Entfremdung vom *Zustand der Verliebtheit* wegen der darin enthaltenen Neigung, das eigene Ich-Ideal auf einen Anderen zu projizieren. Daß Freud die Liebesbeziehung in die Nähe des Pathologischen rückte, wirft eine Reihe von unbeantworteten Fragen über den menschlichen Narzißmus auf. Man könnte annehmen, daß Narziß eine schwache und lückenhafte psychische Struktur besaß und daß sich dies unweigerlich auch auf das Schicksal seiner Liebe ausgewirkt hat. In einem bemerkenswerten Buch über das Verliebtsein untersucht Christian David (1971) die psychoanalytischen Auffassungen der Liebesbeziehung. »Es kann kein wahres Ziel der Liebe geben«, schreibt David, »ohne die Anerkennung einer nicht wiedergutzumachenden narzißtischen Unzulänglichkeit oder, genauer gesagt, des *unausweichlichen Anspruchs, daß der Andere ein Anderer ist, daß sein Wesen gerade im Anderssein besteht*. Gerade wegen seiner Verschiedenheit ist ein Objekt von seinem Wesen und seiner Dynamik her sexuell. Die Ähnlichkeit liegt in der Ge-

meinsamkeit eines Mangels und in der Wechselseitigkeit des Begehrens, ihn zu überwinden.«
Was also könnte dem Narziß fehlen, der in sein eigenes Bild verliebt ist?
In den *Metamorphosen* beschuldigt Ovid den Narziß der Leichtgläubigkeit und Eitelkeit, da das Objekt seines Begehrens nicht existiere. Doch können wir uns voll darauf einlassen, daß Narziß' Bemühung, das flüchtige und durchsichtige Bild seiner selbst festzuhalten, ganz und gar eitel und bedeutungslos ist? Hat denn seine Suche keinerlei Objekt? Möglicherweise umfaßt der Kreis, den er um sich schlägt, einen Raum voller Sehnsucht und Verzweiflung, und vielleicht ist die scheinbare Selbstzufriedenheit, die von dem Bild des Narziß ausgeht, eine Illusion des *Betrachters*. Könnten wir nicht auch unterstellen, daß dieses schwächliche Blumenkind, das sein eigenes Bild erblickt, im Wasser nach einem verlorenen Objekt sucht, welches es selbst nicht ist, sondern die *Anerkennung seiner selbst in den Augen eines Anderen?* Diese Anerkennung seiner selbst als einzigartiges und selbständiges Wesen wird gesucht im leidenschaftlichen Blick des Säuglings auf seine Spiegelung in den Augen der Mutter, die ihm nicht nur sein Spiegelbild, sondern seine Bedeutung für die Mutter vor Augen führt (Winnicott 1973). Nur so kann er hoffen, sich als jemanden zu erkennen, der einen privilegierten Platz und persönlichen Wert in den Augen eines Anderen besitzt, der ihn anschaut und zu ihm spricht.
Es kann jedoch geschehen, daß die Aufmerksamkeit und Gefühlsintensität der Mutter vom Kind weg auf irgendeine schmerzhafte Situation gelenkt werden, in welcher das Kind keinen Platz hat. Wenn dies der Fall ist, reflektiert ihr Blick (wie entspiegeltes Glas) gar nichts. Sie kann aber auch in ihrem Kind eine Spiegelung ihrer selbst und eine Bestätigung ihrer eigenen Identität suchen.[1] Dieses Selbstbild, das im Er-

1 Dies scheint das Schicksal des Narziß als Spiegel seiner Mutter Liriope, einer Quellnymphe, gewesen zu sein. Die Quelle stellte also den Ort dar, an dem Narziß als selbständiges Wesen zugrunde gehen mußte.

wachen des psychischen Lebens aufgefangen wird, könnte man wohl *narzißtisch* nennen. Wenn es nur eine zarte und flüchtige Widerspiegelung ist, so führt es zu einem ebenfalls zarten und flüchtigen Gefühl narzißtischer Integrität und Selbstwertschätzung.

Wie auch immer die frühkindliche Beziehung als Folge der Schwäche und Zartheit eines der beiden Partner verlaufen sein mag, so bleibt die Schaffung einer Repräsentation des eigenen Selbst unausweichlich an die Notwendigkeit gebunden, daß die Heranwachsenden mit dem Trauma der Realität des Andersseins fertig werden müssen. Dies erfordert, daß die Psyche etwas in sich hinein nimmt, was zunächst nur in der Außenwelt zu finden ist. Ich meine, daß nur die *Illusion einer persönlichen Identität* diese Wunde zu heilen vermag. Obwohl es auf einer Illusion gründet, ist das Gefühl der Identität dennoch ein wesentliches Element innerhalb der seelischen Ökonomie. Ich möchte darüber hinaus die Auffassung vertreten, daß die Aufrechterhaltung dieses Gefühls einer persönlichen Identität als ein Grundbedürfnis im individuellen Seelenleben betrachtet werden kann, das an Intensität und Bedeutung in bezug auf das biologische Leben dem Selbsterhaltungstrieb vergleichbar ist und einen unablässigen Kampf gegen den psychischen Tod darstellt. Die Repräsentation der eigenen Identität gründet sich auf eine komplizierte Wechselseitigkeit libidinöser Besetzungen des Selbst sowie der inneren und äußeren Objekte, einem verwickelten Ineinander von narzißtischer und libidinöser Ökonomie, einem wechselseitigen, immer wieder erneuerten Pakt.

Diese unaufhörliche Hin- und Her-Bewegung, die Systole und Diastole des Seelenlebens, welche dem Ziel der Aufrechterhaltung des Gefühls der Identität dient, kann jedoch schwer gestört werden, was für das Individuum ernsthafte psychische und sogar biologische Folgen hat. Narziß spielt bei der Erläuterung gewisser sehr schwerer Erkrankungen des Menschen eine größere Rolle als Ödipus. Das psychische

Überleben nimmt im Unbewußten einen weit größeren Raum ein als die ödipale Krise, so daß manchen Menschen die Probleme eines durch sexuelles Begehren verursachten Leidens wie ein Luxus erscheinen können. Selbstverständlich lastet die Anstrengung, die eigene narzißtische Integrität und das Gefühl der Selbstwertschätzung aufrechtzuerhalten, auf jedem Menschen, und Störungen des narzißtischen Gleichgewichts können sehr wohl zu Symptomen führen, die leichter analysierbar sind als viele tiefsitzende neurotische Probleme. Bei anderen verlangt jedoch die Aufrechterhaltung ihres narzißtischen Gleichgewichts die Einrichtung zahlreicher Abwehrvorkehrungen oder Schutzmaßnahmen, die eine wirklich vitale Bedeutung erlangen. Angesichts der Gefahr, den Anblick der eigenen Widerspiegelung auf dem Wasser zu verlieren, kann Narziß sich dazu entschließen, zugrundezugehen oder vielmehr in die grundlose Quelle zu einer tödlichen Vereinigung hinabzutauchen, statt sich mit der Leere in sich selbst zu konfrontieren, die nicht nur seine sexuelle Identität, sondern ihn selbst als eigenständiges Wesen gegenüber einem Anderen betrifft.

Subjektive Identität kann wie die sexuelle Identität nur durch einen Anderen entstehen, wobei zugleich dieser Andere seinen Status als selbständiges und geschlechtliches Individuum erwirbt. Begrenzt durch Namen und Geschlecht muß die personale Identität aufrechterhalten werden durch eine unablässige Bewegung im psychischen Raum zwischen dem Selbstbild und dem Bild der Objekte des Ich. Diese Struktur bestimmt ihrerseits das Verhältnis des Selbst zur Außenwelt.

Unter der Annahme, daß das narzißtische Bild ein *intersubjektives Phänomen* ist, möchte ich klinisch die Rolle des Anderen in der Ökonomie der Identität bei Patienten untersuchen, die an einem besonders sensiblen, schwach ausgebildeten Narzißmus zu tragen haben. Menschen, die unablässig darum kämpfen müssen, ihr narzißtisches Gleichgewicht aufrechtzuerhalten, können dies auf zweierlei Weise tun: Sie können anderen gegenüber, die sie als Bedrohung ihres Gleichgewichts empfinden, eine vorsichtige Distanz wahren oder sich im Gegenteil an andere klammern und dabei ein unersättliches Bedürfnis an den Tag legen, von einer auserwählten Person das Bild zurückgespiegelt zu bekommen, das in ihrem seelischen Inneren fehlt. Zuweilen wird die Erfüllung dieser Aufgabe vom Sexualpartner verlangt. In beiden Fällen jedoch geht es oft um die Frage des psychischen Überlebens. Die Anforderungen an die Analyse und die Komplexität der Affekte in der Gegenübertragung machen sich bereits beim ersten Zusammentreffen mit dem künftigen Analysanden bemerkbar.

In einem Erstinterview versucht Sabine zu erklären, worum es ihr geht: »Ich kann so nicht weitermachen. Wie soll ich das erklären? Es ist, als wäre nichts mehr der Mühe wert. Verstehen Sie, was ich meine?« Sie wirft einen flüchtigen Blick in meine Richtung, als hätte sie wenig Hoffnung, verstanden zu werden. »Es ist, als wäre ich nicht wirklich lebendig. Nicht konkret. Ich muß viel allein sein, denn wenn andere um mich sind, bin ich nie voll und ganz da. Andere Menschen entleeren mich. Gerade jetzt ist es besonders schlimm. Manchmal denke ich daran, mich umzubringen. Ich habe schon daran gedacht, erst die Kinder zu töten und dann mich selbst.« Dieser Todeswunsch wird mit wenig wahrnehmbarem Affekt vorgetragen. »Als ich X. kennenlernte, glaubte ich, den idealen Lebensgefährten gefunden zu haben. Er hatte so viele Interessen und Freunde, daß ich allein sein konnte, wann immer ich es brauchte. Doch nun ist er schrecklich abhängig von *mir* geworden. Das ist ziemlich unerträglich. Er läßt mich nie allein, und ich frage mich ... welchen Sinn es hat weiterzumachen.« Nach einer langen Pause sagt sie: »Glauben Sie, daß die Psychoanalyse mir helfen kann?«

Freunde und Kollegen – was würden Sie antworten? Unnütz, mir zu sagen, daß wir nichts über Sabine wissen. Auch nach einigen weiteren Interviews würden wir nicht mehr in

Erfahrung gebracht haben. Sie kann ihre Frage nicht anders in Worte fassen. Leidet sie an einer Depression?
Eigentlich nicht. Offensichtlich drückt sie zwar einen depressiven Affekt aus, zeigt aber keine Anzeichen von Traurigkeit und ist, klinisch gesehen, nicht depressiv. Sie kümmert sich um ihre Arbeit, besucht Freunde, lebt mit dem Mann ihrer Wahl und ist ihren beiden Jungen gegenüber sehr fürsorglich. Dennoch steckt sie in einer Zwangslage wie ein Vogel, der sich in einem Netz verfangen hat. Sie braucht »viele Stunden des Alleinseins, um zu sich selbst zu finden.«
Handelt es sich vielleicht um ein inszeniertes Schauspiel? Um eine hysterische Charakterstruktur? Aber was stellt sie zur Schau? Alles, was für Hysterikerinnen typisch ist, fehlt hier. Wir könnten sagen, es handele sich um einen Fall von *Anorexia nervosa* in bezug auf das Leben, doch dies würde die Definition der Hysterie unzulässigerweise überdehnen. Sogar ihren Selbstmordphantasien fehlt jedes Moment von Dramatisierung und Erotisierung.
Vielleicht handelt es sich bei ihr um eine jener unklaren Hysterien, bei denen alles gehemmt statt konvertiert ist. Wie steht es mit ihrem Liebesleben? Welche Lust bereitet ihr ihr Körper?
Sie ißt, sie verdaut, sie schläft. Nicht sehr viel, zugegeben, und ohne allzugroße Lust. Sie ist nicht frigide, verlangt aber selten nach Geschlechtsverkehr. In gewisser Hinsicht ist sie beinahe ohne irgendwelche Wünsche.
Vielleicht bleibt alles Libidinöse bei ihr auf die Tätigkeit ihres Geistes beschränkt? Was treibt sie in den langen Stunden ihrer Einsamkeit?
Sie sagt, daß sie viele Stunden braucht, um zu denken. Schriftsteller zieht sie anderen Leuten vor. Sie ist eine Intellektuelle.
Ist sie ein Borderline-Fall? Sie behauptet, sich »unwirklich« zu fühlen. Ist sie introvertiert? Schizoid?
Diese Beschreibungen stellen mich nicht zufrieden. Ihre

selbstgewählte Einsamkeit umfaßt keine psychotische Leere. Ihre Innenwelt ist im Gegenteil eher bunt und vielgestaltig. Scharf beobachtet sie das Leben um sie her. Gespräche, Landschaften, die Welt des Theaters und der Kunst interessieren sie leidenschaftlich. Doch sie beobachtet eher, als daß sie teilnimmt. Nach jedem Erlebnis ist es für sie von Bedeutung, alles, was sie bewegt hat, in einem persönlichen Schlupfwinkel zu betrachten, wie ein Sammler seine Trophäen betrachtet; doch es handelt sich um eine völlig private »Sammlung«, und die Gegenwart anderer würde ihr den Genuß daran verderben. Denn nur unter anderen fühlt sie sich unwirklich.

Ihre Beziehungen zu anderen scheinen pragmatisch und operational zu sein. Vielleicht sind ihr Phantasieleben und ihre Affekte blockiert? Ist sie ein psychosomatischer Fall?

Nicht daß ich wüßte. Sie ist weder »alexithymisch«, noch sind ihre Objektbeziehungen »operational« jeder Besetzung entkleidet, wie man es bei sogenannten psychosomatischen Persönlichkeiten annimmt. Sie fühlt sich im Gegenteil unablässig durch die Invasion von seiten anderer bedroht und muß eine vorsichtige Distanz zu ihnen halten, um, wie sie sagt, »zu sich selbst zu kommen und neue Kräfte zu gewinnen«. Sie geht so weit, zu behaupten, daß sie kein vitales Bedürfnis nach anderen hat, um mit dem Leben zufrieden zu sein. Selbstverständlich verfällt sie nicht dieser Illusion; denn sonst wäre sie nicht hier, im Behandlungsraum einer Analytikerin! Doch trotz ihres Hilferufs an die Analyse glaubt sie allen Ernstes, daß sie sich selbst vollkommen genügt.

Also eine narzißtische Persönlichkeitsstörung! Es handelt sich nicht um eine Neurose – sondern um die »Krankheit des Selbst«! Doch was heißt das? Jeder von uns ist im Grunde seines Herzens narzißtisch und besitzt ein zerbrechliches »Selbst«, welches sich in der Welt der anderen behaupten muß. Es reizt mich, mit einem Bonmot zu antworten, das Winnicott zugeschrieben wird: »Neurotisch oder narzißtisch? Diese Unterscheidung hat nichts mit den Patienten zu tun. Sie betrifft vielmehr die Analytiker, die entweder neurotisch oder narzißtisch sind!« Dies ist zweifellos eine polemische Bemerkung, die aber nachdenklich stimmen sollte. Denn nur schwer lassen sich meine eigenen Patienten in dieser Weise kategorisieren. Die Mehrzahl von ihnen hat eine Mischung aus hysterischen, zwanghaften und phobischen Charakterzügen. Sie durchleben Phasen von Perversion und Delinquenz. Manche sind vorübergehend psychotisch, und alle »somatisieren« zu irgendeinem Zeitpunkt, wenn sie besonderen Belastungen ausgesetzt sind. Vor allem aber ist jeder von ihnen darum bemüht, sein narzißtisches Bild nicht zerfallen zu lassen! Was also ist das Symptom des Selbst? Besteht nicht die Aufgabe jedes Menschen darin, das Gefühl seiner Identität und Selbstwertschätzung aufrechtzuerhalten? Zugegebenermaßen ist das in manchen Augenblicken schwerer als in anderen und für manche Menschen jederzeit schwieriger als für andere. Aber Begriffe wie die des »narzißtisch« besetzten Selbst und der »narzißtisch« besetzten Objekte genügen nicht, um unser Verständnis der ungeheuren Komplexität der narzißtischen Libido und ihrer Wechselbeziehung mit der Objektlibido zu fördern oder gar zu verstehen, warum eine Patientin wie Sabine derart kolossale Anstrengungen unternehmen muß, um ihr seelisches »Selbst« zu schützen. Dürfen wir wirklich annehmen, daß der Narzißmus einer anderen Entwicklungslinie folgt als die Objektliebe?

Werte Kollegen, ich danke Ihnen dafür, mir Ihre Stimmen geliehen zu haben, um mir über meine eigene Verwirrung Klarheit zu verschaffen. Ich sehe mich nunmehr veranlaßt, den heuristischen Wert der relativ neuen diagnostischen Kategorie der »narzißtischen Persönlichkeitsstörung« in Frage zu stellen, deren prominentester Befürworter Heinz Kohut (1973) ist.

Trotz der Fülle und Schärfe von Kohuts klinischen Beobachtungen schaffen seine theoretischen Konzepte Verwirrung.

Gibt es denn zwei Arten von Libido – eine des Ich und eine andere der Objekte? Obwohl Freud stets bemüht war, die Unterscheidung zwischen Objektlibido und Ichlibido aufrechtzuerhalten, blieb der Unterschied zwischen beiden in seinen Schriften häufig undeutlich. Dennoch hat Freud begrifflich niemals einen doppelten Ursprung der libidinösen Energien formuliert. Treffend sind in diesem Zusammenhang die Äußerungen von Laplanche und Pontalis in ihrem *Vokabular der Psychoanalyse* (1972). Sie zeigen, daß in Freuds Schriften die Begriffe Objektlibido oder Ichlibido sich nicht auf den jeweiligen Ursprung der libidinösen Energien beziehen, sondern auf ihre jeweilige Richtung. Freud verweist eindeutig auf zwei Arten von *Besetzung* und nicht auf zwei *Ursprünge* der Libido.
Kohuts Untersuchungen vermitteln den Eindruck, daß das »Selbst« von seinem Triebgrund abgeschnitten ist. Nach meinen klinischen Erfahrungen dagegen sind gerade die archaischen Triebkonflikte und Verschmelzungstendenzen mit den frühesten Objekten als Ursprung der Störungen des narzißtischen Selbstbilds von ungeheurer Bedeutung.
Manche unserer begrifflichen Schwierigkeiten entstehen zweifellos aus der Tatsache, daß recht unterschiedliche klinische Bilder unter die Kategorie der »narzißtischen Störungen« subsumiert werden. Zweifellos mißt eine wachsende Zahl der heutigen Analysanden den Leiden größere Bedeutung bei, die aus einer Störung des narzißtischen Gleichgewichts entstehen, als neurotischem Leiden an Objektbeziehungen. Dieses Übergewicht auf der phänomenalen Ebene verleitet uns zu der Annahme, daß diese Patienten eine zusammenhängende klinische Einheit bilden. Eine sorgfältige Durchsicht der immer umfangreicher werdenden Literatur zu diesem Thema zeigt jedoch, daß es sich um eine ganze Reihe vielfältiger psychischer Erscheinungsformen mit sehr unterschiedlicher Symptomatik handelt, die zwangsläufig zu einiger Begriffsverwirrung geführt haben.
Möglicherweise spiegelt sich in der klinischen Verwirrung

eine theoretische Schwierigkeit wider, die bereits in Freuds Konzept des Narzißmus (1914) enthalten ist. Dieses Konzept leidet zweifellos unter der Metaphorik, die aus der zeitgenössischen physiologischen und biologischen Forschung entnommen ist. Sie führte insbesondere zur Vorstellung einer Energiequelle, die in der Lage sein soll, das Ich ebenso wie ein Objekt der Außenwelt zu besetzen. Dieser Energie wird die Eigenschaft zugesprochen, zwischen beiden Polen in der Weise hin- und herfließen zu können, daß bei abnehmender Besetzung an einem Pol zwangsläufig die Besetzung am anderen zunimmt. Diese scheinbar logische Vorstellung ist unter klinischen Gesichtspunkten weniger zufriedenstellend. So nimmt Freud z. B. an, daß der Zustand des Verliebtseins eine Minderung der narzißtischen Besetzung zugunsten des geliebten Objekts zur Folge hat. Doch es ließe sich auch gerade umgekehrt die Auffassung vertreten, daß von vielen Menschen ein Verliebtsein als narzißtischer Gewinn erfahren wird und daß ein Verlust an narzißtischer Wertschätzung nach dem Verlust eines geliebten Objekts eintreten kann. Die weiter unten in diesem Kapitel zitierte Fallgeschichte von Sandra beweist dies mit Nachdruck. In anderen Fällen kann der Verlust eines geliebten Objekts sogar zu so drastischer Abnahme der narzißtischen Libido führen, daß es zu schweren depressiven oder psychosomatischen Krisen kommt (vgl. Kapitel IX).

Es ist hier nicht meine Absicht, die Komplexität des narzißtischen Gleichgewichts und dessen Verhältnis zu den libidinösen Objekten zu untersuchen, ganz gleich, ob es sich dabei um innere oder äußere Objekte bzw. um das Ich selbst als Liebesobjekt handelt. Ich möchte vielmehr mittels einiger klinischer Skizzen ein deutlicheres Bild dieser komplizierten Zusammenhänge zu geben versuchen.

Dazu will ich noch einmal für einen Augenblick auf das Beispiel von Sabine zurückgreifen. Aus ihrer Anamnese geht hervor, daß sie noch sehr klein war, als beide Eltern plötzlich verschwanden und schließlich starben. Anders als die meisten früh verwaisten Kinder besaß sie jedoch sehr viele, lebhafte Erinnerungen an das Aussehen, die Worte, die Eigenarten und Handlungen ihrer Eltern. Diese Erinnerungen gingen bis auf das Alter von fünfzehn Monaten zurück. Berichte aus der Familie bestätigen, was ich aus ihren Persönlichkeitszügen als Erwachsener ableiten konnte, daß nämlich Sabine vorzeitig schon in einem überraschend frühen Alter von ihren Eltern, ja sogar von ihrer ganzen Umgebung unabhängig geworden war. In der Erinnerung an bestimmte Großtaten, die sie im Alter von zweieinhalb Jahren vollbracht hatte, sagte sie: »Meine Eltern bemerkten kaum, was vor sich ging, so sehr waren sie mit ihren eigenen Problemen beschäftigt. Schon damals spürte ich, daß ich recht verschieden von ihnen und nicht sehr von ihnen abhängig war.« Es handelte sich dabei zweifellos um eine Verleugnung, zugleich aber um die Anerkennung ihrer frühen Versuche, ihre grundlegenden Bedürfnisse in Abrede zu stellen. Sie hatte bereits zwei jüngere Geschwister, und die Vermutung liegt nahe, daß Sabines frühzeitige Unabhängigkeit teilweise darauf zurückzuführen war, daß sie eine intensive narzißtische Kränkung oder überwältigende Angst zu verarbeiten hatte (wie sie auch bei Kindern von psychotischen Müttern auftritt, die vorzeitig selbständig werden). Im Fall Sabines wurde die Illusion der Autonomie von der Wirklichkeit bestätigt. Ihre Eltern wurden getötet, als sie fünf Jahre alt war. Erst drei Jahre später wußte sie dies mit Sicherheit. Zuvor hatte man ihr gesagt, sie seien »auf Reisen«. Sie wußte, daß dies nicht stimmte, hielt aber ihr Wissen sorgfältig geheim, »um die Erwachsenen und die jüngeren Kinder nicht zu beunruhigen«. Sie glaubte, allein für die beiden jüngeren Geschwister verantwortlich zu sein. Aber sie hatte sich (worin ein weiteres wichtiges Eingeständnis ihres frühen narzißtischen Selbstbilds zu sehen ist) einen Familienroman zurechtgelegt, demzufolge zwar alle drei Kinder von derselben Mutter geboren worden waren, doch nur sie von ihrem Vater abstammte. Sie ging so weit, diese Geschichte vielen Lehrern

und Freunden der Familie als unbezweifelbare Wahrheit vorzutragen.
Wichtig ist hier jedoch nicht das Ausmaß, in dem die lebensgeschichtliche Wirklichkeit zur Konstruktion von Sabines System psychischen Überlebens beitrug, sondern die Art und Weise, in der dieses System insbesondere bei der Repräsentation ihrer selbst und anderer funktionierte. Diese psychische Struktur läßt sich als eine Reihe praktisch unerschütterlicher narzißtischer Abwehrvorkehrungen und Schutzmechanismen beschreiben, wie ich sie bei vielen Patienten gefunden habe, die einen frühen Objektverlust erlitten hatten – obwohl dieses Phänomen gewiß nicht auf solche Fälle zu beschränken ist. Diese Analysanden weisen häufig Charakterzüge auf, die durch nur schwach ausgearbeitete Zustände von Depression oder Angst bzw. durch ein starkes psychosomatisches Potential gekennzeichnet sind. Das bei ihnen vorliegende System läßt sich als Illusion der Selbstgenügsamkeit und Unverwundbarkeit beschreiben und umfaßt häufig ein Ich-Ideal, das zwischen Messianismus und Kriminalität schwanken kann.
»Ich schaffe meine eigenen Gesetze«, erklärt Sabine, »doch glücklicherweise stimme ich in den wichtigsten Punkten mit der Gesellschaft überein.« Typisch für ihre zahlreichen Auseinandersetzungen mit der äußeren Realität ist die folgende Überlegung: »Ich bin nicht unzufrieden darüber, eine Frau zu sein, doch ich werde niemals akzeptieren, keine Wahl gehabt zu haben.« Darin steckt ein Trotz gegenüber der Realität, der zu einer homosexuellen Objektwahl oder zum Wahn geführt haben könnte. Eine weitere Schutzmaßnahme bestand bei Sabine darin, daß sie ihr sexuelles Begehren abwehrte: »Ich werde niemals eine Sklavin meiner Sexualität sein. Wenn ein Mann behauptet, in mich verliebt zu sein (und das kommt von Zeit zu Zeit vor), so fliehe ich ihn wie die Pest. Ich kann die Sexualität nur bei Männern genießen, die nicht sonderlich auf sexuelle Eroberungen aus sind. Jedesmal, wenn ich mit jemandem schlafe, ohne vorher groß

zu überlegen, war das für mich sehr lustvoll. Doch könnte dies nie die Grundlage einer Beziehung zu einem Mann sein. Die Vorstellung, von sexuellen Wünschen gefesselt zu werden, ist entsetzlich ... Als ich jünger war und andere über Sexualität reden hörte, fragte ich mich, wie ich derartige Erfahrungen je überleben sollte. Ich stellte mir vor, nachher nicht einmal mehr zu wissen, wer ich bin, oder gar sterben zu müssen. Nach meinem ersten sexuellen Erlebnis gab ich einen Seufzer der Erleichterung von mir: ›Gottseidank – ich bin noch da!‹«

Derartige Angstphantasien haben mit der typischen ödipalen Schuldphantasie wenig gemein. Sie liegen näher bei einer primitiveren Art von Bedrohung, bei der Desintegrationsängste auf das Selbstgefühl projiziert werden und bei der die gefürchtete Bestrafung nicht so sehr im Verlust sexueller Rechte und Ansprüche besteht, sondern vielmehr im Verlust der subjektiven Identität. Statt das Gefühl personaler Identität zu verstärken, bedroht das sexuelle Begehren das Selbstbild mit dessen Desintegration. Die Hand eines Anderen läßt den Spiegel des Narziß erzittern. Dieser Andere darf nur so lange weiterexistieren, wie er sich mit der Rolle des Echos/der Echo zufriedengibt.

Doch nicht allein der Geschlechtsverkehr bedrohte das Selbstbild und das narzißtische Gleichgewicht dieser jungen Patientin. »Ich habe solche Schwierigkeiten mit anderen Menschen ... immer wieder fällt es mir schwer, mit Situationen fertig zu werden, in denen ich mit anderen zusammentreffe. Ich kann nicht aufnehmen, was andere mir sagen. Ich bin vollständig überwältigt durch meine Wahrnehmung von allem, was sie umgibt – von ihrem Mund, ihren Gesten, den Farben, die sie tragen ... ihrer Nähe. All das ist eine Qual für mich.« Sabine sagt dies händeringend und mit schwacher, erstickter Stimme. »Und dabei versuche ich doch verzweifelt, andere zu verstehen. Das strengt mich so an, daß ich ganz erschöpft bin. Die Nähe anderer macht es mir unmöglich, ihnen zuzuhören.« Ich fragte sie: »Als hätten Sie

Angst, die anderen könnten in Sie eindringen?« »Genau! Ich habe Angst *zur jeweils anderen Person zu werden.* Um sie zu verstehen, versetze ich mich in ihre Lage ... weil ... das ist schwer zu erklären ... Ich bemühe mich so sehr zu zeigen, daß ich sie wirklich verstanden habe, daß ich dabei mich selbst verliere. Wenn mir die Leute nur *schreiben* würden, würde ich sie ohne jede Gefahr sofort verstehen. In ihrer Gegenwart zerfällt alles. Selbst am Telefon ist es schwer ... Ich sollte Tonbandaufnahmen machen, um mir alles mehrfach anhören zu können.«
Sabines Beschreibung vermittelt den Eindruck, daß sie sich nicht davor geschützt fühlt, daß andere psychisch in sie eindringen. Es ist, als hätte ihre »seelische Haut« große Löcher, durch die hindurch andere sie mit Beschlag belegen könnten. Sie hat zugleich ein dringendes Bedürfnis nach der bedrohlichen Welt der anderen. »Es erschöpft mich, den Leuten stundenlang zuzuhören. Mein ganzes Leben hindurch haben andere mir etwas anvertraut. Die Vorstellung, daß sie leiden, zwingt mich zu unglaublichen Opfern, weil ich ihr Elend nicht ertragen kann – selbst wenn das, was sie erzählen, mich nicht im geringsten interessiert.« Sabine projiziert also, mit anderen Worten, das Bild eines kleinen Kindes, das weder beachtet noch verstanden wird, auf die »Leiden anderer«.
Sie würde Berge versetzen, um deren Ansprüche zu befriedigen. Denn sonst ist sie unfähig, den Schmerz der Identifizierung mit ihrer angeblichen (phantasierten) Frustration zu ertragen. Doch als Gegenleistung kann und will sie nichts akzeptieren. Statt dessen erschöpft sie sich in endlosen Versuchen, einen unbekannten Teil ihrer selbst, ein ideales Ich, das größenwahnsinnige Kind in ihr zu befriedigen, dem gegenüber sie kein Erbarmen zeigt.
Ihr Ideal besteht in der Gegenleistung zu diesem Bedürfnis, der Spiegel anderer zu sein, immer bereit zu sein, das ersehnte Bild widerzuspiegeln, als Mutter Natur darum zu kämpfen, ihre imaginären Kinder zu nähren. »Was mich an-

geht, so reduziere ich meine Ansprüche aufs äußerste. Ich weiß kaum, wann ich Hunger habe. Nur wenige materielle Dinge besitzen irgendeinen Wert für mich ... und ich glaube, Sie haben recht, daß ich Befriedigung daraus ziehe, anders sein zu wollen als andere ... Sie alle erwarten Dinge, Worte, sie wollen, daß man Zeit für sie hat und ihnen Aufmerksamkeit schenkt. Sie sagen mir, ich hätte Angst, etwas von anderen zu wollen. Doch was könnten sie mir denn geben? Mit ihrer Art, die Welt zu sehen, können sie mich nie verstehen!« Später konnte Sabine immerhin die Bedeutung der »anderen« insofern entdecken, als ihr klar wurde, daß sie aus deren Welt einen Reichtum an Erinnerungen bezog, den sie heimbrachte in das Königreich ihrer Privatheit. Das folgende Fragment ihrer Analyse ist dafür recht aufschlußreich:

»Ich weiß nie auf der Stelle, was ich empfinde, wenn ich ein Theaterstück sehe, einer Unterhaltung beiwohne oder eine Berglandschaft betrachte ... Erst im nachhinein, wenn ich allein bin, kann ich diese kostbaren Dinge betrachten und für mich entdecken. Ich muß etwas davon *haben*, sonst machen sie mich traurig und einsam.« In solchen Augenblicken fühlt Sabine sich vollkommen vom Rest der Menschheit abgeschnitten und von einem Gefühl der Depression und Unwirklichkeit überflutet. Interessant jedoch ist es, wie sie nachträglich einen Kontakt herstellt. »Wenn ich eine überwältigend schöne Landschaft, einen ergreifenden Film gesehen oder mit einem Freund ein erhellendes Gespräch geführt habe, bin ich in der Lage, diese Augenblicke immer wieder zu durchleben. *Doch ich selbst bin dann nicht mehr in ihnen anwesend* – ich beobachte nur und höre zu.« Statt »Inhalt« eines Erlebnisses zu sein und dabei das Risiko einzugehen, entleert zu werden, ist Sabine zum bloßen Gefäß ihres Erlebens geworden. Sie ist an ihm nicht länger beteiligt, sondern betrachtet es nur. Der narzißtische Blutsturz ist damit zum Stillstand gekommen.

Um die Überlebenstechnik von Patienten wie Sabine besser

verstehen zu können, wollen wir uns nunmehr jenen zuwenden, deren Überlebenstaktik genau entgegengesetzt zu verlaufen scheint. Für Sabine (und andere) besteht der einzige Weg zur Aufrechterhaltung ihrer Identität und ihres narzißtischen Gleichgewichts darin, in die Einsamkeit zu fliehen, »um sich selbst wiederzufinden«. Sie klammerte sich an sich selbst und versperrte anderen den Zugang zu sich, wehrte sich gegen den Schrecken, von ihnen verschlungen zu werden bzw. ihre Individualität und Willenskraft zu verlieren. Andere, ebenfalls schwache Menschen fliehen stattdessen in die Welt der anderen, um sich an sie zu klammern, und sich die Illusion zu verschaffen, mit ihnen eins zu sein. Sie tun dies in der Hoffnung, ein stabileres narzißtisches Selbstbild und eine ausgewogenere psychische Ökonomie zu erlangen. Derartige Menschen besetzen die Einsamkeit mit Todesphantasien und vermeiden jedes autonome Handeln aus Angst, es könnte sie von dem Anderen oder den anderen trennen, die ihnen als Spiegel bestätigen, daß sie selbst existieren und einen persönlichen Wert haben. Gegenstand derartiger Ansprüche ist häufig, aber nicht immer ein Sexualobjekt. Bei ihm besteht nicht die Angst, sich im Anderen zu verlieren. Im Gegenteil, die Illusion einer Verschmelzung wird ebenso gierig ersehnt, wie ein Säugling die Stimme und das Antlitz seiner Mutter zugleich mit deren Milch aufnimmt. Auch hier wieder spielen ödipale Konflikte und Probleme eine untergeordnete Rolle – oder werden bestenfalls archaisch zum Ausdruck gebracht, um die narzißtische Integrität zu festigen.

Lange bevor Sandra nach Paris kam, erhielt ich in einer Reihe von Briefen eines Kollegen, der mit ihrer Familie befreundet war, einen Bericht über ihre zahlreichen psychischen Probleme. Sandra war neunzehn Jahre alt und entstammte einer einflußreichen französischen Familie. Seit ihrer frühesten Kindheit war sie wegen »psychosomatischer Probleme« ständig bei Kinderärzten und Psychiatern in Behandlung. Als Säugling hatte sie nur in den Armen ihrer Mutter schla-

fen können. Später litt sie an einer schweren Anorexie. Bis zum Alter von vier Jahren wurde sie beinahe ausschließlich mit der Flasche ernährt, und erst viele Jahre später begann sie, Fleisch zu essen. Auch beim Lernen fehlte ihr der Appetit, so daß sie besondere Schulen besuchte, weil man sie nicht für geeignet hielt, auf die von den übrigen Mitgliedern der Familie besuchten Schulen zu gehen. Dem Bericht meines Kollegen konnte ich ferner entnehmen, daß »Sandra niemals zu ihrem Vergnügen etwas liest und noch immer mit dem Essen spielt wie ein kleines Kind. In allem ist sie sehr langsam; selbst wenn sie Gitarre spielt, kaut sie zwischendurch an ihren Nägeln. Nachts kann sie nicht allein schlafen, ohne überwältigende Angst zu empfinden. Sie hält sich für häßlich und unfähig, sich mit einem Jungen zu befreunden. Freundinnen hat sie nur wenige.« Die Heftigkeit der Auseinandersetzungen zwischen Mutter und Tochter veranlaßte Psychiater und Freunde, eine Trennung Sandras von der Familie zu empfehlen. So wurde das Mädchen auf unbestimmte Zeit nach Paris geschickt. Sie sollte sich hier kulturell weiterbilden. Untergebracht wurde sie in einer kleinen Privatpension, in der mehrere Mädchen aus »guter Familie« lebten.
Sandra selbst bat mich telefonisch um eine erste Unterredung. Obwohl sie ein großes, schlankes, sehr hübsches Mädchen war, schlich sie auf der Straße an den Mauern entlang, als versuchte sie, unbemerkt zu bleiben. Später erzählte sie mir, daß sie vermeiden wollte, die Aufmerksamkeit anderer auf ihre dünnen Beine zu lenken. Es schien ihr, daß sich die Leute die ganze Zeit nur darüber unterhielten. »Wie jeder weiß, zählen bei einem Mädchen allein die Beine. Ich bin so wenig anziehend wie ein Skelett und geschlechtslos.« Sandra offenbarte damit eine Illusion ihres Körperbildes, das leicht psychotisch getönt war. Sie beklagte sich bitter über ihre Mutter, die unbarmherzig ihre Weigerung kritisierte, Make-up aufzulegen oder zum Friseur zu gehen. Ferner kritisierte sie ihre Art, sich zu kleiden; ständig halte sie ihr vor, sie solle mehr essen, allein schlafen, weniger »nervös« sein usw. San-

dras Bericht nahm fast eine Stunde in Anspruch. Am Ende fragte sie mich mit etwas abwehrender und feindseliger Stimme, was *ich* von ihr wollte. Sie sei allein ihrer Mutter und der Ärzte wegen zu mir gekommen. »Aber was Ihre Mutter und die Ärzte wollen, interessiert mich nicht. Ich möchte gern wissen, was *Sie* wollen.« »Was ich will?« entgegnete sie, als fragte sie: »Wer bin denn ich?«
Ich sagte ihr, wenn sie nichts wolle, sei das ihre Sache. Nach einer kurzen Pause antwortete Sandra: »Mir ist nie die Idee gekommen, daß es hier um mich geht. Vielleicht sollte ich doch wiederkommen.« Bei unserem zweiten Zusammentreffen einen Monat später erzählte sie mir voller Stolz und böser Vorahnungen, daß sie einen Liebhaber habe. Als ihre Mutter davon erfuhr, befahl sie ihr, unverzüglich die Pille zu nehmen. »Mein Freund sieht sehr gut aus und ist ganz anders als meine Familie. Schlimm ist nur, daß er mich oft warten läßt. Das kann ich nicht ausstehen.« Sandra äußerte hier zum ersten Mal das Verlangen nach Hilfe von seiten der Psychoanalyse: »Dieses Problem mit A. ist so groß, daß ich allein damit nicht fertig werde. Ich habe ungeheure Angst davor, daß er mich verläßt. Jede Nacht habe ich Alpträume. Meine Zimmernachbarin hört mich im Schlaf schreien.« Der Zustand der Verliebtheit und das Auf und Ab der Übertragungsliebe, wie sie Freud als Illusion, Projektion und blinde Idealisierung beschrieben hat, wurden durch Sandras überwältigende Anhänglichkeit an ihren Freund aufs genaueste illustriert. Es dauerte beinahe ein Jahr, während dessen sie viermal pro Woche zur Analyse kam, bis Sandra mir gestehen und vor sich selbst zugeben konnte, daß ihr Liebhaber, der arbeitslos war und am Rande der Kriminalität lebte, sich immer nur gerade so viel Zeit für Sandra nahm, um mit ihr zu schlafen und sie um Geld zu bitten. Zu diesem Zweck wartete Sandra stundenlang in irgendeinem Cafe oder in seinem Zimmer. Sie vermied es sorgfältig, ihre sexuelle Frigidität zu erwähnen. Immer wieder sprach sie nur von ihrer ungeheuren Freude, ihrer großen Leidenschaft und ihrer extremen Traurigkeit,

wenn A. sie warten ließ. Mehrere Freunde warnten sie vor dieser zweifelhaften Bekanntschaft. Doch sie schlug diese Warnungen als Äußerungen von Neid in den Wind. Nur in den Armen ihres Freundes fühlte sie sich frei von nagenden Zweifeln an ihrem Wert.

Wie soll ich die Atmosphäre dieser schwierigen Analyse beschreiben? In ihrer tiefen Verzweiflung über die Fehler von A. wiegte sich Sandra auf der Couch hin und her und klagte (wie sie es wohl schon als kleines Kind getan hatte, wenn sie »aus Angst, blind zu werden«, nicht schlafen konnte). Beunruhigend rasch verlor sie an Gewicht. Endlos und unzusammenhängend sprach sie von der Tragödie ihrer dünnen Beine. Nachts träumte sie, ein Tier ohne Beine zu sein, von einer Schlange angegriffen zu werden, sich im Wald verirrt zu haben, von Wölfen angefallen oder von Tigern zerrissen zu werden. Es handelte sich dabei um Alpträume, in denen immer wieder Themen der Kastration, des Verlassenseins und sadistischer Schrecken manifest zutage traten. Im Laufe der Monate war Sandra jedoch dazu in der Lage, eine Verbindung herzustellen zwischen den Themen der Alpträume und ihrer verheerenden Beziehung zu A. sowie zu ihrer Mutter. Beinahe ohne mein Zutun entdeckte sie ihre Phantasien in bezug auf die weibliche Kastration und die ödipale Eifersucht. Diese Entdeckungen versetzten sie in Erstaunen und Entzücken und halfen ihr zweifellos dabei, schließlich ihre Leidenschaft für A. in Frage zu stellen. Doch auch von ihrem nächsten Liebhaber blieb sie auf schmerzliche Weise abhängig. B. war nicht kriminell; er war ein einfacher Arbeiter, der sie nicht um Geld anging. Sie lebte achtzehn Monate mit ihm zusammen. Während dieser Zeit konnten wir ihre Phantasie analysieren, ihre Vagina sei ein verschlingender und gefährlicher Mund. Dies führte dazu, daß ihre Frigidität verschwand. Sie stürzte in endlose Krisen, war verzweifelt und dachte an Selbstmord, denn sie war überzeugt, daß B. vorhabe, sie zu verlassen. »Wenn er aus dem Haus geht, höre ich auf zu leben. Er ist damit einverstanden, weniger zu arbeiten, damit er mehr Zeit mit mir verbringen kann, doch das genügt mir noch immer nicht. Mein Geschlecht gehört jetzt mir, und wir lieben uns immer wieder. Aber nicht genug. Es ist, als wollte ich ihn stets in mir haben – in meinem Körper. Oder vielleicht will ich in seinem sein. Ich kann nicht ertragen, körperlich von ihm getrennt zu sein. Wenn ich allein bin, wage ich nicht, in den Spiegel zu gucken. Mein dünner Körper, meine abgemagerten Arme. Wie kann B. mich nur lieben? Er ist mein einziger Spiegel – und er ist nicht groß genug!«

Erst unter der Herrschaft ihres Liebhabers C. konnte Sandra zugeben, daß B. Probleme mit dem Alkohol hatte und daß sie außer ihrer sexuellen Leidenschaft keinerlei kulturelle oder andere Interessen gemeinsam hatten. Über C. pflegte sie zu sagen: »Er ist meine Droge, und ich kann das Leben ohne ihn nicht ertragen. Wenn er für einige Tage fortgehen muß, dann lebe ich unausgesetzt in der Angst, daß er nicht wiederkommt. Sobald die kleinste Differenz auftritt zwischen dem, was ich von ihm erwarte, und dem, was er tatsächlich tut, glaube ich nicht mehr leben zu können und will mich umbringen. Aber ich esse jetzt wieder und verliere nicht mehr an Gewicht.«

Sandra verlangte, mit anderen Worten, eine *vollkommene Übereinstimmung* in jedem Wunsch, der sie an ihren Liebhaber band. Und diese Wünsche empfand sie jedesmal wie ein dringendes Bedürfnis. Wenn sie nicht erfüllt wurden, konnte sie nur hoffen zu sterben. Eine derartige Beziehung ist wie die eines Säuglings in den Armen seiner Mutter. Und Sandra versuchte auch wie ein Säugling, magische Kontrolle über das Befriedigung gewährende Objekt zu gewinnen. Jede Gratifikation bestätigte sie im Gefühl ihrer Existenz und ihres Werts. Jede Enttäuschung bedeutete eine narzißtische Kränkung und die Drohung mit seelischem Tod. »Ich lebe nur für ihn, tue alles, was er will, damit er auf meine Bedürfnisse eingeht. Warum läßt er mich immer wieder hängen? Wie kann er nicht verstehen, daß es ungeheuer wichtig

ist, daß er da ist, wenn ich deprimiert bin ... oder einen Schnupfen habe?«
Sandra gewann allmählich größeren Einblick in die Art ihrer Liebesbeziehungen. Doch das ging nur langsam und schmerzhaft vor sich. »Neulich kritisierte eine Freundin D. Ich geriet so in Wut, daß ich sie hätte schlagen können. Nachts konnte ich stundenlang nicht schlafen.« Wenn auch nur ein Schatten auf ihren lebenden Spiegel fiel, war ihr eigenes Bild bedroht. Der geringste Sprung im Glas hatte zur Folge, daß ihre Spiegelung in Stücke zerfiel.
Nach sechs Jahren konnte Sandra in einem eigenen kleinen Appartement allein leben und schlafen. Sie war nicht mehr furchtbar dünn und schlich auf der Straße nicht mehr an den Wänden entlang, um nicht gesehen zu werden. Sie hatte ihre Ausbildung fortgesetzt und sogar zu studieren begonnen. Ihre starke narzißtische Anspruchshaltung bestand jedoch weiterhin und mußte noch analysiert werden. Ihren neuen Freund beschrieb Sandra als »weniger hübsch als all meine Schönlinge, aber sehr viel intelligenter. Wir haben viel miteinander gemein. Ich träume manchmal davon, ein Kind zu haben, doch ich bin selbst noch viel zu sehr ein Kind. X. hat im Augenblick viele Probleme. Ich habe ihn drei Tage nicht gesehen. Daraufhin hatte ich einen schrecklichen Alptraum. Ein Monster schwamm hinter mir her, um mich in Stücke zu reißen. Am Abend zuvor hatte ich den Film *Der weiße Hai* [frz. Verleihtitel: *Les dents de la mer*, »Die Zähne des Meeres«] gesehen. Natürlich biß das Monstrum mir zuerst ein Bein ab. X. schneidet meine Beine ab, wenn er vergißt, mich anzurufen ... er ist mein Hai, darum bin ich auf ihn wütend ... Ich kann diese Enttäuschung nicht ertragen. Da benehme ich mich schon wieder wie ein Kind. Neulich war ich im Kino und sah ein Mädchen ein Eis essen. Ich hatte das Gefühl, das Eis dringender zu brauchen als sie, und zitterte vor Verärgerung und Verlangen, es zu bekommen.« Ich erinnerte sie daran, daß sie ihr Bedürfnis nach einem Liebhaber und nach dem Bild, das er ihr vermittelte, als Hunger be-

schrieben hatte. Spiegelbildlichkeit und Nahrungsaufnahme überlagerten sich bei ihr.
»Das ist ganz richtig. Ich lasse ihn nie in Ruhe. Bin ich zu gierig? Als Teenager mußte ich mich übergeben, wenn ich darauf wartete, daß die Jungen kamen und uns zum Kino abholten. Ebenso ist es auch mit meinen Liebhabern. Ich muß mich nicht mehr übergeben – aber ich möchte sie aufessen wie ein Eis. Es ist schrecklich, am Verhungern zu sein.« Nach einer kurzen Pause äußert sie: *»Aber der Hai – der bin ich selbst!«*
Zum ersten Mal konnte Sandra hier sehen, daß hinter ihrer unablässigen Suche nach einer Spiegelung und nach einem Echo eine primitive Dimension ihrer Sexualität lag – die unersättliche Liebe des kleinen Säuglings, der an der Brust seiner Mutter seinen Durst stillt und zugleich in den Augen seiner Mutter eine Bestätigung seiner Existenz sucht. Am Ende der Sitzung sagte Sandra: »Aber ich verstehe nicht, warum ich so bin. Niemand hat mich je mit solcher Gier verfolgt. Wo habe ich je eine Menschenseele getroffen, die so gierig war wie ich? Natürlich – *meine Mutter*. Sie wollte perfekte Kinder haben. Sie ernährte sich von uns. Die haifischartigen Zähne der Mutter [*les dents de la mère*] stecken in uns.« Seit der Zeit war meine Patientin in der Lage zu erkennen, daß sie mit dem Sandra-Hai in sich zu kämpfen hatte.
Statt sich wie Sandra einer alles verschlingenden Liebe und Objektabhängigkeit ausgesetzt zu sehen, schützte sich meine selbstgenügsame Patientin Sabine durch eine anoretische Beziehung zu ihrer Umwelt.

In den klinischen Skizzen, die ich hier präsentiert habe, habe ich jeden Hinweis auf homosexuelles und heterosexuelles ödipales Material ebenso fortgelassen wie den auf *anales*, um mich ganz auf die narzißtischen Aspekte zu konzentrieren. Die Analität als die privilegierte Dimension des ersten Austausches, den ein Säugling erlebt, verdiente eine besondere

Untersuchung. Sie ist wichtig zur Stabilisierung des Gefühls persönlicher Identität und zur Entwicklung einer Repräsentation des Selbst in seinem Verhältnis zur Außenwelt sowie für die von Winnicott beschriebenen Übergangsphänomene. Ebenfalls fortgelassen habe ich jede Erörterung der neurotischen Problematik, die bei beiden Patientinnen zwar nicht sehr schwerwiegend, aber immerhin doch vorhanden war. Sabine litt an einer zwanghaften Phobie in bezug auf das Berühren und Berührtwerden, die sich in ihrer narzißtischen Abwehr ausdrückte, und Sandra war hysterisch mit ihren männlichen Spiegelobjekten beschäftigt, worin bedeutende homosexuelle Anteile zum Ausdruck kamen.

Obwohl wir in unserer analytischen Praxis häufig mit Patienten zu tun haben, bei denen eine Mischung von narzißtischer Abwehr und narzißtischen Verschmelzungswünschen vorliegt, lassen sich diese beiden Charakterstrukturen, die einander gegenseitig auszuschließen scheinen, an zwei extremen Beispielen besser als Teile eines grundlegenden Zusammenhangs erörtern.

Von Bedeutung ist vor allem die Rolle der Sexualität in beiden Charakterstrukturen. Sandras narzißtisches Objekt war zugleich ein sexuelles, doch das ist nicht notwendig der Fall. Sabines narzißtische Isolierung stellte keine autoerotische Lösung dar, aber diese Möglichkeit besteht durchaus bei Menschen mit einer ähnlichen Charakterstruktur.

Ein Spiegelobjekt wie das Sandras ist nicht unbedingt ein *Liebes*objekt. Es erscheint ebenso häufig als Objekt des Hasses, und auch hier ist die Notwendigkeit, sich an es zu klammern, ähnlich zwanghaft, so daß es kaum zweifelhaft ist, daß wir auch hier eine *narzißtische* Objektwahl vor uns haben. Jedes Zusammentreffen mit einem derartigen Objekt verleiht dem Subjekt das Gefühl, »lebendig« und »real vorhanden« zu sein. Im vorigen Kapitel, das sich mit der Rolle der Gegenübertragung bei narzißtischen Patienten beschäftigt, habe ich auf den Fall einer Frau verwiesen, die immer wieder leidenschaftliche Dramen mit den Menschen ihrer

Umgebung inszenierte. In diesen Szenen spiegelte sich ein inneres Drama wieder, mit dem sie weder affektiv noch rational fertig werden konnte. Aber gerade die Tatsache, daß sie in der Lage war, mit den Objekten ihrer Umwelt den Inhalt ihres Dramas immer wieder zu inszenieren, vermittelte ihr das Gefühl, lebendig und existent zu sein, und die Sicherheit, daß die für sie lebenswichtigen Menschen tatsächlich existierten (daß sie nicht durch ihren Haß oder ihre ungeheuren Ansprüche beschädigt worden waren). Unbewußte Dramen dieser Art fordern in der psychischen Ökonomie einen hohen Preis. Sie tragen langfristig zu einem narzißtischen Ausbluten bei und hinterlassen ein Gefühl der Leere, der Verwirrung über die Rolle anderer im eigenen Leben sowie darüber, wie man selbst leben sollte.

Manchen Menschen wird unterschiedslos die gesamte Welt zum Spiegel ihres Narzißmus. »Ein schlechtgelaunter Taxifahrer, eine unverschämte Verkäuferin, ein schwieriger Kollege – sie alle können mir den ganzen Tag verderben. Immer wieder muß ich an solche Vorfälle denken. Stundenlang bin ich wütend darüber.« Mit diesen Worten beschwerte sich ein Patient, dessen Selbstbild unablässig extremen Schwankungen unterlag. Sein Selbstwertgefühl war durch jeden Passanten bedroht, der ihm auf der Straße den Eindruck vermittelte, nicht geliebt zu werden. Immer wieder suchte er in der Außenwelt nach Anzeichen dafür, daß sein Gefühl narzißtischer Beschädigung *wiedergutzumachen* sei. Sobald er sie gefunden hatte, verlor er sie wieder, und nur durch ständige Externalisierung seines Selbsthasses, gefolgt von tagelanger Wut und Kränkung, konnte er schwere Depressionen abwehren.

Bei anderen, die wie Sabine an sich selbst und ihrer sorgfältig bewahrten Einsamkeit festhalten, um das schwache Gefühl ihrer Identität zu stärken, kann die Wiedererlangung des Selbstgefühls autoerotische Formen annehmen. Ein Mann, der die Analyse aufgesucht hatte wegen akuter Angstzustände und Depersonalisationserscheinungen, welche immer dann auftraten, wenn er bei seiner Arbeit auf irgendwelche Schwierigkeiten stieß oder wenn er gezwungen war, sich länger als einige Minuten in einer Menschenmenge aufzuhalten, erzählte einen typischen Vorfall: »An diesem Tag ging alles schief. Ich hatte Ärger mit meinem Vorgesetzten und mit den Kollegen. Die Arbeit klappte nicht ... Auf der Straße fühlte ich mich, als würde die Menge in mich eindringen. Sie wollten mir nichts Böses, aber ich fühlte mich, als würde mein Körper konturenlos zerfließen ... Schon den ganzen Tag über hatte ich bei der Arbeit das Gefühl, ich würde ertrinken ... doch jetzt wurde es gefährlich. Ich brauchte dringend Schutz ... etwas um mich herum, was mich von den andern isolieren und das Gefühl beenden würde, daß ich dabei war, mich aufzulösen. Es fällt mir schwer zu sagen, wie schrecklich das war.« Der Patient nahm sich ein Taxi und hatte nur noch einen Gedanken – nach Hause zu fahren und zu onanieren. »Am Fußende des Bettes rollte ich mich unter das Laken nackt zu einer Kugel zusammen. Als ich ejakulierte, war mir, als käme ich aus einem dichten Nebel hervor. Ich hatte wieder zu mir selbst gefunden.« Sehr viel später fand dieser Patient den Mut, darüber zu sprechen, daß er in den Augenblicken einer derart dramatischen Wiedererlangung seines Selbstgefühls gelegentlich sein eigenes Sperma schluckte. Hinter seiner Masturbationsphantasie, sowohl Mann wie Frau zu sein, können wir die primitivere Phantasie entdecken, zugleich Mutter und Kind zu sein, sich mütterlich in die Arme zu nehmen und sich mit der eigenen Substanz zu nähren, um sich narzißtisch ganz zu fühlen. Obgleich wohl in allen Masturbationsphantasien eine narzißtische und hermaphroditische Illusion stecken mag (vgl. Kapitel IV), haben wir hier ein besonders schlagendes Beispiel vor uns. Es zeigt die erwachsene Version des Verhaltens jener ruminierenden Säuglinge, die angesichts psychisch nicht repräsentierbarer Gefahren in ihren frühesten Objektbeziehungen vorzeitig Abwehrmechanismen aufbauen mußten (vgl. Kapitel XI).

Ich habe hier nicht vor, das Gebiet des Narzißmus in allen Einzelheiten darzustellen. Ich möchte nur auf zwei Aspekte eingehen, bevor ich einige Bemerkungen zur psychoanalytischen Behandlung narzißtischer Störungen mache.
Zunächst einmal möchte ich auf psychische Vorgänge bei Analysanden hinweisen, bei denen die Vergegenwärtigung ihrer selbst überaus instabil und die narzißtische Ökonomie ungewöhnlich schwach ist. Zu beobachten ist dies nur während einer Analyse. Derartige Patienten sind *unfähig, Situationen eine Bedeutung zu verleihen oder sie sich gar psychisch zu vergegenwärtigen, in denen entweder ein Objekt abwesend ist oder in denen sie selbst einen Mangel bei sich erkennen müssen.* Entweder wird ihr Selbstbild konturenlos, oder das Bild des anderen verschwimmt. Dieser Mangel einer seelisch-geistigen Vergegenwärtigung oder Repräsentation (man könnte auch von schwach ausgebildeten, beschädigten oder zerstückelten inneren Objekten, von einem grundlegenden Fehler im Vorgang der Introjektion und Identifikation sowie von einem symbolischen Mangel in der Struktur der Signifikanten sprechen) kann sehr weitgehend sein und dennoch im Verlauf einer Analyse recht lange unbemerkt bleiben. Eine Patientin, die ein intensives Bedürfnis danach verspürte, ihre Freundinnen ebenso wie ihre Liebhaber in ihrer Nähe zu haben, um sich zu vergewissern, daß sie wirklich lebendig war und gemocht wurde, stellte diesen dringenden Anspruch an ihre Umgebung niemals in Frage. Ich machte sie einmal darauf aufmerksam, daß sie eine ungewöhnliche Art hatte, mit ihren Freunden und Liebesobjekten umzugehen, und daß sie unfähig war, Einsamkeit zu ertragen: »Aber die Menschen und Dinge, die mir beweisen, daß das Leben weitergeht und daß ich noch am Leben bin, *sind doch alle um mich her – nicht in mir selbst!* Wenn meine Freundinnen oder mein Liebhaber nicht körperlich zugegen sind, ist mir, als würden sie nicht mehr existieren. Ein unaussprechlicher Schmerz ... Wenn ich allein bin, bin ich umgeben von einer Leere und muß aufpassen, daß sie mich

nicht ganz und gar entleert ... Wenn es besonders schlimm kommt, muß ich mir andere abstrakt vergegenwärtigen. Ich gehe dann stundenlang durch mein Appartment und *sage mir ihre Namen vor.* Die Namen vertreten dann die Gesichter, und das hilft mir, die Leere zu ertragen.« Die Schwierigkeit liegt hier selbstverständlich in dem Umstand, daß ein Name ohne die entsprechende innere Objektrepräsentation seine Vitalität und psychische Bedeutung verliert. Das vermittelt der Patientin dann das Gefühl des Abgestorbenseins und eines Kommunikationsverlusts mit der Welt.

Dieselbe Schwierigkeit drückte ein Patient im Kontext der Übertragung aus. Er wurde wütend darüber, daß die Analyse jeweils am Wochenende unterbrochen wurde: »Sie müssen verstehen, daß ich Sie ständig an meiner Seite brauche. Sonst bin ich unfähig, meine Qualen zu ertragen. Ich kann mir nicht einmal vorstellen, daß ich erst in zwei Tagen wieder mit Ihnen reden darf. Ich brauche dann die doppelte Dosis Schlaftabletten.« Er verhielt sich, als könne er kein inneres Bild der Analytikerin festhalten, ohne daß sie körperlich anwesend war. Es gab also keine fortdauernde Beziehung, keinen inneren Dialog, der eine weitere Ausarbeitung gestattet hätte. »Aber niemand kann sich jemanden vorstellen, der nicht tatsächlich anwesend ist«, äußerte dieser Patient. »Sie reden kompletten Blödsinn. Wie soll ich denn eine Vorstellung von Ihnen in mir haben? Sie sind doch gar nicht da, also ist es nutzlos, an Sie zu denken.«

Diese innere Leere erinnert an Winnicotts Arbeiten zur Entstehung eines psychischen »Raumes« sowie zur Fähigkeit bzw. Unfähigkeit kleiner Kinder, *in Gegenwart der Mutter* allein zu sein, das heißt über eine innere Repräsentation der Mutter zu verfügen, um spielen zu können, ohne immer wieder zu ihr laufen zu müssen. Möglicherweise haben die hier von mir beschriebenen Patienten diese Fähigkeit, allein zu sein, niemals erworben. Als Kinder haben sie sich wohl nie ein vollwertiges *Übergangsobjekt* geschaffen, das ihnen dazu verholfen hätte, ein Objekt allmählich so zu internalisieren,

daß dessen Abwesenheit nach und nach ertragen werden konnte und nicht als katastrophaler Verlust erschien. Sandras Liebhaber spielten in ihrer psychischen Ökonomie wohl die Rolle von Übergangsobjekten. Sie waren so etwas wie jene Bettdecke eines kleinen Kindes, welche die Mutter darstellte und als solche zugleich eine eigenständige Entdeckung und Schöpfung des Kindes war. Werden Personen zu Übergangsobjekten, so werden sie gewöhnlich projektiv in einer Weise wahrgenommen, die recht wenig mit ihrer tatsächlichen Realität zu tun haben kann. Zumindest in den ersten Jahren ihrer Analyse waren Sandras Liebesobjekte tatsächlich ihre »Schöpfung«, eine Bettdecke, mit der sie beruhigt schlafen und träumen konnte. Sabine dagegen konnte nur klar denken und gut schlafen, wenn sie allein war. In gewisser Hinsicht war sie ihr eigenes Übergangsobjekt. Das dichteste Bild dieser Reaktion auf ein frühes psychisches Trauma wurde von jenem Patienten geliefert, der sich wie eine Kugel zusammenrollte, dabei masturbierte und schließlich sein eigenes Sperma schluckte. Wir haben hier eine Engführung aller Übergangsphänomene vor uns, eine Penis-Brust-Phantasie, bei der der Patient autoerotisch sowohl Säugling wie nährende Mutter zu sein versucht, aber nicht über die innere psychische Kraft verfügt, um gefahrlos in der Welt der Erwachsenen zu überleben.
Diese Schwierigkeit scheint mit noch früher liegenden Störungen der ontogenetischen Entwicklung zusammenzuhängen, die vor allem auf dem Gebiet der Psychosomatik untersucht worden sind. Fain (1971) untersuchte die psychosomatischen Erkrankungen von Säuglingen zu Beginn des psychischen Lebens, etwa Meryzismus und schwere Schlaflosigkeit. Langjährige Beobachtungen an Säuglingen und ihren Müttern scheinen darauf hinzudeuten, daß gestörte Objektbeziehungen schon zu Beginn des Lebens der Säuglinge vorliegen. Als Folge davon findet sich anstelle eines normalerweise vorhandenen Ansatzes zu einer inneren Objektrepräsentation eine *psychische Leerstelle*. Sabine etwa, die

an psychischem Meryzismus litt, zog es vor, sich von ihrem eigenen seelischen Inhalt zu ernähren, statt sich auf gefährliche Beziehungen mit anderen einzulassen. Darin glich sie jenen tragischen Säuglingen. Wenn sie anderen zuhörte oder sich über etwas Neues freute, drang ein Durcheinander wahrgenommener Eindrücke von Formen, Klängen und Farben in sie ein, als hätte sie nicht die Funktion der Mutter als Reizschutz internalisiert, die den Säugling vor einer Überflutung durch innere oder äußere Reize abzuschirmen hat. Das gilt auch für Sandra, die schon als Säugling unter Schlafstörungen litt und noch als Erwachsene nicht ohne einen Muttterersatz einschlafen konnte. Bemerkenswert ist jedoch, daß *diese Patientinnen keinerlei deutliche psychosomatische Störungen zeigten.* Obwohl ich nicht behaupten will, daß sie davor gefeit wären, halte ich es doch für wahrscheinlich, daß *die Ausbildung einer narzißtischen Abwehr oder narzißtischer Objektbeziehungen als Schutz gegen psychosomatische Erkrankung dient.* Man wird annehmen dürfen, daß Sandra die tödliche Konsequenz ihrer Beziehung zu einer »beruhigenden« Mutter dadurch vermied, daß sie schwer anoretisch wurde. Diese rudimentäre Form der Abwehr zeugt vom Vorhandensein erst ansatzweise ausgebildeter Phantasien über ein böses inneres Objekt, das durch die Verweigerung der Nahrungsaufnahme ferngehalten werden mußte, wobei die Nahrung symbolisches Äquivalent der verschlingenden Mutter war. Die Barriere der Anorexie fehlt bemerkenswerterweise vor allem bei Patienten, die zu irgendeinem Zeitpunkt ein Magengeschwür hatten und im Verlauf einer Analyse zur Rekonstruktion einer ähnlichen frühkindlichen Beziehung zur Mutter gelangen. Die Frage liegt nahe, ob Patienten, die später ein Magengeschwür bekamen, aufgrund ihres psychischen Haushalts auch anoretisch hätten werden können. Es scheint, als liege hier ein Mangel an narzißtischer Abwehr vor.

Das Abenteuer einer Psychoanalyse mit Patienten, deren

Leiden und Konflikte sich in erster Linie in schwachen, narzißtischen Besetzungen äußern, spiegelt sich auch in der Übertragung wider, die beinahe stets archaisch oder, wie Stone (1961) sagt, »basal« oder »fundamental« ist und Verschmelzungstendenzen besitzt. Selbstverständlich durchlaufen fast alle Analysen Stadien narzißtischer Verschmelzung und Verwirrung, aber nicht immer verschwindet einer der beiden Partner vollständig in der Übertragung. Im Behandlungszimmer sind dann nicht mehr zwei Menschen, sondern entweder wird der Analytiker als narzißtische Fortsetzung des Analysanden aufgefaßt, oder dieser empfindet sich selbst als Fortsetzung des Analytikers! Im ersten Fall wird die durch eine Trennungsdrohung entstehende Angst vollständig verleugnet und aus dem Bewußtsein getilgt. Außerhalb der Analyse verschwindet der Analytiker aus der psychischen Welt des Analysanden. Seine Nichtexistenz als psychisches Objekt wird häufig von der Überzeugung begleitet, daß auch der Patient als psychisches Objekt des Analytikers nicht existent sei. Eine Patientin, die oft zu einer Sitzung nicht erschien, dachte nicht im mindesten daran, dies irgendwann einmal zu erwähnen. Sie war überzeugt, daß ich ihre Abwesenheit kaum bemerken würde. Doch im vierten Jahr ihrer Analyse sah sie sich genötigt, mich anzurufen und mir zu sagen, daß sie nicht kommen würde. »Ich glaube allmählich, daß ich auch dann für andere Menschen weiterexistiere, wenn ich nicht da bin«, sagte sie, »und also fangen auch Sie an, für mich zu existieren.«
Für meine Patientin Sabine war die Trennung von mir gleichbedeutend mit meinem Tod. Unfähig, die Ängste zu erleben und zu ertragen, welche die durch die Ferien verursachten Unterbrechungen der Analyse bei ihr hervorriefen, beschloß sie, ein oder zwei Sitzungen vor meinen Ferien nicht mehr zu erscheinen. »Da wir jetzt aufhören, bin ich in Gedanken nicht mehr da, ich bin schon weg.« Wie das von Freud in »Jenseits des Lustprinzips« beschriebene Kind mit der Garnrolle wurde sie damit zum Agenten der Trennung

statt zu deren Opfer. Während der großen Sommerferien war sie vollkommen überzeugt, daß ich tot sei, und schmiedete ausführliche Pläne, die Analyse allein fortzusetzen. Es war für sie traumatisch, mich bei ihrer Rückkehr wieder vorzufinden, und sie war unfähig, auch nur ein Wort zu sagen. Wir konnten verstehen, daß sie sich sehr viel wohler fühlte mit einem toten Bild von mir als mit einem lebendigen. Der unumstößliche Beweis, daß wir zwei voneinander getrennte Menschen waren, brachte sie dazu, ihre Abhängigkeit erneut einzusehen. Sie empfand dies nicht nur als schmerzliche Wunde, sondern als Bedrohung ihres sorgfältig geschützten Gefühls narzißtischer Integrität.

Wenn sich dagegen ein Analysand als Teil des Analytikers empfindet, führt jede Trennung Verlust- und Todesängste herauf. Sandra, die sich an ihr Übertragungsbild so eng klammerte wie an ihre Spiegelobjekte, hatte immer wieder Angst, ich könnte verschwinden, weil sie »vom Schicksal dazu verdammt war, alles, was ihr wichtig war, zu verlieren«. Den Schmerz über die Ungerechtigkeit, verlassen zu werden, brachte sie lebhaft zum Ausdruck.

Trotz der diametral entgegengesetzten Form der Übertragung ist die grundlegende Phantasie bei beiden dieselbe: In der Beziehung zwischen zwei Menschen ist Platz nur für einen; der andere muß sterben.

Die analytische Beziehung zu Patienten, die derart schwach sind, führt notwendig zu Gegenübertragungen, welche verschieden sind von denen, die Patienten mit einem gefestigteren Selbstgefühl hervorrufen. Paradox ist dabei, daß diese Analysanden, die ich als »schwach« beschreibe, dennoch eine ungewöhnlich starke und wirksame Abwehr aufgebaut haben. Es handelt sich dabei um eine Überlebenstechnik gegen eine tödliche Gefahr. Möglicherweise entspricht diese Gefahr, die in der präsymbolischen Periode des Seelenlebens wurzelt, dem von Bion beschriebenen »namenlosen Entsetzen«. Ein Säugling, dessen Mutter unfähig ist, seine Wut und Angst zu bändigen sowie erträglich und sinnvoll werden zu

lassen, kann *ein seinem Lebenswillen feindseliges Objekt introjizieren.*
Barrieren, die gegen derartige Schrecken errichtet wurden, sind nicht leicht aufzuheben. Darüber hinaus müssen wir auf eine derartige Abwehr insofern Rücksicht nehmen, als sie eine wesentliche Rolle bei der Aufrechterhaltung der Persönlichkeitsstruktur und ihrer psychischen Ökonomie spielt. Das Risiko, daß die Analyse eine derartige Abwehrbastion angreift und den Patienten der Gefahr einer Psychose aussetzt, ist jedoch gering. Größer ist das Risiko, daß sich die Analyse bei der Aufdeckung der Gefahren der archaischen Sexualität und des Schreckens eines seelischen Todes, die solchen narzißtischen Störungen zugrunde liegen, als fruchtlos erweist. Manche Patienten verlassen die Analyse mit dem fortdauernden Eindruck innerer Abgestorbenheit und der Überzeugung, ihnen fehle etwas, um »den Sinn des Lebens zu begreifen«. Die größte Bedrohung, mit der sie fertig werden müssen, besteht darin, daß sie *altern*. Denn das Altern zehrt das Potential an menschlichem Narzißmus auf.
Die Analyse von Patienten, die ihr verschwimmendes Gefühl persönlicher Identität auf die beschriebene Weise wiederherzustellen versuchen, ist mit einer Reihe technischer Probleme belastet. Denn wie kann man einen Narziß, der nur mit seinen Augen hört und versucht, entweder das Bild des Analytikers oder das Bild seiner selbst verschwinden zu lassen, dazu bringen, etwas zu hören? Ein Analytiker, der sich dieser Herausforderung stellt, muß bereit sein, auf sein von wohlüberlegten Deutungen durchsetztes Schweigen zu verzichten. Er muß die Analyse in der Weise voranzubringen suchen, daß er dem Patienten zu einem besseren Kontakt mit sich selbst verhilft, ihn in die Lage versetzt, auf seine Triebbedürfnisse zu hören und seine Gefühle von Liebe und Haß kennenzulernen. Doch wie können wir erwarten, daß ein Narziß, der ständig gegen seine Nichtexistenz sowie gegen das Gefühl kämpft, vom Tode bedroht zu sein, den Botschaften seines eigenen Unbewußten lauschte?

Es nützt dem Analytiker unter diesen Umständen nichts, sich auf die Rolle eines Echos/von Echo reduzieren zu lassen. Er muß andere Arten der Intervention entdecken, sich zwingen zu sprechen, wenn er lieber schweigen würde, oder schweigen, wenn er versucht wäre, seiner Gegenübertragung Luft zu machen. Welchen Weg er auch einschlägt, er wird Fehler machen, und die werden ihm gerade von solchen Patienten weniger leicht verziehen als von Analysanden, die eine »normale« neurotische Übertragung ausgebildet haben. Der Analytiker muß bereit sein, die von seinem Patienten so sehr gefürchtete Nichtexistenz anzunehmen und sich zugleich mit dessen Bedürfnis zu identifizieren, den Analytiker als gefährlich und lästig abzuwehren. Er muß erkennen, daß sich hinter dieser Abwehr ein entgegengesetzter Anspruch verbirgt, daß nämlich der Analytiker zum Patienten wird und statt seiner lebt. Die Situation wird weiter dadurch kompliziert, daß viele dieser Patienten die Verpflichtung, ihre Qualen in *Worten* mitzuteilen als zusätzliche narzißtische Kränkung auffassen. Während des relativ langen Zeitraums, der vergeht, bis der Analysand sich seiner Identität und seines Selbstwertgefühls wieder etwas sicherer ist, muß der Analytiker praktizieren, was Winnicott als »holding the situation in time and space« beschrieb. Gemeint ist damit, daß er an den verschiedenen Gedanken- und Gefühlselementen, die der Analysand ihm darstellt, so lange festhält, bis dieser in der Lage ist, sie in der Übertragung zu erleben.

Wenn manche dieser Patienten den Analytiker als zerstörerisches und todbringendes Objekt fürchten, sehen andere ihn mit magischem Wissen um das Geheimnis des Lebens begabt, das ihnen selbst versagt wurde und auf das sie ein Anrecht haben. Dieses »Geheimnis« bezieht sich häufig auf die Unfähigkeit der Person, ihren eigenen Platz in der Welt sowie den Wert richtig aufzufassen, den sie für ihre Eltern besitzt.

Patienten, die sich von der Substanz des Analytikers nähren, ebenso wie die, die ihn wie die Pest fliehen, können subtile

Formen des Ausagierens beim Analytiker hervorrufen. Er kann dazu gebracht werden, höflich zu schweigen oder auch bereitwillig auf Fragen bzw. auf Forderungen nach einem bestätigenden Echo zu antworten, wenn sich die Angst des Patienten auf ihrem Höhepunkt befindet. Eine weitere Falle stellt zudem der Narzißmus des Analytikers selbst dar.

Wenn ich manchen meiner Patienten zuhöre, werde ich gelegentlich an die lange zurückliegende Geschichte eines siebenjährigen Jungen mit Namen Patrick erinnert. Patrick war das dritte von fünf Kindern. Er wurde in die Therapie gebracht, weil er immer wieder das Spielzeug, das Geld und die Süßigkeiten der übrigen Familienmitglieder stahl. Die Mutter bestand darauf, mir Patricks jüngste Missetat zu berichten: Als niemand aufpaßte, hatte sich Patrick in die Küche gestohlen und den für die gesamte Familie gedachten Sonntagskuchen aufgegessen. Als wir allein waren, fragte ich Patrick, was er dazu zu sagen habe, und er entgegnete: »Nun, das ist so – Kuchen ist für mich wichtiger als für die anderen.« Dieses Urteil gab er mit großem Ernst von sich. Haben wir hier nicht vielleicht einen Hinweis auf das, was Kohut so eindrucksvoll als »das großartige Selbst« bezeichnet? Wenn uns unsere erwachsenen Patienten einen Blick auf den kleinen unersättlichen und unnachgiebigen Narziß in sich gestatten, wenn sie um Schutz und Hilfe angesichts konkreter und phantasierter Schicksalsschläge bitten, wenn sie vor den unvermeidlichen Schmerzen des menschlichen Lebens bewahrt werden wollen, dann sage ich mir oft: »Ja, wer will das nicht? Warum glaubt gerade der nun wieder ... der Kuchen sei wichtiger für ihn als für andere?« Jeder Versuch, solches Material zu analysieren, muß sorgfältig auf unsere eigene Einstellung zu den narzißtischen Schmerzen der Patienten überprüft werden. Sonst laufen unsere Deutungen Gefahr, als feindselig und verständnislos oder als moralisierend aufgefaßt zu werden. Es gibt einen seelischen Hunger, der den menschlichen Geist tötet – und hier wie stets hat der Analysand recht!

Daß wir das Seelenleben dieser Patienten verstehen, der Logik ihrer Suche folgen und uns mit ihrem Leiden identifizieren können, heißt noch nicht notwendig, daß wir ihren Diskurs und unser Verständnis für analysierbar halten. Jedesmal, wenn ich mit einem Analysanden arbeite, der ein solches Problem hat, bin ich mir sehr wohl der Tatsache bewußt, daß ich es vielleicht mit einer uneinnehmbaren Festung zu tun habe, vor deren Mauern ich verharren muß.

Gewährt mir ein Patient dagegen Zutritt zu einer derartigen Festung, gewinnt er genügend Vertrauen, um die ruhelose Verbindung von Lebens- und Todeskräften in sich zu offenbaren, und bin ich dann in der Lage, die Gewalt dieser Kräfte in mir selbst zu erkennen, dann bietet das Abenteuer einer Analyse uns beiden die Möglichkeit der Bereicherung. Der Patient entdeckt dann neue Dimensionen seiner Identität, und der Analytiker bemerkt, daß gerade diejenigen, die am meisten von ihm erwarten, ihn auch das meiste lehren.

IX. Psychosoma und Psychoanalyse

Die Schwere des Lebens zwingt uns dazu, eine Vielzahl psychischer Strukturen auszubilden, um mit den unvermeidlichen körperlichen und seelischen Schmerzen fertigzuwerden, die uns befallen. Schon kurz nach der Geburt müssen wir damit beginnen. Nur ein einzigartiges phylogenetisches Erbe versetzt uns in die Lage, dies zu tun: unsere Fähigkeit zu symbolischem Austausch. Die meisten seelischen Schmerzen müssen wir auf dem Weg zur Individualität sowie zur personalen und sexuellen Identität ertragen. Freud hat als erster auf die wesentlich traumatische Natur der menschlichen Sexualität hingewiesen, während Klein und ihre Schüler die frühen Traumen untersucht haben, die während der Trennung des eigenen Bildes von dem des uranfänglichen Anderen im Vorgang der Persönlichkeitsentstehung auftreten. Schon frühzeitig müssen wir Antworten auf die miteinander in Konflikt stehenden Ansprüche des Trieblebens und der Außenwelt finden, die diese Vorgänge mit sich bringen. Unser ganzes übriges Leben hindurch bleibt ein Großteil unserer seelischen Energien darauf gerichtet, an den Lösungen festzuhalten, zu denen wir gelangt sind. Manche dieser Lösungen machen das Leben zu einem schöpferischen Abenteuer; an anderen wird um den Preis seelischen und schließlich körperlichen Wohlbefindens festgehalten.
Anthropologen wie Lévi-Strauss gehen davon aus, daß sexuelle Gesetze irgendwelcher Art jeder Sozialstruktur zugrundeliegen und Minimalvoraussetzungen zur Unterscheidung einer sozialen Gruppierung von einer Herde sind, wie sie in der freien Wildbahn angetroffen werden kann. Die psychoanalytische Theorie gewinnt Einblick in die Komplexität der sozialen und sexuellen Zusammenhänge durch die Konzepte des Ödipuskomplexes, der Kastrationsangst und der symbolischen Strukturen, auf die sich diese Zusammenhänge bezie-

hen. Es handelt sich dabei um relativ hoch entwickelte Strukturen, die aufs engste mit der Sprache zusammenhängen und ohne sie nicht existieren könnten. Jenseits ihrer liegt das dunkle, präverbale Gebiet der Prägenitalität, dem semantisch geringeres Gewicht zukommt (was Freud dazu veranlaßte, es als den *prähistorischen* Teil der individuellen Lebensgeschichte zu bezeichnen). In dieser Frühphase scheinen Seele und Körper noch eins zu sein, obwohl die intensive Erforschung der Entwicklungsgeschichte des Geistes (wie sie nach Klein vor allem durch Winnicott und Bion vorangetrieben worden ist) zeigt, daß die Psyche sich beinahe von Geburt an aus dem Körper heraus entwickelt. Zur primitivsten psychosomatischen Stufe der Existenz zurückzugelangen, käme beinahe der von Mystikern gesuchten Erfahrung einer ursprünglichen Schau gleich. Jede Untersuchung psychosomatischer Erkrankungen muß sich damit auseinandersetzen, daß große Teile der Frühphasen des Seelenlebens uns noch unbekannt sind. Das psychische Material, welches in die ursprüngliche Einheit von Mutter und Säugling eingeht, besteht aus Gerüchen, Geräuschen und visuellen bzw. taktilen Empfindungen. Es handelt sich dabei um enträumlichende Faktoren, was zweifellos dazu beiträgt, einen der frühesten psychischen Mechanismen in Gang zu setzen, der unter den Begriff der *projektiven Identifizierung* gefaßt wird. Diese Mechanismen herrschen so lange vor, bis die Sprache die Strukturen der Psyche verräumlicht und begrenzt, wobei sie zugleich Innen und Außen trennt. Von dieser Zeit an beginnt der Säugling, seinen Körper zu bewohnen. Er verkörpert sich sozusagen. Verhältnismäßig spät tritt der kleine Ödipus zutage mit den durch den Geschlechtsunterschied verursachten Problemen, der narzißtischen Kränkung durch die Urszene sowie dem Verzicht auf seine erotischen und aggressiven Wünsche. Sehr viel früher dagegen haben wir es mit einem kleinen Narziß zu tun, der mit dem definitiven Verlust der magischen Brust-Mutter sowie mit der unausweichlichen Anforderung fertigwerden muß, sich psychische Objekte zu schaffen, die diesen Verlust kompensieren. Seine Fähigkeit, die hierzu notwendigen symbolischen Strukturen auszubilden, wird weithin durch die unbewußten Ängste und Wünsche seiner Eltern definiert. Der mythische Augenblick, in dem die Verschmelzung mit der Mutter zerbricht, erfordert eine Mutter, die ihrerseits bereit ist, den Verlust der magischen Einheit zu akzeptieren. Dieser Verlust kann als erster Vorläufer der Kastration im Leben eines Individuums aufgefaßt werden. Weil sie sich allzu sehr mit ihnen narzißtisch identifizieren, versuchen viele Eltern, ihren Kindern die unausweichliche Konfrontation mit der Realität über den Punkt hinaus zu ersparen, bis zu dem es ihre Unreife verlangt. Die Ängste, zu denen diese allererste Trennung führt, werden gewöhnlich als die vor Vernichtung und Desintegration bezeichnet. Man kann in ihnen aber auch eine Vorstufe der eigentlichen Kastrationsangst sehen. Auch hier liegt eine umfassende Bedrohung vor, obwohl Frustration, Angst und Konflikt symbolisch noch nicht an die Geschlechtsorgane gebunden sind.

Die Schwierigkeit, der sich der Säugling auf dem Weg der Individuation konfrontiert sieht, ist globalerer Natur, »psychosomatischer« als die späteren Probleme, die mit der genitalen Sexualität auftreten. Das Unvermögen, sich von der Umgebung eines »Nicht-Ich« zu trennen und ein Gefühl persönlicher Identität zu schaffen, führt zu katastrophaleren Ergebnissen als ein ähnliches Unvermögen bei der Erlangung der sexuellen Identität und der zu ihr gehörenden Rechte. Doch auch ein katastrophales Scheitern führt hier nicht notwendig zum Ausbruch einer Psychose. Es kann unbemerkt bleiben, während seine schleichenden Auswirkungen, gleich dem Freudschen Todestrieb, fortdauern. Tritt dies ein, so haben Körper und Geist die Verbindung zueinander verloren.

In dem frühesten Versuch, mit körperlichem Schmerz, mit Frustrationen und mit der Abwesenheit der Mutter psychisch fertigzuwerden, haben wir den ersten geheimnisvollen Sprung vom Körper zum Geist vor uns. Wir wissen sehr wenig darüber. Beträchtlich größer ist das Wissen, das die Psychoanalyse über den noch geheimnisvolleren Sprung in die umgekehrte Richtung angesammelt hat, den von der Seele zum Körper, der der hysterischen Konversion und verschiedenen Hemmungen von Körperfunktionen zugrundeliegt. Lange bevor derart komplizierte psychische Phänomene auftreten, muß ein Säugling von seiner Mutter zum Leben angeleitet werden, denn darin liegt die erste Bewegung, die zum Aufglimmen des Seelenlebens führt. Mit Sicherheit wissen wir, daß der Strukturierungsprozeß der Seele ein schöpferischer Vorgang ist, der jedem Individuum seine einzigartige Identität verleiht. Er bietet ein Bollwerk gegen Zusammenbrüche in traumatischen Situationen. Langfristig *kann in der seelischen Kreativität des Menschen sehr wohl ein wesentlicher Schutz vor seiner Zerstörung liegen.*

Das bringt mich zu der ersten These dieses Kapitels: Der Mensch besitzt eine angeborene Fähigkeit zu symbolischer Tätigkeit und vor allem zu individuell je verschiedener psychischer Kreativität. Bei dem Versuch, sein psychisches Gleichgewicht unter allen Umständen aufrechtzuerhalten, ist jeder Mensch dazu fähig, eine Neurose, Psychose, pathologische Charakterstruktur, eine sexuelle Perversion oder psychosomatische Erkrankung auszubilden bzw. ein Kunstwerk oder einen Traum hervorzubringen. Trotz unserer Tendenz, eine relativ stabile psychische Ökonomie aufrechtzuerhalten und dadurch ein mehr oder weniger fortdauerndes Persönlichkeitsmuster zu garantieren, sind wir dazu in der Lage, zu verschiedenen Zeitpunkten unseres Lebens einige oder alle diese Phänomene hervorzubringen. Obwohl unsere psychischen Hervorbringungen nicht den selben psychologischen oder gar gesellschaftlichen Wert besitzen, kommen sie doch darin überein, Produkt des menschlichen Geistes zu sein und in ihrer Form durch dessen Struktur bestimmt zu werden. Ihre Bedeutung beziehen sie aus dem

Wunsch zu leben, und zwar so gut zu leben, wie dies unter den jeweiligen Bedingungen nur möglich ist. Von diesem Gesichtspunkt aus müssen *psychosomatische Phänomene* überaus mysteriös erscheinen, da sie einem alles umfassenden Lebenswunsch am allerwenigsten angemessen sind. Wenn dies schon psychologisch auffällig ist, so entgeht uns auch ihr biologischer Sinn. In vieler Hinsicht sind sie das Gegenteil neurotischer oder psychotischer Phänomene. Oft macht sich, gerade wenn diese letzteren verschwinden, eine psychosomatische (im Gegensatz zur psychischen) Krankheit geltend. Meine Überlegungen zu diesem Thema sind bereichert worden durch Forschungen auf dem Gebiet der psychosomatischen Erkrankungen, die von meinen Kollegen aus der Sociéte psychanalytique de Paris durchgeführt worden sind. Ich beziehe mich dabei insbesondere auf die Arbeiten von Marty, Fain, David und de M'Uzan. Mein persönliches Interesse an psychosomatischen Symptomen und an ihrer Beziehung zu symbolischen Vorgängen entstammt einer anderen Richtung, wie wohl weiter unten deutlich wird.

Meine zweite These lautet, daß die ununterdrückbare psychische Fruchtbarkeit des Menschen, welcher Art sie auch immer sein mag, notwendig zum Leben gehört. Wenn wir erkennen, daß es so etwas wie einen *psychischen Tod* geben kann, dann ist es auch möglich, daß der Mensch bei einem Scheitern oder endgültigen Stillstand seiner psychischen Kreativität vom biologischen Tod bedroht ist. Dennoch gehören die seelischen Vorgänge, die psychische Gesundheit herbeiführen und erhalten, ebenso zum Leben *wie diejenigen, die für eine Fortdauer psychischer Krankheit verantwortlich sind.* Wenn es uns aus welchen Gründen immer nicht gelingt, mit unseren psychischen Schmerzen fertigzuwerden, können psychosomatische Erkrankungen auftreten.

Das bringt mich zu meiner letzten These. Als Therapie ist die Psychoanalyse insofern kreativ, als sie im Seelenleben ge-

trennte Verbindungen wiederaufnimmt und neue herstellt. Diese Verbindungen sind unterschiedlicher Art. Hergestellt werden sie zwischen Vergangenheit und Gegenwart, Bewußtem, Vorbewußtem und Unbewußtem, Affekt und Vorstellung, Denken und Handeln, Primär- und Sekundärprozeß, Körper und Seele. Ich möchte die Auffassung vertreten, *daß psychoanalytische Vorgänge das Gegenstück zu psychosomatischen Vorgängen sind.* Im Ablauf einer Analyse stellen psychosomatische Phänomene besondere Probleme dar, und es kann sehr wohl sein, daß sie einen anderen Ansatz erfordern als den, der zu einem Verständnis der neurotischen Anteile der Persönlichkeit nötig ist. Ich will damit nicht sagen, daß es besondere »Techniken« für die Behandlung der verschiedenen Manifestationen des Seelenlebens gibt, sondern nur dafür plädieren, daß weitere Einblicke in die hier wirksamen Vorgänge unter Umständen die Art und Weise ändern werden, in der wir unseren Patienten zuhören. In seinem bemerkenswerten Buch *The Art of Color* schreibt Itten (1975) etwas über die Maler, was sich ebensogut auf die intuitive Kreativität eines Analytikers anwenden ließe: »Lehrsätze und Theorien sind am besten für schwächere Augenblicke geeignet. In Augenblicken der Stärke werden Probleme intuitiv, wie von allein gelöst.« So ist es auch mit der Arbeit der Psychoanalyse. Itten schreibt weiter: »Wenn Sie ohne besondere Vorkenntnisse in der Lage sind, meisterhaft zu malen, dann ist die Unkenntnis Ihre Art, an die Dinge heranzugehen. Aber wenn Sie aus Ihrer Unkenntnis heraus unfähig sind, Meisterwerke zu schaffen, dann sollten Sie Kenntnisse zu erwerben suchen.«
Im folgenden will ich theoretisch und mit klinischen Beispielen auf die genannten Thesen einzugehen versuchen. Ich hoffe, zu unserer Kenntnis über die schweigenden Botschaften des Körpers beitragen und Reflexionen über unser intuitives Verständnis psychosomatischer Vorgänge in Gang setzen zu können, so daß wir besser erkennen, was wir bisher getan haben, ohne es zu wissen.

Forschungen zur Bedeutung und Behandlung psychosomatischer Erkrankungen werden von verschiedenen Wissenschaftsdisziplinen vorangetrieben. Obwohl ich eine Übersicht über die Psychosomatik und die Verwendung des Ausdrucks »psychosomatisch« geben werde, kann ich das Bild allenfalls mit dem mikroskopischen Blick der Psychoanalyse beschreiben. Es handelt sich bei ihr um eine hochgradig spezialisierte Technik, die sich mit psychischen und symbolischen Funktionen eher als mit somatischen Veränderungen beschäftigt, für die sie nicht eigentlich konzipiert worden ist. Darüber hinaus können unter Forschungsgesichtspunkten psychoanalytische Fallbeispiele kaum als repräsentativ bezeichnet werden. Denn Menschen, die an Störungen psychosomatischen Ursprungs leiden, suchen zur Behandlung ihrer somatischen Krankheiten häufig eher einen Arzt als einen Analytiker auf – es sei denn, sie glauben selbst, daß sie auch psychische Probleme haben. Manchmal kommen aber auch Patienten, die sich nicht bewußt sind, daß sie an psychischen Symptomen leiden, in die Sprechstunde des Analytikers – und klagen etwa über Magenbeschwerden oder Herzkrankheiten –, weil ihnen ein Arzt empfohlen hat, einen Psychoanalytiker oder Psychiater zu konsultieren. Die Meinungen darüber, ob in solchen Fällen psychoanalytische Hilfe angeboten werden sollte, gehen unter Analytikern sehr weit auseinander. Manche würden eine große Psychotherapie in Verbindung mit normaler medizinischer Behandlung für das Beste halten. Andere würden eine modifizierte Form der analytischen Therapie empfehlen. Wieder andere würden das für zu gefährlich halten und die Auffassung vertreten, psychosomatische Phänomene ohne begleitende neurotische Symptome stellten eine Kontraindikation für die Analyse dar.

Tatsächlich hat der Analytiker selten die Wahl. Denn eine beträchtliche Anzahl seiner Patienten leidet, ob er es nun wahrhaben will oder nicht, an authentischen psychosomatischen Störungen. Sie können von Allergien der Haut, Bronchialasthma, Hitzewallungen und Bluthochdruck bis hin zu Magengeschwüren und Colitis ulcerosa reichen. Das liegt keineswegs daran, daß psychosomatische Erkrankungen bei psychoanalytischen Patienten häufiger auftreten. Auch wir selbst sind von ihnen betroffen und müssen sie als ein in der gesamten Bevölkerung verbreitetes Phänomen betrachten. Wenn wir zu der genannten Liste noch eine erhöhte Empfänglichkeit für Infektionskrankheiten hinzufügen sowie die größere Neigung zu Unfällen bei psychischen Spannungen, dann müssen wir erkennen, daß die meisten unserer Patienten ebenso wie unsere Freunde und Kollegen zeitweise an psychosomatischen Erscheinungen leiden. Obwohl mich kein Patient je wegen psychosomatischer Beschwerden aufgesucht hat, hatte ich im Verlauf der Jahre zwölf Analysanden in Behandlung, die sich unter Bedingungen, die wenig Zweifel an der bedeutenden Rolle psychischer Faktoren ließen, eine Lungentuberkulose zugezogen hatten. Ich hatte zahlreiche Patienten mit Störungen des Magen-Darm-Trakts in Behandlung, darunter zwei mit schweren Magengeschwüren. Verschiedene andere litten an Bronchialasthma. Daneben gab es die üblichen Fälle von Patienten mit chronischer oder intermittierend auftretender Nesselsucht, mit Heuschnupfen, Ekzemen usw. Die psychischen Probleme, die durch die somatischen Symptome dieser Patienten aufgeworfen wurden, haben mir insbesondere dann viel Stoff zum Nachdenken gegeben, wenn ich glaubte, bestimmte gemeinsame Merkmale bei ihnen entdeckt zu haben. Als Analytikerin fühlte ich mich herausgefordert, die psychischen Determinanten physiologischer Symptome zu verstehen.

Bei der vielgestaltigen Natur psychischer Störungen ist es bemerkenswert, daß sie sich häufig sowohl physiologischer wie auch psychologischer Behandlung widersetzen. Bei schweren Symptomen läßt sich jedoch, oft als Ergebnis einer Psychoanalyse, nachdem alles andere versagt hat, eine Besserung erzielen. Klinische Beobachtungen zeigen übrigens, daß Menschen, die eine mehrjährige Analyse hinter sich haben, weniger zu Erkältungen, grippalen Infekten, Kopfschmerzen, Magenbeschwerden und ähnlichem neigen, wenn die Analyse einige Fortschritte erbracht hat. Warum das so ist und ob unsere Behandlung sie davor bewahrt, steht auf einem anderen Blatt!

Das Verhältnis von Seele und Körper in der psychoanalytischen Theorie

Der Gebrauch und Mißbrauch des menschlichen Körpers durch die Seele ist so vielfältig und umfassend, daß wir gut daran tun, unser Verständnis des Begriffs »psychosomatisch« zu definieren und vor allem eine Grenzbestimmung zwischen psychosomatischen Störungen und hysterischen oder anderen somatischen Erscheinungen vorzunehmen. Wir wissen, daß Freud zwei Arten von Somatisierung unterschied: *Konversionshysterien* und *Aktualneurosen*. Die einen waren in gewisser Hinsicht das Gegenstück der anderen. Während wir bei einer Konversionshysterie einen »geheimnisvollen Sprung« von der Seele zum Körper beobachten, verläuft bei der Aktualneurose der Sprung in der umgekehrten Richtung vom Somatischen zum Psychischen. In beiden Fällen wird eine unsichtbare Barriere überschritten. Die Probleme, die durch ihre Überschreitung aufgeworfen werden, haben bis heute nur wenig von ihrer Rätselhaftigkeit verloren.
Obwohl der Begriff der Aktualneurose zur Krankheitsbeschreibung heute wenig verwendet wird, ist in unserem Zusammenhang von Bedeutung, worauf Laplanche und Pontalis (1972) hingewiesen haben, daß nach Freuds Auffassung aktualneurotische Symptome (Neurasthenie und Angstneurose) prinzipiell somatischer Natur sind. Da es sich bei ihnen um physiologische Vorgänge handelt, glaubte

Freud, sie seien ohne symbolische Bedeutung und von daher psychoanalytischer Behandlung eigentlich nicht zugänglich. Freuds Überzeugung, Aktualneurosen entstünden als Reaktion auf alltägliche, aktuelle Spannungen und insbesondere auf eine Blockierung libidinöser Befriedigungen, hängt eng mit gewissen modernen Auffassungen von psychosomatischen Reaktionen zusammen, obwohl heute der Begriff des psychischen »Drucks« auch die Blockierung aggressiver Antriebe betonen würde sowie alles, was als Umweltbelastung bezeichnet werden könnte. Freud glaubte, die Konversionshysterie und die Aktualneurose entstünden aus sexuellen Ursachen. Aber während die letztere seiner Meinung nach auf gegenwärtige sexuelle Probleme zurückzuführen war, stammte die erstere aus sexuellen Konflikten der frühen Kindheit, und die körperlichen Symptome behielten ihre symbolische Bedeutung, das heißt, sie traten anstelle von Triebbefriedigungen auf und waren im wesentlichen die symbolische Lösung eines unbewußten Konflikts und nicht eine Reaktion auf Versagungen. Die »somatischen« Symptome der Konversionshysterie sind insofern symbolisch, als sie sich buchstäblich auf einen *phantasierten* Körper beziehen, der so funktioniert, wie ihn sich ein kleines Kind vorstellen würde oder wie er im primärprozeßhaften Denken vorkommt.

Nach der Konstruktion der zweiten Topik betrachtete Freud die hysterische Konversion und die hysterische Identifizierung auch als *Ichabwehr*. Auf diese Weise wurden der bekannten Liste hysterischer Symptome diejenigen hinzugefügt, bei denen der Körper zur Übersetzung von Hemmungen der Es-Antriebe als Reaktion auf die verdrängenden Kräfte von Ich und Über-Ich dient. Hemmungen von Körperfunktionen wie Verstopfung, Impotenz, Frigidität, psychogene Sterilität, Anorexie, Schlaflosigkeit usw. hängen, wie man heute annimmt, eng mit klassischen Konversionssymptomen zusammen. In jedem dieser Fälle *erzählt das Symptom eine Geschichte*. Ist sie einmal entschlüsselt, erweist sich ihr Held stets als schuldiges Opfer verbotener Wünsche, der auf dem Weg zur Erfüllung seines Begehrens Rückschläge erlitten hat. Seine Symptome entstehen als Kompromißbildung seines unbewußten Phantasielebens und der Struktur seiner Ichabwehr. Diese Symptome, die zweifellos psychogenen Ursprungs sind, sind nicht Teil dessen, was mit dem Begriff »psychosomatisch« bezeichnet wird. Man könnte sagen, daß bei der Hysterie der Körper sich und seine Funktionen dem Willen der Psyche zur Verfügung stellt, während bei psychosomatischen Erkrankungen der Körper selbst »denkt«. Das Drama, das hier zum Ausdruck kommt, ist archaischer Natur, und seine Grundlagen liegen anderswo. Die Symptome sind Zeichen, nicht Symbole und folgen somatischen, nicht psychischen Gesetzen. Das Denken des Körpers wird anders als bei hysterischen Inszenierungen mit einer manchmal buchstäblich tödlichen Präzision ausgeführt. Die in der Science fiction immer wiederkehrende Figur des Roboters, der ohne das geringste Gefühl oder ein Minimum an Identifizierung mit menschlichen Wünschen und Konflikten die Macht an sich reißt, gibt exakt den Ablauf eines psychosomatischen Symptoms wieder. Der Körper ist hier nicht mehr wie bei einer neurotischen Erkrankung damit beschäftigt, die Wünsche der Seele zu übersetzen. Wenn wir zu definieren versuchen, was heute unter dem Begriff »psychosomatisch« verstanden wird, so können wir sagen, daß dieser Begriff für organische Störungen nachweisbar physiologischen Ursprungs reserviert ist. Obwohl diese Dysfunktionen offenbar keine symbolische Bedeutung besitzen, scheinen sie dennoch mit der Persönlichkeitsstruktur, den Lebensumständen und der Geschichte eines Patienten zusammenzuhängen, das heißt, sie machen sich in Verbindung mit Belastungen bemerkbar, die entweder im Individuum selbst oder in seiner unmittelbaren Umgebung entstehen. Wer psychosomatisch leidet, ist sich jedoch selten einer derartigen Verbindung bewußt und weiß auch oft nicht einmal, daß er besonderen Belastungen ausgesetzt ist. Obwohl diese Definition extrem vage ist, kann sie doch dazu dienen, psychosomatische Störungen von hysterischen Erscheinungen abzugrenzen, bei denen physiologisch weder eine krankhafte Veränderung noch eine Infektion vorliegt, sowie von organischen Erkrankungen, bei denen kein Einfluß der Persönlichkeitsstruktur oder Umweltbelastung erkennbar ist.

An diesem Punkt müssen wir auf die Tatsache zurückgehen, daß Seele und Körper untrennbar miteinander verbunden, aber wesentlich voneinander verschieden sind. Das Psychosoma funktioniert als ein Ganzes. Es erscheint kaum zweifelhaft, daß jedes psychische Ereignis Auswirkungen auf physiologische Vorgänge im Körper hat, wie auch jede somatische Veränderung Auswirkungen auf die Seele selbst dann hat, wenn sie nicht bewußt registriert wird. Eingehende Untersuchungen haben statistisch überzeugend nachgewiesen, daß Menschen leichter erkranken, häufiger Operationen benötigen oder Unfälle haben, wenn sie sich deprimiert oder ängstlich fühlen, als wenn sie optimistisch sind und ein erfülltes Leben haben. Man muß in der Tat kein Psychoanalytiker sein, um den engen Zusammenhang von psychischen und biologischen Ereignissen im Leben irgendeines Individuums zu erkennen. Ihn kennt selbst der Volksmund. »Kein Wunder, daß er einen Autounfall hatte, nach all den Schwierigkeiten, die sie in der Familie hatten.« »Natürlich hat sie sofort nach dem Unfall die Hongkong-Grippe erwischt.« – So lauten typische Kommentare meiner Concierge zu den Schicksalsschlägen, die die Nachbarn ereilen.

Erinnert werden soll an Freuds Auffassung der Psychosomatik. Er gründete die psychoanalytische Theorie der Seele auf das sichere Terrain der Biologie und betonte immer wieder die Tendenz des Organismus, als Einheit zu reagieren. Dennoch entschied er sich dafür, sich ausschließlich mit den psychologischen Aspekten der Psychosomatik zu befassen und zeigt eine deutliche Abneigung dagegen, die Grenze von Psychologie und Physiologie selbst dort zu überschreiten, wo er den psychosomatischen Ursprung einer organischen Erkrankung erkannte. Zugleich war er immer wieder darauf bedacht, auf die Beziehungen von Körper und Seele sowie auf die Tatsache einzugehen, daß psychische Vorgänge aus organischen entstehen. Seine Theorie der Triebe und der libidinösen Entwicklung sowie die Bedeutung, welche er den erogenen Zonen beimaß, bezeugen dieses Interesse. Mit der Ausdehnung der psychoanalytischen Erkenntnisse sowie mit der ständig wachsenden klinischen Erfahrung und Forschung war es unvermeidlich, daß sich Analytiker mit den psychosomatischen Symptomen ihrer Analysanden beschäftigten und deren Bedeutung zu entziffern suchten. Unvermeidlich war es auch, daß sie zunächst die grundlegenden Phantasien rekonstruieren wollten, die nach den bekannten Mustern der Hysterien in den somatischen Symptomen symbolisiert sein sollten. Doch dies erwies sich als ganz und gar nicht einfach. Freud hatte bereits die Entdeckung gemacht, daß derartige Symptome anders als die hysterischen auch unter Hypnose zu keiner Antwort führten. Im Laufe der Zeit entdeckten andere Analytiker, daß bei psychosomatischen Patienten mit geringfügigen neurotischen Symptomen die Analyse keineswegs klare ödipale und präödipale Strukturen mit den üblichen Phantasien, sexuellen Symbolisierungen und Objektbeziehungen aufdeckte, die sich als Ertrag der Arbeit mit Patienten ergaben, die an Hysterien und Zwangsneurosen sowie an Perversionen litten. Viele Patienten, die fast ausschließlich psychosomatisch auf Ängste reagierten, blieben der analytischen Therapie unzugänglich. Andere ließen sich auf das Abenteuer einer Analyse ein, analysierten viele ihrer neurotischen Symptome und beendeten die Analyse schließlich mit noch fortbestehenden psychosomatischen Störungen. Bei wieder anderen veränderten sich die Symptome oder verschwanden vollständig. Die theoretischen Erklärungen, die zur Begründung der Auswirkungen der Psychoanalyse auf somatische Symptome vorgebracht wurden, blieben unter Analytikern umstritten.

Heute sind wir von der heldenhaften Epoche der Dunbar, Margolin, Alexander und anderer Pioniere auf diesem Gebiet weit entfernt. Beim Wiederlesen ihrer hervorragenden Texte wird deutlich, daß sich viele der großen Hoffnungen auf die Rolle der Psychoanalyse für die Zukunft der psychosomatischen Medizin verloren haben. Dennoch sind in der Zwischenzeit zahlreiche Verbindungen von besonderen emotionalen Konflikten bzw. Persönlichkeitsmerkmalen und psychosomatischen Leiden entdeckt worden. Untersucht wurden sie von Psychiatern, die sich sowohl physiologischer wie psychologischer Techniken bedienten. Zugleich versuchten Analytiker, unter Zuhilfenahme der therapeutischen Techniken der klassischen Psychoanalyse die unbewußten Phantasien zu rekonstruieren, die somatischen Symptomen angeblich zugrundeliegen. Am bekanntesten wurden vielleicht die aufregenden Hypothesen der Arbeiten von Garma (1950). Er beschrieb Magengeschwüre als rachsüchtige »Bisse«, welche sich die Patienten zur Strafe dafür zufügen müssen, daß sie als Säuglinge in die Brust ihrer Mutter haben beißen wollen. Aus unbewußten Schuldgefühlen sollten Patienten mit späteren Magengeschwüren sich ungesund ernährt haben, um sich einen introjizierten Biß in den Magen und zugleich in die Seele zuzufügen. Darüber hinaus sollten Magengeschwüre schließlich eine symbolische Bedeutung im Zusammenhang mit dem Kastrationskomplex haben.
Ich selbst habe keinerlei Einwände dagegen, Umweltbelastungen mit Funktionen des Magen-Darm-Trakts in Verbindung zu bringen. Auch an Phantasiekonstruktionen von der Art, wie sie Garma uns präsentiert, nehme ich keinen Anstoß. Ich glaube jedoch, daß sie uns nicht allzuviel Einblick vermitteln. Die Tatsache, daß Belastungssituationen bei manchen Individuen zu einer Überfunktion des Magens führen, sagt nichts darüber aus, warum dies geschieht und warum die meisten Menschen darunter nicht zu leiden haben. Daß ein Magengeschwür im Verlauf einer Analyse abheilen kann, mag zweifellos den therapeutischen Fähigkei-

ten eines Analytikers zuzuschreiben sein, zeigt aber keineswegs, daß verdrängte Phantasien der oben beschriebenen Art die *Ursache* der Krankheit gewesen sind. Wir haben es hier mit einem methodischen Irrtum zu tun, der einiges Nachdenken erfordert. Was spontane Phantasien während der Analyse anbetrifft, so sollte darauf verwiesen werden, daß tendenziell jedes somatische Ereignis Vorstellungen auf sich zieht, die mit den verschiedenen Aspekten des Kastrationskomplexes sowie mit Phantasien über die frühe Mutter-Kind-Beziehung zu tun haben. Ich möchte auf zwei Beispiele von körperbezogenen Ängsten hinweisen, die mit psychosomatischen Ursachen nicht zusammenhängen, um meine Auffassung zu veranschaulichen. Im ersten Fall handelt es sich um einen Patienten, dessen Mutter eine Schwarze und dessen Vater ein Weißer war. Der zweite Fall ist der einer Frau, die mit den Folgen einer Polioerkrankung in der frühen Kindheit fertigwerden mußte. Beide Patienten erlebten ihr körperliches Problem – die schwarze Hautfarbe und ein gelähmtes Bein – sexuell und narzißtisch, als handele es sich um ein sichtbares Zeichen einer Kastration. Sie verbanden darüber hinaus mit ihrem Körper Phantasien von einer gefährlichen und verfolgenden Mutter, die sie für ihr psychisches Leiden verantwortlich machten. Diese Phantasiekonstruktionen waren für sie nützlich, doch es wäre absurd, die Auffassung zu vertreten, daß die Kastrationsangst und die frühen Verfolgungsängste die *Ursache* der schwarzen Hautfarbe sowie der Folgen einer Polioerkrankung seien. Wir verfallen einem ähnlichen methodischen Irrtum, wenn wir annehmen, ein Magengeschwür sei durch Phantasien von einer verfolgenden und verschlingenden Mutter verursacht, oder Tuberkelbazillen seien böse, introjizierte Partialobjekte. Ein internalisiertes Objekt, ob es nun total oder partial, gutartig oder bösartig ist, bleibt vollkommen imaginär. Obwohl es symbolisch eine wichtige Rolle spielt, nimmt es körperlich keinen Raum ein und hinterläßt keinerlei Spuren, auch wenn unser metaphorischer Sprachgebrauch uns

zu der Auffassung verleiten mag, daß dem so sei. Ein somatisches Ereignis wie das Eindringen eines Fremdkörpers oder eine Entzündung zieht während der Analyse unweigerlich Phantasien von einem bösartigen Objekt nach sich, da die Analyse dazu anhält, primär- und sekundärprozeßhaftes Denken miteinander zu verbinden und auf diese Weise zu neuen Gefühlen und Erfahrungen zu gelangen. Sie können dem Analysanden dazu verhelfen, auf neue und andere Weise mit psychischen Spannungen fertigzuwerden. Das ist, wie ich zu zeigen hoffe, vor allem für diejenigen von Bedeutung, die psychosomatisch auf Triebkonflikte und Auseinandersetzungen in ihrer Umwelt reagieren.
An diesem Punkt muß auf einen weiteren methodischen Irrtum hingewiesen werden. Da die Wechselwirkungen zwischen Seele und Körper ebenso kompliziert wie unvermeidlich sind, können wir leicht den grundlegenden Unterschied zwischen beiden aus den Augen verlieren. Eine cartesianische Metapher wie »Der Körper ist weiß, und die Seele ist schwarz« könnte zu der Vorstellung führen, psychosomatische Phänomene seien als eine endlose Serie von Grautönen aufzufassen. Doch dieses simplifizierende Bild würde gerade den wesentlichen Unterschied zwischen psychischen und somatischen Funktionen übersehen. Wir können uns das Gebiet der Psychosomatik besser als eine Mischung wie etwa das Meerwasser vorstellen. Obwohl es eine Einheit bildet, kann das Meerwasser einerseits in Salz, andererseits in Wasserdampf umgewandelt werden. Sagen wir also, daß die somatischen Anteile das Salz und die psychischen der Wasserdampf sind. Dies gestattet uns, beide Komponenten als substanziell voneinander verschieden sowie unterschiedlichen Gesetzen unterliegend aufzufassen. Die Tatsache, daß sie sich miteinander verbinden, sollte uns ihre Unähnlichkeit nicht übersehen lassen. Wenn man die Analogie etwas weiter treibt, könnte man sagen, daß keine von beiden Substanzen, für sich allein genommen, ein Stück des belebten Ozeans wird. Wir könnten also leicht mit jenen sympathisieren, für

die der somatische Ansatz zu einer Salzsäule geworden ist, der die psychische Flüssigkeit entzogen wurde. Und wir könnten dann sehr wohl verstehen, daß die Somatiker und psychobiologischen Experimentatoren angesichts der archaischen Phantasiekonstruktionen und Hypothesen sich aufgerufen fühlen, die Waffen zu ergreifen gegen ein ganzes Meer von Unterstellungen – eine Wolke von Wasserdampf ohne jede Grundlage. Tatsächlich erfahren wir in beiden Fällen nichts darüber, was sich auf dem stürmischen Ozean ereignet, wenn man denn dieses Bild für die psychosomatischen Dramen der Menschheit gelten lassen will. Dennoch muß betont werden, daß wir einer theoretischen Verwirrung anheimfallen, wenn wir die Tatsache übersehen, *daß somatische und psychische Vorgänge unterschiedlichen Gesetzen gehorchen.* Wir können nicht jene Gesetze, die psychische Funktionen strukturieren, auf die anwenden, denen physiologische Funktionen unterliegen. Zwischen beiden besteht kein Kausalverhältnis, sondern eine Analogiebeziehung. Die brillanten Beobachtungen und Reflexionen von Konrad Lorenz haben zur Erklärung dieser Tatsache beigetragen und ihn zu der Aussage veranlaßt, daß der Übergang vom Somatischen zum Psychischen wohl immer rätselhaft bleiben wird. Durch unsere psychoanalytischen Beobachtungen wird uns immer wieder bewußt, daß Seele und Körper unvermeidlich und auf komplizierte Weise voneinander abhängig sind. Dennoch sind wir immer wieder mit ihrer unausrottbaren Verschiedenheit konfrontiert.

Man mag hier nun einwenden, es handele sich um Haarspalterei, denn wenn sich die psychosomatischen Symptome von Patienten nach einer Psychoanalyse veränderten, dann komme es nicht darauf an, was die Ursache hierfür sei und was jeweils in einem authentischen Sinn als *symbolisch* angesehen werden könne. Dem kann ich nicht zustimmen. Unsere Theorien beeinflussen unsere Praxis nicht nur im Hinblick darauf, wie wir unseren Patienten zuhören und ihre Mitteilungen verstehen, sondern auch im Hinblick auf die

Gestaltung und die Abfolge unserer Interventionen und Deutungen. Die Tatsache, daß psychosomatische Patienten spontan oft sehr wenig Phantasie an den Tag legen (ganz gleich, ob in bezug auf ihr somatisches Leiden oder andere Aspekte ihres Lebens), ist für das feine Ohr eines Analytikers von Bedeutung. Es ist, als lausche man einem Lied, dessen Worte zwar vorhanden sind, dessen Melodie aber fehlt. Ich meine, daß man solchen Analysanden zum Bewußtsein ihres Mangels verhelfen und gemeinsam mit ihnen die diesem Phänomen zugrunde liegenden Ursachen analysieren sollte.

Zuweilen wird der Einwand erhoben, somatische Erkrankungen gehörten nicht in das Gebiet der Psychoanalyse. Er geht vielleicht auf den Umstand zurück, daß Analytiker sich ohne ihre Symbole nicht zurechtfinden. Psychosomatische Veränderungen sind nun aber, obwohl es sich bei ihnen (wie auch bei Symbolen) um Zeichen handelt, keine Symbole in dem Sinn, wie man dies von neurotischen Symptomen sagen kann. Man könnte sie eher mit psychotischen Erscheinungen vergleichen, die ja auch durch eine fehlgeleitete Symbolisierung gekennzeichnet sind. Deutlich zeigt dies Freud am Fall des Wolfsmanns. Der Wolfsmann bezeichnete Dellen in seiner Haut als Vaginas, was (wie Freud nachweist) keine Symbolisierung ist und keineswegs als hysterische Darstellung aufgefaßt werden kann. Zeichen können den Körper repräsentieren oder dessen Botschaften übermitteln; symbolisieren können sie ihn nicht. Der Körper wird nur symbolisch, wenn er anstelle von etwas Verdrängtem in ein Bedeutungsverhältnis mit anderen psychischen Repräsentationen tritt. Angesichts der nur schwer faßbaren psychischen Dimensionen psychosomatischer Krankheiten besteht die Gefahr, daß der Analytiker die unerklärliche Körperlichkeit seines Patienten als narzißtische Beleidigung seiner Deutungsfähigkeit auffaßt (Marty und Fain 1965). Es gibt hier also eine Dimension der Gegenübertragung, die den Analytiker zu einem Mangel an Interesse für die Psychosomatik eines Patienten veranlassen kann, wenn diese sich der Einflußsphäre des Analytikers entzieht oder zumindest Methoden nicht zugänglich zu sein scheint, die sich auf die neurotischen Anteile der Persönlichkeit gut anwenden lassen. Als Analytiker interessiert uns der Körper des Menschen in erster Linie als psychische Repräsentation, die durch die Sprache vermittelt ist. Dennoch können wir uns sehr wohl fragen, mit welchen geheimnisvollen Mitteln es der Psyche gelingt, die immunologische Abwehr des Körpers zu durchbrechen, und wir können uns mit den schwer faßbaren biologischen Zielen beschäftigen, die Störungen wie das Bronchialasthma oder eine Überfunktion des Magens haben, wenn derartige Krankheiten im Verlauf einer Analyse auftreten. Wir verfügen über eine Theorie, die in der Lage ist, derartige Fragen zu erfassen. Da wir uns vor allem mit Problemen der Symbolisierung und der psychischen Bedeutungen beschäftigen, sind wir besonders dazu befähigt, den Punkt zu beobachten, an dem symbolische Funktionszusammenhänge zerbrechen oder vielleicht nie voll wirksam geworden sind. Wer sich für eine analytische Theorie psychotischer Zustände interessiert, weiß sehr wohl, daß die Seele, wenn sie von der Realität des Körpers losgelöst existiert, unermeßlichen Schaden erleiden kann. Die Verbindungen zwischen Seele und Körper, die zerstört (und nicht wie bei Neurosen verdrängt) worden sind, müssen, wie Freud (1911) am Fall Schreber gezeigt hat, durch Wahnbildungen ersetzt werden. Doch es gibt auch andere Lösungen als die Psychose. Statt sich von der Außenwelt abzulösen, kann das Ich eine Art Spaltung herbeiführen, bei der der Körper als Triebquelle nicht halluziniert, *sondern durch psychische Verarmung verleugnet wird.* Statt beunruhigende Affekte oder unangenehme Einsichten bzw. Phantasien psychisch zu verarbeiten, kann das Ich deren Repräsentationen oder Gefühle vollständig vernichten, so daß sie gar nicht registriert werden. Das Ergebnis kann dann eine *Überanpassung an die Außenwelt* sein, eine roboterartige Angleichung an inneren oder äußeren Druck, die die Welt des Imaginären kurzschließt. Diese »Pseudonormalität« ist in der Tat ein weit verbreiteter Charakterzug und kann als gefährliches Anzeichen für die Möglichkeit psychosomatischer Symptome gelten. Die Schöpfungen des psychotischen Ich können den Körper häufig vor Zerstörung und Tod schützen. Der Wechsel von psychotischen zu psychosomatischen Erkrankungen ist klinisch von Sperling (1955) beobachtet worden. Der Verlust eingespielter psychischer Verhaltensmuster (etwa ausgeprägter Perversionen oder vorherrschender Charakterzüge) und das Eintreten traumatischer Ereignisse, die eine funktionierende neurotische Abwehr außer Kraft setzen, können eine vorübergehende psychosomatische Erkrankung zur Folge haben. Dies soll durch zwei kurze Beispiele erläutert werden. Eine Patientin, deren Charakterabwehr rigide und kompromißlos war, hatte eine Reihe von Taktiken entwickelt, um mit ihrer Sexualangst fertigzuwerden. Sie behauptete nachdrücklich, daß die Sexualität für sie ohne Interesse sei und daß sie froh darüber sei, frigide zu sein. Da sie nicht wollte, daß ihr Mann unter ihrem mangelnden Interesse litt, hatte sie ein System entwickelt, nach dem beide sich verabredeten, an einem bestimmten Tag Geschlechtsverkehr miteinander zu haben. Manchmal gelang es ihr, eine solche Verabredung hinauszuschieben oder ihren Mann dazu zu bringen, sie zu vergessen. Dieses System funktionierte nach Meinung meiner Patientin mehr oder weniger zufriedenstellend. Eines Tages schickte ihr Mann ein Telegramm, in dem er ankündigte, von einer zweimonatigen Geschäftsreise vorzeitig heimzukehren. Dieses Telegramm enthielt zugleich eine Anspielung auf eine Verabredung zum Geschlechtsverkehr. Meine Patientin war sich keiner emotionalen Reaktion bewußt und hatte im Laufe der Nacht keinen Traum. Als sie aber am nächsten Morgen aufwachte, war praktisch ihr ganzer Körper von Nesselsucht befallen. Es war der erste Anfall dieser Art. Die plötzliche Nachricht hatte eine traumatische Wirkung auf sie, ließ ihre übliche

Abwehr unwirksam werden und keine andere an deren Stelle treten.

Ein Patient berichtet von einem Kriegserlebnis, bei dem eine Bombe direkt neben ihm explodierte, seine Kameraden tötete und ihn selbst bewußtlos werden ließ. Unverletzt gelangte er wieder zu Bewußtsein, aber seine Haut war mit großen Flecken von Schuppenflechte bedeckt. Nie zuvor hatte er an dieser Krankheit gelitten. Wir können nun nicht behaupten, daß die Explosion ihren Ausbruch »verursachte«. Sie durchschlug seine gewöhnliche psychische Abwehr angesichts einer Gefahr und öffnete den Weg zu einer körperlichen Explosion. Zweifellos besitzt jeder Mensch eine Schwelle, jenseits derer die psychische Abwehr unwirksam wird und von der ab der Körper die Belastung einer Reaktion tragen muß.

Das führt mich zu den theoretischen Vorstellungen der Pariser Psychosomatiker, die eine ökonomische Theorie psychosomatischer Veränderungen sowie den Begriff einer psychosomatischen Persönlichkeitsstruktur (im Gegensatz zu neurotischen, psychotischen oder perversen Charakterstrukturen) ausgearbeitet haben. Das ökonomische Konzept hängt eng mit der frühen Theorie der Aktualneurose zusammen. Betont wird dabei der Drang zur Triebabfuhr, der wegen fehlender psychischer Repräsentation und herabgesetzter affektiver Reaktion psychisch nicht zur Ausarbeitung gelangt. Es handelt sich also um eine Verarmung der Fähigkeit, Triebansprüche in ihrem Konflikt mit der Außenwelt zu symbolisieren und Phantasien auszubilden. Die Triebenergie, die an der Psyche vorbeigeht, richtet sich also direkt auf den Körper, was zu katastrophalen Folgen führt. Dieser theoretische Ansatz auf dem Gebiet der Psychosomatik steht in genauem Gegensatz zur Theorie der Hysterie, die als Ergebnis verdrängter Phantasien aufgefaßt wird, während hier gerade vom Fehlen dieser psychischen Tätigkeit ausgegangen wird. Das Unvermögen, Triebkonflikte symbolisch zu repräsentieren, führt zu einer besonderen Art seelischer Tätigkeit, die ihrerseits eine »psychosomatische Charakterstruktur« zur Folge hat, wie Marty, de M'Uzan und David (1963) bemerken. Die Autoren haben bestimmte charakteristische Merkmale zusammengestellt, die sich in mehrjähriger Forschung bei allen psychosomatisch schwer erkrankten Patienten finden ließen (vgl. Kapitel VI):

1. Ungewöhnliche Objektbeziehungen, denen vor allem libidinöse Affekte fehlen – was sich daran zeigt, daß diese Patienten im Vergleich mit anderen wenig Interesse am Interview und praktisch gar keins am Interviewer haben.

2. Ein verarmter Sprachgebrauch, der vor allem durch »operationales Denken« – wie die Autoren es nennen – gekennzeichnet ist. Sie verstehen darunter einen extrem pragmatischen Denkstil, etwa: »Was für eine Frau ist Ihre Mutter?« Antwort: »Nun, sie ist groß und blond.« »Wie reagierten Sie, als Sie vom Tod Ihres Verlobten erfuhren?« »Ich dachte, ich müßte mich zusammennehmen.« »Waren Sie aufgeregt, als Sie die Frau mit dem Kind überfahren haben?« »Oh, ich bin haftpflichtversichert.« In allen drei Fällen wurden Patienten zu Umständen befragt, die eng mit dem Beginn einer schweren somatischen Erkrankung zusammenhingen. Hört man sich die Aufzeichnungen dieser Interviews an, so ist man durch den abgeflachten Affekt und die ungewöhnliche Detachiertheit ihrer Äußerungen beeindruckt. Sie haben psychotische Anklänge, doch gibt es im Leben dieser Patienten keinerlei Hinweis auf psychotische Aspekte des Ich oder auf psychotische Denkstörungen. Das »operationale Denken« kann hochgradig intellektuell und abstrakt sein. De M'Uzan hat darauf hingewiesen, daß das hervorstechende Merkmal dieses Denkens seine Detachiertheit von »jeder wirklich lebendigen inneren Objektrepräsentation ist«.

3. Ein auffallendes Fehlen von neurotischen Symptomen und neurotischen Charakterzügen.

4. An die Stelle der erwarteten neurotischen Symptome treten Gesichtsbewegungen, Gebärden, sensomotorische Erscheinungen und körperlicher Schmerz.

5. Die Erstinterviews sind von einer Schwerfälligkeit, die die Diskussion zum Stillstand zu bringen droht, wenn der Interviewer sich nicht angestrengt bemüht, den Patienten zu weiteren Assoziationen über seine Beziehungen zu anderen Menschen, seine Lebenserfahrung und seine Krankheit zu veranlassen. Dramatische oder schmerzhafte Ereignisse werden mit nur geringer emotionaler Beteiligung berichtet oder (wenn sie nicht direkt angesprochen werden) übergangen.

Eine Arbeit von Fain und David (1963) behandelt die zentrale Bedeutung der Träume und des unbewußten Phantasielebens für die Aufrechterhaltung eines psychischen Gleichgewichts. Fain und David gehen auf die Arbeit von Despert, Lewin und French ein und stellen eine Verbindung zu ihrer eigenen Untersuchung her. In ihren Schlußfolgerungen stellen die Autoren fest, daß psychosomatische Patienten frühkindliche und gegenwärtige Ängste nur in beschränktem Umfang durch die Ausbildung von Phantasien verarbeiten können. Sie vergleichen sie mit Psychotikern, die in ähnlichen Situationen, die psychosomatische Erkrankungen auslösen, unter Halluzinationen leiden. Anders als Psychotiker bleiben psychosomatische Patienten in engem Kontakt mit den Tatsachen der Außenwelt. Ihr Ich mag verarmt sein, aber es ist nicht entstellt. Bei beiden Krankheitsarten aber entstehen pathologische Probleme mit zunehmender Unfähigkeit zu Regressionen oder Träumen. Der Vergleich erinnert an die klinischen Beobachtungen von Sperling (1955). Obwohl diese Autorin zu ganz anderen theoretischen Schlußfolgerungen gelangte, bemerkte sie einen Wechsel von psychotischen Zuständen und psychosomatischen Erkrankungen bei denselben Patienten.

Ich komme nun zu dem wichtigen Beitrag von Fain (1971) über die frühesten Anfänge des Phantasielebens und ihre Rolle bei der Prädisposition zu psychosomatischer Erkrankung. Fain nimmt Bezug auf eine frühere Arbeit (Fain und Kreisler 1970) über Säuglinge, die in den ersten Lebensmonaten unter schweren psychosomatischen Störungen litten. Eine Gruppe umfaßte Säuglinge, die nur dann schlafen konnten, wenn sie unablässig in den Armen ihrer Mutter gewiegt wurden, und die sonst unter beinahe vollständiger Schlaflosigkeit litten. Fains Untersuchungen legen den Schluß nahe, daß die Mütter dieser Kinder ihre Funktion als Reizschutz gerade deshalb nicht erfüllen konnten, weil sie sie übertrieben hatten. Statt eine primitive Form psychischer Betätigung zu entwickeln, die dem Träumen vergleichbar ist und es den Säuglingen gestattet, nach jeder Nahrungsaufnahme friedlich einzuschlafen, brauchen diese Kinder ihre Mütter als Wächter ihres Schlafs. Der Autor bringt diesen Zusammenbruch der Fähigkeit, symbolisch einen Zustand der Ruhe wiederherzustellen, mit der Unfähigkeit in Verbindung, autoerotische Aktivitäten zu entwickeln. Fains Beobachtungen führten ihn zu dem Schluß, daß diese Säuglinge keine *befriedigenden*, sondern nur *beruhigende Mütter* hatten. Wegen ihrer eigenen Probleme konnten diese den Säuglingen nicht gestatten, eine primäre Identifizierung auszubilden, mit der sie ohne unablässigen Kontakt zu ihnen hätten schlafen können. Fälle von frühkindlichem Asthma weisen eine ähnlich gestörte Mutter-Kind-Beziehung auf. Analoge Beobachtungen sind bei Müttern mit allergischen Kindern gemacht worden. Diese Mütter gestatteten ihren Säuglingen keinerlei Befriedigung, die nicht in direktem Kontakt mit ihnen selbst erlangt wurde. Autoerotische Aktivitäten und die Fähigkeit zur psychischen Entwicklung sind bei diesen Kindern blockiert. »Wir gehen davon aus, daß diese Mütter unbewußt ihre Kinder zurückversetzen wollen in den Zustand fötaler Glückseligkeit innerhalb ihres eigenen Körpers«, schreibt Fain. Wir finden hier, mit anderen Worten, eine pathologische Übertreibung einer im Grunde normalen triebhaften Einstellung auf seiten der Mutter, nämlich einen bergenden und schützenden Raum wie ihren Schoß für das Neugeborene zu schaffen, bis dieses fähig ist, ihn sich selbst zu verschaffen. Aber wegen ihrer eigenen unbewußten Bedürfnisse können diese Mütter keine Bedingungen herstellen, unter denen die Säuglinge diese Funktion selbst übernehmen können. Wenn ihr eigenes libidinöses Interesse an ihrem sonstigen Leben, insbesondere an ihrem Liebesleben, diese Mütter nicht dazu bringt, die psychische Besetzung ihrer Säuglinge zu vermindern (sie also friedlich einschlafen zu lassen, um Zeit für andere Dinge zu haben), dann übererfüllen sie ihre Schutzfunktion und binden dadurch die Kinder an ihre körperliche Gegenwart.

Fain beschreibt drei Arten von Schlaf bei Säuglingen, die er mit Frühphasen des Seelenlebens in Verbindung bringt: bei der ersten führt ein Säugling im Schlaf kleine Saugbewegungen durch; bei der zweiten schläft der Säugling mit dem Daumen im Mund; bei der dritten saugt er frenetisch und schläft nicht. Wir haben hier drei Arten von Autoerotik vor uns, die qualitative Unterschiede im Gleichgewicht zwischen Motilität und der Fähigkeit zu psychischer Repräsentation aufweisen. Daraus ergibt sich ein Unterschied in der Verteilung von narzißtischer Libido und objektbezogener Libido. Bei der ersten Art von Schlaf verstärkt der Säugling seine Fähigkeit zu schlafen durch eine Form von halluzinatorischer Erregungsabfuhr; bei der zweiten ist ein konkretes Objekt über einen sehr viel längeren Zeitraum hinweg notwendig; Säuglinge der dritten Kategorie befinden sich in einem gefährlichen Kreislauf endloser Abfuhr. Aus seinen Beobachtungen der Mütter folgert der Autor, daß »die unablässige Besetzung des Säuglings durch die Mutter die Entwicklung einer primären Autoerotik beeinträchtigt, was automatisch zu einer überaus gefährlichen Veränderung führt – zum Ausschluß libidinöser Aktivität aus der symbolischen Kette ... Diesem Fehler der Mütter entspricht oft ein Versagen der Väter als Autoritätsfiguren« (Fain 1971: 323). Der Hinweis auf die Einstellungen der Eltern zeigt, daß die Grundlagen für spätere Reaktionen auf die ödipale Krise bereits hier gelegt werden.

Am anderen Ende der Skala frühkindlicher psychosomatischer Störungen steht die merkwürdige Erkrankung, die als Meryzismus bezeichnet wird. Bei ihr erbrechen die Säuglinge immer wieder den Mageninhalt und verschlucken ihn dann wieder, bis sie von der Dehydration erschöpft sind. Die Säuglinge haben sich hier *vorzeitig* autoerotische Objekte geschaffen, die sie in die Lage versetzen, ohne ihre Mütter auszukommen. Beobachtungen der Mütter ergeben, daß sie neben anderen ungewöhnlichen Restriktionen jede normale autoerotische Aktivität mit starken Verboten belegen. »Auf das Daumenlutschen reagieren sie, als handle es sich um eine wahrhaft ödipale Masturbation, die unter allen Umständen unterdrückt werden muß.« Von den schlaflosen Säuglingen unterscheiden sich die meryzistischen vor allem dadurch, daß sie gut schlafen können. Der Autor verweist darauf, daß ein Säugling die Fähigkeit zu adäquater autoerotischer Aktivität ebenso wie zu autonomem Reizschutz nach innen und außen entwickeln muß, um einen guten Schlaf zu haben. Es gelingt diesen Kindern, ihre Sinneswahrnehmungen weniger stark zu besetzen, doch sie unterliegen insofern einem schweren symbolischen Mangel, als das Fehlen der Mutter psychisch keineswegs kompensiert wird. Es wird vollständig verleugnet, denn der Säugling hat sich frühzeitig einen eigenen Schutz gegen ihre Abwesenheit geschaffen, der ihn selbst dann von ihr isoliert, wenn sie zugegen ist. Sie wird zum hilflosen Zeugen seiner autoerotischen Aktivität. »Objekte der Außenwelt werden zunächst in jenem Teil des Körpers ›wahrgenommen‹, der das Gebiet zwischen Mund, Speiseröhre und Magen umfaßt. Für diese Kinder besteht eine vollständige Trennung zwischen der Welt der Triebe und den Teilen des Körpers, die der Oralität zuzuordnen sind, auf der einen sowie den Sinneswahrnehmungen, die Reize aus der Außenwelt aufnehmen, auf der anderen Seite.« Wir sehen also, daß bereits so frühzeitig eine Aufspaltung zwischen den Antrieben des Es und den Repräsentationen der aus der Außenwelt stammenden Reize vorgenommen wird. Triebziele und autoerotische Aktivitäten werden jeweils *au-*

tonom und *von jeder seelischen Repräsentation eines Objekts losgelöst*. Wir haben hier die Grundlage einer späteren gefährlichen Trennung von Seele und Körper im Erwachsenenleben. Bions Theorie der unverdauten »Beta-Elemente« scheint mir in den Zusammenhang dieser Forschungen zu gehören.

Nach den Untersuchungen von Fain sind historisch-genetisch vor allem zwei Merkmale von Mutter-Kind-Beziehungen für eine Prädisposition zu psychosomatischen Erkrankungen verantwortlich. Die erste besteht in dem ungewöhnlich schweren Verbot jedes Versuchs, einen autoerotischen Ersatz für die Beziehung zur Mutter herzustellen. Dadurch wird das Zentrum für die Schaffung innerer Objektrepräsentationen und des beginnenden Phantasielebens geschädigt. Die zweite besteht im genauen Gegenteil, denn die Mutter bietet sich hier unablässig als Objekt der Befriedigung und der psychischen Lebensfähigkeit an. Die Arbeit von Spitz (1962) über Mutter-Kind-Beziehungen und deren Bedeutung für die Entstehung oder Beeinträchtigung der Autoerotik stimmt vielfach mit Fains Beobachtungen überein. Demnach kommt es immer wieder darauf an, einem Säugling nicht zu viel, aber auch nicht zu wenig psychischen Raum zu lassen, in dem er seelisch kreativ werden kann. Meine eigenen, hauptsächlich aus der analytischen Arbeit mit Erwachsenen gewonnenen klinischen Erfahrungen zeigen, daß Patienten, die überwiegend psychosomatisch auf Ängste reagieren, häufig eine Eltern-Imago haben, in der beide Tendenzen vertreten sind. Eine tuberkulöse Patientin mit vielen anderen psychosomatischen Symptomen beschrieb ihre Mutter folgendermaßen:

»Sie war so fordernd, sie hing so an mir, daß ich ständig an ihrer Seite sein mußte. Ich konnte mich nie jemand anders zuwenden. Sie machte das unmöglich. Zugleich war in ihrer Einstellung mir gegenüber keine Spur von Wärme, als ob alles, was sie von mir wollte, in der vollkommenen Macht über meinen Körper bestand. Emotional erkannte sie meine

Existenz nicht an ... Ich weiß, daß meine Ekzeme jedesmal dann wieder auftreten, wenn ich mich von meinem Verlobten verlassen fühle. Und auch während unserer Ferien! Aber auch wenn ich mich manipuliert und kontrolliert fühle, bekomme ich lähmende Rückenschmerzen. Verlassen zu sein und kontrolliert zu werden sind zwei Arten, mir meine Mutter in Erinnerung zu bringen.«

Ich glaube, man tut Fains Arbeiten keinerlei Abbruch, wenn man als Ergebnis seiner Beobachtungen festhält, daß die untersuchten Mütter die *Funktion einer Sucht* ausgeübt haben. Die Säuglinge brauchten ihre Mütter wie Süchtige ihre Drogen, das heißt, sie waren von diesen äußeren Objekten vollständig abhängig, um Situationen zu bewältigen, die mit den psychischen Mitteln der Selbstregulierung hätten bewältigt werden sollen. Man wird wohl unterstellen dürfen, daß in diesen Fällen auch für die Mütter die Säuglinge die Funktion eines Suchtobjekts hatten, das eher *gebraucht* als *begehrt* wird. Bei meiner eigenen klinischen Arbeit habe ich eine ähnliche Eltern-Imago bei Patienten gefunden, die »agierten«, ohne süchtig zu sein oder psychosomatische Symptome zu haben, vor allem bei Perversionen und Charakterstrukturen, die durch Abfuhrreaktionen gekennzeichnet waren. Während die Mütter ihre Funktion als Schutzschild gegen den Reizstrom, dem ihre Säuglinge ausgesetzt waren, insofern nicht erfüllten, als sie entweder zu nahe oder zu weit weg waren, mißverstanden sie auch die nonverbalen Mitteilungen ihrer Kinder. Es besteht dann die große Gefahr, daß deren eigene Fähigkeit, ihren Erlebnissen rudimentäre Bedeutungen zu verleihen und die Antriebe ihres Es sowie ihre späteren Objekte psychisch zu repräsentieren, behindert wird. Schließlich wird auch der Unterschied zwischen Repräsentation und Symbol verwischt. Wir haben es hier also mit der Grundlage einer Vielzahl klinischer Störungen zu tun, bei denen die Individuen zum Ausagieren statt zu psychischer Aktivität und Verarbeitung getrieben werden.

Abwesenheit und *Verschiedenheit*, die beiden Wirklichkeitserfahrungen, welche die Grundlage der Identität bilden, müssen bedeutungsvoll werden und einen libidinösen Wert gewinnen, wenn sich ein Individuum eine lebensfähige Existenz und einen eigenen Platz in der Ordnung des menschlichen Zusammenlebens schaffen soll. Auf der Grundlage der frühen Erfahrung des Andersseins wird später das ödipale Modell konstruiert, ein Plan zur sinnvollen und symbolisierbaren Gestaltung sexueller und gesellschaftlicher Beziehungen. Die Rolle des Vaters, die bereits wesentlich über die psychische Ökonomie der Mutter mitgeteilt wurde, kommt jetzt in ihrer vollen Bedeutung ins Spiel. Dieser Faktor kann dann entscheidend dafür sein, welche psychischen »Lösungen« das Erwachsenenleben beherrschen.
Wenn man sagen kann, daß psychosomatische Persönlichkeiten aufgrund ihrer Unfähigkeit zu neurotischer Abwehr das Gegenteil von Neurotikern sind, dann sind sie von einem anderen Standpunkt aus auch das Gegenteil von Psychotikern, insofern sie an die Realität und die Schwierigkeiten ihrer Existenz »überangepaßt« sind. Obwohl Unterschiede in der Ich-Struktur unter phänomenalem Gesichtspunkt auffallend sind, scheinen beide Arten von Krankheit sich doch von einem Zusammenbruch der Symbolfunktion herzuleiten, und wir dürfen bei beiden bestimmte Gemeinsamkeiten erwarten. Auf zwei von ihnen ist bereits hingewiesen worden – eine bestimmte Art von Objektbeziehungen sowie eine Tendenz zur Unterdrückung von Affekten oder zum Affektmangel.
Eksteins Arbeit mit psychotischen Kindern wirft ein Licht auf bestimmte Merkmale, die an psychosomatische Patienten erinnern, etwa sein Hinweis auf die Vorliebe psychotischer Kinder für Monster in Verbindung mit ihrer Unfähigkeit, innere Erregung einzudämmen oder zu verarbeiten. Yahalom (1967: 375) faßt die Ergebnisse dieser Untersuchungen folgendermaßen zusammen: »Der Druck dessen, was es [das psychotische Kind] wünscht, aber fürchtet, läßt angesichts

innerer Antriebe nach. *Es versucht, sich an etwas Konkretem, das seinen Sinnen unmittelbar zugänglich ist, festzuhalten, damit es nicht von archaischem Material überschwemmt wird.* Es beschwört dann irgendein Geschöpf, ein wahnhaftes Introjekt, als eine Art Über-Ich-Ersatz herauf.« Dieser Mechanismus ist eng mit der Neigung psychosomatischer Persönlichkeiten verwandt, sich an die konkreten und tatsächlichen Aspekte des Lebens zu klammern und sie mit aller Intensität zu verfolgen. Yahalom (ibid.) schreibt: »Damit einem Antrieb freier Lauf gelassen werden kann, muß die Repräsentation eines ›Objekts‹ vorhanden sein, das ihn auffängt. Sie kann als Sicherheitselement bezeichnet werden. Ursprüngliches Sicherheitselement ist die ›sättigende Mutter‹, und die Sicherheit erklärt, warum so beharrlich nach einem ›mütterlichen Echo‹ gesucht wird.«
Die »sättigende Mutter« erinnert deutlich an die »süchtig machenden« Mütter der Säuglinge, die an psychosomatischen Erkrankungen leiden. Später hoffe ich zeigen zu können, wie eine ähnliche Art von Objektbeziehungen klinisch bei »psychosomatischen« Analysanden auftritt. Sowohl bei sättigenden wie bei süchtig machenden Müttern laufen die Kinder Gefahr, nicht wirklich Objektbeziehungen aufnehmen zu können. Die kleine, von Yahalom beschriebene Patientin wies in ihrem Wortgebrauch und ihrem Affektmangel typische Verzerrungen der genuinen Symbolfunktion auf. Eine weitere Bemerkung dieses Autors, daß psychotische Arten der Abwehr oft das Bewußtsein einer Empfindung blockieren oder sogar jene Elemente im beobachtenden Ich verleugnen, die durch einen drohenden Verlust kritisch angegriffen sind, gelangt in bemerkenswerte Nähe zum Begriff des »operationalen Denkens«, das für die Mitteilungen psychosomatisch Kranker kennzeichnend ist.
Die verzweifelte Suche nach Tatsachen und festen Bezugspunkten in der Außenwelt sowie die Neigung, Menschen als Dinge zu behandeln, »um irgendein Fragment von Erfah-

rung festhalten zu können« (Rochlin), erinnert an de M'Uzans Beschreibung des verzweifelten Anklammerns der klassischen psychosomatischen Patienten an die »Faktizität der Existenz«. Der Versuch, an unzusammenhängenden und miteinander nicht zu vereinbarenden Tatsachen, Dingen und Personen festzuhalten, tritt zuweilen während der Analyse auf. Der Analytiker versteht dann oft nicht, warum ein Patient von den Umständen seines Alltagslebens ohne eine Spur von Affekt oder Interesse berichtet, wo doch offensichtlich diese Dinge eine Bedeutung für ihn haben. Dies erinnert an die Rituale, zu denen Perverse greifen, wenn sie sich bedroht fühlen. Auch hier haben wir ein Beispiel eines Fehlers in der Symbolisierung. Die ritualistischen Handlungen tragen dazu bei, eine Kastrationsangst zu überwinden, die ungewöhnlich heftig ist, weil sie sich nie so weit entwikkelt hat, wirklich eine sexuelle Realität zu symbolisieren, und mithin nur dazu benutzt wird, Bedrohungen der narzißtischen Integrität durch äußere Mittel abzuwehren. Interessant ist, daß Yahalom zur Veranschaulichung dessen im Hinblick auf psychotische Charakterzüge auf das Beispiel eines homosexuellen Patienten verweist, der behauptete, sich wegen des wunderbaren Geruchs der Haare seines Partners in ihn verliebt zu haben. Mir scheint, daß wir es hier mit einem Fehlen symbolischer Strukturen zu tun haben, die den Repräsentationen und den sie begleitenden Affekten Bedeutung verleihen würden, so daß Empfindungen und Erfahrungen, die von innen und außen eintreffen, nicht ohne weiteres in ein kompliziertes psychisches System integriert werden. In Ermangelung eines gesunden psychischen Bildes der eigenen Existenz als Individuum im Verhältnis zu anderen tritt dann selbstverständlich ein gefährliches Gefühl der Unzulänglichkeit im Hinblick auf die eigene »Sicherheit« auf. Wenn jenes Bild nicht über so viel Stabilität verfügt, um alles, was das Individuum erlebt, in Form von Symbolen oder Phantasien zu ordnen, zu verarbeiten und aufzunehmen, dann erfährt dieses seine Existenz als überwältigende Gefahr,

unterzugehen und seine Identität zu verlieren. »Sicherheit« muß dann in der Außenwelt gesucht werden. Der Erwerb der Sprache und anderer symbolischer Fähigkeiten sollte ein Kind normalerweise in die Lage versetzen, ein ständig wachsendes Netz innerer Repräsentationen auszubilden und sich auf diese Weise aus der hilflosen Abhängigkeit von seiner Umgebung und der für es wichtigen Objekte zu befreien. Nur dann kann es durch Vermittlung von Symbolen mit seinen Frustrationen und Erregungen fertigwerden.
Wir haben das Gebiet aller »Handlungsstörungen«, darunter auch das psychosomatischer »Handlungen«, zu bestimmen versucht. Dabei sind wir zu den Übergangsphänomenen gelangt. In ihnen sehen wir *Versuche, Ersatzobjekten der Außenwelt die Aufgaben von symbolischen Objekten zu übertragen, die in der psychischen Innenwelt entweder fehlen oder beschädigt sind.* Derartige Versuche müssen notwendig scheitern. Ihre Opfer sind zu endlosen Wiederholungen und zur süchtigen Bindung an die Außenwelt und ihre Objekte verurteilt. Um nun wieder auf den deutlichen Unterschied zwischen psychosomatischen und psychotischen Störungen zurückzukommen, können wir sagen, daß psychotische Kinder sich an wahnhafte Monster anklammern, um den Mangel eines inneren, brutal nach außen projizierten Objekts zu überspielen, während psychosomatisch Kranke ihre Monster vorzeitig zur Ruhe gebracht haben. Sie haben sie *verloren*. In ihrem Unbewußten liegen archaische Phantasieelemente tief vergraben, sind aber nicht sprachlich gefaßt und haben also keinerlei Zugang zu vorbewußtem oder bewußtem Denken. Da sie auf einer präsymbolischen Stufe aufbewahrt werden, gelangen sie auch in Träumen nicht zum Ausdruck. (Ich bin der Meinung, daß in jedem von uns derartige totgeborene Monster vorhanden sind.) In einem psychischen Nährboden, in dem die »Monster« weder gewachsen noch halluzinatorisch nach außen projiziert, sondern einfach durch Mangel an psychischer Nahrung vernachlässigt worden sind, fehlt etwas sehr viel Subtileres. Vielleicht

könnte man hier an den Begriff der *negativen Halluzinationen* denken, der von Bion (1962), Green (1973) und Fain (1971) auf je verschiedene Weise untersucht worden ist. Ein solcher psychischer Mechanismus würde zu einer Entwicklungshemmung des Ich führen, die deutlich von der psychotischen verschieden wäre. Denn die Spaltung des Ich wäre eine andere. Bei psychotischen Zuständen wird das Ich, sobald es einmal aus der Bahn gerät, von einer Phantasiewelt überwältigt und kann seine ursprüngliche Funktion der Hemmung halluzinatorischer Wunscherfüllungen nicht mehr wahrnehmen (Freud 1915 a). Das psychosomatische Ich hat die archaischen Elemente seines Phantasielebens schon im Ansatz unterdrückt und ist dadurch von seinem Triebgrund abgespalten. Zur Ausbildung psychotischer Wahnvorstellungen bleiben dabei nur wenige Elemente übrig. Unter dem Einfluß der Psychoanalyse können sie in der Tat hervortreten. Meine klinischen Erfahrungen mit Analysanden, die an schweren psychosomatischen Störungen litten, haben mir gezeigt, daß diese Patienten durchaus ihre psychotischen Monster zu neuem Leben erwecken und (auch wenn sie sie nach außen projizieren) eine Zeitlang mit ihnen leben können, bis sie sie unter Kontrolle gebracht und in ihre Persönlichkeit integriert haben. Ein derartiges psychisches Wachstum gestattet es den Patienten, sich auf neue Art lebendig zu fühlen, auch wenn dies ein gewisses Maß an seelischem Leiden mit sich bringt. Nicht nur neurotische Schmerzen, sondern eine Vielzahl von Perversionen und »Verrücktheiten« treten dabei zutage. Obwohl es gewiß feinere Formen des Seelenlebens als Perversionen und Psychosen gibt, ist es langfristig sicher besser, verrückt als tot zu sein.

Wenn ich versuche, allein auf der Grundlage meiner klinischen Erfahrungen die Umrisse einer »psychosomatischen Persönlichkeit« zu skizzieren, werde ich immer wieder dadurch verwirrt, daß »psychosomatische« Analysanden eine Vielzahl unterschiedlichster Persönlichkeitsstrukturen aufweisen. Sie kommen wegen neurotischer Symptome und Charakterzüge in die Analyse. Dies mag sie von jenen Patienten unterscheiden, die kein psychisches Leiden an sich selbst bemerken und ausschließlich körperlicher Symptome wegen zum Arzt gehen. Ihre Charakterstruktur ist durch Untersuchungen in verschiedenen Ländern recht eindeutig definiert worden. Die scheinbare Verschiedenartigkeit meiner psychosomatischen Patienten kann jedoch auch irreführend sein. Im Verlauf der Analyse von Patienten, die viele psychosomatische Reaktionen aufweisen, entwickeln manche von ihnen eine starke reaktive Abwehr gegen eine Angst, der andere verfallen sind. Als Beispiel dafür nenne ich die Hyperaktivität, die viele Psychoanalytiker bei ihren Patienten beobachtet haben. Während dieser Charakterzug häufig bei Menschen auftritt, die in Konfliktsituationen überwiegend mit körperlichen Symptomen reagieren, haben sich mindestens ebensoviele meiner Patienten unter ähnlichen Bedingungen deprimiert und lustlos gefühlt und sich über ihre Unfähigkeit beklagt, irgend etwas zu tun. Die übrigen, die hyperaktiv waren, können ihren Tatendrang sehr wohl als manische Abwehr einer beginnenden Depression und Tatenlosigkeit eingesetzt haben. Auch in bezug auf Charakterstrukturen und besondere psychosomatische Erscheinungen habe ich meine ersten klinischen Eindrücke modifizieren müssen. Ein Beispiel mag dies belegen. Über lange Zeit hinweg hatte ich klinische Beweise dafür, daß meine Patienten mit allergischen Hauterkrankungen eine erhöhte Empfindlichkeit gegenüber ihrer Umwelt an den Tag legten und sich physisch und psychisch vor Schürfwunden und Prellungen schützten. Meine Patienten dagegen, die an Krankheiten der Atemwege (vor allem an Tuberkulose und Asthma) litten, arbeiteten bis zur äußersten Erschöpfung und nahmen auf ihre körperliche Gesundheit in geradezu leichtsinniger Weise keinerlei Rücksicht. Im Laufe der Zeit stieß ich dann auf tuberkulöse Patienten, die in bezug auf ihre körperliche Unversehrtheit so sensibel reagierten wie Säuglinge, und auf Patienten mit Ekzemen, die mit ihrem Körper recht waghalsig umgingen. Später hatte ich dann Analysanden, die unter beiden Arten von Krankheiten litten. Obwohl weitere Forschungen zweifellos tiefere Einsichten in strukturelle Faktoren in Verbindung mit der Entscheidung für eine bestimmte psychosomatische Erkrankung bringen werden, scheint mir gegenwärtig der fruchtbringendste Ansatz in der Darstellung eines »psychosomatischen Mechanismus« zu bestehen, der ein Individuum dazu prädisponiert, in Belastungs- oder Konfliktsituationen psychosomatisch und nicht psychisch zu reagieren. Ich werde also in diesem Abschnitt von »psychosomatischen« Patienten sprechen (obwohl ich die Grenzen eines derartigen Begriffs nicht eindeutig angeben kann) und damit jene Analysanden bezeichnen, die zu psychosomatischen Erkrankungen oder einer erhöhten Anfälligkeit für Infektionen und körperliche Beschädigungen neigen, wenn sie traumatischen Ereignissen oder Konfliktsituationen konfrontiert werden, die entweder der Vergangenheit oder der Gegenwart entstammen (wozu natürlich auch die Psychoanalyse gehören kann). Obwohl es selbstverständlich wichtig ist, zwischen einer echten psychosomatischen Erkrankung wie einer unspezifischen geschwürigen Kolitis und dem Ausbruch einer Erkrankung wie der Tuberkulose zu unterscheiden, werde ich mich hier vor allem auf die für eine »psychosomatische Prädisposition« relevanten Anzeichen konzentrieren, die nicht schon selbst eine somatische Erkrankung darstellen, sondern auf deren Existenz verweisen. Ich möchte einige klinische Beispiele des sexuellen Verhaltens und der Beziehungsmuster geben, die bei den meisten psychosomatischen Patienten auftreten. Auffallend ist dabei, daß sie nicht nur bei solchen Menschen auftreten, die ausgesprochen psychosomatische Krankheitserscheinungen aufweisen. Sie mögen dennoch einen gewissen prognostischen Wert haben und uns den drohenden Ausbruch einer somatischen Erkrankung unter dem Einfluß der Psychoanalyse bewußt machen. Da sie nicht symbolischer Natur sind, bleiben derartige Erscheinungen vor ihrem somatischen Auftreten vollkommen unerkannt. Es ist daher nötig, auf etwas aufmerksam zu werden, was nicht vorhanden ist, auf eine psychische Lücke, in der eine körperliche anstelle einer seelischen Veränderung auftreten kann. Ich betone noch einmal, daß die hier in Frage kommenden Analysanden eine Reihe von neurotischen Symptomen aufwiesen (denn sonst wären sie nicht zur Analyse gekommen) und in den meisten Fällen ihrer psychosomatischen Krankheitsgeschichte wenig Bedeutung beimaßen oder sie nicht einmal erwähnten.

Sexualverhalten und Objektbeziehungen

Wenn psychosomatisch erkrankte Analysanden von ihrem Liebesleben und ihrem Sexualverhalten sprechen, so ist es oft auffällig, daß ihren Aussagen eine bestimmte Dimension fehlt. Dies steht in deutlichem Gegensatz zu der Art, in der Neurotiker über ihre Liebesbeziehungen sprechen. Selbstverständlich suchen neurotische Patienten in erster Linie Hilfe wegen sexueller Probleme oder wegen Symptomen, die einen unbewußten Kompromiß bzw. eine »Lösung« ihrer Konflikte darstellen. Obwohl Menschen mit psychosomatischen Reaktionen auch ödipale Probleme der genitalen Sexualität in der Analyse zur Sprache bringen, suchen sie die Analyse doch häufiger wegen eines Gefühls der Hoffnungslosigkeit in bezug auf alle ihre Beziehungen auf oder wegen allgemeiner Depressionen. Diese vage klinische Kategorisierung überlappt sich mit den sogenannten Charakterneurosen, umfaßt aber nicht das schicksalhafte Scheitern, das bei Patienten mit »Charakterproblemen« gewöhnlich auftritt. Ebensooft liegen keine manifesten sexuellen Probleme vor. Die Analyse zeigt, daß diese Analysanden, Männer wie Frauen, von ihren Sexualpartnern sprechen und sie behandeln, als wären es nährende Mütter, von denen sie verzweifelt abhängig sind. Obwohl sie sich ihrer emotionalen Anhänglichkeit manchmal nicht bewußt sind, klammern sich diese Patienten gierig an ihre Gefährten und werden sogar körperlich krank, wenn sie von ihnen verlassen zu werden drohen. Ebensooft jedoch tritt bei psychosomatischen Persönlichkeiten ein scheinbar entgegengesetztes Verhaltensmuster auf. Ihre Liebesobjekte sind dann für sie hochgradig *austauschbar*, solange der wesentliche Anspruch erfüllt bleibt, daß überhaupt jemand da ist. Dieser »Jemand« erfüllt die Rolle einer Sicherheitsmaßnahme, also die Funktion eines Übergangsobjekts. Beide Arten von Objektbeziehungen hängen mit traumatischen frühen Mutter-Kind-Beziehungen zusammen, und es ist evident, daß beide Arten von Abhängigkeit an die »süchtig machenden« Mütter der von Fain untersuchten psychosomatischen Säuglinge und an die »sättigenden« Mütter von Ekesteins psychotischen Kindern erinnern.

Meine Aufmerksamkeit wurde zuerst auf diese Art von sexueller Bindung durch Analysanden gelenkt, die an Lungentuberkulose litten. Mit einer Ausnahme waren sie in Zeiten ihres Lebens erkrankt, in denen ihnen eine Trennung von Menschen drohte, die (bewußt oder unbewußt) für sie die süchtig machende Mutter der frühen Kindheit bedeuteten. In allen Fällen waren sie nicht in der Lage, das Ausmaß ihres Schmerzes oder Verlusts zu erfassen, weil sie oft keine Ahnung von der ambivalenten Rolle des Anderen hatten und jenen Verlust weder begriffen hatten noch ihn verarbeiten konnten. Statt ihre Herzen dem Kummer zu öffnen, schienen sie ihre Lungen den Tuberkelbazillen geöffnet zu haben. Ich hatte zwei Fälle mit geschwüriger Kolitis, bei denen dieselbe Unfähigkeit vorlag, ein Gefühl der Zurückweisung zu verarbeiten oder zu trauern. Ein von Loriod (1969) geschilderter Fall mit vielfältigen somatischen Symptomen zeigt eine bemerkenswerte Weigerung, seelischen Schmerz zu erleben oder ihm gar nachzugeben.

Die Analyse dieses verzweifelten Anklammerns an einen Anderen – oder an nicht voneinander unterschiedene andere – führt zu der Erkenntnis, daß es sich hier weniger um eine sexuelle Abhängigkeit als vielmehr um einen Schutz vor dem Verlust der eigenen Identität und der Drohung mit vollständiger Vernichtung handelt. Eine Patientin, deren Abhängigkeit von ihrem Liebhaber so groß war, daß jede Bedrohung oder Unterbrechung der Beziehung unmittelbar zu somatischen Symptomen verschiedener Art führte, weinte bei solchen Gelegenheiten, bemerkte aber stets, *daß sie nicht wisse, warum* sie weine. Nach vierjähriger Analyse entdeckte sie, daß sie sich in keiner Beziehung je »lebendig« gefühlt hatte. Der unvermeidliche Drang, eine ebenso enge Bindung an die Analytikerin herzustellen, führte dazu, daß sie unablässig agierte, statt sich mit diesem Wunsch und der Panik, die er auslöste, zu konfrontieren. »Es ist mir peinlich, Ihnen dies zu sagen, aber tatsächlich bin ich nie ganz *hier*«, entgegnete sie, als ich sie einmal auf die Aspekte ihres Ausagierens als Reaktion auf die Analyse aufmerksam machte. »Ich rede normal weiter, aber ich bin stets irgendwo anders. So bin ich mein ganzes Leben hindurch gewesen – als lebte ich nicht in meinem eigenen Körper. Jetzt macht mir das allmählich Angst. Aber alle halten mich für normal. Ich fühle mich nur lebendig, glaube, daß ich existiere, wenn ich Geschlechtsverkehr habe. Mein Körper schließt sich irgendwie um meine Vagina herum zusammen.«

Ein anderes Mal sagte sie, das Rauchen habe eine ähnliche Wirkung auf sie. »Es zieht Körper und Geist zusammen, so daß ich für einen kurzen Augenblick das Gefühl habe, wirklich zu existieren.« Ihre sexuellen Beziehungen spielten die Rolle einer Droge. Außerhalb des Geschlechtsverkehrs hatte sie tiefe Angst davor, depressiv und vollständig untätig zu werden. »Ich würde dann am liebsten den ganzen Tag mit einer Flasche im Bett liegen wie Mary Barnes, ohne an irgendetwas zu denken, bis ich einfach aufhöre zu sein.« Diese intelligente und offenbar realitätstüchtige Analysandin hatte scheinbar keine sexuellen Probleme und fand ihre sexuellen Erlebnisse hochgradig befriedigend. Wie bei vielen anderen täuschte dieses äußere Bild der »Normalität«. Auch ihre sexuellen Beziehungen waren schwer belastet. Man kann seine narzißtische Integrität und seine Sexualität nicht wirklich besitzen, wenn man seinen Körper nicht symbolisch besitzt. Wenn eine sexuelle Beziehung die einzige Bestätigung der persönlichen Identität ist oder als einziger Schutz gegen unbekannte Gefahren der Existenz empfunden wird, dann wird den sexuellen Beziehungen eine beträchtliche und zwanghafte Intensität verliehen. Außergewöhnliche Umstände führten zu einem Abbruch der Beziehung zwischen dieser Patientin und ihrem Liebhaber. Mit dem Verlust ihres Gefährten verlor sie alles: ihre Sexualität, ihr narzißtisches Selbstbild, ihre Fähigkeit zu schlafen und sich zu ernähren. (Verschiedene meiner somatisierenden Patienten litten an dramatischem Gewichtsverlust in Zeiten einer drohenden oder vollzogenen Trennung von ihren »süchtig machenden« Liebesobjekten.) Diese Patientin drohte, in jedem Sinn des Wortes, ihren Körper zu verlieren. Sie machte sich überhaupt keine Sorgen mehr um ihre körperliche Verfassung und wurde sich angesichts ihrer Vorgeschichte der Tatsache bewußt, daß sie sich schweren Gesundheitsschäden auszusetzen begann. Was eine *innere* Überzeugung von narzißtischer Integrität und individueller Identität hätte sein sollen, mußte stets von außen bestätigt werden.

Zwei wichtige Entdeckungen änderten den Verlauf ihrer Analyse und ihre gesamte psychische Existenz sowie ihre körperliche Sensibilität. Die eine der beiden Entdeckungen bestand darin, daß sie zum ersten Mal in ihrem Leben masturbierte. Sie war damals 38 Jahre alt. Unter dem Eindruck dieser späten Entdeckung behauptete sie, zum ersten Mal das Gefühl zu haben, *daß ihr Körper ihr gehörte und Grenzen besaß*. Ihre Einstellung zu ihrer körperlichen Erscheinung veränderte sich. Sie achtete nicht nur stärker auf ihr körperliches Wohlbefinden, sondern sah auch hübscher aus und fühlte sich lebendiger in ihren Beziehungen zu anderen, die nun ihrerseits für sie als selbständige Wesen zu existieren begannen. In mancher Hinsicht wurde sie fordernder, in anderer hatte sie das Gefühl, Aufgaben und Ansprüche, die ihr nicht gefielen, zurückweisen zu dürfen. Es war, als sei sie sich zum ersten Mal ihrer Gefühle und ihrer Verbindungen zu anderen Menschen bewußt geworden. Zugleich machte sie die Entdeckung von Übertragungsgefühlen. Statt zu agieren, um eine wachsende Panik vor der Möglichkeit von Emotionen in der Analyse einzudämmen, konnte sie diese neu entstehenden Gefühle ertragen und erforschen. Es handelte sich dabei vor allem um starke Emotionen in bezug auf Trennungserlebnisse während der Analyse und um das Gefühl intensiver Wut, wenn ich nicht sofort verstand, was sie mir mitteilte, aber noch nicht ausdrücklich sagen konnte. Sie verlangte meine ununterbrochene Anwesenheit und mein Verständnis, ohne auf die Sprache zurückgreifen zu wollen. Sie handelte und empfand wie ein mißverstandener Säugling. In ihren Träumen und Assoziationen traten zu dieser Zeit homosexuelle Phantasien auf, die schließlich dazu dienten, ihre eigene sexuelle Identität zu stärken. Gleichzeitig gingen ihre psychosomatischen Symptome bemerkenswert zurück.

Ich bin auf das Bruchstück dieser Analyse ausführlicher eingegangen, weil es exemplarisch ist für die Unterdrückung von Affekten, hier also von Allmachtsansprüchen und heftiger Wut, sowie für den Verlust des Zusammenhangs von körperlicher Identität und sexuellem Begehren. Der Ausfall affektiver Reaktionen macht die Objektbeziehungen pragmatisch und nimmt ihnen jede Besetzung. Die Kluft zwischen dem Körper und seinen Triebregungen hat eine schädigende Auswirkung auf das Gefühl der Identität. Ferner ist die *Erfahrung der Masturbation*, zumindest nach meinen klinischen Beobachtungen, bei psychosomatischen Patienten häufig gestört. Oft wird die Masturbation erst sehr spät im Leben entdeckt (im Alter von zwanzig bis vierzig Jahren), oder sie ist in der Kindheit und Jugend in so ungewöhnlicher Weise praktiziert worden, daß jeder Kontakt zwischen Hand und Genitale vermieden wurde. In vielen Fällen wurde sie darüber hinaus nicht von Phantasien begleitet. Versuche zu devianter sexueller Wunscherfüllung wurden, wo sie existierten, *ohne irgendeine Kompensation* aufgegeben. Sie haben sich also weder zu ausgeprägten Perversionen entwickelt, noch sind sie verdrängt worden und zum Rohmaterial neurotischer Symptome geworden. Sie wurden auch nicht nach außen projiziert und in Form von Wahnbildungen dem Bewußtsein wieder zugänglich gemacht. Statt dessen liegt eine Zerstörung von Affekten und ein Verlust der symbolischen Repräsentation sexuellen Begehrens vor. Das ist insofern ein schlimmer Zustand, als die sexuellen Beziehungen pragmatisch und zwanghaft zu werden drohen und das sexuelle Erleben selbst an Phantasie verarmt. Es scheint für diese Menschen kaum zweifelhaft zu sein, daß ihre intensivste erogene Zone im Gehirn zu suchen ist! Ihr Geschlechtsleben hat folglich eine »operationale« Dimension. Im Laufe der Analyse sind Phantasien gegen Affektdurchbrüche, deren sich die Patienten (allerdings oft erst nach Jahren) bewußt sind, außerordentlich archaisch und beunruhigend für sie. Dies kann seinerseits zur Flucht ins Ausagieren führen, um Phantasien oder der Möglichkeit, an einem sexuellen Begehren »festzuhalten«, keinen Raum zu lassen. Ein Analysand drückte sein Dilemma folgendermaßen aus: »Ich kann es nicht ertragen, von einer Frau berührt zu werden oder mit ihr zu schmusen, wenn ich nicht sofort danach Geschlechtsverkehr haben kann.« Als ich fragte, was denn geschehen würde, wenn es nicht sofort dazu käme, konnte er sich ein wachsendes Gefühl der Panik nicht erklären. »Ich habe mir nie *vorgestellt*, mit irgend jemandem Geschlechtsverkehr zu haben. Ich sage mir nur immer, daß ich jeden Abend mit einer Frau schlafen muß, weil ich einfach nicht allein sein kann. *Ich habe nie in meinem Leben ein sexuelles Verlangen verspürt.*« Dieser Patient konnte es sich später gestatten, sexuelle Phantasien zu haben, obwohl er eine ganze Zeitlang glaubte, sie ausagieren zu müssen, selbst wenn dies für ihn bestimmte gesellschaftliche Risiken mit sich brachte. In einer ähnlichen Phase seiner Analyse sagte ein anderer Patient: »Wenn mir ein Wunsch bewußt wird, muß ich alles tun, um ihn zu erfüllen; denn wozu sind Phantasien sonst da?« Die Angst vor der Frustration eines Begehrens entspricht an Intensität nur der Angst, verrückt zu werden. Ein dritter psychosomatischer Patient, der ebenfalls seine Angst vor Phantasien zu verstehen suchte, sagte: »Aber Sie verstehen mich nicht. Wenn ich es mir durchgehen lasse, einfach irgendetwas zu denken, dann bin ich bald wie Don Quijote und kämpfe mit einem Kochtopf auf dem Kopf gegen Windmühlenflügel.«

Alle drei Patienten waren dazu in der Lage, sowohl ihren Körper wie auch ihren Geist sozusagen zu »resexualisieren« und sich sinnvolle sexuelle Beziehungen zu gestatten. Alle drei schreckten vor der Vorstellung zurück, ihren Phantasien einfach freien Lauf zu lassen. Einen gleichen, wenn nicht noch größeren Schrecken jagte ihnen die Vorstellung ein, daß Gedanken und Gefühle unkontrollierbar wären. Wir geraten hier auf das Gebiet der *Retention*, die eindeutig in der analen Phase verwurzelt ist. Meine Patienten waren unfähig, dem Inhalt dessen, was sie zurückhielten, also ursprünglich den Faeces und allem, was sie symbolisierten, später den eigenen Gedanken, Antrieben und inneren Objekten *eine libidinöse Bedeutung* zu verleihen. Eine wichtige Rolle spielten auch Phantasien, vergiftet zu werden oder eine Explosion zu riskieren, wenn Antriebe zur Abfuhr blockiert würden. Doch das geht über das Gebiet der Psychosomatik hinaus in die uns bekannte Neurosenlehre.

Ich komme nun zu einer klinischen Beobachtung, die theoretisch einigermaßen verwirrend ist. Nach meiner Überzeugung können psychosomatische Symptome, die zunächst aus einem Mangel an symbolischer Repräsentation und affektivem Ausdruck entstehen, mit hysterischen oder zwanghaften Zügen ausgestattet werden, wenn die Analysanden dazu ermutigt werden, Situationen aufzusuchen, die ihren somatischen Symptomen entgegenkommen. Der Widerstand dagegen ist beträchtlich, doch die Ergebnisse sind zuweilen zufriedenstellend, wenn ein somatisches Phänomen, das bisher wenig beachtet wurde, langsam eine Bedeutung erhält. Wegen ihrer archaischen Qualität und ihrer sadomasochistischen Inhalte sind solche Phantasien für die Analysanden oft beunruhigend. Ein Patient mit einem Magengeschwür, der vor allem in bezug auf seine sexuellen Beziehungen wenig zu Tagträumen neigte, hatte die Phantasie, die Faeces seiner Partnerin zu sich zu nehmen. Begleitet wurde diese Phantasie, die sich langsam zu einem Zwangsgedanken ausweitete, von einer massiven sexuellen Erregung. Im weiteren Verlauf seiner Experimente mit Phantasien über flüchtige Gefühlszustände und Körperempfindungen begann er jedesmal dann, Tagträume zu entwickeln, wenn er die schmerzlichen ersten Anzeichen einer Wiederkehr seiner Magenerkrankung verspürte. Es handelte sich dabei gewöhnlich um Einverleibungsphantasien, bei denen er Sperma trank, Haut aß, Brustwarzen und die Eichel eines Penis abbiß usw. Nicht nur verschwanden seine gastrischen Symptome zum ersten Mal seit vielen Jahren, sondern auch der Gewinn für die Analyse war beträchtlich. Seine Symptome und sein gesamtes Verdauungssystem wurden zu einem Gegenstand psychischen Interesses für meinen Patienten, was andere Aspekte seines Lebens und seiner Charakterstruktur in neuem Licht erscheinen ließ. Diese Fortschritte wurden angesichts heftiger Widerstände erzielt, da er fürchtete, die Phantasien würden ihn verrückt machen und ihn zwingen, ihren Inhalten entsprechend zu handeln. Allmählich entwickelte er eine phobische Einstellung diesen Gedanken gegenüber, die alle Züge einer Zwangsvorstellung annahmen. Er versuchte also, sie zu verdrängen. Wenn er ihnen aber nachgab, entwickelten sie sich und traten mit anderen Vorstellungen in Verbindung. Das führte bemerkenswerterweise dazu, daß sich ein authentisches sexuelles Verlangen und eine erste libidinöse Liebesbeziehung entwickelten.

Eine ähnliche Entwicklung, die eher in eine »hysterische« Richtung ging, war die eines weiteren Patienten mit Magenbeschwerden, der zugleich zahlreiche Hautallergien hatte. Dieser Patient klagte bitter über die angstauslösenden Phantasien, die ihn erdrückten, wenn er sexuell frustriert war, sowie über die Analyse, die solche Phantasien zuließ: »Immer wieder stelle ich mir vor, daß Männer Draht um meine Hoden gewickelt haben und mich mit Gewalt in eine tiefe Schlucht stürzen, bis meine Hoden abgerissen sind. Das Schrecklichste ist aber dabei meine ungeheure sexuelle Erregung. Ich bin sicher, daß ich verrückt werde, und Sie sind schuld!«

Dieser Tagtraum symbolisiert eine archaische Urszene mit ödipalen Untertönen. Der junge Mann wird von »Männern« in eine weibliche Schlucht geworfen und mit Kastration bestraft, obwohl der Tagtraum deutlich mit einer Überwältigung des gesamten Körpers durch sexuelle Erregung beginnt. Dennoch richtet sich die Angst langsam auf die Geschlechtsorgane. Diese Phantasie bedeutete für den Patienten eine beträchtliche Veränderung angesichts seiner früheren, eher sterilen Psyche, die ohne bewußte Phantasietätigkeit und mit nur geringen Anzeichen eines unbewußten Phantasielebens auskam. Das hauptsächliche Merkmal seiner psychischen Konflikte waren bis dahin Erkrankungen, die ihn in gefährliche Nähe des Todes brachten. Worauf es mir aber jetzt ankommt, ist der Umstand, daß dieser Patient sich seiner neu geschaffenen Phantasie so weit anpaßte, daß er häufig Ekzeme an den Hoden hatte. Obwohl die Ekzeme weiterhin (vor allem kurz vor den Ferien der Analytikerin)

auftraten, ergab sich aus der Verbindung von Ekzemen und Phantasien eine beachtliche libidinöse Besetzung des gesamten Genitalbereichs bei dem Patienten. Dies wirkte sich positiv auf seine Liebesbeziehungen aus.
Die hier erwähnten Patienten scheinen in die Kategorie der von Spitz (1962) beobachteten Säuglinge zu passen, die sich wegen eines Versagens ihrer Mütter nie »einem normalen Spiel an den Genitalien« hingaben, also nicht spontan mit der Hand ihr Genitale berührten, wie dies Säuglinge tun, die eine harmonische und stabile Beziehung zur Mutter haben. Sie erinnern auch an die Säuglinge in Fains Untersuchung, die durch frühzeitigen Kontakt mit der Mutter daran gehindert wurden, autoerotische Mittel zur Bewältigung psychischer Spannung zu entwickeln und dadurch in der folgenden Entwicklung ihres Phantasielebens stark gestört waren. Das Versäumnis, der Abwesenheit der Mutter eine Bedeutung zu verleihen, kann auch als Versäumnis ausgedrückt werden, »die Brust« zu internalisieren. Bion (1962) zeigt, daß die Brust, bevor sie symbolisiert werden kann, zunächst einmal im Zustand »keine Brust« repräsentiert werden muß. Denn sonst ist sie rein gut oder schlecht und kann in diesem Zustand nicht zum Knotenpunkt weiterer Gedanken bzw. affektiver Ausarbeitungen werden und folglich auch keine Symbolfunktion übernehmen. In psychotischen Zuständen werden das »Gute« und »Böse« nach außen projiziert als idealisierte und verfolgende Objekte. Bei psychosomatischen Erkrankungen tritt dies nicht ein. Die verschiedenen Repräsentationen der »Brust« werden einfach aus der Kette der Symbolisierungen ausgeschlossen, und *jede Besetzung von ihnen ersatzlos abgezogen.* Triebhafte Impulse, gleich ob sie nun aggressiver oder libidinöser Natur sind, laufen damit Gefahr, zu keiner Repräsentation zu gelangen. Die frühen, in Fragmenten vorhandenen Elemente von »Phantasien«, die wohl triebhafte Impulse begleitet haben, werden nicht in einer Weise aufbewahrt, die es gestattete, sie zum Material neurotischer Phantasiekonstruktionen werden zu lassen.

Folglich gibt es nur eine geringe Filterung oder Bindung durch Verknüpfungen der Phantasie und durch semantische Symbole, aber statt dessen eine Tendenz zu unangemessener somatischer Abfuhr. Nach Winnicotts (1973) Terminologie würde dies Menschen umfassen, die stets mit ihrer Umgebung »zusammenstoßen« und gleichzeitig unfähig sind, »ein Objekt kreativ zu verwenden«. Winnicotts Begriff der Objektverwendung und seine Auffassung von Menschen, die sich äußerer Objekte nicht bedienen können, ist auch auf jene anwendbar, die in erster Linie mit psychosomatischen Lösungen auf Spannung und Ängste reagieren. Rosenfelds Beschreibung (1971) einer ähnlichen Unfähigkeit, sich innerer oder äußerer Objekte zu bedienen, ist in der Feststellung enthalten, daß der gesunde Anteil einer Persönlichkeit derjenige sei, der ohne Furcht *von anderen abhängen* könne. Diese verschiedenen theoretischen Ansätze gelten ein und demselben Gebiet eines komplizierten menschlichen Erlebens und rätselhafter psychischer Funktionszusammenhänge. In allen Fällen liegt ein Zusammenbruch von Objektbeziehungen vor, der zurückgeht auf den Versuch, äußere Objekte wie symbolische Objekte zu behandeln und damit eine *psychische* Kluft zu überbrücken. Die Objekte oder Situationen werden dann süchtig aufgesucht. Im Grunde stellen alle Süchte, vom Alkoholismus und der Bulimie bis zur Einnahme von Schlaftabletten und Aufputschmitteln, Versuche dar, Gegenstände der Außenwelt anstelle fehlender symbolischer Objekte zu benutzen. Solche psychischen Funktionszusammenhänge erinnern an die Rolle des *Fetischs* auf dem Gebiet der Sexualität, sind jedoch mit ihm nicht gleichbedeutend, da es dem Fetisch gelingt, eine umfassende primitive Angst vor phallischer Kastration abzubauen. Diese Angst wird durch ihn von außen, statt von innen bekämpft. Psychosomatischen Patienten gelingt diese »Genitalisierung« der Angst nur selten. Sie müssen mit den Schrecken einer »primären Kastration« fertigwerden. Es ist keineswegs überraschend, daß wir bei unseren psychosomatischen Analysanden ödipale Konstellationen finden, die denen bei sexuellen Perversionen ähneln, wo die Rolle des Vaters stark herabgesetzt und die Bedeutung des Phallus als eines symbolischen Objekts in der Welt des Psychischen entsprechend geschwächt ist. Das phallische Symbol bleibt noch in der Mutter eingeschlossen, und die Kastrationsangst richtet sich dementsprechend auf den gesamten Körper und dessen Unversehrtheit, statt auf das Gebiet der genitalen Sexualität und der mit ihr zusammenhängenden Identität beschränkt zu sein. Diese Analysanden kämpfen darum, sich als Ganzheit zu erleben und lebendig zu fühlen.

Das Ausmaß, in dem larvierte Phantasien (Beta-Elemente), die von symbolischem Ausdruck im Vorbewußten ausgeschlossen sind, zum ersten Mal zu verbalem und affektivem Ausdruck gelangen, kann das Risiko einer somatischen Abfuhr herabsetzen, die sonst kurzschlüssig die Sprache und mit ihr die Fähigkeit zu weiterer Phantasietätigkeit überspringt. Eine konstruktive (und das heißt: schützende) Phantasietätigkeit im Umgang mit den Problemen von Abwesenheit und Andersartigkeit kann möglicherweise psychisch nur insofern »aufbewahrt« werden, als sie durch Worte und die frühen Elemente des »Denkens« gestützt wird, wie dies Bion beschrieben hat. Die »Angriffe auf die Herstellung psychischer Verbindungen« (Bion 1959), die er psychotischen Zuständen zuschreibt, sind bei psychosomatischen Persönlichkeiten auf Angriffe gegen das Phantasieleben und gegen die Fähigkeit reduziert, Affekte zu repräsentieren. Statt eines entstellten Ich finden wir hier ein gefährlich autonomes Ich. Die Abwesenheit neurotischer, perverser und psychotischer Mechanismen ist ein Gefahrensignal für den Körper. Diese selben Faktoren lassen in schweren Fällen die Ratsamkeit einer psychoanalytischen Behandlung problematisch erscheinen. Sowohl in somatischer wie in psychologischer Hinsicht müssen die Risiken gegeneinander abgewägt werden.

Das Versäumnis, schützende neurotische Symptome auszubilden, soll durch einige klinische Beispiele erläutert werden. Drei Patienten (zwei Frauen und ein Mann) kamen zur Analyse, weil sie das Gefühl hatten, in ihrem Leben gescheitert zu sein. Alle drei hatten seit der Kindheit unter schwerem Bronchialasthma gelitten. Allergien gegen Katzenhaare, Wohnungsstaub und Graspollen wurden für die Anfälle verantwortlich gemacht. Mit dem Fortgang der Analyse wurde deutlich, daß die Asthmaanfälle bestimmten »geographischen Gesetzen« gehorchten. Bei zweien dieser Patienten wurden die Anfälle schwerer, wenn sie sich der Stadt oder Vorstadt näherten, *in der ihre Mutter lebte*. Die dritte Patientin litt zunehmend, je weiter sie sich von ihrer elterlichen Wohnung entfernte. Man wird kaum umhin können, diese Dimension der Entfernung mit der neurotischen Kontrolle des geographischen Raums bei *phobischen* Patienten zu vergleichen. Die Unterschiede sind beträchtlich. Pankow (1969) gibt interessante Einblicke in die Beziehung von Asthma und psychotischem bzw. neurotischem Körperbild. Um ein phobisches Objekt oder eine phobische Situation zu schaffen, muß die Psyche einige recht komplizierte symbolische Arbeit leisten. Ob sie sich nun in Phobien in Verbindung mit der Sexualangst äußert wie bei der Agoraphobie oder in primitiveren phobischen Situationen in Verbindung mit frühen prägenitalen Konflikten wie bei der Nahrungs- und Schmutzphobie oder schließlich in hypochondrischen Sorgen, so bleibt die affektive Belastung im Hinblick auf die phobische Situation dem Bewußtsein des Patienten doch zugänglich. Es ist ihm gelungen, eine symbolische Verschiebung von dem gefährlichen Objekt oder der bedrohlichen Situation vorzunehmen, auf die er mit einem Vermeidungshandeln reagieren kann. Bei den Patienten, die ich hier vorstelle, fand keine derartige Verschiebung statt. Es lag auch kein Bewußtsein der Wut, des Leidens und der Angst

vor, die sich später an das Bild der Mutter hefteten. Alle drei waren sich einer starken Abhängigkeit von der Mutter bewußt. Sie hatten äußerste Anstrengungen unternommen, um ihr Elternhaus zu verlassen, hatten aber ihre ursprünglichen Objekte nie aufgegeben. Obwohl eine räumliche Trennung erzielt wurde, fehlte jede Identifizierung mit einer »fürsorglichen Mutter«. Jeder dieser Patienten hatte an einem unglaublich hohen Ichideal schwer zu tragen. Unablässig arbeiteten sie an der Erfüllung ihrer beruflichen Pflichten. Den schweren Rückschlägen, die das Leben ihnen bescherte, wichen sie nicht aus, als sei es ihnen verboten, emotionale Schmerzen zu empfinden oder ihre psychischen Wunden zu verbinden. Erst nach vieljähriger Analyse traten ihre ungeweinten Tränen hervor, und es zeigte sich ihr Wunsch, getröstet und umsorgt zu werden.
Die sexuellen Beziehungen dieser Patienten, die stets in Enttäuschungen endeten, wiesen insofern etwas andere Züge auf, als sie dazu neigten, ihre Partner bis hin zur Kastration zu »bemuttern«. Das galt für den Mann wie für die beiden Frauen. Ich hatte den Eindruck, daß diese Patienten ihre Sexualpartner (ohne allzuviel Rücksicht auf deren Wünsche) ganz ebenso erstickten, wie sie dies in ihrer Kindheit erfahren hatten, während sie unbewußt wie Säuglinge nach magischen Geschenken als Gegenleistung für ihre Liebe verlangten. Ihr Verhalten war launisch und unberechenbar. Verzweifelt wollten sie jemandem nahe sein, konnten aber engen Kontakt über längere Zeit hinweg nicht ertragen. Jeder Mißklang in der Harmonie einer Beziehung führte bei ihnen unweigerlich zum sofortigen Bruch. Wie meine anderen somatisierenden Patienten hatten auch sie keine normale frühkindliche Masturbation gekannt. Ein Patient hatte als Jugendlicher ein Onanieritual entwickelt, in dem die Faeces eine wichtige Rolle spielten. Eine der beiden Frauen hatte eine Reihe von Instrumenten erfunden, die sie in ihre Vagina und in ihren Anus schob, während die andere sich erotische Erregung verschaffte, indem sie den Urin zurückhielt und

auf ihre Blase drückte. In ihrer Jugend konnte sie auf diese Weise zum Orgasmus gelangen.
Im Verlauf ihrer Analyse begann sich Miss L. für die offensichtliche Tatsache zu interessieren, daß die Nähe ihrer Mutter mit der Schwere ihrer Asthmaanfälle zusammenhing. Allmählich erinnerte sie sich an ihre Abhängigkeit von der Mutter während der Kindheit. Die Mutter war die einzige Person gewesen, die auf ihre schluchzenden Krämpfe und späteren Asthmaanfälle beruhigend einwirken konnte. Der Vater wurde rigoros vom Zimmer des Mädchens ferngehalten, weil sich angeblich in seiner Gegenwart das Asthma verschlimmerte. Auch andere Umwelteinflüsse wurden unter Kontrolle gehalten. Miss L. konnte nicht herumlaufen, spielen oder mit anderen Kindern zur Schule gehen. Obwohl sie eine Reihe von psychischen Mechanismen entwickelt hatte, um mit den zahllosen Situationen fertigzuwerden, die ihre Ängste auslösten, verließ sie, als sie Anfang zwanzig war, ihr Elternhaus nach einem heftigen Streit mit ihrer Mutter darüber, ob sie das Recht habe, einen Freund zu haben. Neben Äußerungen wie »Meine Mutter ist leider etwas verrückt« brachte sie zu diesem Thema keine heftigen Gefühle zum Ausdruck. In Gegenwart ihrer Mutter hatte sie bestimmte *Empfindungen* anstelle von Gefühlen. Ermutigt, sie in Worte zu fassen, konnte sie schließlich sagen: »Ich kann es nicht ertragen, sie zu *berühren*, als wäre ihr Körper mit Schmutz bedeckt, fast als könnte sie mich vergiften.« Ihre »Empfindungen« entwickelten sich allmählich zu Gefühlen mit sehr starkem affektivem Inhalt. Miss L. bemerkte, daß sie körperlichen Kontakt zu ihrer Mutter immer dann vermied, wenn sie wütend auf sie war. In dem Maße, in dem ihre Asthmaanfälle nachließen, wurden ihre *Träume* zahlreicher und bunter, obwohl eine umgekehrte Beziehung zwischen Träumen und psychosomatischen Phänomenen von anderen Analytikern beobachtet worden ist (Berne 1949: 280-297; Sami-Ali 1969). In manchen dieser Träume ertrank die Mutter, häufig wurde sie erstickt unter symbolischen Repräsen-

tationen der Faeces und des Urins der Tochter. Es war möglich, Säuglingsphantasien zu rekonstruieren, in denen die Tochter in Augenblicken sprachloser Wut die Mutter mit den Produkten ihres Körpers attackieren wollte. Zu anderer Zeit stand die Vorstellung im Vordergrund, daß sie ihre Mutter leiden machen und ersticken lassen wollte, wie dies mit ihr selbst während ihrer Asthmaanfälle geschah. Auf verschiedenen Wegen gelangten wir zu der Überzeugung, daß es ihr niemals wirklich gelungen war, ihren Körper von dem der Mutter zu trennen. Es wurde deutlich, daß auch ihre besondere Form der Onanie, nämlich den Urin zurückzuhalten und die Schenkel zusammenzupressen, den Sinn hatte, mit einer idealisierten Mutter in ihr zu verschmelzen. Dies erinnert an Fains meryzistische Säuglinge, die vorzeitig einen autoerotischen Ersatz für die Mutter entwickelten, indem sie ihren Mageninhalt erneut hinunterschluckten. Wie bei Miss L. handelte es sich bei ihnen um eine *somatische* Kompensierung und weder um eine psychische *Identifizierung* noch um eine wirkliche innere Objektrepräsentation. Es schien, daß das mütterliche Objekt die heftigen Angriffe nicht überlebt hatte. Als Miss L. dieselben Wutausbrüche, insbesondere vor Zeiten der Trennung, während der Analyse zu haben begann, stießen wir auf ihre Angst, daß derartige Gefühle jeden Menschen, der ihr wichtig war, zerstören könnten. Wenn andere nicht explodierten, brach sie in Wut aus. An diesem Punkt entwickelte sie zum ersten Mal eine Reihe von hypochondrischen Ängsten in bezug auf ihren Körper, den sie bisher weder sonderlich beachtet noch geliebt hatte. Auf dem Weg zur Entdeckung ihrer Sexualität und der ihres Partners machte sie eine homosexuelle Phase durch. Danach wurde der Penis für sie zum ersten Mal in ihrem Leben zu einem signifikanten Objekt ihres Begehrens und nahm phallische Bedeutung an. Ihre früheren sexuellen Beziehungen erschienen ihr allmählich bedeutungslos, weil bis dahin jeder Mann oder jede Frau nur eine Version der »süchtig machenden« Mutter gewesen war.

Ich möchte betonen, daß nicht die Phantasien, ihre Mutter in Urin zu ertränken oder mit Faeces zu töten, Miss L.s Asthmaanfälle verursachten, sondern ihre Unfähigkeit, derartige Phantasien in einem Verhältnis zwischen zwei Körpern zu ertragen und zu verarbeiten. Man könnte die Auffassung vertreten, daß die Asthmaanfälle in der Realität genau das ausführten, was das verfolgende Introjekt in der Phantasie tat; doch das ließe viele Fragen offen. Denn warum hätte ein derartiges psychisches Objekt nicht zu ausgearbeiteten Phantasien geführt, die ihrerseits in eine Phobie oder einen Wahn hätten münden können? An welchem Punkt hörte die psychische Abwehrarbeit auf, sich zu entwickeln, und ging in somatische Störungen über? Die Repräsentationen und Emotionen, die wohl ihre Belastungen im Säuglingsalter begleitet hatten, waren weder projiziert noch verdrängt, sondern vom Ich vollständig *verworfen* worden, als hätten sie niemals existiert. Die fraglichen Phantasien können in der Tat eine universale Qualität besitzen, aber eine entsprechend belastungsfähige Mutter-Kind-Beziehung hätte sie abgefangen und ihnen eine Bedeutung verliehen. Miss L. war eindeutig nicht in der Lage gewesen, sich der elterlichen Objekte zu »bedienen«, um mit ihren lebhaften Reaktionen auf die Welt und mit ihren kräftigen Triebansprüchen fertigzuwerden. Sie hatte sie leblos gemacht, und nur ihr Körper erinnerte sich an sie.
Ich habe Miss L.s Analyse hier skizziert, weil mir ihr Verlauf typisch zu sein scheint für die anderer Patienten mit ganz verschiedenen somatischen Reaktionen auf innere Konflikte. Mir kommt es dabei darauf an, zu zeigen, daß ein wichtiger Unterschied besteht zwischen Störungen, die eine Reaktion auf unbewußte oder vorbewußte Vorstellungen sind, und einer Störung, die aus dem Fehlen derartiger Phantasien erwächst. Die dyadische Beziehung zwischen Mutter und Kind hat sich in manchen Teilen nicht zu einer Welt aus drei Personen weiterentwickelt und ist auch nicht in endlosen projektiven Identifizierungen steckengeblieben. Statt dessen

hat eine Rückwärtsentwicklung stattgefunden aus einem Verhältnis, das aus zwei Körpern bestand, zu einem Verhältnis, in dem es nurmehr einen Körper gibt. Man sollte dies vielleicht als *psychosomatische Regression* bezeichnen. Abschließend möchte ich diese »Ein-Körper-Welt« zusammenfassend darstellen und zeigen, wie psychosomatisch Kranke ihre körperliche Identität (im Vergleich mit Patienten von anderer Persönlichkeitsstruktur) betrachten sowie die Auswirkungen erörtern, die diese einmalige und primitive Art der Unabhängigkeit für das Ichideal hat.

Der Körper als psychisches Objekt

Es gibt einen deutlichen Unterschied zwischen psychosomatischen Patienten und Patienten, die neurotisch über ihren Körper sprechen. Ob dies nun der bizarre und phantasievolle Diskurs eines Hysterikers ist, der, während er von seinen Symptomen redet, unsere Aufmerksamkeit auf etwas anderes, ein sexualisiertes Element seiner Rede lenkt, welches verschoben worden ist, oder die komplizierten Phantasien und Ängste von Patienten, die an dem leiden, was man als »Kastrationshypochondrie« bezeichnen könnte, also an Ängsten vor Krebs, Tuberkulose oder Syphilis, die zu Zwangsvorstellungen werden können und häufig mit einem Zwangscharakter verbunden sind – stets haben wir es hier in erster Linie mit verdrängten Phantasien in bezug auf ein ödipales Drama und mit frühkindlichen sexuellen Wünschen zu tun, die eine Regression auf prägenitale Fixierungen erleiden.

Der Unterschied ist ebenso ausgeprägt, wenn wir die »Organsprache« der Psychotiker betrachten (Freud 1915 a), die wie die Traumgedanken dem Primärprozeß folgt. Freuds Beispiele vom Mädchen mit den verdrehten Augen und vom Wolfsmann, der seinen Kastrationskomplex auf seiner Haut ausarbeitete, zeigen, daß sich schizophrenes Denken stark

von neurotischen Symbolisierungen unterscheidet. Bei den letzteren bleiben die Besetzungen intakt, während bei Psychosen der Versuch, die verlorenen Objekte wiederzuerlangen, dazu führt, daß die Patienten sich mit Worten statt mit Dingen zufriedengeben müssen.
Wenn wir uns nun den psychosomatischen Patienten zuwenden, so fällt als erstes auf, daß ihre organischen Erkrankungen, die nichts Imaginäres oder Halluzinierendes haben, *erst dann seelisch repräsentiert werden, wenn sie körperliche Schmerzen verursachen*. Sonst bleiben sie notwendig stumm. Selbst wenn die Symptome die Fesseln des Schweigens durchbrechen, wird ihnen im analytischen Diskurs nicht viel Aufmerksamkeit geschenkt. Entweder werden sie ignoriert, oder es wird auf sie in einer Art und Weise Bezug genommen, die ihnen allem Anschein nach wenig psychische Bedeutung beimißt. Häufig wird diese Einstellung von einer vergnügten Vernachlässigung des eigenen Wohlbefindens begleitet, als wäre der Körper ein von jeder Besetzung freies Objekt, auch wenn er offenbar nurmehr mangelhaft funktioniert und Schmerzen verursacht. »Ich hatte diese Schmerzen ungefähr zwei Jahre lang. Ich wußte nicht, woher sie kamen. Aber ich hatte herausgefunden, wie ich mich bewegen mußte, um sie ertragen zu können. Das ging so lange gut, bis das Magengeschwür perforierte.« Das erinnert an den Abzug der Besetzungen vom Körper, den manche Patienten vornehmen, die sich in psychotischen Anfällen selbst verstümmeln oder durch massive Abspaltungsmechanismen in die Lage versetzen, keinerlei Schmerz zu empfinden. Es erinnert ebenfalls an die bei manchen Perversionen zu beobachtende Fähigkeit, körperlichen Schmerz ertragen zu können, wenn er nur hochgradig erotisiert ist. Obwohl die Ziele jeweils verschieden sind, gibt es eine gemeinsame Grundlage der hier beschriebenen psychischen Mechanismen, die in den frühesten seelischen Funktionen des Säuglings zu suchen ist und sich in psychotischen, perversen und psychosomatischen Erscheinungen Ausdruck verschafft.

Mit der physiologischen »Belastungsfähigkeit« vieler psychosomatischer Patienten hängt ein Charakterzug eng zusammen, auf dessen häufiges Auftreten bereits hingewiesen worden ist: die Weigerung, psychischen Schmerzen, Ängsten und Depressionen nachzugeben. Das vermittelt zuweilen den Eindruck einer übermenschlichen emotionalen Selbstkontrolle und steht, wie ich glaube, mit einem pathologischen Ichideal in Verbindung, das Mangel und Abhängigkeit zurückweist. »Ich habe stets alleine auskommen müssen und ich werde das auch weiterhin tun. Niemand hat mir geholfen, ich selbst zu werden.« »Ich mußte fliegen, noch bevor ich Federn hatte. Jetzt muß ich einfach weitermachen. Was auch passiert, ich kann weder aufhören noch zu Boden schauen.« »Ich hatte nie, was man ein Übergangsobjekt nennt. Meine Mutter wollte mir das nicht erlauben. Ich habe früh gelernt, daß ich mich nur auf mich selbst verlassen kann.« Bei diesen drei Patienten, die alle ausgesprochen psychosomatische Probleme hatten, kann es sich sehr wohl um erwachsene Verkörperungen jener meryzistischen Säuglinge handeln, die mit sich allein fertigwerden mußten, ohne dazu das nötige psychische Kapital zu besitzen. Ihre großartige Isolierung macht den Eindruck, daß diese Menschen unberührbar und unbesiegbar seien. Sie paßt zu den Beobachtungen der Pariser Psychosomatiker über die operationale Art ihrer Objektbeziehungen und die unerschütterliche Barriere des »operationalen Denkens«. Die betreffenden Personen zeigen nur eine geringe libidinöse Besetzung ihrer äußeren Objekte und scheinen von ihren inneren Objekten rigoros abgeschnitten zu sein. Manchmal sind sie sich ihrer Bedürfnisse so schwach und dunkel bewußt, daß sie, um sie anzuerkennen, ihre gesamten Beziehungsmuster und mithin auch ihre Ich-Identität zerstören müßten. Sich Enttäuschungen, Wut, Verzweiflung und eine Unfähigkeit oder ein Versagen einzugestehen, käme für sie einer unerträglichen narzißtischen Verletzung gleich. Die Zeilen eines Liedes von Simon and Garfunkel beschreiben diese Charakterzüge:

I touch no one
And no one touches me.
I am a rock.
I am an island.
And a rock feels no pain
And an island never cries.

Der Säugling, der die Brust nicht internalisieren, der in sich nicht das Bild seiner Mutter erschaffen kann, ist eine einsame Insel. Ein möglicher Ausweg besteht für ihn darin, sich in einen Felsen zu verwandeln. Viele psychosomatische Patienten setzen ihren Hochseilakt unerschütterlich fort und ignorieren die Zeichen ihres Körpers und die Krankheitssignale ihrer Seele. Der Eindruck ihrer Unbesiegbarkeit macht sich auch in der Analyse geltend. Die Unterdrückung von Gefühlen, der Abbruch von Assoziationsketten, die Angriffe auf die Versuche des Analytikers, symbolische Verbindungen herzustellen – all dies kann dem Analytiker das Gefühl geben, daß ein Patient unanalysierbar ist. Und das mag auch wirklich der Fall sein. Gefühlsaufwallungen werden von diesen Patienten oft erlebt, als würden sie »verrückt«, und Worte können für sie ebenso stark überbesetzt werden wie psychotische Objekte, wenn Phantasien in sie einströmen. Erfolg oder Scheitern der Analyse der psychosomatischen Dimensionen einer Persönlichkeit hängen zu einem Großteil davon ab, wie weit durch die Übertragung die neu erwachten archaischen Triebregungen und die folgenden Verwirrungszustände des Ich abgefangen werden können. Vielleicht sind die Grenzen der Analyse in diesen Fällen mit den Grenzen des einzelnen Analytikers gegeben. Er »überlebt« nicht immer als inneres Objekt seiner Patienten. Dann wiederholt sich das Scheitern der Beziehung zwischen Mutter und Säugling noch einmal, und die psychosomatische Abwehr hält stand. Eine Analyse kann dagegen auch zu überwältigenden Veränderungen führen, obwohl der Fels dann oft große Schmerzen durchmacht und die Insel jahrelang weint.

X. Körper und Sprache, Sprache des Körpers

Einen Ausschnitt aus einer psychoanalytischen Fallstudie zu lesen, ist fast so etwas wie die Untersuchung eines Stofffetzens, bei dem man nicht weiß, von welchem Kleidungsstück er stammt. Ich möchte hier auch nur bestimmte Fäden verfolgen, aus denen ein Teil des Gewebes einer Analyse entstanden ist. Die Aufzeichnung einer Sitzung, die im folgenden wiedergegeben wird, soll nur dazu dienen, einige der Punkte zu veranschaulichen, die im vorigen Kapitel behandelt worden sind. Meine Notizen stellen nicht den Verlauf der Analyse dar und haben mit den somatischen Krankheitserscheinungen des Patienten nur wenig zu tun. Sie geben einen allenfalls fragmentarischen Einblick in dessen Persönlichkeitsstruktur. Sie zeigen weder seinen Sinn für Humor noch seine Liebe zur Musik noch seine Fürsorglichkeit gegenüber den Menschen seiner Umgebung noch auch andere kreative Aspekte seines Lebens. Zu der Zeit, als die Sitzung stattfand, von der wir berichten wollen, beschäftigte er sich intensiv mit dem Todesaspekt seiner Persönlichkeit. Man könnte versucht sein, diesen Patienten als Perversen, als Borderline-Psychotiker, als Charakterneurotiker oder als schweren Phobiker zu bezeichnen. Wie die meisten Patienten konnte er dies alles zu je verschiedenen Zeiten sein, ohne daß eine der genannten Bezeichnungen wirklich auf ihn gepaßt hätte. Sein Mut und seine Entschlossenheit, neue psychische Erfahrungen zu machen, ließen ihn zu einer anderen inneren Wirklichkeit gelangen und sogar Spuren früherer psychischer Strukturen entdecken, die lange vorher zerstört worden waren.
Zur Zeit dieser Sitzung war mein Analysand zumindest in der Lage, sich ohne allzuviel Angst seiner Phantasie zu bedienen und seine Gedanken und Gefühle in dem Augenblick zu erfassen, in dem sie ihm bewußt wurden. Er konnte es

sich gestatten, von plötzlich hereinbrechenden Vorstellungen oder merkwürdigen Wahrnehmungen und Empfindungen überflutet zu werden, die er vorher ungestüm aus seinem Bewußtsein ausgeschlossen hatte. In diesem Bemühen wurde er immer wieder durch meine Interventionen unterstützt. Wenn unsere Patienten nicht mehr phantasieren oder träumen können, dann müssen wir für sie träumen – bis sie wieder den Mut finden, Zugang zu ihrer psychischen Wirklichkeit und Kreativität zu gewinnen.

Wie viele meiner somatisierenden Patienten fürchtete auch dieser Analysand sein Phantasieleben, wie andere sich vor dem Wahnsinn fürchten. Selbst im Schlaf wagte er nicht zu träumen. Als seine Träume einsetzten oder als er sich an sie zu erinnern vermochte, waren sie kaum symbolischer Natur. Sie waren vielmehr, wie dies häufig geschieht, durchsetzt mit Themen, bei denen es um körperliche Beschädigung, Blut, allerlei Körperflüssigkeiten, Partialobjekte und Organe ging. Die Phantasien, die der Patient im Laufe der hier berichteten Sitzung zum Ausdruck brachte, mögen gewalttätig, roh oder bizarr erscheinen, als hätten die einzelnen Teile, aus denen sie gebildet sind, viele Jahre im Verborgenen darauf gewartet, daß die Analyse dem Patienten die nötige Freiheit (und die mutige Entschlossenheit) verschaffte, sie vielleicht zum allerersten Mal an die Oberfläche gelangen zu lassen und in Worte zu fassen.

Paul Z., 39 Jahre alt, stellvertretender Direktor der Niederlassung einer internationalen Firma und ein unermüdlicher Arbeiter, suchte die Analyse auf wegen seiner Depressionen und unklaren Angstgefühle. Er glaubte, daß die Leute ihn nicht mochten, und hatte heftige Auseinandersetzungen mit seiner Frau. Eine wichtige berufliche Beförderung, auf die er ein Recht zu haben glaubte, war ihm verweigert worden. Darüber hinaus litt er seit fünfzehn Jahren an einem schweren Magengeschwür, das er aber in unseren ersten Interviews nicht erwähnte. Im Verlauf der Analyse berichtete er von einigen Vorfällen, die sich zugetragen hatten, unmittelbar bevor das Magengeschwür entdeckt wurde. »Ich war zum Studium nach Paris gekommen, und dies war das erste Mal, daß ich mein Elternhaus verließ. Kurz danach wurden die Schmerzen heftiger. Manchmal waren sie entsetzlich, doch es kam mir nie in den Sinn, einen Arzt aufzusuchen. Ich hatte herausgefunden, wie ich mich bewegen mußte, um sie ertragen zu können. Das ging drei Jahre lang gut ... bis das Magengeschwür perforierte ...«

Zur Zeit der hier wiedergegebenen Sitzung war Paul im fünften Jahr seiner Analyse. Seit zwei Jahren war er mit einigen wenigen Ausnahmen, auf die ich noch eingehen werde, frei von Magenbeschwerden.

Da die Gründe, die einen Analytiker dazu veranlassen, sich während einer Sitzung Notizen zu machen, unweigerlich Einfluß darauf haben, wie er zuhört oder gar interveniert, werde ich zunächst die Umstände schildern, die mich veranlaßten, diese Sitzung vollständig zu protokollieren. Zu jener Zeit hielt ich ein vierzehntägiges Seminar für jüngere Analytiker und Ausbildungskandidaten ab und war gerade dabei, die verschiedenen Arten von Trennungsangst zu untersuchen, die während der Analyse auftreten. Ich wußte, daß die Ankündigung der Ferien des Analytikers die Beziehung des Analysanden zu ihm stark belastet und je nach der psychischen Struktur des Patienten unterschiedliche Spuren hinterläßt. Ich hatte mir daher über mehrere Sitzungen verschiedener Analysanden im Laufe des Monats vor meinen Sommerferien Notizen gemacht.

Herr X. zum Beispiel beschuldigte mich der Unverantwortlichkeit. Warum nahm ich so viele Wochen Urlaub? Zweifellos verschwand ich mit irgendeinem Liebhaber in ein exotisches Paradies. Ich dachte wohl an nichts als mein Vergnügen, jedenfalls nicht an seine Einsamkeit. Herr Y. dagegen fürchtete, ich könnte einen Autounfall haben. Er nahm an, ich würde allein fahren, da ich entweder eine alte Jungfer oder Witwe sei. (Er konnte sich nie entscheiden, was von beidem ihm besser gefiel.) Ich lief also Gefahr, schwer ver-

letzt, ohne Hilfe irgendwo liegenzubleiben und möglicherweise sterben zu müssen. Ihn würde ich dann als Waisen zurücklassen; denn keine Analytikerin würde sich nach dem Ende der Ferien um ihn kümmern.
Man wird bemerkt haben, daß die Assoziationen von Herrn X. einem klassischen ödipalen Schema entsprachen. Die Trennung führte zu dem ängstlichen Gefühl des Ausgeschlossenseins vom Paradies der Urszene. Für Herrn Y. dagegen bedeutete die Trennung den Tod. Er lebte eine dyadische Mutter-Kind-Beziehung aus, in der seine gesamte Identität bedroht war und Desintegrationsängste die Vorherrschaft über die Kastrationsangst gewannen. Gefühle einer ödipalen Rivalität waren hier noch nicht zu spüren. Bei Paul Z., meinem Patienten mit Magengeschwür, führte die Ankündigung der Ferien zu keiner affektiven Reaktion und auch zu keinen spontanen Phantasien über die bevorstehende Unterbrechung unserer Beziehung, sondern wie stets in der Vergangenheit zu einem *Wiederaufleben seiner Magensymptome*. Diese somatischen Krankheitserscheinungen traten nicht nur mit einer Regelmäßigkeit auf, die selbst Paul nicht leugnen konnte, sondern sie wurden darüber hinaus von anderen nonverbalen Anzeichen begleitet. So konnte er sich etwa nie an die genauen Daten der Ferien erinnern. Mehr als einmal tauchte er nach meiner Abreise zu einem seiner üblichen Termine auf! Diesmal hatte er sich sorgfältig notiert, daß die letzte Sitzung am 11. Juli sein würde. Das hinderte ihn jedoch nicht daran, in der vorletzten Sitzung anzukündigen, daß er zu seinem größten Bedauern am 25. Juli nicht erscheinen könne. Die folgenden Notizen machte ich am nächsten Tag, also während der letzten Sitzung vor den Sommerferien:

PZ: Keine Sitzung am 25.? Na, sowas! Madame hat also beschlossen, Ferien zu machen? Ist mir jedenfalls vollkommen egal. (Pause) Falls Sie sich fragen, woran ich denke: an meinen Penis. Er ist groß, von der Sonne gebräunt und sieht sehr gut aus, das können Sie mir glauben. (Paul nimmt hier ein Thema wieder auf, das verschiedene Male zur Sprache kam, seit ich meine Urlaubsdaten bekannt gegeben habe: die Phantasie von einer ausführlichen Fellatio, an der wir angeblich beide beteiligt sind und die uns gewaltiges Vergnügen bereitet. Die phantasierte Szene ist streng genommen, weder genital noch ödipal und bleibt auf die Partialobjekte, also auf Mund und Penis, beschränkt.)

JM: Glauben Sie, daß eine Verbindung besteht zwischen unserer bevorstehenden Trennung und diesen erotischen Phantasien, die uns miteinander verbinden – und vielleicht die Trennung leugnen?

PZ: Vollkommen absurd! Sie machen also Ferien? Fein! Ich wäre ja verrückt, wenn ich mich darüber aufregen würde. (Pause) Mein Penis sieht doch nicht so gut aus, wie ich vorhin behauptet habe ... ein bißchen unförmig und bräunlich ... erigiert sieht er aus wie eine Spitzhacke.

(Paul kann die Vorstellung – oder den Affekt? – nicht ertragen, wegen der Unterbrechung der Ferien irgendwie verstört zu sein. Indem er mir den schmeichelhaften Anblick seines Penis anbietet, glaubt er, das Thema gewechselt zu haben. Meine Intervention, die darauf verweist, daß beide Themen miteinander verbunden sein könnten, wird als narzißtische Kränkung aufgefaßt – was dafür verantwortlich sein könnte, daß er sein Angebot wiederholt! Auf jeden Fall ändert sich die Szene kaum merklich ins Sadistische, und die nun folgenden Assoziationen enthüllen eindeutig das Gegenstück zu seiner erotischen Phantasie.)

PZ: Ich sehe mich, wie ich Ihren Mund mit meinem Geschlecht angreife. Es hinterläßt einen schrecklichen braunen Flecken auf Ihren Brüsten. (Pause) Meine Arme zittern, als ginge eine elektrische Entladung durch sie hindurch. Das ist sehr unangenehm. (Die Phantasie einer bukkalen Aggression erstreckt sich zweifellos auch auf meine *Worte*, die Paul als Angriff auf seinen phallischen Narzißmus empfindet. Bemerkenswert ist, daß Paul nicht seine *Gefühle* beschreibt, sondern stattdessen seine körperlichen *Empfindungen*. Diese scheinen Rückstände eines Affekts zu sein, der entweder unterdrückt oder psychisch nicht repräsentiert worden ist. Da er solche »Mitteilungen« häufiger macht, versuche ich, ihn dazu zu bringen, diese körperliche Empfindung in Worte zu fassen.)

JM: Fällt Ihnen etwas ein, das zu dieser Empfindung einer elektrischen Entladung in Ihren Armen paßt?

PZ: Sie könnten mir den Penis mit dem Mund zerreißen. – Mein Gott, was habe ich denn da gesagt?

(Wir brauchten einige Zeit, um zu bemerken, daß Paul seiner Phantasie nicht freien Lauf lassen konnte. Sobald er sich dies spontan gestattet, schockiert ihn die Gewaltsamkeit seiner Phantasie. Doch er ist inzwischen überzeugt, daß er nur auf diesem Weg in engeren Kontakt zu seinem Unbewußten treten kann. Trotz der Angst, die sie zuweilen in ihm wecken, gibt er daher diesen Phantasien nach. Wie wir bereits sehen können, hat er große Schwierigkeiten, seine *Ambivalenz* zu ertragen und durchzuarbeiten – ganz gleich ob es sich dabei um ihn selbst, um Partialobjekte oder um ganze Objekte handelt. Hier ist es der Penis, der zugleich mit der Analytikerin in zwei einander entgegengesetzte Bilder »gespalten« wird. Von einer erotischen Phantasie, in der sein Geschlechtsorgan Faszination und Begehren wecken soll, geht er zum Gegenteil über, wobei sein Penis häßlich und gefährlich – und die Analytikerin gewalttätig und kastrierend wird. Der Wunsch anzugreifen wird sofort auf die Analytikerin projiziert – obwohl er nur durch die Empfindung elektrischer Schocks in den Armen angedeutet wird. Statt der Angreifer zu sein, ist Paul nun das Opfer und muß sich schützen. In dieser Phase seiner Analyse kann die Kastrationsangst lediglich primitiv und prägenital ausgedrückt werden: Penis/Brust und Mund/Vagina verschaffen ebensowohl Befriedigung, wie sie destruktiv sind, während das bräunliche Geschlecht und der »entsetzliche braune Flekken« bereits Phantasien von einem Kotangriff ahnen lassen.

Die Partialobjekte sind weder »böse« noch »gut«, sondern idealisiert und verfolgend. Der idealisierte, gutaussehende Penis, der die bevorstehende Trennung rückgängig machen sollte, wird in ein destruktives Objekt verwandelt. Der erotische und einverleibende Mund wird zu einem kastrierenden Organ, das alles, was es ergreift, zerreißt. Wir stoßen hier also auf all das, was das Konzept der »oralsadistischen Liebe« und der archaischen ödipalen Angst umfaßt. Primitiven psychischen Konflikten tritt Paul nicht mit einer *Verdrängung*, sondern mit einer *Verwerfung* entgegen. Der gesamte Konflikt wird damit aus der Kette der Symbolisierungen ausgeschlossen und tendiert daher nicht zu neurotischen Symptomen, sondern im Gegenteil zu wahnhaften Projektionen oder Somatisierungen.)

PZ: Ich hatte während der letzten beiden Wochen schreckliche Magenschmerzen – aber ich möchte darüber nicht sprechen. Es ist kindisch, daß das immer gerade vor den Ferien passiert. Und auch Ekzeme zwischen den Fingern! Aber daran ist meine sexuelle Frustration schuld. Nadine weist mich jetzt immer wieder zurück. (Ohne sich dessen bewußt zu sein, schlägt Paul hier Freuds Hypothese von der *Aktualneurose* als Erklärung für Ekzeme vor! Um seine somatischen Symptome neurotischer, also dem verbalen Denken zugänglicher zu machen und in der Hoffnung, die Affektblockade zu durchbrechen, die einen so großen Teil von Pauls Psyche zerstört und den Fortgang der Analyse behindert, versuche ich, diese Beschwerden mit einem Phantasieinhalt affektiver Art in Verbindung zu bringen.)

JM: Nadine und ich, wir beide weisen Sie zurück. Sie verweigert Ihnen den Geschlechtsverkehr – ich verlasse Sie, um in Urlaub zu fahren, und zerreiße Ihren Penis mit den Zähnen. Statt nun aggressiv zu werden, stellen Sie sich als krank, hilflos und vollkommen unfähig dar, einen Schaden anzurichten.

PZ: Aber ich habe keine aggressiven Gefühle gegenüber Ihnen oder gegenüber Nadine. Ich verehre Frauen!

JM: Vielleicht gibt es zwei Teile in Ihnen – einen, der Frauen verehrt, und einen anderen, der sich vor ihren Aggressionen fürchtet?

PZ: Die Vorstellung beunruhigt mich irgendwie. Ich fühle, daß sich in meinem Magen etwas zusammenzieht.

JM: Können Sie sich ein bestimmtes Etwas anstelle dieser Empfindung des Sich-Zusammenziehens vorstellen?

PZ: Nadine! Wenn sie mich nicht lieben will, stelle ich mir vor, daß sie von einer Spitzhacke aufgespießt wird, die glühend heiß ist. Wie ein Wurm bewegt sie sich hin und her und kann nicht herunter. (Pause) Ich freue mich über diesen Gedanken.

(Der Penis als Spitzhacke; der kastrierende Mund; ein Angriff gegen den Unterleib, der in einem Augenblick die Spitzhacke in Nadines Bauch und im anderen Augenblick ein »Etwas« ist, das sich in seinem eigenen Magen zusammenzieht; die Verwechslung von Innen und Außen, von Subjekt und Objekt – all das erregt meine Aufmerksamkeit, und ich frage mich, ob es sich hier um eine für Patienten mit Magengeschwüren typische Bildlichkeit handelt, doch ich finde keine passende Deutung und beschließe zu warten.)

PZ: Ihr Schweigen erschreckt mich. (Pause) Ich denke an meine Angst vor einer Menschenmenge ... den 14. Juli sollen sie meinetwegen feiern, aber *ich* gehe dann nicht auf die Straße. Ich habe immer Angst, daß die Menge gefährlich wird.

(Ein interessantes Beispiel einer projektiven *Identifizierung*. Paul schreibt hier einer anonymen »Menge« seine eigenen feindseligen Gefühle zu, die er weder in Schach halten noch verarbeiten kann. Statt der mit dem Penis als Spitzhacke bedrohten Frau – vielleicht ein Angriff gegen den Inhalt ihres Bauchs: eine Menge Babies? – ist es nun Paul selbst, dem ein Angriff durch die Menge droht. Da sie zum Träger seines eigenen Sadismus geworden ist, kann er sie magisch vermeiden – er muß sich nur von der Menge fernhalten. Zum ersten

Mal enthüllt seine Phobie vor großen Menschenansammlungen ihre Grundlage in einer bestimmten Phantasie, die jedoch weit vom Bewußtsein entfernt ist. Seine nächsten Assoziationen zeigen, daß die durch projektive Identifizierung gewonnene Abwehr schwach ist und zusammenzubrechen droht. Übrig bleiben würden dann somatische Empfindungen und ein Gefühl der Depersonalisierung.)
PZ: Als ich neulich von hier fortging, war eine große Menschenmenge auf der Straße – irgendeine Demonstration. Ich hatte dabei eine merkwürdige Empfindung ... Mir wurde schwindlig. Also sagte ich mir: »Du mußt dir jetzt ganz schnell was vorstellen, damit du über die Straße kommst.« Also dachte ich an meinen Penis, wie er ganz stark und sauber aufrechtstand. Wie eine definitive Feststellung.
(Ein aufkommendes Angstgefühl, das zweifellos von einer mit jener primitiven Phantasie zusammenhängenden, archaischen Form von Kastrationsangst herrührt, wird seinerseits somatisch erlebt. Der Affekt wird zu einer »merkwürdigen Empfindung« und zum »Schwindelgefühl«. Angesichts der feindseligen Menge/Frau sucht Paul sich noch einmal, offenbar mit seinem Penis als Spitzhacke zu schützen. Dieser Versuch, eine ungeheure Angst durch Erotisierung zu überwinden, erinnert an ähnliche Versuche, mit dem unausgedrückten Gefühl des Verlassenseins im Hinblick auf die Unterbrechung durch die Ferien vermittels einer Erotisierung der Übertragung fertigzuwerden – eine psychische Bewegung, die bei bestimmten Formen sexueller Devianz häufig ist.)
PZ: Aber meine Idee klappte nicht. Ich sah sofort, daß mein Penis ganz braun und entsetzlich war. Er war mit Wunden übersät. Also war ich ohne jeden Schutz ... Ich konnte nicht weiterdenken ... ich. (Pause) Also, ich habe so ein Gefühl ... ich möchte nicht darüber reden. Ich habe Angst davor ... Nun gut, ich fühlte mich, als sei mein Kopf in zwei Teile gespalten. Es war entsetzlich – ich wollte mich übergeben. Ich sage Ihnen, in zwei Teile gespalten!

(Von seinem nicht artikulierbaren Konflikt überflutet, scheint Paul einen kurzen Moment der Depersonalisierung durchgemacht zu haben. Daß sein Kopf »in zwei Teile gespalten« ist, ist ein Ausdruck *primärprozeßhaften Denkens*, wie es auch in einem Traum hätte auftreten können. Dieses hochgradig verdichtete Bild gibt Pauls Ambivalenz wieder, seine sadomasochistischen Impulse, seine Unfähigkeit, zwischen sich und anderen zu unterscheiden, die Mischung von libidinösen und destruktiven Antrieben. Er sucht einen Ausweg aus diesem Dilemma. Seine überaus stark besetzte Magengegend bietet sich einmal mehr als somatische Metapher anstelle der fehlenden Repräsentationen und Emotionen an: Der psychische Konflikt erscheint als Wunsch, sich zu übergeben. Paul unternimmt einen mutigen Versuch, diesen Vorfall zu analysieren und die Gedanken in Worte zu fassen, die einer symbolischen Repräsentation entgangen sind.)
PZ: Wenn man kotzen will, so deshalb, weil man selbst nur ein Haufen Kotze zu sein glaubt. Das Wort »Frankenstein« kam mir in den Sinn. Das ist es – ich bin Frankenstein. Den Körper anderer angreifen ... sie verschlingen ... es ist nicht das erste Mal, daß ich diese Idee habe ... sie erfüllt mich ... entsetzlich. Ich ... kotze!
(Das Bild von Frankenstein, der Menschen zerstückelt, um vollkommene Lebewesen aus ihnen zu machen, wird hier mit dem von Dracula verdichtet, der davon lebt, das Blut seiner Opfer auszusaugen. Pauls Fellatio-Phantasien, die in die Bilder vom zerrissenen Penis zerfielen, legen die Vermutung nahe, daß er wiederum durch Erotisierung versucht, mit dem archaischen Schrecken fertig zu werden, seine Liebesobjekte – ihre partialen Repräsentationen – zerrissen und aufgegessen zu haben, und folglich Gefahr läuft, seinerseits zerrissen und verschlungen zu werden. Diese oralsadistische Liebe, die wenige Minuten zuvor auf die Menge/Frau projiziert worden war, wird in dem verdichteten Wortbild »Frankenstein« brutal wieder introjiziert. Pauls Verfolgungsangst ist depressiv geworden. Er ist nicht mehr das Opfer, sondern

wird im Handumdrehen zu einem gierigen, oral-kastrierenden Säugling, der seine Objekte liebt, bis sie zerstört sind. Das erinnert mich an eine frühere Sitzung, in deren Verlauf Paul behauptete, sich »nervös und angegriffen« zu fühlen, weil mein Magen rumorte. – Mir fällt auf, daß mein Magen häufig rumort, wenn ich Patienten zuhöre, die es am Magen haben! – Bei jener Gelegenheit hatte Paul sofort sein Gefühl, angegriffen zu werden, mit einer Mahlzeit in Verbindung gebracht, die er mit Nadine eingenommen hatte. Der Anblick von »zerstückelten Sardinen, die in Öl schwammen«, war so ekelhaft und entsetzlich für ihn, daß er plötzlich verwirrt war und nicht wußte, was er dort tat. Meine Deutung damals – daß er sich durch das Rumoren meines Magens angegriffen fühlte, als ähnele dessen Inhalt den zerstückelten Sardinen – war als absurd zurückgewiesen worden. Heute scheint mir, daß er in seiner Phantasiewelt – als Dracula-Frankenstein – für das zerrissene und aufgegessene Innere der Frau verantwortlich gemacht werden könnte. Das würde jeden verwirren und dazu bringen, ein derartiges Bild erbrechen zu wollen. Ich zögere, Paul diese Ideen mitzuteilen, da ich nicht sicher bin, daß er bereit ist, sie zu bearbeiten. Dies um so mehr, als er sich zum ersten Mal bemüht, das überwältigende Gefühl in Worte zu fassen, einen wesentlichen Teil seiner selbst »erbrechen« zu müssen.)

PZ: Wie soll ich es nur sagen ... die ungeheure Wirkung dieses Wortes (er flüstert »Frankenstein, da hab' ich's schon wieder gesagt«) ... und die Filme ... diese Faszination ... als wäre ich ... ja, ich bin verwirrt ... fühle mich entsetzlich ... falle auseinander.

(Von hier an folgen Pauls Assoziationen schneller aufeinander und sind etwas entstellt, manchmal sogar unhörbar. Einige Minuten hindurch notiere ich nichts von dem, was er sagt, sondern schreibe statt dessen meine eigenen Gedanken über ihn nieder. Es wäre verlockend, sich vorzustellen, daß seine destruktiven und kannibalistischen Phantasien auf irgendeine Weise die Ursache seiner Magenkrankheit sind.

Doch alles weist in die umgekehrte Richtung, daß nämlich gerade seine Unfähigkeit, sich derartige Vorstellungen zu gestatten, sie in Worte zu fassen oder sie wie in seiner Kindheit spielerisch zu verarbeiten, ihn zu jenem namenlosen Entsetzen geführt hat, über das er heute nicht *nachdenken* kann. Da er große Teile seiner psychischen Wirklichkeit zerstört zu haben scheint oder zumindest den Zugang zu ihnen verloren hat, steht ständig unter einem Druck, der zweifellos eine somatische Abfuhr erleichterte – wie ein Säugling, der unter intensivem psychischem Schmerz leidet, für den ihm die Worte fehlen, seine Nahrung erbrechen oder auf andere Weise unter einer Überfunktion des Magens leiden kann. Man kann nicht davon ausgehen, daß Pauls Magengeschwüre irgendeine symbolische Bedeutung haben – obwohl sich infolge der Analyse Phantasien an sie heften –, aber vielleicht kann diese Reaktion als *psychosomatische Regression* zu jenem Frühstadium des Seelenlebens aufgefaßt werden, in dem eine Überfunktion des Magens ein normaler Ausdruck von Liebe ebenso wie von Haß sein kann. Ich hatte mir hierzu einige Notizen gemacht – vielleicht weil Pauls konfuser und erregter Monolog in mir das Bedürfnis weckte, einige Ordnung in *mein eigenes* Denken zu bringen. Plötzlich verkündete er:)

Jetzt finde ich mich überhaupt nicht mehr zurecht. Und ich frage mich, ob Sie nicht ebenso durcheinander sind wie ich mit all diesen Gedanken.

JM: Vielleicht versuchen Sie, Ihre Verwirrung loszuwerden, indem Sie in meinem Kopf eine Verwirrung anrichten? Ist mein Kopf jetzt »in zwei Teile gespalten«?

PZ: Ja, das ist wahrer, als Sie denken. Die ganze Woche hindurch sagte ich mir: »Da habe ich also nun wieder Magenschmerzen, und das ist wirklich sehr ernst. Und auch Ekzeme! Warte nur, bis ich ihr sage, wie krank ich bin, und daß sie daran schuld ist.« Ich habe mir gesagt, daß Sie mit schweren Schuldgefühlen in Urlaub fahren werden, weil Sie als Analytikerin so schlecht sind!

(Paul malt sich die Schmerzen und die Angst aus, die ich während meiner Ferien durchmachen soll. Mir fällt auf, daß er zum ersten Mal auf die Unterbrechung der Analyse durch die Ferien mit einer Spur von Affekt reagiert. Nicht Paul wird leiden, sondern ich, und *ich* werde etwas von ihm mitnehmen – seine Angst und seinen Schmerz.)

JM: Ich darf also nur in Ferien fahren, wenn ich an Sie denke. Doch bin ich vor Angst nicht auch innerlich »gespalten«? Meinen Sie, Ihre innere Angst loswerden zu können, wenn Sie sie mir zuschieben?

PZ: Sie Hure! Mein Gott, was habe ich denn da gesagt? Es tut mir leid . . . das Wort ist mir einfach nur so rausgerutscht. (Pause) Sie sind hoffentlich nicht wütend auf mich? (Pause) Sagen Sie doch etwas! Ich habe Angst.

JM: Vor gefährlichen Worten? Vor Gedanken, die töten können? (Ich beziehe mich dabei auf eine frühere Sitzung, in der er Angst davor hatte, sich etwas vorzustellen, weil er fürchtete, es könne wahr werden.)

PZ: Ah . . . ja! Ich habe mich gerade nicht getraut, das zu sagen, aber ich dachte an . . . also . . . einen faszinierenden Kriminalroman . . . der Täter war ein Würger. Aber er hat nur Frauen erwürgt. Eine aufregende Sache. Wenn ich nur verrückt wäre! Wissen Sie, würgen ist etwas ganz Besonderes . . . beinahe eine Liebkosung. (Pause) Haben Sie jetzt Angst vor mir?

(Die blühenden Phantasien von Gewalttätigkeiten und Angriffen gegen Frauen stehen in so auffallendem Gegensatz zu seiner Äußerung, daß er Frauen bewundere und unfähig sei, ihnen gegenüber aggressiv zu werden, daß ich das Thema der Trennungsangst und der sie begleitenden Ambivalenz verlasse, um statt dessen die Spaltung in den Antrieben seines Es zu deuten. Ich bringe sie in Verbindung mit seiner Phantasie, Frauen seien gefährlich. Ich frage ihn, ob die aufregende Vorstellung, Frauen zu *erwürgen*, nicht ein Weg sein könne, erotischen Kontakt zu ihnen zu haben, sie aber, weil sie gefährlich sind, unter Kontrolle zu halten. Diese Intervention führte plötzlich zu einer ganzen Reihe von Assoziationen zur Pubertät und Masturbationsphantasien über einen sadistischen Geschlechtsverkehr.)

PZ: Was Sie sagten, vermittelt mir ein merkwürdiges Gefühl. Es erinnert mich daran, daß ich, als ich neun war, häufig *meinen Penis strangulierte*. Das tat entsetzlich weh, machte mir aber ungeheures Vergnügen. (Ich erfahre damit zum ersten Mal von Pauls Versuchen, seine Kastrationsangst durch die Ausbildung eines abweichenden Sexualverhaltens zu bewältigen, bei dem seine Angst, daß sein Penis wegen verbotener sexueller Wünsche erdrosselt wird, gerade zur Quelle der Erregung und Lust wird. Vgl. Kapitel II. Die im Masturbationsspiel zutage getretenen verdrängten Phantasien passen zu den archaischen Bildern der Urszene: der verschlingende und kastrierende Mund ... die strangulierende Vagina mit oralen und analen Qualitäten ... die Beziehung zwischen dem Würger und der Gewürgten, wobei Paul den Hals der Frau statt seines Penis würgen würde. Wegen der fehlenden Unterscheidung zwischen ihm selbst und dem Objekt könnte er es kraft einer projektiven Identifizierung so einrichten, daß er sich der gefährlichen Frau und seinen angstauslösenden Handlungsantrieben annähert und zugleich die Kontrolle über sie behält.)

PZ: Sagen Sie doch etwas! Ehrlich gesagt, ich finde, Sie sind heute nicht gut auf mich zu sprechen.

JM: Die »Hure« mit einem strangulierenden Geschlecht?

PZ: Da kommt mir eine wichtige Idee! (Sein ganzer Körper, der während der letzten zehn Minuten angespannt und starr war, entspannt sich zusehends. Zugleich treten neue Assoziationen auf – und in ihrem Gefolge ein klassisches Symbol für das gefährliche weibliche Genitale.) Das läßt mich an meinen Schrecken vor *Spinnen* denken. Ich kann sie nicht ausstehen. Neulich war eine in meinem Büro, nahe an der Decke. Ich war ganz starr vor Angst ... konnte kein Wort von dem verstehen, was meine Sekretärin mir sagte.

(Verschlingend und strangulierend stand nun die Spinne/Frau mit ihrer bannenden Wirkung für mich sehr deutlich hinter dem Bild der »verehrten« Frau. Der Geschlechtsverkehr wird in Pauls unbewußten Phantasien zu einer Art Duell, bei dem er schrecklich benachteiligt ist. Es gibt keinerlei Anzeichen eines *symbolischen väterlichen Objekts*, mit dem er sich identifizieren oder bei dem er Schutz suchen könnte. Vielleicht muß Paul seine Sexualobjekte durch massive Verführung »zähmen« – oder sie durch Phantasien über sadistische Angriffe beherrschen? Zwischen seinen sexuellen Wünschen und der archaischen, allmächtigen Imago der Mutter gab es keinen schützenden Raum. Inzwischen berichtet Paul von seinen Erinnerungen an Spinnen, die seine gesamte Kindheit durchzogen zu haben scheinen. Ihm fällt ein, daß er als kleiner Junge stundenlang mit Insekten, vor allem mit Spinnen gespielt hat. In dieselbe Zeit der Latenz und frühen Pubertät fiel auch das Spiel, bei dem er seinen Penis strangulierte. Plötzlich bemerkt Paul seine widersprüchliche Einstellung zu Spinnen: Sie waren das Lieblingsspielzeug seiner Kindheit und sind heute eine Quelle phobischer Ängste.)

PZ: Wie bin ich denn eigentlich auf die Spinnen gekommen?

JM: Die »Spinne/Frau«, die »nicht gut auf Sie zu sprechen« ist?

PZ: Na, sowas! Meine Sexualität wird ja von Ihnen wirklich vollkommen verstümmelt.

(Eine Bewegung der Gegenübertragung, die mir im Augenblick nicht bewußt war, ließ mich meine Identifizierung mit einem Penis-Verstümmler übersehen. Ich verließ das Gebiet des gespaltenen Bildes der Mutter und lenkte meine Aufmerksamkeit auf das erschreckende Fehlen eines inneren, beschützenden Bildes des Vaters und damit auf die unvermeidliche Angst davor, einen *kastrierenden* Vater irgendwo im Innern der Frau zu finden – also möglicherweise eine Quelle seiner zahlreichen Phantasien von einer oral-analen

Kastration durch Strangulierung. Die Frau und ihr Körper blieben der Ursprung eines verborgenen Entsetzens, solange diese verdichtete Urszene sich im Inneren fortsetzte. Ich dachte dabei auch an einen Traum, den Paul kürzlich hatte. In ihm streckte er seine Hand aus, um einen Lichtstrahl zu ergreifen. Als seine Hand sich um den Strahl schloß, wurde dieser zu einer schwarzen Schlange. Der Traum erinnerte ihn an einen Vorfall mit einem Mann, der über einen »Baumstamm« kletterte, der plötzlich den Kopf hob und sich als eine gefährliche Schlange enthüllte. Er dachte dabei an das Bild, wie die Schlange in das Genitale des Mannes biß, und daran, wie sehr man gerade auf das achtgeben müsse, was an der Oberfläche harmlos erschien. Denn trotz seines harmlosen Aussehens konnte das »Spinnen-Genitale« eine »strangulierende und beißende schwarze Schlange« verbergen, eine archaische, fetischartige Konstruktion, die ein recht verbreitetes Phantasieelement in verdichteten ödipalen Charakterstrukturen wie der Pauls darstellt: Das inzestuöse Kind läuft Gefahr, vom beißenden Phallus im Inneren der Frau »verstümmelt« zu werden, also von einer gefährlichen und unkontrollierbaren Repräsentation des väterlichen Penis, die vom wirklichen Objekt abgelöst erscheint. Ich sagte Paul, daß er den Eindruck mache, sich von mir bedroht zu fühlen, als würde ich einen verstümmelnden, schwarzen Schlangen-Penis verbergen, der seinen eigenen angreifen würde. Damit verließ ich abrupt das Gebiet des mit oralem und analem Sadismus ausgestatteten weiblichen Genitales und begab mich auf das eines feminin-phallischen Bildes, das er in keiner Weise zu akzeptieren bereit war.)

PZ: Ich weiß nicht, wovon Sie reden. Ein Penis in Ihrem Innern? Wie denn das? Oh, ich kann mir Sie leicht mit einem Penis vorstellen – doch das *erschreckt* mich nicht. Ein Penis dringt ein, aber ich habe Angst davor, *stranguliert* zu werden! Sie haben mir geholfen, dies zu sehen, und ich stimme mit allem überein, was Sie bisher gesagt haben, doch diese Idee mit dem Penis ergibt für mich keinen Sinn. (Daß Paul sich rundheraus weigerte, meine zu einem falschen Zeitpunkt vorgebrachte Deutung zu akzeptieren, stimmte mich nachdenklich. Er hatte recht – es war gerade das *Fehlen jeder symbolischen Repräsentation des Penis*, das seine hilflose Angst auslöste, verschlungen, zerrissen und verstümmelt zu werden. Der väterliche Phallus spielte zu diesem Zeitpunkt in Pauls seelischer Wirklichkeit keine strukturierende symbolische Rolle. Die allmächtige Imago der Mutter bedurfte weder eines väterlichen noch eines persönlichen Penis. Der Sohn konnte sich nur auf eine tödliche Auseinandersetzung einlassen, bei der es nicht primär um seinen Penis und um sein sexuelles Begehren, sondern um seine gesamte Identität, um sein Leben ging.[1] Meine voreilige Deutung ging also offensichtlich auf *meine eigene Angst* in dieser zweidimensionalen Beziehung zurück. Ich wollte um jeden Preis die Dimension des Vaters zur Geltung bringen. Daher substituierte ich *die mit einem Penis ausgestattete Mutter* für die *allmächtige phallische Mutter*, die kleine Frankensteins verstümmelte und verschlang. Obwohl es zwischen beiden Phantasien viele Verbindungsglieder gibt, sind die Unterschiede zwischen ihnen – wie diese Sitzung eindeutig bewies – von großer Bedeutung. Vielleicht hatte ich mich unbewußt vor einem verschlingenden, kannibalistischen Sohn geschützt! Paul hatte mir eine Phobie angeboten, und ich hatte ihm dafür einen Fetisch gegeben. Seine Assoziationen bewegten sich im Kreis, als er versuchte, sich auf meine Deutung einzulassen. Ich sagte ihm schließlich, daß ich sie selbst für verfehlt hielt. Statt dessen formulierte ich noch einmal die wichtige Spaltung in den beiden Repräsentationen der Weib-

1 Erst zwei Jahre später konnten wir Pauls ödipale Kastrationsangst mit ihren Anteilen von homosexuellen Phantasien und Ängsten analysieren. Sie waren größtenteils für seine Unfähigkeit verantwortlich, Konkurrenzgefühle zu akzeptieren und mit seinen zahlreichen Arbeitsstörungen fertig zu werden. Zu jenem Zeitpunkt stellte ich nicht mehr eine strangulierende weibliche, sondern eine männliche Konkurrenz dar, die in seiner Phantasie beruflich erfolgreicher war als er selbst und ihn gewiß aus der Analyse werfen würde, wenn er anfinge, in seinem eigenen Beruf Erfolg zu haben!

lichkeit. Daß ich mit meiner Deutung »in die Irre gegangen« war, entzückte Paul und gestattete ihm, ohne dazwischentretende Gegenübertragung seinen Diskurs wieder aufzunehmen.)

PZ: Ich steckte einmal eine Spinne und einen Ohrwurm in ein Spinnennetz. Sie kämpften, bis sie schließlich beide tot waren. Es war abscheulich zuzusehen. Ich hatte Spaß daran, Spinnen zu beobachten, die Fliegen mit silbernen Fäden strangulierten. Sie müssen wissen, daß sie schrecklich aggressiv und giftig sind.

(Paul erinnerte sich zahlloser anderer, lange zurückliegender entomologischer Dramen, bei denen er Regie geführt hatte. Wespen, Bienen, Ameisen und Würmer waren seine Hauptdarsteller in einer stets wiederholten insektenhaften Urszene, bei der es immer darum ging, die Tiere zu zerquetschen, zu strangulieren und zu vergiften, um die ungeheure Sexualangst des kleinen Jungen unter Kontrolle zu halten. Im Laufe der Zeit schien die perverse Lösung, den eigenen Penis zu strangulieren, (vielleicht um den Preis einer psychosomatischen Regression) aufgegeben worden zu sein. Aber damit wurde auch etwas gewonnen. Es ist bemerkenswert, daß Paul heute ein anerkannter, wenn auch nicht professioneller Entomologe ist und daß ihm diese Art von Sublimierung weiterhin viel Freude bereitet. Paul sprach von seinem Sexualleben, als interpretierte auch er die Kämpfe zwischen Insekten wie die Phantasie einer Urszene:)

PZ: Wenn ich Lust habe, Nadine zu lieben, und sie mich zurückweist, bekomme ich Nesselsucht an den Genitalien.

JM: Als würde die Nesselsucht statt dessen entstehen?

PZ: Genau! Wie wenn ich onaniere.

JM: Woran erinnert Sie die Nesselsucht?

PZ: Uch! An Ameisen, Würmer, die überall herumkriechen. Entsetzlich. Schon wenn ich davon rede, muß ich mich überall kratzen. Wenn sich Nadine mir mehrere Tage verweigert, dann fühle ich mich so, als wäre ich mit Insekten bedeckt. Ich kratze mich dann überall, auch dort, wo ich keine Nesselsucht habe. Mein Haar wird fettig und klebt. Ich fühle mich schmutzig und muß mich andauernd duschen.

(Spuren hysterischer Konversion und zwanghaften Verhaltens werden hier kurz sichtbar, spielen aber keine bestimmende Rolle. Die Spiele mit den Insekten und die sexuellen Phantasien der Kindheit werden durch Hautempfindungen und durch eine anale Phantasie ersetzt, als würde Pauls Haut wütend, wenn Nadine ihn zurückweist. Sein gesamtes Körperbild ist von Fäkalvorstellungen durchdrungen.)

JM: Was bedeutet Ihrer Meinung nach diese Sprache der Haut?

PZ: Sie erinnert mich an meine Mutter, die einen schrecklichen Hautausschlag hatte. Du lieber Himmel! Genau wie neulich mein Penis, ganz mit Ausschlag bedeckt. Ich mußte mich schon kratzen, wenn ich sie nur ansah. (Paul verdreht seine Hände in der Luft und kratzt und reibt seine Haut, als müßte er Insekten von ihr entfernen.)

(Ich dachte über alles nach, was Paul mir von seiner Mutter erzählt hatte, die zugleich verführerisch und frustrierend war. Er war gesäugt worden, bis er vier Jahre alt war. Er erinnerte sich an zahlreiche erotische Spiele mit ihr aus seiner Latenzzeit, doch sie mochte nicht angefaßt werden. Jetzt scheint er die regressive Phantasie auszuleben, in ihrer Haut zu stecken (ein Verlangen, mit ihr zu verschmelzen? Trennungen ungeschehen zu machen?) und dafür (mit Hautausschlag? einer Kastrationsphantasie auf der eigenen Haut?) bestraft zu werden. Was auch immer die Antwort sein mag, es scheint sicher, daß Nadines gegenwärtige Kälte in Verbindung mit meiner unmittelbar bevorstehenden Abreise dazu beigetragen hat, archaische sexuelle Verbote im Hinblick auf seine Mutter wieder in Kraft zu setzen.)

JM: Sie versetzen sich also in die Haut Ihrer Mutter?

PZ: Verdammt nochmal! Meine Mutter zu werden ist keine Lösung! Außerdem ist diese Vorstellung entsetzlich. Daß ich

sie sexuell begehre, stört mich nicht. Ich habe immer gewußt, daß ich meine Mutter sexuell attraktiv finde. Was in mir nagt, ist die Vorstellung, in ihrer Haut zu stecken. Das ist mir durch und durch unheimlich.
(Wir erhalten hier einen Hinweis auf das primitive Verlangen, mit der Mutter eins zu werden – ob nun als Reaktion auf genitale Antriebe gegenüber Nadine oder auf die Trennungsdrohung der Analytikerin, so daß das ursprüngliche libidinöse Objekt, der Körper und das Genitale der Mutter, in einer archaischen Form frühester Abwehr mit oral-kastrierenden und anal-ausscheidenden toxischen Phantasien ausgestattet wird. Doch die Verwechslungen von Subjekt und Objekt, die zum Teil auf die besondere Art der Beziehung Pauls zu seiner Mutter und die sich daraus ergebende ödipale Verfassung zurückzuführen sind, konnten nur zu Verschiebungen, Verdichtungen, Projektionen und Gegenprojektionen in einer unendlichen Reihe führen: der Körper der Mutter – der Inhalt des Abgrunds – ihre Haut – der Penis/Hals, der stranguliert wird – die Menge/Frau – die Spinne.
Pauls archaische Problematik schien schon während seiner Kindheit eine Vielzahl psychischer Ausdrucksformen und »Lösungen« gefunden und wieder verloren zu haben. Einige von ihnen kommen ihm erst jetzt wieder zu Bewußtsein; andere wurden eindeutig ohne Kompensierung durch neue psychische Konstruktionen aufgegeben. So hatten etwa die halb erotisierten, halb sublimierten Inszenierungen von Kämpfen zwischen Insekten einer sexuellen Perversion, einer hysterischen Konversion, einer Phobie, einer authentischen Sublimierung und einer psychosomatischen Erkrankung Platz gemacht.)
JM: Für heute ist unsere Zeit um.
PZ: Gut, ich wollte nur noch sagen, daß ich allmählich sehe, daß etwas in meinen Beziehungen zu Frauen nicht stimmt. Nadine, Sie, meine Mutter – ich werde während der Ferien genug Zeit haben, darüber nachzudenken!

Man könnte die Auffassung vertreten, Pauls Krankheit habe in Wirklichkeit nicht in seinem Magengeschwür bestanden, sondern in einer tiefreichenden Spaltung zwischen Seele und Körper, zwischen seinem Denken und seinem Gefühlsleben, auf dem seine Charakterstruktur beruht. Hier liegt das Zentrum seiner Krankheit. Der Körper wurde sozusagen alleingelassen, um mit seelischen Gefahren fertig zu werden, die psychisch nicht repräsentiert werden konnten. Es bestand Grund zur Hoffnung, daß die Spaltung zwischen dem realen Körper und der imaginären somatischen Identität sich verringert hatte und daß der »wahnhafte« Körper mit seinen gestörten Funktionen allmählich zu einem symbolischen Körper werden konnte.

XI. Psychischer Schmerz und Psychosoma

Der Schmerz stellt eine Brücke zwischen Seele und Körper dar. Daher ist er von besonderem Interesse für diejenigen, die sich mit den Leiden der Menschen beschäftigen. Seelische ebenso wie körperliche Schmerzen veranlassen unsere Patienten, um Hilfe nachzusuchen. Für den Therapeuten sind sie eine komplexe Herausforderung. Die Unaussprechlichkeit des Schmerzes ist dafür verantwortlich, daß er anderen nur näherungsweise mitgeteilt werden kann. Ist er erst einmal genau oder ungenau beschrieben, so verlangt er vom Therapeuten, sein theoretisches Wissen und seine therapeutischen Fähigkeiten unter Beweis zu stellen.
Unter dem Gesichtspunkt psychoanalytischer Forschung und Praxis ist der *psychische Schmerz* eine wichtige Dimension unserer alltäglichen Arbeit. Körperliche Schmerzen beschäftigen uns nur insofern, als sie in die Analyse eingehen und damit symbolische Bedeutung erhalten. Dies zumindest ist unser Anspruch, und vielleicht suchen wir im Grunde unseres Herzens Probleme zu vermeiden, die als spezifisch somatisch anzusehen sind. Aber die Unterscheidung zwischen seelischem und körperlichem Schmerz ist nicht so eindeutig, wie wir gern glauben möchten. Sie ist mindestens ebenso schwer zu ziehen wie die zwischen dem biologischen und dem erogenen Körper. Die Sprache des Schmerzes enthält stets einen immanenten Widerspruch und konfrontiert uns unausweichlich mit einem Paradox.
Nehmen wir den Fall eines hysterischen Patienten, der vor jedem Geschlechtsverkehr an quälenden Kopfschmerzen leidet. Sind dies nun seelische oder körperliche Schmerzen? Dürfen wir annehmen, daß seelisches Leiden häufig körperliches Leiden hervorruft? Könnte auch das Umgekehrte stimmen? Die Verbindung zwischen beiden Arten von Leiden wird in der Weise hergestellt, daß Schmerzen auf einem

Gebiet unausweichlich das andere berühren – zumindest in dem Ausmaß, in dem das Psychosoma als ganzes fungiert bzw. Körper und Geist sich im Kontakt miteinander befinden. Es kann jedoch dazu kommen, daß die gegenseitigen Verbindungswege blockiert oder daß Botschaften mißdeutet werden, so daß körperlicher und affektiver Schmerz miteinander verwechselt oder als Teil einer psychischen Abwehr durcheinander ersetzt werden. Oft ist es schwer zu entscheiden, von welchem Punkt an ein Analysand sein körperliches Leiden betont, um die Anerkennung seines seelischen Schmerzes zu vermeiden. Immer wieder gibt es in der klinischen Praxis Patienten, die davon reden, daß sie müde sind, statt anzuerkennen, daß sie depressiv sind und daß dies schmerzhaft für sie ist. Ebenso bekannt ist das Gegenteil, daß nämlich ein Analysand die Anzeichen einer körperlichen Erkrankung ignoriert und statt dessen verschiedene »psychologische« Ursachen für seine Schmerzen sucht. In beiden Fällen sind narzißtische Faktoren im Spiel, aber das Problem ist noch weit komplexer.

Offensichtlich hat jemand, der sich guter körperlicher und seelischer Gesundheit erfreut, keinerlei Schmerzen. Aber auch wer nicht leidet, kann sich über seinen Gesundheitszustand hinwegtäuschen. Manchen Menschen ist es möglich, jedes Bewußtsein seelischer Schmerzen zu verleugnen und sogar körperlichem Schmerz gegenüber unempfindlich zu werden. Die psychische Repräsentation des Schmerzes ist in diesen Fällen entweder verdrängt, also aus dem Bewußtsein ausgeschlossen, oder auf andere Weise unterdrückt, so daß das betreffende Leiden für das Individuum nicht mehr existiert. Dies tritt als Folge bedeutender seelischer und körperlicher Funktionsstörungen auf, deren sich ein Patient nicht bewußt ist, da er das Vorhandensein seiner Schmerzen psychisch nicht anerkennt. Unter diesem Gesichtspunkt ließe sich die Auffassung vertreten, daß der *Schmerz im Grunde genommen ein psychologisches Phänomen ist.* Daß Vorstellungen und Phantasien aus dem Bewußtsein ausgeschlossen werden, ist natürlich bekannt und stellt seit fast einem Jahrhundert eine der Grundlagen psychoanalytischer Forschung dar. Die Abweisung von Affektzuständen durch das Bewußtsein und die Entstellung von Nachrichten des Körpers haben jedoch weit weniger Aufmerksamkeit gefunden. Seit Beginn der psychoanalytischen Entdeckungen aber hat Freud diesen Fragen große Bedeutung zugemessen. Sie spielen auch weiterhin eine bedeutende Rolle in unserer analytischen Arbeit und können deren Erfolge sogar beeinträchtigen, wenn es uns nicht mit Hilfe unserer Analysanden gelingt, Hindernisse auf diesem Gebiet zu beseitigen. Wir können natürlich der Auffassung sein, daß der Versuch, derart dunkle Phänomene wie Schmerzzustände aufzuhellen, der Anstrengung gleichkommt, die grundlegenden Rätsel des Lebens zu lösen, und daß das Psychosoma, soweit es bei ihm um somatische Funktionsstörungen geht, jenseits unserer psychoanalytischen Einflußmöglichkeiten liegt. Was darf ein Analytiker als Beobachter rein psychischer Phänomene in bezug auf den Körper und dessen Funktionen sowie in bezug auf affektive Auswirkungen körperlicher Zustände zu entdecken hoffen? Es gibt hier eindeutig nichts zu beobachten, solange diese Zustände nicht zu mitteilbaren psychischen Repräsentationen führen.

Wenn wir die Bedeutung somatischer Erscheinungen im psychoanalytischen Diskurs näher erörtern wollen, müssen wir zunächst den *Status des Körpers als eines Objekts der Psyche* untersuchen. Es scheint offensichtlich, daß es ohne einen Körper keine Seele geben kann. Zumindest unter psychoanalytischem Gesichtspunkt wird niemand bestreiten, daß psychische Prozesse auf biologischen Vorgängen gründen und sich aus ihnen entwickeln. Das Paradox besteht darin, *daß der Körper für das Ich keinerlei Existenz hat, solange er nicht zu psychischer Repräsentation gelangen kann.* Ein Analytiker gewinnt nur in dem Maße Zugang zur »somatischen Identität« eines Analysanden, wie dieser sich selbst psychisch zu erfassen vermag. Die Repräsentation sei-

nes Körpers muß darüber hinaus mitteilbar sein, und der Analysand selbst muß bereit sein, sie mitzuteilen.
Der Spalt zwischen der somatischen Identität, wie die Psyche sie wahrnimmt, und ihrer Verkörperung in der Wirklichkeit kann erstaunlich groß sein. Jeder Analytiker hat Situationen beobachtet, in denen ein Patient behauptete, sich einer ausgezeichneten Gesundheit zu erfreuen, während er deutliche Anzeichen des Gegenteils so lange verleugnete, bis er ernsthaft erkrankte. Obwohl sie real vorhanden war, existierte die Krankheit psychisch nicht für ihn. Ein weiteres geläufiges Beispiel bieten jene Analysanden, die glauben und daher »wissen«, daß sie körperlich krank seien, während sie in Wirklichkeit vollkommen gesund sind. »Wahr« ist nur, was psychisch vom Subjekt als wahr anerkannt wird. Wir dürfen kaum erwarten, daß es eine andere Wahrheit mitteilt. Alle Vorstellungen von seinem Körper, die von seinen eigenen psychischen Repräsentationen verschieden sind, laufen Gefahr, als absurd zurückgewiesen zu werden. Man kann tatsächlich sagen, daß der Körper, von dem wir sprechen, dessen wir uns bewußt sind und mit dem wir leben, nichts weiter ist als ein *System psychischer Tatsachen*.
Diese Aussage läßt sich auch in Hinblick auf das Bild des Körpers im Spiegel bestätigen. Ein von psychotischer Angst überwältigter Patient kann in seinem Versuch, mit dieser Angst fertig zu werden, den Wahn entwickeln, daß eine Seite seines Körpers fehlt. Es wäre nutzlos, ihm zu erklären, daß er sich irrt, weil andere deutlich beide Seiten seines Körpers wahrnehmen können. Er »weiß« die Wahrheit, das heißt die von seinem Ich für wahr gehaltenen Tatsachen, und wird wahrscheinlich diejenigen, die das Gegenteil behaupten, bezichtigen, ihn zu belügen. Sollten diese Verfechter der Rationalität ihn vor einen Spiegel stellen, so wird er rasch zu dem Schluß gelangen, daß das Bild im Spiegel nicht das seine ist.
Tatsächlich ist die Unfähigkeit, das eigene Spiegelbild zu erkennen, nicht auf diejenigen beschränkt, die an einem Wahn

leiden. Einer meiner Patienten, der in selbstgewählter Einsamkeit lebte, um seine kreative, narzißtische Welt zu schützen, behauptete, nie in den Spiegel zu blicken und keinerlei Verlangen danach zu haben. Wenn er einmal zufällig seines Anblicks im Spiegel gewahr wurde, dauerte es immer eine kurze Zeit, bis er das Spiegelbild als sein eigenes erkannte. Er sah sich dann jedesmal gezwungen nachzuprüfen, daß er in einen Spiegel blickte und nicht eine andere Person ansah. Er war immer wieder erstaunt darüber, daß andere ihn ohne weiteres erkannten. »Mein Bild von mir selbst? Aber ich habe kein derartiges Bild. Wozu brauche ich es denn?« Eine sehr viel stärker gestörte Analysandin entdeckte in einem psychotischen Schub, daß ihr Körper »ein anderes Wesen« sei und daß sie vor dem Spiegel »zum ersten Mal über bestimmte Dinge mit sich selbst reden« konnte.

Beide Patienten teilten bestimmte psychische »Wahrheiten« über ihre körperliche Identität in einer Art und Weise mit, die wir alle in unserer Kindheit kennengelernt haben. Für den Säugling (*infans*: der noch nicht sprechen kann), dessen Psyche noch nicht durch Worte gebildet wird, ist der Körper insofern ein Objekt, welches der *Außenwelt* angehört, als er sich seelisch dieses Körpers bewußt zu werden vermag. Er braucht mehrere Jahre, um eine psychosomatische Einheit zu erlangen und zu glauben, daß er *in* seinem Körper lebt. Erst dann kann er sagen: »*Ich* fühle mich wohl, bin stark, krank, traurig« usw. Das Gefühl der Identität beruht auf der Überzeugung, in der eigenen Haut zu stecken, sowie auf der Gewißheit, daß der Körper und die Identität nicht voneinander zu trennen sind. Es ist daher überraschend, daß viele Erwachsene diese Repräsentation ihrer leibseelischen Einheit nicht besitzen. Auch hier wieder ist die Spaltung zwischen Körper und Seele nicht auf diejenigen beschränkt, die psychotischem Denken unterliegen. Überrascht entdeckt der Analytiker, daß manche seiner Patienten ihren Körper nicht bewohnen, während andere sich ihrer wahrnehmbaren Körperzustände nicht bewußt werden. Manche Körperteile, erogene Zonen und Sinnesorgane können aus dem Bewußtsein verschwinden, weil sie nicht zu psychischer Repräsentation gelangen. Die Gestalt der körperlichen Identität ist vom System der psychischen Repräsentation des Ich vollkommen abhängig. Repräsentationen, die *verdrängt* wurden, sind im Verlauf der Analyse sowohl dem Analytiker wie dem Analysanden relativ zugänglich. Diejenigen aber, die – wie in den oben zitierten Fällen – auf radikalere Weise von der Psyche abgewiesen wurden, treten nur versehentlich im analytischen Diskurs auf oder werden nur dadurch wahrnehmbar, *daß der Analytiker den Eindruck hat, daß etwas fehlt.*

Das psychosomatische Bild spielt für die Identität des Ich eine grundlegende Rolle, und die Art und Weise, in der eine Person ihren Körper erlebt, sagt uns viel über die Struktur ihrer Beziehungen zu anderen. Neurotische Beziehungen unterliegen weithin verdrängten Phantasien, die an erogene Zonen und deren Bedeutung geknüpft sind. Wir können dies als den »neurotischen« Körper bezeichnen. Wenn aber der Körper nicht mehr das bedeutet, was ein Subjekt vom anderen und das Innen vom Außen trennt, und wenn eine Person nicht mit Gewißheit glaubt, daß sie ihren Körper bewohnt, dann laufen die Beziehungen zu anderen Gefahr, konfus zu werden oder Angst auszulösen. In einer ähnlich mißlichen Lage können Verwechslungen zwischen einzelnen Körperteilen entstehen, oder es tritt eine Verdichtung bei der Repräsentation verschiedener Zonen und Organe im Körperbild auf. Dadurch entsteht ein »psychotischer« Körper. Bemerkenswert ist, daß dieser Körper verdrängten neurotischen Phantasien ähnelt und natürlich jedem, der träumt, vertraut ist.

Für wieder andere Menschen ist der Körper als psychisches Objekt weder neurotisch noch psychotisch, sondern offenbar ohne jede Besetzung. Seine somatischen und affektiven Botschaften werden weder als Träger verbotener Antriebe betrachtet noch als Anzeichen überirdischer Macht gefürchtet. Aufgrund anderer psychischer Kräfte, die unerkannt bleiben, werden die seelischen Repräsentationen des Körpers entweder verleugnet, oder es wird jede Besetzung von ihnen abgezogen. Wenn sie zur Kenntnis genommen werden, wird ihnen jede Bedeutung genommen, und sie werden vom Bewußtsein verworfen. In solchen Fällen folgen die Beziehungen zu anderen häufig demselben Muster, das heißt, der psychischen Wirklichkeit anderer oder der Bedeutung der eigenen Beziehung zu ihnen scheint jede Besetzung entzogen. Diese taubstumme Beziehung zwischen Seele und Körper ist das Kennzeichen eines »psychosomatischen« Körpers.

Jeder Mensch besitzt alle drei dieser »Körper« mit ihrem Potential an Symptomen. Die je verschiedene Struktur der Beziehung eines Ich zum Körper, die ich als Psychosoma bezeichne, läßt sich am besten an Menschen untersuchen, bei denen eine der drei somatopsychischen Grundhaltungen vorherrschend ist. Ich werde dies ausführlicher im nächsten Kapitel behandeln.

Zum besseren Verständnis des psychischen Funktionszusammenhangs des »psychosomatischen« Körpers, um den es in diesem Kapitel in erster Linie geht, ist die Frage einer *Repräsentation* des körperlichen oder seelischen *Schmerzes* von zentraler Bedeutung. Sie bietet besondere Schwierigkeiten, da eine analytische Beobachtung psychosomatischer Phänomene damit fertigwerden muß, daß die Repräsentationen, die sie untersuchen will, gerade fehlen. Welche Spuren dieser fehlenden Repräsentationen dürfen wir zu finden hoffen?

Es gibt zahlreiche Umstände, unter denen es relativ einfach ist, die Fähigkeit der Psyche zu beobachten, körperlichen Schmerzen die Anerkennung zu verweigern. Menschen, die sich selbst verstümmeln, sind in Augenblicken großer psychischer Spannung in der Lage, den Schmerzen gegenüber, die sie sich zufügen, vollkommen unempfindlich zu sein. Katatonische Patienten empfinden ebenso wie bestimmte Mystiker oder wie Menschen, die über glühende Kohlen laufen,

keinerlei Schmerz unter Bedingungen, unter denen andere sehr stark leiden würden. Bekanntlich können körperliche Schmerzen so weit *erotisiert* werden, daß manche Menschen, weit davon entfernt, Schmerz zu empfinden, orgastische Erlebnisse haben. Ein weiteres Beispiel bieten Patienten, die unter starken Belastungen »somatisieren«. Manche von ihnen sind in der Lage, die Schmerzsignale des Körpers so lange zu ignorieren, bis sie schwer erkranken; ein Beispiel hierfür ist der Fall von Paul Z. (vgl. Kapitel X). Ähnliches habe ich bei einer Reihe von Patienten mit Lungentuberkulose beobachtet. Durch das feine Zusammenspiel von Spaltungsmechanismen, Projektionen und psychischen Abweisungen ist die menschliche Psyche in der Lage, jede Spur einer Wahrnehmung von körperlichem Schmerz zu vermeiden, zu verleugnen oder gar vollständig zu verwischen. Dadurch wird die psychosomatische Einheit zerrüttet.
Es erhebt sich hier die Frage nach den psychischen Faktoren, die psychotischen Zuständen, mystischen Erfahrungen, sexuellen Perversionen und psychosomatischen Erkrankungen gemeinsam sind. Diese verschiedenen psychischen Phänomene sind wohl zu Zeiten jedermann erreichbar. Sie bilden eine archaische Grundschicht der menschlichen Psyche. Welche Antwort man auf diese verschiedenen Rätsel auch immer finden mag, so läßt sich gegenwärtig zumindest die These vertreten, daß jedes von ihnen einen Versuch zur Selbstheilung angesichts überwältigender Konflikte darstellt, bei denen es unter anderem um jene Ansammlung psychischer »Tatsachen« geht, die die psychosomatische Identität eines Individuums darstellen. Im Vorbeigehen sei bemerkt, daß das Wort »psychosomatisch« in der Sprache der Psychoanalyse sich unweigerlich auf eine Pathologie der Psychosomatik bezieht, als fehlte uns der Begriff einer nichtpathologischen psychosomatischen Einheit. Wenn die Rätsel psychosomatischer Schmerzen und Erkrankungen begrifflich schwer zu erfassen sind, so ist eine Formulierung dessen, was eigentlich psychosomatische Gesundheit und psychoso-

matische Lust ausmachen könnte, noch schwerer zu finden – gleichgültig, ob es sich dabei um die Lust an einem gesunden Körper, um sexuelle Lust oder um die umfassende Freude daran handelt, sich voll und ganz lebendig zu fühlen. All diese Erscheinungen sind im wesentlichen psychosomatische Phänomene.

Wie die Psyche körperlichen Schmerz ignorieren kann, so kann sie ganz ähnlich auch seelischen Schmerz verleugnen. Angesichts der radikalen Verschiedenheit des Seelischen und des Körperlichen führt jedoch diese Ähnlichkeit eher zur Verwirrung als zur Aufklärung der hier behandelten Zusammenhänge. Für einen Säugling gibt es mit Sicherheit keine Unterscheidung zwischen schmerzhaften Körperempfindungen und schmerzhaften Affektzuständen. Da ihm die Fähigkeit zu symbolischer Repräsentation fehlt, kann er weder über seinen Körper und dessen Empfindungen nachdenken noch seine eigenen schmerzhaften Affektzustände erkennen. Er kann nur auf die verschiedenen Formen des Leidens im Augenblick ihres Entstehens *reagieren*. Die häufig vertretene Auffassung einer gemeinsamen psychosomatischen Matrix, aus der sich Körper und Geist schließlich entwickeln, ist nicht frei von theoretischen Widersprüchen. Wäre es nicht plausibler, von der Annahme auszugehen, daß es von Beginn des Seelenlebens an eine »Psyche« gibt, deren Aufgabe darin besteht, somatische Vorgaben bildlich zu registrieren? Aufgrund der Arbeit von Castoriadis-Aulagnier (1975) können wir die Existenz eines ursprünglichen Prozesses [*procès primordial*] (im Unterschied zum Primär- und Sekundärprozeß) postulieren, der das ganze Leben hindurch jedem psychischen Funktionszusammenhang zugrundeliegt.[1] Ohne eine derartige Annahme würde der Säugling weder auf die Bedürfnisse seines Körpers noch auf die An-

1 Ich bin Castoriadis-Aulagnier für ihr erhellendes Modell der Beziehung zwischen Geist und Körper sowie der seelischen Repräsentation ebenso verpflichtet wie für das Konzept eines ursprünglichen Prozesses, auf das ich noch eingehen werde.

triebe des Es reagieren und könnte biologisch kaum überleben. Doch die komplizierte Aufgabe der Symbolisierung wird nicht spontan gelöst. Die Fähigkeit des heranwachsenden Kleinkinds, seine körperlichen und seelischen Erlebnisse sprachlich zu codieren, ist in einzigartiger Weise abhängig von der Art seiner Beziehung zur Mutter; denn sie muß in erster Linie die Schreie und Gebärden ihres Säuglings *deuten*. (Kapitel IV handelt von der »primitiven Kommunikation« und beschreibt, wie bestimmte klinische Anzeichen erkennen lassen, daß diese frühe Kommunikation zwischen Mutter und Säugling teilweise zusammengebrochen war.) Von der Mutter lernt das Kind die Worte für die verschiedenen Körperzonen und erfährt deren Bedeutung. Sie vermittelt ihm das Ausmaß des phantasmatischen Raums, den die erogenen Zonen einnehmen, und insbesondere die Art der Beziehung zwischen jeder Zone und ihrem Komplementärobjekt. Dieses letztere ist die Grundlage, auf der sich der Bau des Psychosoma erheben wird.
Ein weiteres Element von grundlegender strukturierender Bedeutung für die psychosomatische Verfassung des Säuglings besteht in der Rolle der Mutter bei der Vermittlung von *Wörtern für die Affekte*. Da dem Säugling eine Sprache für seine Gefühlszustände fehlt, ist er nicht in der Lage, mit diesen angemessen umzugehen. Nur in der besonderen Beziehung von Mutter und Säugling kann das Kind hoffen, einen Körper zu erlangen, der symbolische Bedeutung besitzt, und nur auf diesem Wege kann es sich dessen zahlreicher Botschaften bewußt werden und das, was physisch und emotional mit ihm geschieht, in verbalem Denken und in Phantasien symbolisch verarbeiten.
Diese frühe psychische Basis bestimmt in beträchtlichem Ausmaß die Fähigkeit von Erwachsenen, ihre persönliche psychische Realität zu erkennen und zu erfassen bzw. anderen mitzuteilen. Der allmähliche Erwerb einer intakten psychosomatischen Einheit setzt daher voraus, daß das Körperbild, die erogenen Zonen sowie die zu ihnen gehörenden

Affekte und Empfindungen einer Symbolisierung zugänglich sind.

Offensichtlich ist eine schwerwiegende Unterbrechung in der Übermittlung von Affekten potentiell gefährlich. Affektive Trägheit ist in erster Linie als Manifestation bestimmter psychotischer Zustände untersucht worden (so etwa einer ausgeprägten Hypothymie in Verbindung mit bestimmten Erscheinungsweisen von Schizophrenie). Dieselbe affektive Apathie kann jedoch auch auf subtile Weise bei anderen, nicht-psychotischen Charakterstrukturen auftreten. In der Darstellung des »Anti-Analysanden« (Kapitel VI) haben wir bereits einen Ausdruck dieses Symptoms sowie die schweren Widerstände gesehen, zu denen es in der Analyse führen kann. Im vorliegenden Kapitel geht es mir darum, seine Bedeutung unter dem Gesichtspunkt des Psychosoma und der Bedrohung für die psychosomatische Einheit zu behandeln.

Im Gegensatz zur *Repräsentation von Vorstellungen* ist der *Affekt* ein Grenzbegriff der sowohl Körper wie Psyche umfaßt und keineswegs als rein psychisches Phänomen betrachtet werden kann. Als lebenswichtige Verbindungsglieder bilden die Affekte lange vor dem Erwerb der Sprache die frühesten Elemente der symbolischen Struktur, in der sich das somatische Selbst repräsentieren kann. Außerdem stellen sie jenen imaginären Ort bereit, an dem sich das Ich – zumal das des sprechenden Subjekts – später ansiedeln kann. Das Verständnis der psychosomatischen Pathologie führt uns unausweichlich zu einem besonderen Interesse an der Wahrnehmung von Affektzuständen sowie an der Art, in der die Mutter sie jeweils auffaßt.

Die Wahrnehmung des affektiven Erlebens eines Kleinkinds (zunächst durch die Mutter, später durch das Kind selbst) spielt eine bedeutende Rolle bei der Konstruktion und Aufrechterhaltung der psychosomatischen Integrität ebenso, wie sie wesentlich zum Verständnis von deren Pathologie beiträgt. Die Sprache selbst enthüllt uns das Ausmaß, in dem Empfindungen und Emotionen tief im Körper verwurzelt sind. Jede Metapher trägt ein unauslöschliches Kennzeichen ihres Ursprungs im Körper. In dem Maße, in dem Menschen sich ihrer Gefühle bewußt werden und sie bereitwillig anderen mitteilen, fühlen sie sich von bestimmten Ereignissen »niedergeschmettert«, von Leiden »zerrissen«, von Wut »erstickt«, »verzweifelt« vor Enttäuschung, von »brennendem« Schmerz über einen Verrat »verletzt« usw. Andere Metaphern, die ebenfalls sehr aussagekräftig sind, werden zur Mitteilung von Freude und Glück verwendet. Diese enge wechselseitige Verbindung von Geist und Körper über die Affekte wird zu einer schwerwiegenden Angelegenheit, wenn die Zirkulation zwischen beiden blockiert und insbesondere die Abfuhr schmerzhafter Affekte unmöglich gemacht wird. Obwohl das metapsychologische Problem der Affekte überaus komplex ist, sind ihre biologischen Funktionen relativ leicht zugänglich. Die Übermittlung affektiver Reaktionen dient dazu, die Psyche mit wichtigen Informationen über den Körper und dessen dringendste Bedürfnisse zu versorgen.

Darüber hinaus warnt sie vor herannahenden psychischen Belastungen oder Entbehrungen. Wenn diese wichtige Verbindung abgeschwächt oder gar vollständig unterbrochen würde, hätte dies ernste Konsequenzen. Die grundlegenden Arbeiten von Engel (1962, 1967) geben wertvolle Aufschlüsse über diesen Aspekt psychosomatischer Störungen. Gefühle des Schmerzes, der Verzweiflung, der Leidenschaft, Schuld und Wut können unter Umständen nicht zu psychischer Repräsentation gelangen und damit einer Person nicht als jene Information zur Verfügung stehen, auf deren Grundlage sie klar zu denken und schließlich angemessen zu handeln vermag. Die psychische ebenso wie die biologische Unversehrtheit können daher gefährdet sein, wenn körperlicher und seelischer Schmerz psychisch nicht repräsentiert werden.

»Der Schmerz ist an den Grenzen und an den Berührungspunkten von Körper und Geist, von Leben und Tod angesiedelt«, schreibt Pontalis in seinem einfühlsamen Buch über den psychischen Schmerz (1977). Pontalis gibt einen Abriß von Freuds Lehre mit ihren immer erneuten Versuchen, die in der Erfahrung von körperlichem und seelischem Schmerz wirksamen Mechanismen zu unterscheiden sowie die Faktoren zu definieren, welche die Unlust der Angst vom Schmerz der Trauer unterscheiden (oder eben gerade nicht unterscheiden).

Es ist hier nicht meine Absicht, auf diese subtilen Unterschiede einzugehen. Obwohl sie wichtig sein mögen, hat die vollständige Abweisung von Schmerz und Trauer aus dem Seelenleben ähnliche Auswirkungen auf die psychische Ökonomie. Die Nichtanerkennung angstauslösender Faktoren und die Unterdrückung depressiver Affekte sind für die Einheit des Psychosoma gleich bedrohlich. Bleibt die Seele schmerzhaften Affekten gegenüber gleichmäßig taub, dann überrascht es nicht, daß das unterbrochene Verbindungsstück von Geist und Körper einen günstigen Nährboden für psychosomatische Erkrankungen abgibt. Wo eine psychische Anpassung hätte stattfinden müssen, handelt der sich selbst überlassene Körper nach seinem eigenen biologischen »Wissen«, welches notwendig zu einer unangemessenen und in der Tat falschen Reaktion auf belastende Umstände führt.

Psychoanalytische Untersuchungen psychosomatischer Krankheiten haben zwei wichtige Konzepte zum Problem abgeflachter Affekte erbracht. Es handelt sich dabei zum einen um das des *operationalen Denkens* (in Verbindung mit dem Begriff der »operationalen« Persönlichkeitsstruktur), das von Analytikern der Pariser Schule (Marty u. a. 1963) entwickelt worden ist; zum anderen um das von Nemiah und Sifneros (1970 a, 1973) ausgearbeitete Konzept der *Alexithymie*. Das operationale Denken bezieht sich pragmatisch auf Menschen und Ereignisse. Es bedingt eine Art von Objektbeziehungen mit verarmter libidinöser Besetzung und einen Mangel an emotionaler Reaktion auf entscheidende

Momente oder traumatische Verluste im Leben der betreffenden Menschen. Das Beobachtungsmaterial, das diesen Konzepten zugrundelag, bestand weithin aus Erstinterviews auf psychosomatischen Stationen, an die die Patienten wegen ihrer somatischen Symptome überwiesen worden waren. Das erste Interview dieser Art, dessen Aufzeichnung ich hören durfte, hat mir einen unauslöschlichen Eindruck hinterlassen. Es stellt ein klassisches Beispiel für das dar, was mit dem Begriff *pensée opératoire* gemeint ist. Eine junge Frau, die an einer akuten und schweren geschwürigen Kolitis litt, beschrieb den Beginn ihrer Krankheit, behauptete jedoch, daß keinerlei außergewöhnliche Umstände in jener Zeit zu besonderen Belastungen geführt hätten. Erst als der Interviewer darauf bestand, versuchte sie, die vorhergehenden Wochen zu rekonstruieren. Mit leiser, nicht emotionaler Stimme berichtete sie, daß sie von ihrem Verlobten während des gemeinsamen Urlaubs plötzlich brutal verlassen worden war. Etwas später fügte sie hinzu, daß sie schwanger sei und mit diesem Umstand fertig werden müsse, ohne daß ihre Eltern etwas davon merkten. Diese junge Patientin machte den Eindruck eines Menschen, dem es verboten ist, das geringste Anzeichen emotionalen Schmerzes zu zeigen, und der sich statt dessen anstrengen muß, die Auswirkungen einer traumatisierenden Situation, über die er keinerlei Kontrolle besitzt, herunterzuspielen. Damals schien mir, daß diese junge Frau aus unbekannten Gründen unfähig war, die Trauerarbeit nicht nur um ihren Geliebten, sondern auch um ihr Kind zu leisten. Sie war erkrankt wie ein kleiner Säugling, der auf katastrophale Weise in einem Alter von seiner Mutter verlassen wird, in dem er weder psychisch noch gedanklich oder verbal damit fertig werden kann. Man erwartet jedoch bei einem Erwachsenen, der plötzlich verlassen wird, keine Diarrhöe. Dies um so weniger, wenn Betroffenheit oder emotionaler Schmerz offenkundig fehlen. Es wäre irreführend anzunehmen, daß die Patientin, von der hier die Rede ist, einfach ihre Gefühle *verleugnete*. Sie war sich ihrer durchaus nicht bewußt. Denkbar ist dagegen, daß ein Säugling sein affektives Erleben nicht reflektieren kann und ein *mütterliches Objekt braucht, das für ihn denkt.* Diese wichtige Funktion ist von Bion als die Fähigkeit der Mutter zur »Träumerei« [*rêverie*] beschrieben worden. Sie muß als »Behälter« der Schmerzzustände ihres Säuglings fungieren und damit angemessen auf dessen Bedürfnisse reagieren. Es ist dies ein Teil der von mir als »primitiv« bezeichneten Kommunikation zwischen Mutter und Kind. Im Kapitel IV habe ich den Fall eines Patienten berichtet, der an keinerlei manifesten psychosomatischen Störungen litt, um zu zeigen, wie eine Störung in dieser frühen Entwicklungsphase sich äußerst stark auf die Fähigkeit eines Erwachsenen auswirken kann, über seine emotionalen Schmerzen nachzudenken und mit ihnen umzugehen.

Zwischendurch sei bemerkt, daß jene Erwachsenen, die psychischen Schmerz in bemerkenswertem Umfang unterdrükken, wo eine intensive emotionale Reaktion von ihnen zu erwarten wäre, häufig den Eindruck machen, furchtlos, unerschütterlich und fähig zu sein, mit jeder Art von Katastrophe, die über ihnen zusammenbricht, fertig werden zu können. Dies mag als eine *Überanpassung* an die äußere Wirklichkeit betrachtet werden. Wahrscheinlicher ist jedoch eine derartige »Stärke« angesichts belastender Ereignisse eher ein Anzeichen einer schwachen Persönlichkeitsstruktur.

Wo das Ausbleiben einer Reaktion besonders bemerkenswert ist, hat man den Eindruck einer schizoiden Detachiertheit oder eines psychopathischen Zynismus anstelle einer angemessenen Verhaltensweise. Das war der Fall bei einem Patienten mit einer sogenannten »psychosomatischen« Persönlichkeitsstruktur, der mit seinem Auto eine Frau mit einem Säugling im Kinderwagen überfuhr und beide schwer verletzte. Als ein Analytiker ihn im Erstinterview fragte, was er bei diesem Unfall empfand, antwortete er: »Oh, ich habe mir keine Sorgen gemacht. Ich bin voll versichert!« Es ist schwer vorherzusehen, ob ein solcher Patient nicht vielleicht eines Tages weniger voll dagegen versichert sein wird, daß er in sich den Wunsch entwickelt, eine Mutter und ihren Säugling zu töten.

Eine andere Patientin erlitt einen beinahe tödlich verlaufenden Anfall einer geschwürigen Kolitis infolge eines Verkehrsunfalls, bei dem ihre Eltern und ihr Verlobter ums Leben kamen. Ihr einziger Kommentar: »Ich wußte, daß ich mich jetzt zusammenreißen muß.« Man darf sich fragen, ob sie die psychologische Wahrheit hinter dieser brutalen Äußerung hätte ertragen können, daß nämlich ihre psychische Welt durch diesen Doppelunfall erschüttert worden war und daß sie selbst Gefahr lief, auseinanderzufallen.

Der Begriff der *Alexithymie* bezeichnet, wie sein Name sagt, eine besondere Unfähigkeit, emotionale Zustände zu benennen oder ihr Vorhandensein anzuerkennen. Ähnlich wie bei den Untersuchungen zum operationalen Denken sind auch die Beobachtungen, die zu diesem Begriff geführt haben, in Erstinterviews und kurzen Psychotherapien gemacht worden. Sifneos führt den in der Alexithymie zutage tretenden Mangel auf eine Schwierigkeit bei der sprachlichen Symbolisierung zurück. Andere Veröffentlichungen (Sifneos 1974; Nemiah und Sifneos 1970 b) unterstellen einen irreversiblen physiologischen Defekt. Dabei scheint es sich um eine voreilige und nicht sonderlich kreative Hypothese zu handeln. Obwohl natürlich eine Unterbrechung der Fähigkeit zur Symbolisierung in psychischen Konfliktsituationen zu einer Schwächung der Fähigkeit führen kann, über sich selbst und die Beziehung zur Welt der anderen nachzudenken, werfen die Gründe eines derartigen psychischen »Mangels« Fragen auf, die unter psychoanalytischem Gesichtspunkt zu einer *Erörterung der Veränderungen der psychischen Repräsentation und der Transformationen führen, denen das affektive Erleben ausgesetzt ist, wenn es von jeder seelischen Repräsentation abgespalten wird.* Da wir es hier mit einer Repräsentation des Körpers und der Erfassung von Repräsentanten

affektiver Triebregungen zu tun haben, ist es überaus wahrscheinlich, daß die mit der psychosomatischen Pathologie in Verbindung stehenden Phänomene mit primitiven und präverbalen psycho-biologischen Vorgängen zu tun haben, die nicht in genuin symbolische, einer psychischen Repräsentation zugängliche Prozesse umgewandelt worden sind. Dabei erhebt sich die wichtige Frage, welche Faktoren in der Struktur des Seelenlebens dafür verantwortlich sind, daß eine für das psychosomatische Wohlbefinden so unerläßliche Information aus dem Bewußtsein ausgeschlossen bleibt. Ich möchte noch einmal wiederholen, daß eine Somatisierung angesichts einer affektiven Überlastung oder eines traumatischen Ereignisses bei jedermann auftreten kann, auch wenn er im Gegensatz zu vielen Menschen, die psychosomatisch leiden, auf mancherlei andere Weise mit seelischen Konflikten und Schmerzen fertig zu werden vermag. *Können wir uns also mit der Erklärung zufriedengeben, es handle sich hier einfach um einen symbolischen, libidinösen oder physiologischen Mangel?* Diese Auffassung dient nur dazu, Reaktionsweisen negativ zu definieren, die in vieler Hinsicht mysteriös bleiben und auf die eine befriedigende Antwort noch aussteht. Wenn es sich denn um einen »Mangel« handelt, dann steckt er sehr viel wahrscheinlicher in unseren unzureichenden Kenntnissen. Dasselbe ließe sich von der »psychosomatischen Persönlichkeit« sagen. Obwohl sie klinisch zu beobachten ist, bleibt sie nicht auf diejenigen beschränkt, die »somatisieren«. Auch dieser Begriff trägt zur theoretischen Klärung wenig bei.
In der psychischen Geschichte des Individuums muß der offenkundigen »Leere« eine positive Bedeutung zukommen. Die beiden erwähnten Begriffe haben das Feld unserer wissenschaftlichen Beobachtungen erweitert, das nun im Hinblick auf den geheimnisvollen psychosomatischen »Sprung« psychoanalytisch näher untersucht werden muß. Mehrere Analytiker haben hierzu anregende Hypothesen entwickelt. Im Kapitel IX haben wir gesehen, daß ein dritter Ansatz

psychosomatischen Symptomen nach dem Schema neurotischer Symptome eine symbolische Bedeutung zu geben suchte. Selbst wenn die unbewußten »Bedeutungen«, die einem Magengeschwür, einer geschwürigen Kolitis oder dergleichen zugeschrieben werden, zu unserem Verständnis der Ursachen wenig beitragen, scheint mir die Hypothese einer psychobiologisch fundierten *archaischen Form von Hysterie* insbesondere deshalb nicht auszuschließen, weil psychosomatische Symptome häufig eine neurotische Wendung nehmen. Häufig läßt sich beobachten, daß Patienten nach einer analytischen Exploration ihrer ödipalen Konflikte ein sehr viel stabileres psychosomatisches Gleichgewicht erlangen. Aber die narzißtische Ökonomie, die das Selbstbild aufrechterhält und sich auf subtile Weise in den Beziehungen zu anderen Ausdruck verschafft, bedroht weiterhin das psychosomatische Gleichgewicht, sobald in den Objektbeziehungen oder in der narzißtischen Besetzung der eigenen Identität Konflikte entstehen.

Ein weiterer Beitrag zum Verständnis psychosomatischer Phänomene stammt aus den Beobachtungen von psychotischen Patienten. Pankow (1969), die das Körperbild und dessen diagnostischen und dynamischen Wert bei der Unterscheidung hysterischer von psychotischen Zuständen ausführlich untersucht hat, bemerkt, daß viele psychotische Patienten körperlich erkranken, sobald ihre psychotische Dissoziation zu heilen beginnt. Ein Psychotiker, so behauptet sie, steckt nicht »in seiner Haut« und hat das Gefühl, ohne Grenzen zu sein. Ihm fehlt ein internalisiertes Bild seiner selbst und seines Körpers, das ihn in die Lage versetzt, ein einheitliches Bild seiner selbst im Hinblick auf andere aufrechtzuerhalten. Frau Pankow fragt sich, von welchem Punkt an wir annehmen dürfen, daß ein psychotischer Patient in seiner eigenen Haut lebt. Sie bezieht sich dabei auf bestimmte Phänomene, insbesondere auf die Fähigkeit von Patienten, nach einer Phase der Dissoziation und der Wahnbildungen körperlich an Fieber, Verdauungsstörungen,

Asthmaanfällen oder Dermatosen zu leiden. Sie gelangt zu dem Schluß, daß diese Patienten vermittels einer psychosomatischen Erkrankung dahin gelangen können, ihren Körper zu bewohnen. Die von Pankow beschriebenen Phänomene sind auch in der Analyse von Patienten zu beobachten, die sehr viel weniger krank sind als die von ihr untersuchten – das heißt von Patienten, bei denen die Bedeutung von Worten oder der Sprachgebrauch nicht verwirrt ist, die aber nichtsdestoweniger zu ihrer Umwelt Beziehungen unterhalten, die auf psychotischen Mechanismen beruhen, in denen etwa eine andere Person unbewußt einen Teil des Subjekts repräsentiert und dieses seiner subjektiven Identität versichert. Störungen in der Beziehung zu einem derart privilegierten Objekt können auch psychosomatische Reaktionen hervorrufen, die zwar schwer sein mögen, oft aber insofern gutartig sind, als durch sie das Subjekt zu einer plötzlichen Vergegenwärtigung seiner Identität sowie (nach Pankow) seiner körperlichen und seelischen Grenzen erwacht. Auffällig ist, daß derartige Unterbrechungen einer narzißtischen Bindung zu akuten *psychotischen* Episoden bei Patienten führen können, die dazu prädisponiert sind.
Eine meiner Patientinnen, die sich während einer vierjährigen Analyse nie der geringsten körperlichen Störung bewußt war, richtete den größten Teil ihrer psychischen Energie darauf, spiegelbildliche Beziehungen zu Freunden und Geliebten zu unterhalten. Als sie anfing, von anderen nicht mehr wie von einer Droge abhängig zu sein und mehr über sich selbst nachzudenken, wurde sie sich, wie sie sagte, »einer neuen Dimension meiner selbst bewußt, die ich vorher nie vermißt hatte. Ich kann jetzt manchmal krank werden. Ich erkälte mich, habe leichtes Fieber, bin erschöpft, habe Kopfschmerzen – und all diese Anzeichen sind mir sehr wichtig. Sie machen mir bewußt, daß ich einen Körper habe, der Liebe braucht, und daß ich Grenzen besitze. Dadurch fühle ich mich sehr viel lebendiger und erhalte die Möglichkeit, für mich selbst und für meinen Körper zu sorgen.«

Ausschließlich unter diesem Gesichtspunkt könnte man versucht sein zu behaupten, daß die Erkenntnis, einen zum Leid ebenso wie zur Lust bereiten Körper zu besitzen, tatsächlich einen Fortschritt darstellt. Offensichtlich impliziert das Bewußtsein einer somatischen Erkrankung, daß das Ich seinen Körper als persönlichen Besitz erkennt und daß der Bereich des Psychosoma als Einheit fungiert. Eine psychosomatische Erkrankung kann wertvolles Selbstbewußtsein mobilisieren und insofern zahlreichen anderen traumatischen Erlebnissen wie etwa Unfällen angeglichen werden, die es einem Individuum gestatten, seinen Körper, dessen Grenzen und biologische Funktionsweise anders zu besetzen. Derartige neu erwachte Besetzungen gehören jedoch zur Kategorie der »sekundären Krankheitsgewinne«. Diese Phänomene können nicht zufriedenstellend teleologisch interpretiert werden. Man kann also nicht sagen, ein bestimmter Patient habe es sich gestattet, krank zu werden, *um* zu sich selbst zu finden oder die Aufmerksamkeit anderer auf sich zu ziehen. Seine Erkrankung kann nur im Nachhinein, aber nicht ursächlich diese Bedeutung haben.

Um auf die sogenannte »psychosomatische Persönlichkeit« zurückzukommen, so scheint mir aufgrund eigener klinischer Beobachtungen, daß die scheinbare Detachiertheit und die libidinös verarmten Objektbeziehungen des »operationalen« Denkens und Empfindens ebenso wie die Armut im kommunikativen Affektausdruck gegenüber anderen ein positives Ziel verbergen – die frühzeitige Schaffung einer schützenden psychischen Barriere. Mir erscheint es überaus wahrscheinlich, daß eine derartige Charakterstruktur eine massive und archaische Form der Abwehr von seelischem Schmerz in allen seinen Erscheinungsweisen darstellt – in der Beziehung zum eigenen Selbst, zu bestimmten Triebansprüchen und im Kontakt mit anderen. Die Wurzeln einer solchen Abwehr müssen mit der Art und Weise zusammenhängen, wie eine Interaktion mit anderen in den unbewußten Phantasien eines Individuums besetzt wird. Offenkundig ist diese Abwehr extrem gefährlich für das seelische und körperliche Wohlbefinden einer Person, denn sie läuft Gefahr, die Unterscheidung zwischen innerem und äußerem, seelischem und körperlichem Schmerz zu verwischen. Die angeblich von einem Anderen ausgehende Gefahr führt dazu, daß ihm ein äußerst reduzierter psychischer Raum zugemessen wird. Notwendig wird diese Maßnahme, um eine introjektive, tendenziell desintegrierende Identifizierung mit dem Anderen zu vermeiden.

Im Verlauf meiner psychoanalytischen Arbeit mit derartigen Patienten ist mir deutlich geworden, daß diese ihr Verhältnis zur Welt in der Weise regeln, daß sie einen »sterilen« Raum schaffen, der scheinbar ohne jeden Affekt und ohne jede libidinöse Besetzung ist, um die Identität ihres Ich aufrechtzuerhalten. Die Patienten schützen sich nicht nur gegen die Angst vor möglichen Frustrationen, die bei allen Objektbeziehungen auftreten kann, sondern auch gegen die unbewußte Phantasie, die überwältigenden Emotionen nicht beherrschen und verarbeiten zu können, die sich im Kontakt mit anderen ständig zu entwickeln drohen. Solche Ängste gipfeln schließlich in der Phantasie, von den Problemen anderer, ihrem psychischen Schmerz oder gar ihren körperlichen Leiden absorbiert zu werden. Die Phantasie einer gegenseitigen Durchlässigkeit und Vermischung ohne jede Vergewisserung der eigenen Fähigkeit, solche Konfusion der Identitäten zu beherrschen, birgt das Risiko einer wechselseitigen und schließlich tödlichen Zerstörung in sich. Die Geschichte von Sabine (Kapitel VIII) ist ein Beispiel hierfür. Die Analyse dieser Patientin führte dazu, daß schwere psychosomatische Symptome (einer rheumatischen Erkrankung) verschwanden, die sie arbeitsunfähig gemacht hatten und die sie während der ersten beiden Jahre ihrer Analyse bei mir nicht erwähnt hatte.

Die Vorstellung eines »leeren« oder »sterilen« Raums, die ich hier für die »alexithymische« Störung oder die »operationale« Beziehung vorschlage, läßt sich leichter auf Analysanden anwenden, die keine »typischen psychosomatischen« Patienten sind. Gemeint sind damit Patienten, die über eine psychische Abwehr durch neurotische oder charakterliche Symptome ebenso verfügen wie über sporadische oder häufiger auftretende psychosomatische Beschwerden wie etwa isolierte allergische Reaktionen, Verdauungsstörungen, Herzbeschwerden oder Immunschwächen bei besonderen Belastungen. Patienten, deren Abwehrformation eine regelrechte Panzerung bildet, benötigen oft viele Jahre, bevor die abgewiesenen Repräsentationen und die unterdrückten Affekte, die diesen »sterilen« Raum umgeben, sichtbar und verbalem Denken bzw. psychischer Verarbeitung zugänglich werden.

Ein Schriftsteller, der die Analyse wegen schwerer Arbeitsstörungen und beträchtlicher Ängste aufsuchte, die durch nicht akzeptierte homosexuelle Antriebe entstanden waren, litt auch unter schweren untypischen Allergien der Haut. Im Laufe seiner Analyse wurde deutlich, daß seine psychische »Haut« sehr zart war und bei dem geringsten Anlaß zu »brennen« begann. Seine immer wiederkehrenden Schwierigkeiten mit anderen waren paranoid getönt. Seine doppelte, also somatische und psychische Sensibilität im Kontakt mit der Außenwelt drückte sich auf zweierlei Weise aus, wodurch zwei Arten angezeigt zu werden schienen, mit grundlegenden unbewußten Gefahren fertig zu werden. Jedesmal, wenn dieser Patient Zeuge eines kleineren Unfalls wurde, bei dem sich jemand zum Beispiel einen Finger brach oder Schürf- bzw. Brandwunden holte, tat ihm selbst sofort ein Finger weh bzw. seine Haut brannte. Es handelt sich hier um psychobiologische Reaktionen primitiver Art, um eine »archaische Hysterie«, bei der die Angst nicht so sehr wie bei der einfachen Hysterie auf der phallischen Stufe angesiedelt ist, sondern sich stärker auf eine Verwischung der Körpergrenzen zwischen Personen bezieht. Dies führt zur Frage einer »archaischen Sexualität«, deren Triebregungen zu einer globalen körperlichen Vereinigung mit dem Anderen streben. Wie bei der Konversionshysterie erscheint auch hier die Triebregung blockiert, während als einzig sichtbares Anzeichen ihrer Existenz das Symptom übrig bleibt. Der Unterschied zwischen dieser »psychosomatischen Hysterie« und der neurotischen ist jedoch beträchtlich. Nach Freuds Auffassung ist das neurotische Symptom ein Ersatz für die sexuelle Betätigung des Patienten (Freud 1905 a). Doras nervöser Husten drückte die unbewußte Phantasie eines oralen Koitus aus, den nach Doras Meinung ihr Vater mit Frau K. vollzog. Aus Freuds Lehre können wir weiter ableiten, daß während der zweiten Phase der Analyse, in deren Verlauf Doras homosexuelle Bindung an Frau K. deutlich wurde, derselbe »nervöse Husten« eine weitere Bedeutung annahm. Er konnte nunmehr als Zeichen einer Identifizierung mit Doras Vater angesehen werden, die unbewußt das Ziel verfolgte, sich Zugang zu dem ersehnten Objekt zu verschaffen.

Doras verdrängte, sowohl auf die heterosexuellen wie auf die homosexuellen Anteile des Ödipuskomplexes gerichteten Wünsche werden daher zugleich durch das Symptom ausgedrückt. Im Falle des Analysanden, dessen Haut »brannte«, liegt ein primitiverer sexueller Konflikt vor, doch das Symptom enthüllt dieselbe dynamische Bedeutung: die Abwehr des doppelten ödipalen Wunsches und der ihn begleitenden Kastrationsängste wird ersetzt durch die Abwehr des *Wunsches* nach Vereinigung und die ihn begleitende *Angst* vor einer Entdifferenzierung.

Derselbe Patient enthüllte eine komplexe Abwehrstruktur in Situationen, in denen er Gefahr lief, sich im Kontakt mit anderen »Brand-« oder »Schürfwunden« zuzuziehen. Er war zum Beispiel unfähig, einem Bericht über das Mißgeschick anderer oder über masochistisches Verhalten zuzuhören, ohne sofort mit heftiger Wut auf den Berichtenden zu reagieren. Er machte seinem Ärger in einer Weise Luft, die jede gefährliche Identifizierung mit der anderen Person wirksam verhinderte. Die Schwäche des Patienten in Situationen, in denen eine Verwechslung oder Vereinigung mit anderen möglich schien, ließ ihn bei jeder Gelegenheit der Gefahr aus dem Weg gehen, dem körperlichen oder seelischen Schmerz anderer ausgesetzt zu sein. Es war, *als würde er den Schmerz des Anderen unmittelbar als seinen eigenen erleben*. Der Analysand wies keinerlei Spur jener unbeteiligten oder sterilen Leere zwischen sich selbst und den anderen auf, die nach meinen Beobachtungen für »somatisierende« Patienten typisch ist. Dies schützte ihn zweifellos vor schwereren psychosomatischen Störungen, obwohl es ihn in eine Situation unausgesetzten neurotischen Leids und paranoider Charakterprobleme brachte. Seine Angst, *der Andere zu werden*, enthüllte ihr unbewußtes Gegenstück, seine Angst vor dem *Wunsch*, den Anderen *zu absorbieren* und von ihm *absorbiert zu werden*, also in einer symbiotischen Einheit zu verschmelzen. Jede derartige Phantasie versetzte den Patienten in helles Entsetzen, und er erkannte allmählich, daß er im ständigen Kampf gegen sie lebte.

Diese Art von psychischen Konflikten ist in der analytischen Praxis keineswegs selten. Sie führt zu vielen verschiedenen, häufig beunruhigenden »Lösungen«, etwa zu sexuellen Problemen verschiedener Art, die aus der Angst vor körperlichem Zerfall oder vor der Gefahr, die eigenen psychischen Grenzen zu verlieren, entstehen. Diese Angst mag zu einer »süchtigen« Form von Sexualität führen, welche sich der eigenen körperlichen und psychischen Grenzen zu versichern sucht, also zu einer Form von »operationaler« Sexualität, die man dem »operationalen Denken« angleichen kann. Es ist dies ein verbreitetes, wenn auch nicht stets gleichbleibendes sexuelles Verhaltensmuster schwer somatisierender Patienten, bei denen der Partner Gefahr läuft, als eigenständige Person mit einem eigenen psychischen Raum und eigenen Wünschen ignoriert zu werden. Dieses Element ist bei perversen Sexualbeziehungen häufig anzutreffen, obwohl es auch in normalen heterosexuellen Beziehungen auftritt (vgl. Kapitel I und II).

Die Suche nach der gefürchteten und ersehnten Verschmelzung mit dem Anderen wird auch bei weiteren Formen von Sucht deutlich. Drogen- und Medikamentenmißbrauch, extreme Abhängigkeit von Tabak oder Alkohol sowie gesteigerte Gefräßigkeit sind Beispiele, bei denen ein außermenschliches Objekt unbewußt die Rolle der *Mutter* in einer ersehnten Verschmelzung spielt. Alle derartigen Sucht-»Objekte« scheinen mir in die Kategorie der *pathologischen* Übergangsphänomene zu gehören.

Eine weitere Erörterung der psychischen Ökonomie des Suchtverhaltens würde über die Ziele dieses Kapitels hinausgehen. Ich möchte nur noch einmal betonen, daß im Fall des oben erwähnten Patienten, der glaubte, an Verbrennungen zu leiden, *in statu nascendi* die Art von psychischem Schmerz zu beobachten ist, die bei anderen zur Schaffung einer charakterlichen Schutzpanzerung oder Abwehrorganisation führen würde, die wir heute als »psychosomatisch«, »schizoid« oder »narzißtisch« bezeichnen würden. Opfer dieses entleerten Raumes werden leicht taub für ihr eigenes Leiden sowie für das der anderen. Das einzig sichtbare Zeichen ihres Leidens bleibt die »Leere«.

Bemerkenswert ist die Ähnlichkeit zwischen dem günstigen Nährboden, den dieser sterile Raum zwischen dem Subjekt sowie seinen inneren und äußeren Objekten bietet, und den in manchen psychotischen Zuständen zum Vorschein kommenden Phänomenen. Rosenfeld (1981) beschreibt diese Art von psychischem Arrangement als projektive Identifizierung. Nach seiner Ansicht ist es häufig möglich, bei der Analyse von Schizophrenen die Wurzeln dieser Projektion bis zu ihren Ursprüngen zurückzuverfolgen. Dabei läßt sich beobachten, daß diese Patienten in Augenblicken, in denen sie sich in Liebe oder Haß einer anderen Person nähern, Gefahr laufen, *sich selbst mit dem Objekt ihrer Leidenschaft zu verwechseln.* Trotz dieser Ähnlichkeit gibt es hier einen wichtigen Unterschied. Die psychotische Struktur stellt in sich selbst eine globale Abwehr einer zwar wahrgenommenen, aber unerklärlichen oder unzusammenhängenden Bedrohung dar. Die dabei notwendige psychische Arbeit dient dazu, durch Wahnbildungen einen »Sinn« bereitzustellen, um das Leiden zu erklären. Wie Freud (1911) am Fall Schreber zeigte, handelt es sich dabei um einen Heilungsversuch, um die Entwicklung einer neuen Weltsicht, durch die es wieder möglich wird zu leben. Aber dieser Versuch einer Selbstheilung stört in der Folge die Funktion des Ich. Die Sprache droht ihre symbolische und semantische Funktion zu verlieren und dem primärprozeßhaften Denken unterworfen zu werden. Eine derartige Lösung wird bei den hier beschriebenen Vorgängen vermieden. Statt einer durch psychotisches Denken neu geschaffenen Realität, welche eine unverständliche Leere ausfüllt, gibt es das »Nichts«, das dem ursprünglichen psychischen Prozeß (der sowohl dem Primär- wie dem Sekundärprozeß zugrunde liegt) offensteht und in dem sich die Triebimpulse kurzschlüssig entladen. Es entsteht ein offenes und ungeschütztes Feld, auf dem sich psychosomatische Vorgänge entwickeln können.

Was geschieht in jenen Bereichen des Seelenlebens, in denen weder eine psychotische noch eine neurotische Abwehr als Schutz fungiert? Was kann sich in Situationen von narzißtischem Verlust oder sexuellem Unbefriedigtsein entwickeln? Wo neurotische und psychotische Symptome oder symptomatisches Verhalten die Leerstelle nicht repräsentierter Antriebe nicht ausfüllen, reagiert der Körper. Doch nach welcher Logik? Und im Namen welcher Abwehrziele?

Als Antwort hierauf stehen mir nur meine Beobachtungen an Patienten zur Verfügung, die in erster Linie an psychosomatischen Störungen leiden oder neben plötzlichen psychosomatischen Erkrankungen gut ausgebildete neurotische, narzißtische oder Borderline-Strukturen besitzen. Es ist in diesen Fällen lehrreich, auf den besonderen Zeitpunkt zu achten, zu dem psychosomatische Probleme entstehen. Die Reaktionen des Körpers auf unmittelbar bevorstehenden psychischen Schmerz oder auf Belastungen scheinen in den meisten Fällen inkonsequent, auf jeden Fall aber vollkommen unwirksam im Hinblick auf die Bewältigung belastender Situationen. Durch die Herstellung zeitlicher Bezüge und durch genaue Beobachtung der Art von Objektbeziehungen ließ sich eine Reihe von nützlichen Hinweisen finden. Zumindest wurde mir ein gewisser »Sinn« der psychosomatischen Erkrankung deutlich, auch wenn dieser »Sinn« nichts mit dem grundlegenden, sprachlich strukturierten Unbewußten zu tun hat, welches den Schlüssel zu neurotischen und psychotischen Symptomen sowie zu deren besonderer Denkweise enthält. Um die Frage nach diesem »Sinn« weiter zu verfolgen, werde ich nun alle ökonomischen Faktoren außerachtlassen, welche die Schaffung einer psychischen Abwehr zu beeinträchtigen scheinen und ein Individuum bei seinen Versuchen zur Selbstheilung für psychosomatische Erkrankungen anfällig werden lassen.

Kehren wir noch einmal zu jenem Patienten zurück, dessen Haut »brannte«. Sie reagierte damit deutlich, als sei sie physisch angegriffen worden. (Das erinnert übrigens an die somatischen Reaktionen bei hypnotischer Suggestion. Wenn der Körper »glaubt«, verbrannt worden zu sein, dann ist es nur logisch, daß er physiologisch reagiert, um mit der antizipierten Beschädigung fertig zu werden.) Wenn die Wahrnehmung einer anderen Person (wie dies oft bei kleinen Kindern der Fall ist) mit der des eigenen Bildes verschwimmt, kann jede affektive Mobilisierung, die darauf zurückgeht, daß ein anderer sich Brand- oder Schürfwunden zuzieht, psychisch erfaßt und in der Weise verarbeitet werden, daß es zu einer raschen körperlichen Reaktion kommt, wie sie bei einem Säugling in einer akuten Notlage auftreten kann. Der beschriebene Patient litt auch zu anderen Zeiten an Allergien der Haut, die unter einer Vielzahl von Umständen entstanden, welche weniger deutlich wurden als dann, wenn er zusah, wie sich jemand verbrannte oder anderweitig verletzte. Es handelte sich dabei um Situationen, in denen er überarbeitet war, trauerte oder (was er zu Beginn der Analyse nicht wußte) angesichts verbotener erotischer Phantasien Angst hatte. Meine Hypothese lautet in derartigen Fällen: *Angesichts einer frühzeitigen Bedrohung des infantilen Ichs weigert sich die Psyche, irgendein Leiden anzuerkennen. Daraufhin hält sich der Körper bereit, eine biologische Gefahr zu bekämpfen.* Bei Patienten, die psychosomatisch massiv erkrankt sind, ist die »falsche« Antwort des Körpers schwerer zu entziffern. Bei Analysanden, die heftige Anfälle von Erkrankungen der Atemorgane hatten, fiel mir die Tendenz auf, mitten im »kalten« Klima des Verlassenwerdens oder in der »heißen, stickigen« Atmosphäre einer ungewollten Liebesbeziehung zu erkranken. Statt sich (was diese Patienten erst nach mindestens einjähriger Analyse tun konnten) den hinter diesen Bedingungen zu erwartenden starken Emotionen hinzugeben, hatten sie Rhinitis, Heuschnupfen, Asthma oder Ekzeme. Ohne irgendeine psychische Anleitung irrt sich der Körper unweigerlich in seinen Reaktionen.

Kehren wir noch einmal zum Fall jener oben beschriebenen jungen Frau zurück, die an einer geschwürigen Kolitis litt. Nachdem sie von ihrem Verlobten, während sie schwanger war, brutal verlassen worden war, konnte sie auf diese Tragödie nicht emotional reagieren. Statt dessen reagierte ihr Körper seinerseits, als wären giftige Substanzen in ihn eingedrungen, die zum Tode führen können und daher ausgeschieden werden müssen.

Obwohl eine analytische Untersuchung der Assoziationen der Patientin in bezug auf die Auslösefaktoren ihrer psychosomatischen Erkrankung zu zahlreichen Hypothesen über ihre geheimen Dramen führte und obwohl eine derartige Rekonstruktion in manchen Fällen von einer beträchtlichen Veränderung der psychosomatischen Erkrankung begleitet wird, kann dies nicht als *ausreichende* Erklärung angenommen werden, obschon ich der Meinung bin, daß wir es dabei mit einem zentralen und notwendigen Element für das Verständnis solcher Phänomene zu tun haben.

Die Reaktion der Körperfunktionen folgt ihren eigenen Wegen. Ihrer somatischen Logik gemäß versuchen sie, etwas »auszuscheiden« oder »zurückzuhalten« oder gar beides zugleich zu tun (wie wir bei asthmatischen Zuständen oder bei Funktionsstörungen des Dickdarms vermuten dürfen). Es liegt jenseits meiner Kompetenz, mich den zahlreichen unbeantworteten Fragen zuzuwenden, welche die verschiedenen Formen psychosomatischer Erkrankungen betreffen. Das gilt etwa für den Unterschied zwischen Symptomen, die sich auf das Verhältnis des Körpers zur Außenwelt beziehen – also die Haut, den Atmungsapparat, die Systeme von Ernährung und Ausscheidung –, und jenen Symptomen, deren Funktion nach innen gerichtet ist – wie Störungen des Herz-Kreislauf-Systems und der Immunreaktionen. Zu welchen Antworten man hier auch immer gelangen mag, so ist es doch wahrscheinlich, daß bei diesen Erkrankungen Auswirkungen *archaischer biologischer Prozesse* vorliegen, deren Ziel in erster Linie darin besteht, *die Kräfte des Lebens veränderten Bedingungen anzupassen und zu erhalten*. Eine merkwürdige psychosomatische Ironie!

Insgesamt glaube ich, daß die »operationalen« Anteile des Denkens, Verhaltens und der Persönlichkeit sowie die »sterilen« Räume, die zur Aufrechterhaltung derart pragmatischer Verhaltensweisen geschaffen werden, als Barrieren Gefahren abwehren sollen, die weder in ihrer psychischen noch gar in einer sprachlichen Repräsentation erfaßt werden können. Sie sind als primitive Versuche eines Organismus anzusehen, sich auf dem Gebiet eines Anderen zu schützen. Wenn sich das Subjekt von jeder bildhaften Repräsentation seines Trieblebens bedroht fühlt, weil sie dem Anderen nicht akzeptabel erscheint, dann kann die Psyche eine kolossale Anstrengung unternehmen, ihre Lebenskräfte zu *erhalten*, indem sie dem Appell der Triebe gegenüber taub wird. Sie führt sich dann auf wie ein autistisches Kind, das sich weigert zu leben, weil es Angst vor dem Tod hat. Eine derartige Aufspaltung von Seele und Körper erleichtert selbstverständlich psychosomatische Störungen. Situationen, die zu psychischem Schmerz und zu Konflikten führen können, denen der Zugang zu psychischer Repräsentation verwehrt wird, werden dann nur allzu leicht von jener unerbittlichen Informationsverarbeitungsmaschine, dem Körper, übernommen, der anstelle der Psyche des Subjekts antwortet. Ließe sich diese wortlose Geschichte erzählen, dann würde gewiß deutlich, daß der Körper (zumindest nach seiner eigenen Logik) vernünftig reagiert, wenn er auf psychische Bedrohungen antwortet, als wären sie biologischer Natur. Obwohl eine psychosomatische Erkrankung die Gefahr eines frühzeitigen Todes des Individuums mit sich bringt, kann das grundlegende Ziel dieser anachronistischen Abwehr dennoch im Überleben bestehen.

XII. Drei Köpfe und drei Körper

Von allen Diskursen, die Vorstellungen über den Körper und die Sexualität zum Ausdruck bringen, ist keiner so befremdend oder angstauslösend wie der eines Psychotikers.

Christine, ein junges Mädchen von achtzehn Jahren, wurde von ihren Eltern vor allem wegen ihrer Schwierigkeiten in der Schule zu mir geschickt. Christine selbst erklärte nach ihrem zweiten Interview, daß sie an einer »Erstarrung im Kopf« sowie unter der Angst litt, auf einem Auge blind zu werden. Als Antwort auf meine Fragen teilte sie mir ihr Geheimnis mit: die Beschwerden in ihrem Kopf seien darauf zurückzuführen, daß sie von Pussykatzen beeinflußt werde. Nach mehrstündiger Schularbeit und insbesondere, wenn sie das Haus verlasse, werde sie von den Katzen »magnetisiert«. Sogar im Bett werde sie von diesen »magnetischen« Katzen gequält. Aber sie hatte ein Mittel gegen deren Einfluß gefunden. Sie schlief jetzt immer mit einem kleinen Holzkreuz, das sie zwischen ihre Beine klemmte. Damit teilte sie eine neue Version der bekannten Geschichte von der »Beeinflussungsmaschine« und deren Macht über den Körper und dessen Triebe mit – also von einer Maschine, die aus dem reichen Material des Primärprozesses konstruiert ist und einem unverstandenen Traum entstammte, den Christine mir als Wirklichkeit anbot. In der Hoffnung, ihre Problematik der Realität ihres Trieblebens ein wenig anzunähern, fragte ich sie, ob sie bei der Beschreibung der unheimlichen Macht der Katzen nicht in Wirklichkeit von ihrer eigenen »Pussy« sprach. Ohne zu zögern willigte sie ein, daß dies natürlich der Fall sei, und fügte hinzu, das könne doch jeder sehen. Sie beschrieb dann ihren Kampf gegen die Masturbation und den magischen Einfluß des Kreuzes, durch das sie in der Nacht vor dem Zerfall ihres Körpers geschützt werde. Ihre ungeordneten Assoziationen enthüllten, in welchem Ausmaß sie ihre sexuellen Antriebe als bedrohlich nicht nur für ihren gesamten Körper, sondern überhaupt für ihre psychische Identität empfand. In ihrem Wahn besaß sie nur einen symbolischen Körper und anstelle ihres Genitales nichts als Worte. Der Körper erfüllte nicht seine primäre Symbolfunktion als ein »Behälter«, der es ihr gestattet hätte, zwischen innerer und äußerer Welt, zwischen Traum und Phantasie, zwischen sich selbst und anderen zu unterscheiden. Christine verlor rasch ihre wahnhafte Phantasie von den Katzen und war wieder in der Lage, auf die Straße zu gehen. Ihr Denken aber blieb von Grund auf psychotisch. Nur vermittels eines differenzierten Systems von Aufspaltungen war es ihr möglich, Einblick in die Verbindungen zwischen ihrem wahnhaften Glauben und ihren sexuellen Antrieben zu gewinnen. Dies führte zu keiner deutlichen Veränderung ihres Verhältnisses zu ihrem Körper oder zu den Körpern anderer. An den Aufspaltungen wurde festgehalten, und ihr Ich blieb weiterhin von primärprozeßhaftem Denken beherrscht.

Bei neurotischen Charakterstrukturen ist die Beziehung des Ich zum Körper deutlich anders. Der psychotische Anteil der Persönlichkeit, der das Unmögliche überspringt, bleibt auf die Welt der Träume beschränkt oder wird in Sublimierungen umgebildet. Neurotische Konflikte verlassen das Gebiet des Unmöglichen, um statt dessen etwas zu bekämpfen, was zwar möglich aber *verboten* ist. Aber gerade weil das Verbot auf einer Untersagung, also etwas Gesagtem beruht, haben diese Befehle ihre symbolische Bedeutung behalten und können sich daher auf tausendfältige Weise in verdrängten Gedanken und Phantasien Ausdruck verschaffen, welche jenen Dramen den Stoff liefern, die wir als Symptome bezeichnen. Denn der Neurotiker hat das Recht erworben, seinen Körper, seine Psychosomatik, als einheitliches Ganzes zu betrachten. Um dies zu erreichen, war er gezwungen, die Illusion der Allmacht seines Denkens und seiner Wünsche aufzugeben. Doch er mußte auch den Preis zahlen, auf sein Geschlechtsorgan als Instrument der Lust zu verzichten. Eine sexuelle Erfüllung wird kostspielig und läßt sich in vielen Fällen nur durch eine neurotische Symptomatik oder bei Strafe neurotischen Leidens erreichen. Obwohl seine Symptome für ihn mysteriös bleiben, ist der Neurotiker bereit zu akzeptieren, daß er selbst der Autor seiner symptomatischen Frage ist und daß die Antwort in ihm selbst zu finden ist (er kann sich nicht gestatten, Katzen, kosmische Strahlen oder die Concierge dafür verantwortlich zu machen.) Anders als Psychotiker oder diejenigen, die sexuelle Perversionen ausbilden[1], um seelischen Konflikten zu entfliehen, ist er nicht in der Lage, seinen Körper als Spielball des Schicksals und sein Symptom als naturgegeben zu erleben.

Während Neurotiker normalerweise über eine psychische Repräsentation ihres Körpers als eines Behälters verfügen, innerhalb dessen ihr Ich »lebt«, haben Psychotiker diese Sicherheit verleihende Illusion nicht. Die psychotische Repräsentation des Körpers zeigt, in welchem Ausmaß dieser als verletzlich und durchlässig, von außen kontrollierbar und mit dem Körper anderer vertauschbar erfahren wird. Die Körperzonen und -funktionen sind im Bewußtsein des Subjekts in erstaunlicher Weise verwirrt, so daß der Körperraum beim Kontakt mit anderen immer wieder als zerstückelt erfahren wird oder durch die Entstehung starker Affekte von Zerfall bedroht scheint. Es bedarf also einer wahnhaften Rekonstruktion, um den Beziehungen zu anderen eine Bedeutung zu verleihen. Dies war bei Christine der Fall.

Diese Wahrnehmungsweise der Beziehung zwischen zwei körperlichen Einheiten bildet das Rohmaterial, aus dem nicht nur, den Mechanismen primärprozeßhaften Denkens

1 Eine Perversion funktioniert psychisch wie ein auf den Körper bezogener psychotischer Wahn; doch die Dimension des Psychotischen bleibt hier auf das relativ enge Gebiet des Geschlechtsakts und auf eine Erotisierung der dabei auftretenden Konflikte beschränkt.

entsprechend, Wahnbildungen entworfen werden, sondern auch verdrängte Phantasien, neurotische Symptome und Träume. Jedes wahnhafte Denken würde einen »Sinn« ergeben, wenn es mit den Worten eingeleitet würde: »Ich träumte, daß ...« Das »Ich« des Psychotikers ist wie das des Träumers oder wie die unbewußte Phantasie eines Neurotikers, dessen Symptom sich körperlich ausdrückt, nicht von vornherein »verkörpert« und kann sich straflos über die Unannehmlichkeiten des Andersseins, über den Unterschied zwischen den Geschlechtern oder über die Unvermeidlichkeit des Todes hinwegsetzen. In all diesen Fällen wird die Wirklichkeit des Körpers überschritten.

In bezug auf emotionales Erleben beobachten wir bei akuten psychotischen Zuständen intensive und nicht kontrollierbare Affekte, während bei psychosomatischen Erkrankungen Affekte deutlich abgeflacht sind. Das wirft die Frage auf, ob eine derartige Unterdrückung von Emotionen nicht in bestimmten Fällen zur Entstehung psychosomatischer Erkrankungen beitragen kann. Die folgenden Skizzen illustrieren einen neurotischen und einen psychosomatischen »Kopf«, der sich von Christines psychotischem »Kopf« unterscheidet.

John, ein 26 Jahre alter Mann, kam vor einigen Jahren zur Analyse wegen unerträglicher Angstzustände, an denen er immer dann litt, wenn er ein Rendezvous mit einem Mädchen hatte, das er sexuell attraktiv fand. Starke Kopfschmerzen hinderten ihn häufig daran, zu diesen Verabredungen zu gehen. Seine Symptome hatten an Heftigkeit zugenommen, seit seine Eltern nach Paris gezogen waren, obwohl er nicht bei ihnen lebte. »Ich muß verrückt sein, jedesmal einen solchen Zirkus zu machen, wenn es darum geht, mit einem Mädchen ins Bett zu gehen«, erklärte er während seines ersten Interviews. Obwohl er (was heute selten und angenehm ist!) von der Psychoanalyse nicht die geringste Ahnung hatte, hatte er bereits mit einer »analytischen« Deutung seiner Kopfschmerzen begonnen – einem Drama, dessen Handlung und Charaktere er nicht verstand, das aber dennoch das seine war. Darüber hinaus wußte er, daß es mit seinem Liebesleben und mit seiner Sexualangst zu tun hatte.

Während der ersten Wochen seiner Behandlung charakterisierte er seine Eltern. »Meine Mutter ist ziemlich jung und verführerisch. Sie behandelt mich wie eine meiner Freundinnen. Was würde ich, um Himmelswillen, darum geben, eine kleine grauhaarige Mutter zu haben, mit einem schwarzen Schal um die Schultern!« »Mein Vater ist ein großer, jähzorniger Mensch, der zwar alles kontrolliert, aber doch großzügig ist.« Für jede Dummheit erhielt John gewöhnlich eine Ohrfeige. Eines Tages berichtete er den folgenden Traum: »Ich war im Schlafzimmer meiner Mutter. Es war, als würde ich in ihr Bett gehen oder irgend sowas Dummes, und dann hörte ich auf der Treppe die Schritte meines Vaters. Plötzlich befinde ich mich am Fuß der Treppe und fange an, hinauf zu gehen. Mein Vater kommt mit jenem furchtbaren Gesichtsausdruck herunter, den er stets hatte, als ich noch ein Kind war. Er hebt seine Hand, um mich zu schlagen, und während er dies tut, wird seine Hand größer und größer ... enorm. Ich habe niemals einen so großen Arm gesehen. Er will mich auf den Kopf schlagen. Ich bin sicher, daß er mich töten wird. Ich wache erschrocken auf und habe ganz schreckliche Kopfschmerzen.« Dann fügte er hinzu: »Die Psychoanalyse ist eine stupide Angelegenheit. Immer nur dumme Kindereien erzählen! Und dabei werden meine Kopfschmerzen nur noch schlimmer!« Dieser Traum, der für den Psychoanalytiker, selbst in seiner manifesten Form, durchsichtig ist, war dies für den Patienten in gar keiner Weise. Er brauchte mehr als ein Jahr, um allen Charakteren dieses Dramas ihre Rollen richtig zuzuweisen und die subtilen Komplikationen in den Beziehungen zwischen sich selbst und ihnen zu entdecken: die verführerische und abweisende Mutter, der freundliche, aber kastrierende Vater, der zugleich eine idealisierte phallische Figur mit einem enormen Arm-Hand-Penis war, welcher den kleinen Jungen früher so sehr beeindruckt hatte. Dieser Traum enthüllt recht deutlich, wie sich die Psyche der Repräsentation des Körpers und seiner symbolischen Möglichkeiten hysterisch bedienen kann. Der Kopf (in der Sprache des Unbewußten des Patienten: sein Penis) wird wegen der inzestuösen und kindlichen Bindung des Jungen an seine Mutter bedroht. Diese Bindung war zwar verdrängt worden, doch mußte sein Ich mit ihr fertig werden. Dieses infantile Ich hatte festgelegt, daß alle Frauen seine Mutter und daher verboten waren. Die Inszenierung des Traums zeigt uns, wie sein Symptom durch die Symbolsprache des Körpers eine Kastration von der Hand des Vaters darstellt.

Nach zwei Jahren waren die Kopfschmerzen vollständig verschwunden, und der junge Mann hatte eine Beziehung zu einer Frau aufgenommen, die ihn sexuell vollständig befriedigte. Zu diesem Zeitpunkt verließ er die Analyse. Vielleicht sollte ich hinzufügen, daß er die Analyse abbrach, während alle Aspekte seiner homosexuellen ödipalen Konflikte weiter bestanden, die sich gerade erst in Träumen und Assoziationen ebenso wie in seiner äußeren Realität zu enthüllen begannen. Seine Fixierung an einen idealisierten Vater-Boß machte es ihm zum Schaden für sein Berufsleben unmöglich, seine gegenwärtige Anstellung aufzugeben.

Selbstverständlich erweisen sich nicht alle Kopfschmerzen als hysterisch. Ich erinnere mich an eine Patientin, die an einer Migräne erkrankt war und zuvor Tuberkulose hatte. Darüber hinaus litt sie an Asthma sowie an angstauslösenden Tachykardien beim Erwachen. Im Alter von fast 40 Jahren war Victoria nach Frankreich gekommen, um für eine größere internationale Organisation tätig zu werden. Ihre Arbeit, die sie tüchtig und engagiert ausführte, galt der Hilfe von Menschen in Entwicklungsländern. Ihre Aufopferung für diese Menschen ebenso wie für ihre eigenen Freunde wurde allgemein anerkannt. Ihr Liebesleben war ein einziges Chaos, und sie war vollkommen unzufrieden damit. Ihre

Liebhaber, die ebenfalls vom Leben benachteiligt waren, weckten in Victoria den Wunsch, sie zu retten. Fröhlich, energisch und allgemein anregend suchte sie dennoch wegen kaum definierbarer Depressionen die Analyse auf. Sie hatte Angst bekommen, das strahlende Bild ihrer selbst nicht aufrechterhalten zu können.

Victoria träumte selten und hatte auch nur wenige Tagträume. Darum bat ich sie angesichts ihrer Tachykardien beim Erwachen, sich irgendeine Szene vorzustellen, die dieses körperliche Erlebnis hätte begleiten können. »Einfach irgendetwas sagen? Ich bin doch nicht verrückt!« Aber während der nächsten Sitzung berichtete sie einen Traum: »Also gut, ich habe einen Traum für Sie. Ich träumte, daß mein Wecker klingelte. Ich sah, daß ich zu spät zur Arbeit kommen würde, und sprang aus dem Bett. Ich ließ das Badewasser einlaufen. Ich zog das Kleid an, das ich am Abend vorher herausgelegt hatte. Und – ob Sie's nun glauben oder nicht – mein Wecker klingelte. Ich wachte auf mit schrecklichen Kopfschmerzen.«

Wo war der Traum? Es hatte ihn gewiß gegeben, doch er war tausend Meilen von dem Ort entfernt begraben, an dem sich meine Patientin befand, verborgen unter archaischer Angst, die schon existierte, bevor noch Worte da waren, um sie mitzuteilen. Einige Wochen später jedoch erzählte mir Victoria ihren ersten wirklichen Traum: »Jemand holte mich, um den Leichnam einer Frau zu betrachten. In Wirklichkeit war es der Körper von Frau X., der Frau meines Chefs, aber im Traum hatte sie den selben Namen wie ich. Plötzlich begann ihr Körper langsam auf mich zuzugehen. Ich schrie: ›Aber sehen Sie denn nicht, daß sie noch voller Angst steckt!‹ Die anderen antworteten, daß das keine Rolle spiele; sie werde so oder so beerdigt. Sie zitterte, als wolle sie mich bitten, ihr zu Hilfe zu kommen. Dann sprang sie auf mich zu und legte ihre eiskalten Hände um meinen Hals. Ich konnte mich nicht von der Stelle bewegen, so kalt war mir. Ich versuchte zu schreien, doch kein Laut drang aus meiner Kehle.

Ich erwachte mit Kopfschmerzen und einer Halsentzündung, aber ich hatte keine Tachykardien.«

Tatsächlich traten die Tachykardien beim Erwachen während der nächsten fünf Jahre von Victorias Analyse nicht wieder auf. Auch das Asthma war nach achtzehn Monaten verschwunden, aber die Migräneanfälle waren noch heftiger geworden.

Die Mutter dieser Patientin hatte eine schwache körperliche und seelische Gesundheit, was sich auf Victorias Kindheit traumatisierend ausgewirkt hatte. Victoria tat alles, um ihrer Mutter zu helfen. Als sie noch sehr klein war, konnte sie bereits Aufgaben erfüllen, die die meisten Kinder ihres Alters nicht hätten übernehmen können. Aus dem Fragment ihrer Analyse läßt sich jedoch ersehen, um welchen Preis sie ihre Charakterstärke entwickelt hatte. Ihr Bedürfnis, Phantasien und Emotionen zu übergehen, sich am Konkreten und Greifbaren festzuhalten, und der Zwang, immer aktiv zu sein, waren auf Kosten ihres Innenlebens und ihrer Fähigkeit, ohne Angst von der Hilfe anderer abhängig zu sein, erreicht worden.

Der Kontrast zwischen diesen beiden Patienten, die an Migräne litten, ist in mehr als einer Hinsicht bemerkenswert. Ich werde mich hier auf das Beispiel der Träume beschränken. Wir haben da zunächst das dramatische Spiel eines hysterischen Analysanden, in dem ödipale Objekte, das Kind und die Erwachsenen auftreten. Das Drama ist um das kindliche Selbst zentriert, dessen Sexualität geschützt werden soll. Die psychosomatische Patientin dagegen versucht, ihr Seelenleben vor dem Zerfall zu retten. Durch unablässige Aktivitäten sucht sie einer Angst von psychotischen Ausmaßen zu entfliehen, die sich auf archaische Objekte und die Gefahr einer tödlichen Vereinigung richtet. Diesen Gefahren war sie durch Verleugnung und durch die Weigerung entgegengetreten, schmerzhaften Affekten in ihrer Seele einen Platz einzuräumen, bis die Erfahrung der Analyse einen ausreichend sicheren Raum bereitstellte, in dem diese primitiven

Ängste als Träume und Phantasien an die Oberfläche treten konnten.
Wir haben drei Arten von psychischen Verarbeitungsstrukturen kennengelernt – Christine, die im Wachzustand träumt; John, der träumt, während er schläft; und Victoria, die nicht träumen kann.
Ich hoffe, daß diese klinischen Bruchstücke meinen Lesern Einblick in die komplexen Verbindungen zwischen den seelischen Funktionen und psychischen Repräsentationen des somatischen Selbst gestatten und die verschiedenen Ausdrucksmöglichkeiten aufzeigen, die diese Strukturen in den Symptomen finden.

XIII. Plädoyer für eine gewisse Anormalität

Ich wurde einmal zur Teilnahme an einem psychoanalytischen Colloquium mit dem folgenden Thema eingeladen: »Pathologische und pathogene Aspekte der Normalität«. Es handelte sich um einen provokanten Titel, der die Frage danach aufwarf, was unter dem Begriff der Normalität zu verstehen sei. Was ist denn, psychoanalytisch gesehen, »Normalität«? Und selbst unterstellt, wir würden zu einer Definition gelangen, könnte sie nicht – je nachdem – als »gute« oder »böse« Normalität aufgefaßt werden? Kaum hatte ich begonnen, über dieses Problem nachzudenken, als mir klar wurde, daß man mit dem Versuch, eine »anormale« Normalität zu definieren, noch weit davon entfernt ist, die Struktur einer »normalen« Normalität begrifflich zu fassen. Mitten in diesen Fragen beschlich mich ein weiterer, recht delikat zu formulierender Zweifel. Über mehrere Jahre hinweg hatte ich den größten Teil meiner Zeit mit *Analytikern* (und selbstverständlich mit Analysanden) verbracht. Wie konnte ich denn mit Sicherheit wissen, was einen »normalen« Menschen ausmacht? Meine Kollegen waren mir nie als besonders »normale« Leute erschienen. Was mich selbst anging, so fühlte ich mich in ihrer Gesellschaft ganz wohl. Wer sind wir und wer bin denn ich, darüber zu urteilen, was normal oder anormal ist?

Je mehr ich darüber nachdachte, desto stärker war ich davon überzeugt, daß »Normalität« kein *psychoanalytischer Begriff* ist oder sein kann. Der Begriff ist eindeutig anti-analytisch.

Über Normalität zu sprechen, heißt für einen Analytiker so viel wie: die erdabgewandte Seite des Mondes zu beschreiben. Wir können sie uns selbstverständlich vorstellen, eine Rakete hochschießen, die einige Fotos macht, und auf dieser Grundlage Theorien darüber entwickeln, wie sie aussehen *soll.* Aber wohin führt uns das? Es ist nicht unser Terrain, kaum unser Planet. Unser Gebiet sind die Neurosen mit ihrem geheimen psychotischen Zentrum, die Psychosen mit ihrem breiten neurotischen Rand. Hier sprechen wir (mit einigen Dialektunterschieden) alle dieselbe Sprache. Doch davon abgesehen müssen wir uns die Frage vorlegen, ob es so etwas wie eine »normale Persönlichkeitsstruktur« überhaupt geben kann. Und selbst wenn es sie gibt, warum sollen wir unser vertrautes, wohltuend anormales Gebiet verlassen, um nach Spuren des Normalen zu suchen? Um jenen »normalen« Menschen erklären zu können, wie krank sie in Wirklichkeit sind? Unser Vorgehen würde weiterhin dadurch kompliziert, daß diejenigen, die sich für normal erklären (obwohl wir vielleicht ihre Normalität für pathologisch oder pathogen halten), mit uns nichts zu tun haben wollen. Sie meiden nicht nur jeden Kontakt mit uns, sondern wir sind ihnen sogar suspekt. Das erinnert mich an jenen älteren Bauern, der mir geholfen hatte, den Garten meines Landhauses umzugraben. Als ich ihm zum Dank eine Handvoll Spargel anbot, lehnte er entschieden ab. »Sie machen sich nichts aus Spargel?« fragte ich. »Kann ich nicht sagen,« entgegnete er, »hab' ihn nie probiert. Die Leute hier essen so'n Zeug nicht!« Vielleicht sind Analytiker in den Augen der meisten Menschen ein Luxusartikel wie der Spargel für den Bauern. Man muß auf den Geschmack gekommen sein. Daß wir uns für überaus genießbar halten, ändert nichts an der Sache – und ist auf keinen Fall typisch für Analytiker. Wenn eines der grundliegenden Ziele des Lebens darin besteht, etwas zu besitzen, was andere brauchen oder begehren, warum sollten wir uns dann mit jenen »Normalen« befassen, die mit uns Analytikern nichts zu tun haben wollen? Unser (normaler oder pathologischer?) Narzißmus achtet darauf, daß diejenigen, die *nichts* von uns wollen, wenig Interesse für uns hegen. Doch wir wollen unsere Vorurteile überwinden und uns der erdabgewandten Seite des Mondes zuwenden.

Obwohl es denkbar ist, daß Analytiker einen Gegensatz

zwischen dem »Normalen« und dem »Neurotischen« konstruieren, ist es ebensogut möglich zu behaupten, daß es »normal ist, neurotisch zu sein«. Wir sind damit zwei verschiedenen Dimensionen im Begriff der Normalität konfrontiert. Die These, eine Neurose sei ein normales Phänomen, bezieht sich auf die Vorstellung der *Quantität*: auf die *statistische Norm*. Wenn wir dagegen das »Normale« und das »Neurotische« miteinander konfrontieren, so beruht dies auf dem Begriff der *Qualität* – also auf einer »normalerweise akzeptablen« Vorstellung von einer Norm in einer gegebenen Gesellschaft. Ich schlage hierfür den Begriff *normative Norm* vor (im Gegensatz zur statistischen Norm), um die Unterscheidung zwischen Quantität und Qualität aufrechtzuerhalten. Eine normative Norm bezeichnet einen Zustand, zu dem hin man tendiert und in dem die Vorstellung von einem *Ideal* liegt. Wir haben also neben unserer schwer bestimmbaren pathologischen Normalität eine statistische und eine normative Normalität.
Die quantifizierbare statistische Norm ist zweifellos für soziologische Untersuchungen von Bedeutung, psychoanalytisch gesehen jedoch relativ unwichtig. Die Psychoanalyse interessiert sich für die Normalität unter ihrem normativen Aspekt (der, wie uns allen bewußt ist, ziemlich vage definiert und von veränderlichen Einflüssen des Über-Ich abhängig ist). Von hier aus läßt sich eine ganze Reihe von Fragen formulieren. Ich habe einige von ihnen gewählt, die mir besonders interessant erscheinen:

- Gibt es »normale« Analytiker?
- Gibt es so etwas wie »normale« Sexualität?
- Gibt es »psychoanalytische Normen«?

Verlassen wir also den sicheren Grund des Quantifizierbaren (mit seinen statistischen Kurven und deren trügerischen Schein), und begeben wir uns auf den Treibsand des Normativen, um zu versuchen, dessen Konturen nachzuzeichnen. Doch damit stehen wir wieder am Anfang: Was ist ein normales menschliches Wesen? Mein Lexikon, der Webster, belehrt mich, daß »normal« soviel bedeutet wie »den Regeln entsprechend, regelmäßig, durchschnittlich« oder »gewöhnlich«. Können diese Definitionen dazu beitragen, der Pathogenität des »Regelmäßigen« und der »Gewöhnlichkeit« des Pathologischen auf die Spur zu kommen? Die »gewöhnlichen Menschen« sind überall. Stets sind wir von denen umgeben, die sich um alles in der Welt wie brave Kinder verhalten und den Regeln entsprechend handeln wollen. Viele Menschen möchten, zumindest in den Augen anderer, angepaßt erscheinen. Wer aber legt im Grunde seines Herzens Wert darauf, »durchschnittlich« oder »gewöhnlich« zu sein?

Ohne uns allzu weit in die Irre zu führen, hat dieser kurze Ausflug in die Bildungswelt unserer Lexika die grundlegende *Ambivalenz* deutlich werden lassen, die dem Begriff der Normalität anhaftet. Er drückt Billigung und Verurteilung zugleich aus. Wenn man es nicht verlockend findet, »gewöhnlich« zu sein, so heißt dies nicht, daß man wünscht, als *anormal* zu gelten. Die im Begriff der Normalität steckende Zweideutigkeit kann uns darauf aufmerksam machen, daß sie sich auf zwei verschiedene Teile unseres Seelenlebens bezieht, wobei einmal der Gehorsam gegenüber Gesetzen angestrebt wird, die ein anderes Mal umgangen werden sollen. Doch ganz unabhängig von dieser Ambivalenz ist das Normative stets ein subjektiver Wert. Die Vorstellung, die sich jede Person von ihrer eigenen »Normalität« gebildet hat, kann nur im Hinblick auf bestimmte Bezugspunkte verstanden werden: Im Vergleich womit gilt etwas als normal? Nach wessen Auffassung? Wenn man sich selbst oder andere als normal oder anormal beurteilt, so bezieht sich dieses Urteil notwendig auf eine *präexistente Norm*. Die früheste Konzeption aller künftigen Normen wird offenbar von der Familie geliefert. Für das Kind (und darin unterscheidet es sich sehr wenig von den Erwachsenen) ist »normal«, was ihm vertraut ist, was es als *heimlich* [im Original deutsch] erkennt, was also *zu Hause* akzeptiert wird. Das *Unheimliche* [im Original deutsch], das Fremde [*unfamiliar*] und Beunruhigende, das Freud so einleuchtend beschrieben hat, ist der Kern des »Anormalen«, also dessen, was innen entsteht und von dorther einen Schatten auf den familiären Hintergrund wirft, was also *von der Familie akzeptiert* wird oder nicht. Das *Unheimliche*, was nicht »ins Heim« gehört, stellt, wie Freud gezeigt hat, eine besondere Kategorie des Familiären, Erkennbaren und Normalen dar. Der scheinbare Gegensatz zwischen beiden verschwindet. Der Wunsch, der Konformität zu entgehen, ist das Verlangen, die von der Familie übermittelten Gesetze zu übertreten, während der entgegengesetzte Wunsch, »normal« zu sein, im Grunde darauf zielt, die Liebe der Eltern durch Beachtung ihrer Regeln und Übernahme ihrer Ideale zu erwerben. Es handelt sich dabei also um ein narzißtisches Ziel, welches ein Ich-Ideal verkörpert, das seinerseits die Triebziele beeinflußt. Kinder unternehmen mutige Anstrengungen, sich »normal« zu verhalten. Ich erinnere mich an einen kleinen Jungen, der mit seinem Vater den Zoo besuchte. Das Kind tat alles, was es nicht tun sollte – es lehnte sich zu weit über die Bärengrube, warf mit kleinen Steinen nach den Robben und drängte mutwillig andere Besucher beiseite. Schließlich rief der Vater voller Verzweiflung: »Wie oft soll ich dir sagen, daß du dich wie ein menschliches Wesen aufführen sollst!« Der kleine Junge blickte seinen Vater traurig an: »Vati, was muß man tun, um ein menschliches Wesen zu werden?« Wie verhält man sich einer Norm entsprechend? Die Antwort ist eindeutig. Für jedes Kind besteht die Norm in der Identifizierung mit den Wünschen seiner Eltern. Diese Familien-Norm ist daher »pathogen« oder »normativ«, je nachdem, ob sie mit den Normen der Gesellschaft, der die Eltern angehören, übereinstimmt oder von ihnen abweicht.

Von der Psychoanalyse wird diese Norm mit dem Begriff der ödipalen Organisation definiert. Es handelt sich dabei um eine *normalisierende Struktur* in dem Sinn, daß sie schon vor der Geburt eines Kindes existiert und dazu bestimmt ist, dessen intra- und interpersonale Beziehungen psychisch zu strukturieren. Stellt die Lösung des Ödipuskonfliktes den Faktor dar, der zu einer »guten« Normalität führt? Aber jeder Mensch findet eine »Lösung« für die unerträgliche ödipale Situation, ganz gleich, ob es sich dabei um eine neurotische, psychotische, perverse, psychosomatische Lösung oder um eine Mischung aus diesen Elementen handelt. Die Aufgabe, diese Lösungen auf einer normativen Skala anzuordnen, ist außerordentlich schwer. In manchen psychoanalytischen Schriften wird das Ideal eines mythischen Wesens dargestellt, das über einen »genitalen Charakter« verfügt. Es handelt sich dabei um jemanden, der seinen Nächsten wie sich selbst liebt. Verglichen wird er mit seinem weniger geschätzten jüngeren Bruder, der als »prägenitaler Charakter« bekannt ist. (Dieser hat das Privileg, seinen Nächsten auch hassen zu können.) Schließlich haben wir es noch mit einem weiteren Charakter zu tun, der das Thema dieser Erörterung ist – der Charakter, *der von Normalität befallen ist*, der am Symptom der Normalität leidet. Was sind die Erscheinungsformen dieses Leidens? Wir dürfen davon ausgehen, daß die »normalen« Leute jene sind, die den Eindruck machen, »sich an die Regeln zu halten«, »sich der Norm anzupassen«, also »Durchschnittsmenschen« zu sein. Sie scheinen frei von psychischen Symptomen, außer daß sie vielleicht an psychosomatischen Symptomen oder an einer leichten Charakterneurose leiden. Auf den ersten Blick wirkt nichts an diesen Leuten *unheimlich*. Das für das bloße Auge nicht erkennbare Symptom der Normalität verbirgt sich hinter dem Schleier der Symptomfreiheit. Ich habe versucht, ein psychologisches Porträt von Analysanden dieser Art zu zeichnen (Kapitel VI). Ich habe sie »Roboter-Analysanden« genannt, weil sie nach einem unerschütterlichen System vorgefaßter Vorstellungen funktionieren, das jedes weitere Denken verhindert und der Struktur ihres Ichs die Kraft eines programmierten Roboters verleiht. Ihr untrügliches Denken versetzt diese

Patienten in die Lage, angesichts unerkannter archaischer Ängste ein gewisses psychisches Gleichgewicht zu bewahren. Aus Gründen, die nichts mit psychischem Leiden zu tun haben, versuchen sie häufig, eine Analyse anzufangen. Dennoch stellen sie sich dar, als litten sie wirklich an neurotischen Symptomen (womit sie nicht Unrecht haben), obwohl ihre Symptome sie eigentlich nicht interessieren. Haben sie erst einmal eine Analyse begonnen, so leidet der Analytiker unter ihnen. Ihm wird das Recht auf eine selbständige Existenz bestritten, so als brächte jede Anerkennung des Unterschieds zwischen ihnen und ihm eine Kastrations- und Todesdrohung mit sich. Der Analytiker wird behandelt, als griffe er die vitalen Abwehrkräfte des Patienten an. Doch ich möchte hier nicht das Problem dieser Patienten erörtern. Andere, die ihnen in mancher Hinsicht ähnlich sind, sich aber für *normal* halten, wollen heutzutage ebenfalls eine Psychoanalyse machen und tun dies oft, um einer anderen Person einen Gefallen zu tun.

Frau N. (für »Normal«) macht es sich in dem Sessel mir gegenüber bequem. Sie sitzt nicht wie viele Patienten während der Erstinterviews nur auf einer Ecke.) Sie ist schlank, elegant gekleidet und erwidert ruhig meinen Blick. Mir kommt für einen Augenblick der Gedanke, daß sie sich wohler fühlt als ich selbst. Ich möchte ihr sagen: »Erzählen Sie mir doch bitte, was mit Ihnen los ist!«, um das Gleichgewicht wieder herzustellen. Aber sie kommt mir zuvor.
Frau N.: Sie fragen sich zweifellos, warum ich zu Ihnen komme. Nun, mein Arzt hat mir gesagt, ich solle eine Analyse machen. Meine Ehe ist seit einiger Zeit nicht sehr glücklich, und ich fühle mich ausgelaugt. Wir sind beide 45 und haben drei Kinder. Ich liebe meinen Mann und meine Töchter, doch er hat mir seit kurzem das Leben unerträglich gemacht. Er ist stets schlechter Laune ... beschwert sich über die geringsten Kleinigkeiten ... trinkt ein bißchen zuviel ... und kürzlich habe ich entdeckt, daß er eine Geliebte

hat. Es ist ziemlich unerträglich ... Vor allem, weil es überhaupt keinen Grund dafür gibt. (Frau N. unterbricht sich, als hätte sie jetzt alle wesentlichen Details ihrer Situation geschildert.)
J. M.: Sie haben nicht das Gefühl, zu den Problemen zwischen Ihnen und Ihrem Mann beigetragen zu haben?
Frau N.: Rundheraus gesagt, nein. Ich habe mich das auch gefragt, aber ich habe mich überhaupt nicht verändert. Ich sehe nicht, was ich mehr hätte tun können. Ich liebe ihn. Da gibt es keinerlei Probleme.
J. M.: Sie haben den Eindruck, daß das Problem ausschließlich bei ihm liegt?
Frau N.: Ja, so ist es.
J. M.: Und dennoch kommen *Sie* zu mir. Meinen Sie, daß Sie irgendwelche Probleme haben, über die wir reden sollten?
Frau N.: Ich? Nein, eigentlich nicht. Ich war mit mir selbst immer ganz zufrieden.

Der Versuch, die Möglichkeit auszuloten, ob nicht die Veränderungen ihres Mannes ihr Selbstvertrauen beeinträchtigt haben könnten, führte zu nichts. Während der beiden Interviews, die ich mit Frau N. machte, kehrte mehrfach der Satz wieder: »Ich habe mich eigentlich in meiner Haut immer ganz wohl gefühlt.« Das schien tatsächlich der Fall zu sein, und Frau N. war sich ihrer selbst sicher. Wenn es Probleme gab, so lagen sie irgendwo außerhalb ihrer selbst. Wonach suchte Frau N.? Was wollte sie wirklich? Alles schien immer wieder darauf hinauszulaufen, daß die Welt um sie her ebenso wohlgeordnet sein sollte wie ihr Inneres.
Was ließe sich über Frau N. sonst noch sagen? Sie gehörte einer reichen Familie der gehobenen Gesellschaftsschicht an, war religiös, ohne bigott zu sein; ihre Zärtlichkeit war ohne jede Übertreibung; sie war patriotisch, aber nicht chauvinistisch und hatte eine leichte Neigung zur intellektuellen Linken. Frau N. glaubte, ihrer Herkunft würdig zu sein. Wie

andere Frauen ihrer Familie war sie eine gute Hausfrau, kümmerte sich um das Hauspersonal, ihre Kinder und ihren Mann. In ihrer Ehe war sie treu und nicht frigide. Im Winter ging sie Ski laufen, im Sommer fuhr sie an die See. Gesellschaftlich war sie sehr aktiv. Während ihres zweiten Interviews ging sie so weit zu sagen, daß sie nicht einzusehen vermöchte, was die Psychoanalyse bei ihr bewirken könnte. Ich war ungefähr derselben Meinung, fragte mich jedoch, ob es denn möglich sei, daß manche sich einfach *zu wohl* in ihrer Haut fühlten.

Aber was heißt es, sich für eine Analyse oder für einen Analytiker zu wohl zu fühlen? In ihren eigenen Augen wie auch in denen ihrer Familie, ihrer Nachbarn und ihrer Freunde war Frau N. »normal«. Was könnte man mehr verlangen? Es scheint, daß ein Psychoanalytiker tatsächlich etwas mehr verlangt. Als Analytiker können wir uns des beunruhigenden Eindrucks nicht erwehren, daß diesen sogenannten »normalen Persönlichkeiten« etwas fehlt. Unsere einzige Hoffnung (aber wie könnten wir deren Berechtigung nachweisen?) bestünde darin, daß diese normalen Menschen dahin kommen, *an ihrer Normalität zu leiden*. Solange Frau N. unfähig ist, sich in irgendeiner Dimension ihrer alltäglichen Existenz oder in ihrer persönlichen Lebensgeschichte in Frage zu stellen, sich zu überlegen, was sie wirklich von ihrer Ehe und von ihrem Partner hält, sich mit den Ansichten ihres Mannes zu konfrontieren, die Grundlagen ihrer Gefühle, Eindrücke und Überzeugungen zu problematisieren und sich schließlich zu fragen, ob ihre Art, die Welt wahrzunehmen, nicht ein Stück weit illusionär ist und einen Mangel an Phantasie verrät – so lange ist sie meiner Meinung nach nicht analysierbar.

Wir müssen uns jedoch fragen, *ob es normal ist, sich in dieser Weise in Frage zu stellen*. Ist es normal, die eigene Objektwahl, die Regeln des eigenen Verhaltens, die religiösen und politischen Überzeugungen, ja sogar den eigenen Geschmack in Frage zu stellen? Sicherlich ebensowenig, wie es normal wäre, an der eigenen Identität zu zweifeln. »Wer bin ich?« ist eine Frage für Philosophen und Narren. Zeuge der eigenen Zerrissenheit zu sein, nach einem Sinn im Unsinn von Symptomen zu suchen, alles anzuzweifeln, was ist oder je gewesen ist – durch solche Anzeichen gibt sich eine Person als Kandidat für eine Psychoanalyse zu erkennen – also gerade wegen dieser »anormalen« Fragen. Diejenigen, die sich für normal halten, sich solche Probleme nicht schaffen, nicht an ihrem gesunden Menschenverstand oder an ihrer Güte zweifeln, gehen dennoch heutzutage in die Analyse. Doch zu welchem Zweck? Es ist beunruhigend, daß wir Analytiker obendrein noch glauben, daß diese Menschen einen Charakterpanzer besitzen und *krank* sind! Sie haben eine Krankheit, an der die Psychoanalyse nichts ändern kann. Woher stammt diese Krankheit? Kommt sie daher, daß diese Menschen sich »zu wohl« fühlen? Sind solche Menschen einfach deshalb »krank«, weil sie weniger leiden als andere?

Wenn die Psychoanalytiker die allzu Angepaßten mit Argwohn betrachten, so haben diese ihrerseits das Gefühl, daß ein Psychoanalytiker nicht einer von ihnen ist. Was für eine Figur gibt ein Analytiker in den Augen »normaler« Sterblicher ab? Wir passen zweifellos in die Statistik, entsprechen aber nicht ohne weiteres den normativen Normen der Normalen. Ich möchte hierzu eine Geschichte erzählen, die sich vor etwa fünfzehn Jahren zugetragen hat. Ein 14 Jahre altes Mädchen, dessen Eltern Analytiker waren, fühlte sich wie viele Jugendliche durchaus dazu befähigt, die Welt der Erwachsenen zu beurteilen. Auf ihrer Schule wurde recht viel über die Psychoanalyse geredet, und die Schüler schrieben sogar Arbeiten zu einzelnen Aspekten dieses Themas. Zum ersten Mal in ihrem Leben erhielt die berufliche Tätigkeit ihrer Eltern in ihren Augen einen gewissen Wert. Sie bat darum, wie eine Erwachsene einige befreundete Analytiker kennenzulernen, von denen sie schon so viel gehört hatte. Ihre Mutter schlug vor, am kommenden Sonntag einige Analytiker der verschiedensten Richtungen zu einem Abendessen einzuladen, an dem dann auch die Tochter teilnehmen sollte. Die Freunde kamen, aßen, tranken und unterhielten sich ausführlich – über Sexualität und Perversionen, über ihre Kollegen und über die Psychoanalytische Vereinigung. Anschließend fragten die Eltern das Mädchen nach dessen Eindrücken. »Na ja«, sagte sie, »Eure Freunde sind arme Irre.« Die Eltern baten sie, sich etwas genauer zu äußern. »Habt Ihr Euch schon jemals zugehört?« fragte sie. »Ist Euch je aufgefallen, daß Ihr nur zwei Gesprächsgegenstände habt? Analytiker reden von nichts anderem als vom Penis und der Psychoanalytischen Vereinigung! Findet Ihr das *normal*?«

Als ich darüber nachdachte, kam ich zu dem Schluß, daß die junge Dame in gewisser Hinsicht recht hatte, obwohl ich nicht entscheiden mochte, ob dies nun normal sei oder nicht. Analytiker unterhalten sich in Gesellschaft nicht wie andere Leute. Wenn sie über den »Penis und die Psychoanalytische Vereinigung« reden, dann darf man sich sogar fragen, ob sie nicht von ein und derselben Sache sprechen. Beunruhigender finde ich schon die Tatsache, daß nach meiner Beobachtung die etablierten Analytiker im Laufe der Jahre mehr und mehr von der Psychoanalytischen Vereinigung und immer weniger über den Penis sprechen. Ist das eine »normale« Entwicklung? Welche Antwort man darauf auch immer geben mag, so deutet wenig darauf hin, daß Analytiker zu einer »normalen« Kategorie von Menschen zählen. Es ist interessant, daß die amerikanischen Kollegen in ihren Schriften trotz kultureller Verhaltensmuster, welche die Fähigkeit zur Anpassung, Konformität und Entschiedenheit hoch bewerten, nachdrücklich immer wieder vor der Gefahr gewarnt haben, »normale« Leute als Ausbildungskandidaten für die Psychoanalyse zu akzeptieren. Es scheint nämlich, daß die »allzusehr angepaßten« Bürger nicht besonders begabte Analytiker abgeben. Wer an sich selbst weder Symptome noch psychisches Leiden kennt, wer nie von der Qual des Selbstzweifels oder der Angst vor dem Anderen befallen war, der ist vielleicht kaum in der Lage, diese psychischen Krankheiten bei anderen zu verstehen.

Soweit also zur »Normalität« von Analytikern. Wie steht es nun aber mit der Sexualität? Gibt es so etwas wie ein »normales Sexualverhalten«? Dies scheint eine durch und durch »psychoanalytische« Fragestellung zu sein. Seit 1905 hat Freud darauf hingewiesen, daß die Grenze zwischen der sogenannten normalen und der abweichenden Sexualität schwer zu ziehen sei. Er bestimmte die Neurose als das Negativ und die Perversion als das Positiv ein und desselben Komplexes sexueller Konflikte, die »in den günstigsten Fällen zwischen beiden Extremen durch wirksame Einschränkung und sonstige Verarbeitung das sogenannte normale Sexualleben entstehen lassen« (Freud 1905, G. W. V, S. 71). Es ist deutlich, daß Freud das Sexualleben der Menschen als vielen Zufällen unterworfen und ein gelungenes Sexualleben als einen Luxus betrachtete. Im Gegensatz dazu meinte er, daß die Leichtgläubigkeit der Liebe und die Überschätzung des Charmes und der Vorzüge des Liebesobjekts von bemerkenswerter Banalität seien. Freud unterschied in dieser Hinsicht das erotische Leben der Antike von dem unserer eigenen Epoche (oder vielmehr *seiner* Zeit, da sich die sexuellen Gepflogenheiten seither beträchtlich geändert haben). Die Griechen, so behauptete er, verehrten den Sexualtrieb auf Kosten des Sexualobjekts, während der moderne Mensch das Objekt idealisiere und den Trieb mit Verachtung betrachte. Wir können uns natürlich fragen, ob diese »Verehrung« des Sexualtriebs in der Antike nicht selbst eine nostalgische Verklärung ist; erst recht können wir aber bezweifeln, ob heutzutage wirklich eine Überschätzung des Sexualobjekts vorliegt. Bestimmte Musicals, die allgegenwärtigen Sex-Shops, pornographische Filme usw. scheinen alle den *Trieb* als solchen in seinen verschiedenen erotischen Formen zu idealisieren, während das *Objekt* undeutlich oder austauschbar geworden ist.

In der psychoanalytischen Praxis beobachten wir Veränderungen, die in dieselbe Richtung weisen. Vor einigen Jahren fanden wir auf der Couch des Analytikers zahlreiche Patienten, die an verschiedenen neurotischen Sexualproblemen litten, wobei häufig das Sexualobjekt geliebt und hochgeschätzt wurde. »Ich liebe sie, aber ich kann nicht mit ihr schlafen.« Heute gibt es mehr Analysanden, die sagen: »Ich schlafe mit ihr, aber ich kann sie nicht lieben.« Ich möchte auf zwei kurze Fallgeschichten verweisen, die in verdichteter Form diese beiden Einstellungen zu einem Sexualobjekt vorführen.

Gabriel, 38 Jahre alt, hat viele Jahre unter einer anhaltenden sexuellen Impotenz gelitten. »Gestern Nacht habe ich noch einmal versucht, mit ihr zu schlafen. Nichts ging! Wenn ich nur daran denke, daß ich sie jetzt seit drei Jahren liebe. Ich habe solche Angst, sie zu verlieren. Ich habe ihr gesagt: ›Sieh doch, ich möchte dich lieben, aber *er* (dabei verwies er auf seinen Penis) will nicht‹.«

Pierre-Alain kommt seit zwei Jahren zweimal die Woche zur Psychotherapie. Noch immer bin ich mir nicht sicher, ob er in der Lage wäre, eine Analyse mit ihren härteren Bedingungen durchzustehen. Er ist ein für die heutige Zeit typischer junger Mann. Seine langen Haare werden von einem Band zusammengehalten. Er spricht von »grass« und »acid« sowie über die Gemälde von Vasarely, die neben seinen »Bräuten« die gesamte Leere seiner Existenz auszufüllen scheinen. Im Alter von 27 Jahren suchte er wegen schwerer Arbeitsstörungen intellektueller Art, aber auch wegen seiner unbefriedigenden Beziehungen und seiner Einsamkeitsgefühle die Analyse auf. Er hat vier oder fünf Freundinnen, zu denen er sexuelle Beziehungen unterhält, beklagt sich aber, daß er unfähig sei, eine von ihnen zu lieben – außer der wenigen Male während seiner Streifzüge durch chemische Paradiese. In ihnen stößt er nach seiner Meinung auf Anzeichen seines unbewußten Lebens sowie auf das Gefühl, verliebt zu sein. Eines Tages erzählte er: »Ich war gestern Nachmittag mit

Pascale im Bett und dann gestern Abend mit Francine. Ich schlief nur mit ihr, weil ich eine Erektion hatte. Sie erregt mich nicht sehr – doch das ist auch bei Pascale nicht der Fall. Aber ich bin nicht schwul. Einmal hab ich es mit einem Kerl versucht. Verrückt! Ich halte mich an Frauen!«

Gabriel betont die *Bedeutung des Triebs* und seines sexuellen Symptoms, während Pierre-Alain die Bedeutung des Objekts hervorhebt und meint, daß sein Symptom in seinen Objektbeziehungen liege. Die Probleme beider ließen sich durch die Bemerkungen zusammenfassen, die jeder von ihnen über seinen Penis gemacht hat. Gabriel: »*Ich* will ja, aber *er* will nicht.« Pierre-Alain: »*Er* will ja, aber *ich* will nicht.« Der eine beklagt sich über seine Unfähigkeit, den Geschlechtsakt auszuführen, der andere über seinen Affektmangel. Jeder würde sagen, daß Gabriel ein sexuelles Problem hat, während Pierre-Alain, der nicht die geringsten funktionalen Schwierigkeiten hat, als frei von Symptomen betrachtet werden könnte. Gabriel träumt von einer sexuellen Aktivität, wie sie Pierre-Alain hat.

Mit Rücksicht auf sein Alter und seine soziokulturelle Zugehörigkeit liegen die sexuellen Schwierigkeiten von Pierre-Alain, statistisch gesehen, innerhalb der Norm. Die meisten Analytiker wären sich aber wohl darüber einig, daß dieser Patient unter seinem »normalen« sexuellen Erscheinungsbild Probleme verbirgt, die sehr viel komplexer sind als die Gabriels. Sie wären der Auffassung, eine Objektbeziehung, bei der die Sexualität an das Gefühl des Verliebtseins gebunden ist, sei normaler. Ist dies ein Vorurteil ihrer Gegenübertragung? Eine (sexuelle oder andere) Norm hat stets eine soziotemporale Dimension. Die jüngste Rebellion der Homosexuellen gegen die Diskriminierung, unter der sie leiden, mag manchen Leuten als anormal erscheinen, während andere, insbesondere jüngere Erwachsene, die »Gay Liberation Front« als vollständig normal betrachten. Warum, so sagen sie, sollte irgendjemand damit einverstanden sein, einfach deshalb verfolgt zu werden, weil er es mit seiner Sexualität nicht so hält wie seine Eltern? Handelt es sich hier tatsächlich um *psychoanalytische* Probleme? Ich meine nicht. Es ist nicht Aufgabe des Analytikers, darüber zu entscheiden, was seine Analysanden mit ihrem Leben, ihren Kindern oder ihrer Sexualität anfangen.

Wenn der impotente Gabriel und der zur Liebe unfähige Pierre-Alain psychoanalytische »Fälle« sind, so sind sie dies nicht wegen ihres Sexualverhaltens, sondern weil *sie sich selbst in Frage stellen*. Wenn der Analytiker ein Urteil fällen muß, so kann es sich nur auf die Analysierbarkeit von Patienten beziehen, die ihn um Hilfe bitten, sowie auf die Form der analytischen Hilfe, die ihren Bedürfnissen am besten entspricht. Die hier vorgestellten Patienten sind psychisch vollkommen verschieden strukturiert. Gabriels verdrängte Phantasien, die von phallischer Kastrationsangst durchsetzt sind, drücken sich unmittelbar am Körper aus und beherrschen damit symbolisch die phantasierte Gefahr. Für Pierre-Alain besteht diese in einer umfassenderen Form, nämlich in einer »primären« Kastrationsangst globaler Art. Pierre-Alain ähnelt einem Säugling, der die Brust verloren hat und sie über Drogen, andere Menschen und seinen Genitalapparat verzweifelt wiederzuerlangen sucht. Er hat »Durst« nach anderen, und sein Penis funktioniert entsprechend. Er ermöglicht es ihm, irgendeine Art von Kontakt zum anderen aufzunehmen. Von seiner eigenen, besonderen Kastrationsangst getrieben, überwindet er den Raum, der ihn von anderen trennt – wie ein Trapezkünstler, der auf unbekannte Hände zufliegt – mit dem einzigen Anspruch ihnen gegenüber, *daß sie da sein müssen*. Meine Beobachtungen und Reflexionen über die Veränderungen des Sexuallebens haben mich zu dem Schluß geführt, daß (ganz unabhängig von der Frage der grundlegenden Unterschiede in der psychischen Struktur zwischen einzelnen Individuen) *sexuelle Normen sich kontinuierlich verändern, daß aber die Kastrationsangst gleich bleibt. Sie tritt einfach in neuer Verkleidung auf.*

Worin besteht nun die Normalität der sogenannten normalen Menschen? Ist ein normaler Mensch jemand, der eine Analyse braucht, oder gerade jemand, der sie nicht braucht? Manche Autoren haben nicht ohne Grund die Auffassung vertreten, daß jemand von ausgezeichneter psychischer Gesundheit sein muß, wenn er sich einer klassischen Analyse unterziehen will. Menschen, die eine Analyse »brauchen«, wie man dies gemeinhin nennt, sind nicht notwendig analysierbar (wie jeder Analytiker zu seinem Schrecken wohl einmal entdeckt haben wird). Obwohl die Erfahrung einer Psychoanalyse theoretisch den meisten »normalen Neurotikern« zugute kommen sollte, hängt sie doch von dem Wunsch des einzelnen Patienten ab, sich dieser Erfahrung auszusetzen, weil er glaubt, Probleme zu haben, auf die sich psychologische Antworten finden lassen. Wenn es jedoch statistisch gesehen normal ist, neurotisch zu sein, dann ist es sogar noch normaler, sich dessen nicht bewußt zu sein oder neurotische Fehlentwicklungen selbst dann zu übersehen, wenn sie offensichtlich sind. Ich komme also auf die bereits formulierte Frage zurück: Ist es (nicht nur statistisch, sondern auch normativ) *normal*, sich selbst sowie die eigenen Überzeugungen und deren Ursprünge in Frage zu stellen, sorgfältig jede etablierte Ordnung sowie alles, was man fraglos zu akzeptieren gelernt hat, zu problematisieren – also jene Ordnung, die in uns selbst oder in der Familie oder in der sozialen Gruppe herrscht, der wir angehören? Die meisten Menschen stellen sich, wie man wohl einräumen muß, derartige Fragen nicht. Die Optik des Analytikers wie die des Analysanden stimmt nicht mit den etablierten Normen überein. Wir entwickeln uns gemeinsam mit unseren Patienten in einer abgehobenen Atmosphäre. Warum sollten wir uns um jene kümmern, die sich selbst als normal bezeichnen? Dies gilt vor allem dann, wenn ihre einzige Motivation, eine Analyse zu machen, in der Vorstellung besteht, daß es »normal ist, psychoanalysiert zu werden«. Das Hauptziel einer derartigen Analyse könnte nur darin bestehen, psychische Schmerzen zutage zu fördern, welche bisher als solche nicht

erkannt worden sind, und den Patienten leidensfähig zu machen. Wollen wir denn die ganze Welt infizieren?
Wenn Normalität als Ideal glorifiziert wird, wird man sie gewiß als Symptom betrachten müssen. Wie aber lautet ihre Prognose? Ist sie zu heilen? Menschen sind nicht leicht von ihren Charakterzügen zu kurieren. Zweifellos finden sich in jedem von uns chimärenhafte Überzeugungen, an denen wir stärker hängen als am Leben selbst. Könnte »Normalität« am Ende nichts weiter sein als eine Chimäre? Ist der »normale Mensch« ein Geschöpf der Phantasie, das sich für eine selbstverständliche, überall anzutreffende, festgefügte, von ihrer Konformität überzeugte Normalität hält? Dieser Zustand des Selbstwertgefühls kann eine Person in die Lage versetzen, ihr psychisches Gleichgewicht aufrechtzuerhalten; er kann sie aber auch für eine Analyse untauglich machen. Von allen narzißtischen Charakterzügen, die sich der Mensch zulegen kann, ist das Gefühl, als »normal« zu gelten, wahrscheinlich dasjenige, das den größten sekundären Gewinn abwirft! Doch selbst wenn der Glaube mancher Menschen, normal zu sein, für den Analytiker ein Anzeichen ihrer Krankheit ist, gibt dies ihm nicht das Recht, ihnen um jeden Preis die Augen zu öffnen und sie zu zwingen, sich den Täuschungen und Verstellungen des menschlichen Geistes zu konfrontieren. Die Analyse bringt uns letzten Endes dahin, das zu wissen, was wir im Laufe unseres Lebens *nicht* haben wissen wollen, das anzuerkennen, was in den Tiefen unseres Seins am schmerzhaftesten und skandalösesten ist – nicht nur die verbotenen erotischen Wünsche, sondern auch unsere kindliche Habgier nach allem, was uns nicht gehört, unsere unvermutete Selbstsucht, unser kindischer Narzißmus und unsere mörderischen Aggressionen. Warum sollte jemand dieses Wissen besitzen wollen? Wer möchte denn schon alles, was er weiß und ist, in Frage stellen? Diejenigen, die in bequemer Distanz zu ihrem Unbewußten leben, verlangen, daß die Analytiker ihre fragwürdigen Schätze für sich behalten.

Könnte eine der Nebenwirkungen der Analyse darin bestehen, daß sie uns in die Lage versetzt, mit »normalen« Menschen zu leben? Wir sind eine Minorität am Rande, und als solche interessieren wir uns für andere Menschen am Rande der Gesellschaft, die uns ähnlich sind. Sollte die Psychoanalyse eines Tages aufhören, eine marginale Disziplin zu sein, welche die etablierte Ordnung von Überzeugungen und Vorurteilen in Frage zu stellen sucht (sollte sie also aufhören, »jenseits der Norm« zu sein), dann würde sie aufgehört haben, ihre Funktion zu erfüllen.

Wenn die Überzeugung, »normal zu sein«, eine Charakterabwehr darstellt, die die Freiheit des individuellen Denkens blockiert, warum sind die Menschen dann in so großer Zahl von ihr befallen? Was sind die Anzeichen und Ursachen dieser Erkrankung? Es sei mir gestattet, die Frage insofern einzuengen, als ich auf einige Anzeichen des Gegenteils verweisen möchte, da oft leichter zu erkennen ist, was etwas *nicht* ist. Unter statistischen ebenso wie unter normativen Gesichtspunkten möchte ich die sogenannte normale Persönlichkeit dem gegenüberstellen, was als kreative Persönlichkeit zu bezeichnen wäre. (Dabei will ich von neurotischen, psychotischen oder Charakter-Symptomen absehen.) Die meisten Menschen sind im gängigen Sinne des Wortes (also im Hinblick auf künstlerische oder intellektuelle Schöpfungen, politisches oder wissenschaftliches Genie) in geradezu traurigem Ausmaß nicht kreativ. In einem weiteren Sinne des Wortes muß man allerdings anerkennen, daß die Menschen *immer schöpferisch sind* in dem Raum, der sie von dem Anderen oder von der Erfüllung ihrer Wünsche trennt. Diese verschiedenartigen »Schöpfungen« erfordern ebensoviel Energie, Leidenschaft und Streben nach Erneuerung wie die gesellschaftlich anerkannten Kreationen. Sie können die Form eines neurotischen Symptoms, einer Perversion, einer Psychose, einer kriminellen Karriere, eines Kunstwerks oder einer intellektuellen Leistung annehmen. Die wichtigen klinischen Unterschiede, die die verschiedenen Hervorbringungen kennzeichnen, sind hier nicht unser Thema; denn sie betreffen die besondere »Anormalität«, welche die Domäne der Psychoanalyse ist. Mein Interesse ist gegenwärtig auf die Individuen gerichtet, die weder etwas Erhabenes noch etwas Pathologisches hervorbringen. Sie schaffen sich jedoch einen Schutzschild, den wir als Normalität bezeichnen. Sie respektieren die ihnen überlieferten Vorstellungen sowie die Regeln der Gesellschaft. Es gibt für sie scheinbar keine Konflikte, da der Wunsch, diese Regeln des Denkens und Verhaltens zu verletzen, ihnen nicht einmal in den Sinn kommt. Der nostalgische Geschmack von Marcel Prousts Madeleine weckt bei ihnen keine Erinnerung an die Dinge der Vergangenheit, und sie verschwenden keine Zeit darauf, nach »les temps perdus« zu suchen. Doch auch sie haben etwas Kostbares verloren. In der Konstruktion der massiven Wände ihrer Normalität scheint es ihnen an Phantasie zu fehlen. Oder vielleicht kommt es der Wahrheit näher zu sagen, daß diese schützenden Wände das Individuum *von jedem Kontakt mit sich selbst, von seinem Phantasieleben* fernhalten.

Kinder, die lauthals jede neue Wahrnehmung in Frage stellen, die mit Leichtigkeit das Unvorstellbare phantasieren, bevor sie »normalisiert« werden, sind, im Gegensatz zu den meisten Erwachsenen, wirklich innovativ und formulieren kreative Fragen. Als er drei Jahre alt war, beobachtete mich mein Sohn, wie ich gerade Tee servierte. »Sag mal, Mutti, wie kommt es, daß der Tee in der Tasse steht, wenn Du ihn aus der Kanne schüttest?« Ich beobachtete, als wäre es das allererste Mal, die Säule aus Tee, die tatsächlich zwischen der Kanne und der Tasse »stand«. Ich war unfähig, eine plausible Erklärung abzugeben. Warum geht diese kindliche Beobachtungsgabe mit ihrer leidenschaftlichen Aufmerksamkeit bei der Mehrzahl Erwachsener verloren? In welchem Augenblick werden die Scheuklappen heruntergelassen, und wovon hängt es ab, ob sie auch später noch durchsichtig bleiben oder undurchsichtig werden? Heruntergelassen werden müssen sie, denn der neugierige Blick von Kindern wird rasch als Übertretung sanktioniert. Die erstaunte Konzentration des kleinen Jungen auf die Säule aus Tee ist vom *Körper der Mutter* und dessen Geheimnissen *abgelöst worden*. Der Junge hat zu begreifen begonnen, daß er nicht mehr nach den Säulen aus Wasser fragen darf, die aus menschlichen Körpern hervortreten, und weniger noch nach der phallischen Säule seines Vaters, die seiner Mutter fehlt, sowie nach der unvorstellbaren Verbindung zwischen den Eltern. Wenn es ihm nicht gelingt, neue symbolische Verbindungen zu den Objekten seiner leidenschaftlichen Neugierde dadurch herzustellen, daß er seinen Blick anderswohin lenkt, läuft er Gefahr, den offenen Blick und die Fragehaltung des Kindes für immer zu verlieren und von nun an seinen Blick auf den Boden zu lenken. Wir alle haben verschlossene Tore und dunkle Gegenden in uns, auf die kein Licht fällt und in die kein Zweifel eindringt, so daß keine neuen und ungewöhnlichen Verbindungen von Vorstellungen und Ideen in uns entstehen. Wie viele Erwachsene sind dazu in der Lage, das Offensichtliche in Frage zu stellen? Wie viele können mit der ernsthaften und raffinierten Naivität von Kindern zeichnen? Oder in den Gegenständen des Alltags etwas Phantastisches entdecken, was andere nicht mehr sehen? Ein Einstein? ein Picasso? ein Freud?

Nur eine Handvoll Künstler, Musiker, Schriftsteller und Wissenschaftler entgehen der eisigen Dusche der *Normalisierung*, die die Welt über sie ergießt. Jedes Kind muß in der Tat diesen Weg einschlagen und seinen Platz in der Ordnung der Dinge einnehmen. Aber muß dies um den Preis des Verlusts jener magischen Zeiten geschehen, in denen alle Gedanken, Phantasien und Gefühle zumindest denkbar oder vorstellbar waren? An der Hoffnung festzuhalten, daß sich alles in Frage stellen läßt, daß jeder Wunsch erfüllbar ist, daß alles in sein Gegenteil verwandelt werden oder gar zu existieren aufhören kann, bedeutet, den Gesetzen und der Logik zu widersprechen, nach denen menschliche Beziehungen aufgebaut und geregelt werden. Daher ist alle Kunst, alle Erfin-

dung, jeder neue Gedanke zugleich ein Akt der Überschreitung vorgegebener Grenzen. Kein Wunder, daß neue und merkwürdige Verbindungen verboten werden. Wie viele von uns erreichen im Wachzustand die Kreativität unserer eigenen Träume? Genies und vielleicht manche Irre.
Andere wissen nicht einmal mehr, wie man träumt. Wenn Psychotiker die Unterscheidung zwischen Innen und Außen, zwischen Wunsch und Erfüllung verwischen, dann blockieren die am schlimmsten Erkrankten unter den sogenannten Normalen jede Wechselwirkung zwischen ihrer Innenwelt und den Wahrnehmungen der Außenwelt. Ihr psychisches Leben ist nicht mehr im Fluß. Das Ungewöhnliche, das Unbekannte und Unerwartete feuert ihr bewußtes Denken nicht mehr an, sondern bleibt vielleicht gar unbemerkt. Wie *das Unheimliche* [im Original deutsch], das Freud von seinem Gegenteil, dem Heimlichen, ableitete, nähert sich die Normalität, die in dieser Hinsicht derselben Spur folgt, immer mehr ihrem Gegenteil, dem »Anormalen«. Das Ich, das, dem gesunden Menschenverstand folgend, nie Innen und Außen, Wunsch und Erfüllung verwechselt, läßt die Welt des Imaginären hinter sich, um sich ausschließlich auf die konkrete Außenwelt und auf die Beherrschung seiner Emotionen zu konzentrieren. Dieses Festhalten an einer Welt der Tatsachen kann so weit gehen, daß die *symbolischen Funktionen verkrüppeln* und sich die Gefahr einer Explosion des Imaginären im Körper selbst abzeichnet.
Offensichtlich muß das Kind, das die »Normen«, die das Leben ihm auferlegt, noch nicht kennt, sich nach und nach den normalisierenden Wirkungen seiner Umwelt und seiner Familienstruktur mit ihren Idealen und Verboten unterwerfen, wenn es eines Tages seinen Platz als Erwachsener unter Erwachsenen einnehmen soll. Doch von einem allzu mächtigen, allzu vernünftigen und allzu angepaßten sozialen Ich ergriffen zu werden, ist nicht wünschbarer, als unter die Herrschaft entfesselter Triebe zu geraten. Der Punkt, an dem eine »Norm« zur Zwangsjacke der Seele und zum Friedhof

der Phantasie wird, ist schwer zu definieren. Zweifellos liegt er in der allerersten Beziehung zur Brust-Mutter, dem Universum des Säuglings, in dem sich seine ersten kreativen psychischen Handlungen entwickeln – die Fähigkeit, dieses Universum der Mutter zu halluzinieren und sie schließlich in sich neu zu erschaffen, um die unerträgliche Wirklichkeit erträglich werden zu lassen, daß sie abwesend und anders ist. Ist es möglich, daß manche (oder gar viele) Menschen allzu früh auf die magische Allmacht ihres kindlichen Größenwahns verzichten, ihre Übergangsobjekte vorzeitig aufgeben und allzu bereitwillig, vielleicht allzu gründlich auf ihre inzestuösen ödipalen Strebungen verzichten?

Angesichts der Schwierigkeiten, ein »menschliches Wesen zu werden«, besteht stets die Möglichkeit, mit einer Überanpassung an die Außenwelt zu reagieren und »übernormal« zu werden. Die Aufregungen des Lebens werden dann in einem kurzschlüssigen System abgefangen. Um kreativ zu werden, müssen sie durch eine symbolische Welt von Repräsentationen gefiltert werden, oder sie wirken rein destruktiv. Sie können, wenn die aus ihnen entstehenden Konflikte unbemerkt bleiben, das Leben selbst in Gefahr bringen. Was liegt hinter diesem massiven Schutzwall der »allzu gut angepaßten« Menschen? Die Ansätze einer Psychose? Ist es denn möglich, daß eine als Idealzustand gefeierte »Normalität« dazu dient, eine gut kompensierte Psychose aufrechtzuerhalten? Mehr und mehr Material spricht für die Hypothese, daß sowohl psychotische wie psychosomatische Erkrankungen viele Jahre hindurch unter einer nicht hinterfragbaren »Normalität« verborgen bleiben und daß die Aufrechterhaltung dieser Charakterabwehr eine Gefahr für die Gesundheit bei einer plötzlichen Belastung von seiten der Umwelt darstellt.

Obwohl sich die »Übernormalen« selten an die Psychoanalyse wenden, würde ich sagen, daß unsere Wissenschaft nichts für sie tun kann. Der Prozeß einer Psychoanalyse ist in sich *kreativ*, und ein solches Individuum trägt – wie jedes andere auch – alle Elemente in sich, sein eigener Analytiker zu werden und sich selbst das Abenteuer einer Analyse zu verschaffen. Haben sie sich einmal auf dieses Abenteuer eingelassen und geschieht nichts, was ihre Erlebnisfähigkeit in bezug auf sie selbst und ihre Umwelt verändert, so kann es sein, daß *wir* es versäumt haben, ihre Mitteilungen zu verstehen und die Schreie ihrer Qualen zu hören.

Schließlich müssen wir einräumen, daß »normale« Menschen die Säulen der Gesellschaft sind und daß ohne sie die Sozialstruktur unmittelbar gefährdet wäre. Normale Menschen werden nie die Monarchie stürzen und bereit sein, für die Republik zu sterben. Aber als Analytiker sollten wir uns in acht nehmen! Für wen schlägt die Stunde? Für sie, für mich, für dich? Auch wir können Gefahr laufen, in unserer Identität als »Analytiker« eingeschlossen zu sterben. Dieses Schicksal verfolgt jeden von uns. Ein Analytiker, der sich für »normal« hält und meint, über die Verhaltens»normen« seiner Patienten entscheiden zu können, läuft Gefahr, ihnen bei ihrer Entfaltung und Selbstentdeckung äußerst schädlich zu sein. Kein Analytiker darf nach Freud (1910) hoffen, seine Patienten über den Punkt hinaus zu begleiten, bis zu dem er sich selbst in Frage zu stellen vermag.

Literatur

Aulagnier, P. (1967), »La perversion comme structure«, in: *L'Inconscient*, 2.

Bak, R. (1956), »Aggression and perversion«, in: S. Lorand (ed.), *Perversions: Psychodynamics and Therapy*, New York: Random House, 231-240.

Barnes, M. und J. Berke (1973), *Meine Reise durch den Wahnsinn*, München: Kindler.

Berne, E. (1949), *The Mind in Action*, London: Lehmann.

Bion, W. R. (1959), »Attacks on linking«, in: *Second Thoughts*, London: Heinemann 1967, 93-117.

– (1962), *Learning from Experience*, London: Heinemann.

– (1963), *Elements of Psycho-Analysis*, London: Heinemann.

– (1967), *Second Thoughts*, London: Heinemann.

– (1970), *Attention and Interpretation*, London: Heinemann.

Bouvet, M. (1967), *»La relation d'objet*, Paris, Payot.

Brunswick, R. M. (1940), »The preodipal phase of the libido development«, in: *Psychoanalytic Quarterly* 9, 293-319.

Castoriadis-Aulagnier, P. (1975), *La violence de l'interprétation*, Paris: PUF.

Chasseguet-Smirgel, J. (1971), »La hiérarchie des actes créateurs«, in: *Pour une psychanalyse de l'art et de la créativité*, Paris: Payot.

David, C. (1971), *L'état amoureux*, Paris: Payot.

Deutsch, H. (1932), »On female homosexuality«, in: *Psychoanalytic Quarterly* 1, 484-510.

– (1948), *Psychologie der Frau*, Bern.

Engel, G. (1962), »Anxiety and depression withdrawal«, in: *International Journal of Psycho-Analysis* 45, 84-96.

– (1967), »Psychoanalytic theory of psychosomatic disorder«, in: *Journal of the American Psychoanalytic Association* 15, 344-356.

Fain, M. (1971), »Prélude à la vie fantasmatique«, in: *Revue française de psychanalyse* 35, 291-364.

– und C. David (1963), »Aspects fonctionels de la vie onirique«, in: *Revue française de psychanalyse* 27, 241-343.

– und L. Kreisler (1970), »Discussion sur la genèse des fonctions représentatives«, in: *Revue française de psychanalyse* 34, 285-306.

Federn, P. C. (1978), *Ichpsychologie und die Psychosen*, Frankfurt/Main: Suhrkamp.

Freud, A. (1936), *Das Ich und die Abwehrmechanismen*, Wien: Internationaler Psychoanalytischer Verlag.

Freud, S. (1897), Brief an Wilhelm Fliess vom 22. 12. 1897, in: *Aus den Anfängen der Psychoanalyse 1887-1902*, Frankfurt/Main: S. Fischer 1975.
– (1898), »Die Sexualität in der Ätiologie der Neurosen«, in: *GW* 1, 489-516.
– (1905 a), »Bruchstücke einer Hysterie-Analyse«, in: *GW* 5, 161-286.
– (1905 b), »Drei Abhandlungen zur Sexualtheorie«, in: *GW* 5, 27-145.
– (1908), »Über infantile Sexualtheorien«, in: *GW* 7, 169-188.
– (1910), »Future prospects of psycho-analysis«, in: *Standard Edition* 11, London: Hogarth Press 1957, 141-151.
– (1911), »Psychoanalytische Bemerkungen über einen autobiographisch beschriebenen Fall von Paranoia (Dementia paranoides)«, in: *GW* 8, 239-316.
– (1914), »Zur Einführung des Narzißmus«, in: *GW* 10, 137-170.
– (1915 a), »Das Unbewußte«, in: *GW* 10, 263-303.
– (1915 b), »Mitteilung eines der psychoanalytischen Theorie widersprechenden Falles von Paranoia«, in: *GW* 10, 233-246.
– (1917), »Trauer und Melancholie«, in: *GW* 10, 427-446.
– (1920), »Über die Psychogenese eines Falles von weiblicher Homosexualität«, in: *GW* 12, 269-302.
– (1922), »Über einige neurotische Mechanismen bei Eifersucht, Paranoia und Homosexualität«, in: *GW* 13, 193-207.
– (1923), »Die infantile Genitalorganisation«, in: *GW* 13, 291-298.
– (1924 a), »Das ökonomische Problem des Masochismus«, in: *GW* 13, 369-383.
– (1924 b), »Der Realitätsverlust bei Neurose und Psychose«, in: *GW* 13, 361-368.
– (1925), »Einige psychische Folgen des anatomischen Geschlechtsunterschieds«, in: *GW* 14, 17-30.
– (1927), »Fetischismus«, in: *GW* 14, 309-317.
– (1931), »Über die weibliche Sexualität«, in: *GW* 14, 515-537.
– (1933), »Die Weiblichkeit«, in: *GW* 119-145.
– (1940), »Die Ichspaltung im Abwehrvorgang«, in: *GW* 17, 57-62.
Garma, A. (1950), »On the pathogenesis of peptic ulcer«, in: *International Journal of Psycho-Analysis* 31, 55-125.
– (1957), »Oral digestive superego aggressions and actual conflicts in peptic ulcer patients«, in: *International Journal of Psycho-Analysis* 37, 75-86.
Gide, A. (1920), *Corydon. Vier sokratische Dialoge*, Frankfurt/Main: Suhrkamp 1964.
Gillespie, W. H. (1956 a), »The general theory of sexual perversion«, in: *International Journal of Psycho-Analysis* 37, 396-403.
– (1956 b), »The structure and aetiology of sexual perversion«, in: S. Lorand (ed.), *Perversions: Psychodynamics and Therapy*, New York: Random House, 28-41.

Giovacchini, P. (1977), »Countertransference with primitive mental states«, in: L. Epstein und A. Feiner (ed.), *Countertransference*, New York: Jason Aronson 1979, 235-266.
Glover, E. (1933), »The relation of perversion-formation to the development of reality-sense«, in: *On the Early Development of Mind*, New York: International Universities Press 1956, 216-234.
– (1960), *The Roots of Crime*, New York: International Universities Press.
Green, A. (1973), *Le discours vivant*, Paris: PUF.
Grunberger, B. (1976), *Vom Narzißmus zum Objekt*, Frankfurt/Main: Suhrkamp.
Hellman, I. (1954), »Some observations on mothers of children with intellectual inhibitions«, in: *The Psychoanalytic Study of the Child* 9, 258-273.
Itten, J. (1975), *Kunst der Farbe*, Ravensburg.
Jakobson, R. (1962 ff.), *Selected Writings*, The Hague: Mouton.
Jones, E. (1927), »The early development of female sexuality«, in: *International Journal of Psycho-Analysis* 8, 459-472.
– (1932), »Die phallische Phase«, in: *Die Theorie der Symbolik und andere Aufsätze*, Frankfurt/Berlin/Wien: Ullstein 1978, 262-301.
Kernberg, O. (1978), *Borderline-Störungen und pathologischer Narzißmus*, Frankfurt/Main: Suhrkamp.
Khan, M. M. R. (1983), »Die Rolle des ›montierten inneren Objekts‹ bei der Perversionsbildung«, in: ders., *Entfremdung bei Perversionen*, Frankfurt/Main: Suhrkamp.
Klein, M. (1934), *Die Psychoanalyse des Kindes*, Wien: Internationaler Psychoanalytischer Verlag (München[2]1971).
– (1950), *Contributions to Psycho-Analysis 1921-1945*, London: Hogarth Press.
– (1975), *Love, Guilt, an Reperation and Other Works*, London: Hogarth Press.
–, P. Heimann und R. Money-Kyrle (1952), *Developments in Psycho-Analysis*, London: Hogarth Press.
Kohut, H. (1973), *Narzißmus*, Frankfurt/Main: Suhrkamp.
Kreisler, L., M. Fain und M. Soulé (1974), *L'enfant et son corps*, Paris: PUF.
Kurth, F. und A. Patterson (1968), »Structuring aspects of the penis«, in: *International Journal of Psycho-Analysis* 49, 620-628.
Lacan, J. (1956), »Antwort auf den Kommentar von Jean Hyppolite über die ›Verneinung‹ von Freud«, in: *Schriften* 3, Olten und Freiburg i. B. 1980, 201-219.
– (1958), »Die Bedeutung des Phallus«, in: *Schriften* 2, Olten und Freiburg i. B. 1975, 119-132.

– (1959), »Über eine Frage, die jeder möglichen Behandlung der Psychose vorausgeht«, in: *Schriften* 2, Olten und Freiburg im Breisgau 1975, 61-117.

Laplanche, J. und J.-B. Pontalis (1972), *Das Vokabular der Psychoanalyse*, Frankfurt/Main: Suhrkamp.

Leduc, V. (1966), *Violette et Isabelle*, Paris: Gallimard.

Lévi-Strauss, C. (1981), *Die elementaren Strukturen der Verwandtschaft*, Frankfurt/Main: Suhrkamp.

Lewin, B. (1948), »The nature of reality, the meaning of nothing, with an addendum on concentration«, in: *Psychoanalytic Quarterly* 17, 524-526.

Lichtenstein, H. (1961), »Identity and sexuality«, in: *Journal of the American Psychoanalytic Association* 9, 179-260.

Loriod, J. (1969), »Observation clinique d'un malade psychosomatique«, in: *Revue française de psychanalyse* 33, 255-272.

Mahler, M. (1952), »On child psychosis and schizophrenia: Autistic and symbiotic infantile psychoses«, in: *The Psychoanalytic Study of the Child* 7, 286-305.

– (1972), *Symbiose und Individuation*, Stuttgart: Klett-Cotta.

– und B. Gosliner (1955), »On symbiotic child psychosis«, in: *The Psychoanalytic Study of the Child* 10, 195-212.

Marty, P. und M. Fain (1965), »A propos du narcissisme et du sa genèse«, in: *Revue française de psychanalyse* 29, 561-572.

– und M. de M'Uzan (1963), »La pensée opératoire«, in: *Revue française de psychanalyse* 27, 345-356.

–, M. de M'Uzan und C. David (1963), *L'investigation psychosomatique*, Paris: PUF.

McDougall, J. (1964), »Considérations sur la relation d'objet dans l'homosexualité féminine«, in: J. Chasseguet-Smirgel et al. (ed.), *Recherches psychanalytiques nouvelles sur la sexualité féminine*, Paris: Payot.

– (1974), »Über die weibliche Homosexualität«, in: J. Chasseguet-Smirgel (ed.), *Psychoanalyse der weiblichen Sexualität*, Frankfurt/Main: Suhrkamp.

– (1980), »La sexualité perverse et l'économie psychique«, in: J. Chasseguet-Smirgel und B. Grunberger (ed.), *Les grandes découvertes de la psychanalyse*, Paris: Tchou.

Meltzer, D. (1967), *The Psycho-Analytical Process*, London: Heinemann.

Miller, I. (1969), »Unconscious fantasy and masturbatory technique«, in: *Journal of the American Psychoanalytic Association* 17, 826-847.

Modell, A. (1973), »Affects and psychoanalytic knowledge«, in: *Annual of Psychoanalysis* 1, New York: Quadrangle, 117-124.

Montgrain, N. H. et al. (1975), »Préliminaries à une étude psychanalytique du transsexualisme«, in: *L'Evolution Psychiatrique* 3, 637-654.

M'Uzan, M. de (1972), »Un cas de masochisme pervers«, in: *La sexualité perverse*, Paris: Payot.

Nemiah, J. und P. Sifneos (1970 a), »Affect and fantasy in patients with psychosomatic disorders«, in: O. Hill (ed.), *Modern Trends in Psychosomatic Medicine*, London: Butterworths, 26-34.

– – (1970 b), »Psychosomatic illness: A problem in communication«, in: *Psychother. Psychosom.* 18, 154-160.

– – (1973), »The prevalence of ›alexithymic‹ characteristics in psychosomatic patients«, in: *Psychother. Psychosom.* 22, 255-262.

Nunberg, H. und P. Federn (ed.) (1979/1981), *Protokolle der Wiener psychoanalytischen Vereinigung* 3/4, Frankfurt/Main: S. Fischer.

Painter, G. (1968), *Marcel Proust. Eine Biographie*, Frankfurt/Main: Suhrkamp.

Pankow, G. (1959), »Dynamic structurization and Goldstein's concept of the organism«, in: *American Journal of Psychoanalysis* 19, 157-160.

– (1969), *L'homme et sa psychose*, Paris: Aubier-Montaigne.

Pontalis, J.-B. (1977), *Entre le rêve et la douleur*, Paris: Gallimard.

Reich, A. (1951), »The discussion of 1912 on masturbation«, in: *The Psychoanalytic Study of the Child* 6, 80-94.

Rosen, I. (ed.) (1964), *The Pathology and Treatment of Sexual Deviation*, London: Oxford University Press.

Rosen, V. (1967), »Disorders of communication in psychoanalysis«, in: *Journal of the American Psychoanalytic Association* 15, 467-490.

Rosenfeld, H. (1940), »Remarks on the relation of male homosexuality to paranoia, paranoid anxiety and narcissism«, in: *Psychotic States*, New York: International Universities Press 1965, 34-51.

– (1981), *Zur Psychoanalyse psychotischer Zustände*, Frankfurt/Main: Suhrkamp.

– (1971), »A clinical approach to the psycho-analytic theory of the life and death instincts«, in: *International Journal of Psycho-Analysis* 52, 169-178.

Sachs, H. (1923), »Zur Genese der Perversionen«, in: *Internationale Zeitschrift für Psychoanalyse* 9, 172-182.

Sami-Ali, (1969), »Etude de l'image du corps dans l'urticaire«, in: *Revue française de psychanalyse* 33, 121-226.

Schmiderberg, M. (1956), »Deliquent acts as perversions and fetishes«, in: *International Journal of Psycho-Analysis* 37, 422-424.

Segal, H. (1956), »Depression in the schizophrenic«, in: *International Journal of Psycho-Analysis* 37, 339-343.

Sifneos, P. (1974), »Reconsideration of psychodynamic mechanisms in psychosomatic symptom formation«, in: *Psychother. Psychosom.* 24, 151-155.

Socarides, C. (1971), *Der offen Homosexuelle*, Frankfurt: Suhrkamp.

Sperling, M. (1955), »Psychosis and psychosomatic illness«, in: *International Journal of Psycho-Analysis* 36, 320-327.
– (1968), »Acting-out behaviour and psychosomatic symptoms«, in: *International Journal of Psycho-Analysis* 49, 250-253.
Spitz, R. (1949), »Autoerotism: Some empirical findings and hypotheses on three of its manifestations in the first year of life«, in: *The Psychoanalytic Study of the Child,* 3/4, 84-120.
– (1962), »Autoerotism«, in: *The Psychoanalytic Study of the Child* 17, 283-315.
Stoller, R. S. (1968), *Sex and Gender,* New York: Science House.
Stone, L. (1961), *The Psychoanalytic Situaton,* New York: International Universities Press.
Strachey, J. (1934), »The nature of the therapeutic action of psychoanalysis«, in: *International Journal of Psycho-Analysis* 15, 127-159.
Tausk, V. (1912), »Die Onanie«, in: *Gesammelte psychoanalytische und literarische Schriften,* Wien/Berlin: Medusa 1983, 36-61.
– (1919), »Über die Entstehung des ›Beeinflussungsapparates‹ in der Schizophrenie«, in: *Gesammelte psychoanalytische und literarische Schriften,* Wien/Berlin: Medusa 1983, 245-286.
Torok, M. (1974), »Die Bedeutung des Penisneides bei der Frau«, in: J. Chasseguet-Smirgel (ed.), *Psychoanalyse der weiblichen Sexualität,* Frankfurt/Main: Suhrkamp.
Viderman, S. (1970), *La construction de l'espace analytique,* Paris: Denoël.
Winnicott, D. W. (1935), »Die manische Abwehr«, in: *Von der Kinderheilkunde zur Psychoanalyse,* München: Kindler 1976 (Frankfurt/Main: Fischer 1983), 244-266.
– (1948), »Wiedergutmachung im Hinblick auf die organisierte Abwehr der Mutter gegen Depression«, in: *Von der Kinderheilkunde zur Psychoanalyse,* München: Kindler 1976 (Frankfurt/Main: Fischer 1983), 267-275.
– (1951), »Übergangsobjekt und Übergangsphänomene«, in: *Psyche* 23 (1969); ebenso in: *Von der Kinderheilkunde zur Psychoanalyse,* München: Kindler 1976 (Frankfurt/Main: Fischer 1983), 300-319; ebenso in: *Vom Spiel zur Kreativität,* Stuttgart: Klett-Cotta [2]1979, 10-25.
– (1960), »Die Theorie der Beziehung zwischen Mutter und Kind«, in: *Reifungsprozesse und fördernde Umwelt,* München: Kindler 1974 (Frankfurt/Main: Fischer 1984), 47-71.
– (1973), *Vom Spiel zur Realität,* Stuttgart: Klett-Cotta 1973.
Yahalom, I. (1967), »Sense, affect, and image in the development of the symbolic processes«, in: *International Journal of Psycho-Analysis* 48, 373-383.

D. W. Winnicott
Reifungsprozesse und fördernde Umwelt
Bibliothek der Psychoanalyse
Psychosozial-Verlag

Anne-Marie Schlösser
Alf Gerlach (Hg.)
Kreativität und Scheitern
Bibliothek der Psychoanalyse
Psychosozial-Verlag

September 2001
ca. 220 Seiten
DM 69,– · EUR 35,28
ISBN 3-89806-098-5

Ausgehend von dem Phänomen der umstrittenen ICD-10 (Internationale Klassifikation der Krankheiten) nimmt Elisabeth Landis die Untersuchung der Konzeption bisheriger, jetzt also veralteter, Krankheitsbilder vor, welche es als solche in der ICD-10 nicht mehr gibt. Sie erläutert, dass die Medizin, welche somatische und psychische Phänomene erforschen und behandeln möchte, als selbstwidersprüchliche Wissenschaft in ihrem eigenen Selbstverständnis nur weiterkommen kann, wenn sie diese grundlegende Widersprüchlichkeit nicht zu eliminieren, sondern vielmehr explizit zu machen und theoretisch zu fassen versucht.

P▣V
Psychosozial-Verlag